JENS BALZER

HIGH ENERGY

DIE ACHTZIGER – DAS PULSIERENDE JAHRZEHNT

ROWOHLT · BERLIN

2. Auflage Juli 2021

Originalausgabe
Veröffentlicht im Rowohlt · Berlin Verlag, Juli 2021
Copyright © 2021 by Rowohlt · Berlin Verlag GmbH, Berlin
Satz aus der Newzald
bei Pinkuin Satz und Datentechnik, Berlin
Druck und Bindung CPI books GmbH, Leck, Germany
ISBN 978-3-7371-0114-1

Die Rowohlt Verlage haben sich zu einer nachhaltigen Buchproduktion verpflichtet. Gemeinsam mit unseren Partnern und Lieferanten setzen wir uns für eine klimaneutrale Buchproduktion ein, die den Erwerb von Klimazertifikaten zur Kompensation des CO_2-Ausstoßes einschließt.
www.klimaneutralerverlag.de

INHALT

Einleitung: Alle wollen die Wende 9

TEIL I

ÖKOS, PUNKS UND POPPER: EINE TYPENLEHRE DER ACHTZIGER JAHRE

1. *Kapitel:* Schlabberpullis im Deutschen Bundestag: Protestbewegungen und der Marsch durch die Institutionen 29

2. *Kapitel:* Spermavögel tanzen den Bullenpogo: Die Rebellion der Punks gegen rechte und linke Spießer 43

3. *Kapitel:* Gut geföhnte Zyklopenfrisuren erobern die Zukunft: Über Popper, Preppies und Sloane Rangers 58

TEIL II

VON DER «SCHWARZWALDKLINIK» BIS ZUR DRITTEN WELLE DES FEMINISMUS: WIE SICH DIE GESELLSCHAFT VERÄNDERT

4. *Kapitel:* Von glücklichen Patchwork-Familien: Professor Brinkmann und die neue Unübersichtlichkeit der Liebes- und Lebensverhältnisse 75

5. Kapitel: Und wann gehen Sie wieder zurück in die Türkei? Deutschland auf dem Weg zur multikulturellen Gesellschaft 92

6. Kapitel: Schwarzer Kopf, schwarzer Bauch, schwarze Füß: Der erfolgreichste Film des Jahrzehnts und die Welt als Zeichengestöber 108

7. Kapitel: Frauen sehen wie Männer aus, die wie Frauen aussehen: Was Margaret Thatcher mit Modern Talking verbindet 120

TEIL III

VIDEO, WALKMAN, COMPUTER-KULTUR: DER BEGINN DES DIGITALEN ZEITALTERS

8. Kapitel: Ihr wolltet die sexuelle Befreiung? Hier habt ihr Porno! Der Videorecorder und die mediale Revolution der Wohnzimmer 137

9. Kapitel: «'cause this is thriller, thriller night»: Über Michael Jackson, Walkman-Träger und andere Zombies 149

10. Kapitel: Ein italienischer Klempner rettet die Welt: Die neue Jugendkultur der Computerspiele 166

11. Kapitel: Fickt das System! Die neue Hackerszene und der Computer als Werkzeug der politischen Subversion 178

TEIL IV

FITNESS, FETISCH, CYBORGS: DAS JAHRZEHNT DER KÖRPERKULTUR – UND DER TÖDLICHEN SEUCHE

12. *Kapitel:* Spandexhosen, Stulpen, Spaghettiträger: Vom Aerobic-Trend bis zum Jogging-Rausch **197**

13. *Kapitel:* Wir feiern eine Party, als wäre es 1999: Prince und eine Zukunft der sexuellen Entfesselung **214**

14. *Kapitel:* Die Seuche, die alles verändert: Aids, die Angst und das Sterben – und eine neue Emanzipation **229**

15. *Kapitel:* Wir sind alle Cyborgs: Arnold Schwarzenegger und die Erfindung der Gender Studies **247**

TEIL V

ANGST VOR DER ZUKUNFT, BESINNUNG AUF DIE VERGANGENHEIT: WELTFLUCHT UND NEUES GEDÄCHTNIS

16. *Kapitel:* Tödliche Strahlung und nuklearer Winter: Bilder vom nahen Ende der Welt **265**

17. *Kapitel:* Ist der Fluxkompensator die Rettung? Reisen in die Vergangenheit – und zurück in die Zukunft **279**

18. *Kapitel:* Fight the Power: Hip-Hop als Kultur der schwarzen Selbstermächtigung und der Wiederaneignung der Geschichte **292**

19. Kapitel: Mein Vater blutet Geschichte: Neue Formen der Erinnerung und der Holocaust mit Katzen und Mäusen 306

TEIL VI

HIGH ENERGY: DAS JAHRZEHNT DER BESCHLEUNIGUNG UND INTENSIVIERUNG

20. Kapitel: Fegefeuer der Eitelkeiten: Willkommen in der Welt der Yuppies 325

21. Kapitel: Mobiltelefon, Filofax, Büffelkäse mit Pesto: Das Zeitalter des Kosmopolitismus und der globalen Vernetzung 344

22. Kapitel: Orgasmus, Sex on the Beach, Energydrinks: Eine kleine Getränkekunde der Achtziger 357

23. Kapitel: War das die «geistig-moralische Wende»? Entfesselte Märkte und der neue Geist des Individualismus 370

Schluss: Und die Wende kommt 383

Dank 397
Bildnachweis 398

EINLEITUNG

..●..

ALLE WOLLEN DIE WENDE

Es ist ein bisschen wie Woodstock. Das ist das Gefühl, das viele Menschen ergreift, die sich an diesem kühlen, frühherbstlichen Sonnabend im Bonner Hofgarten versammeln. Es ist grau und bewölkt, gelegentlich gehen kurze Schauer nieder, aber von den sintflutartigen Regenfällen, die dereinst das Woodstock-Festival verheerten, ist das Wetter an diesem Tag weit entfernt. Dreihunderttausend Menschen sind hier zusammengekommen, am 10. Oktober 1981, um für den Weltfrieden zu demonstrieren, für «Peace, Love and Harmony»: ganz wie die Hippies und Blumenkinder zwölf Jahre zuvor bei ihrem großen Stammestreffen am Ende der bürgerrechtsbewegten Sechziger. Damals war es eine halbe Million, die sich etwas nördlich von New York auf den Feldern des Bauern Max Yasgur versammelte, um Musik zu hören und Drogen zu nehmen, um gegen den Vietnamkrieg zu protestieren und gegen die ungerechte Verfassung der Welt im Ganzen. Die Verhältnisse waren chaotisch, viele blieben in ihren Autos schon auf den überfüllten Straßen zum Festivalgelände stecken, und wer ankam, hatte oft kaum die Gelegenheit, einen Blick auf die Bühnen zu erhaschen.

In der Bundesrepublik Deutschland im Jahr 1981 ist alles besser organisiert, um nicht zu sagen: perfekt. Die demonstrationswilligen Massen werden in Sonderzügen der Deutschen Bundesbahn oder in Bussen in die Bundeshauptstadt Bonn gebracht, dort bewegen sich die Demonstranten in einem fünfzackigen Sternmarsch aufeinander zu, um sich bei der Abschlusskundgebung zu treffen. «Die achtziger Jahre werden mehr und mehr zum gefährlichsten Jahrzehnt in der Geschichte der Menschheit. Ein Dritter Weltkrieg wird aufgrund der weltweiten Aufrüstung immer wahrscheinlicher.» So lauten die ersten Zeilen des Aufrufs zur Demonstration, und am Ende heißt es: «Wir sind alle aufgerufen, uns mit Mut, Phantasie und langem Atem gegen einen drohenden Atomkrieg zu wehren und Alternativen zur gegenwärtigen Militärpolitik zu entwickeln.» Schier unüberschaubar sind die Menschenmengen, die für dieses Ziel demonstrieren, es sind junge Hippies und Ökos darunter sowie Hippies und Ökos mittleren Alters, Angehörige von Kirchengruppen und der im Vorjahr neu gegründeten Partei Die Grünen, Gewerkschafter, Mitglieder von DKP und CDU, aber auch solche aus der SPD, die sich gegen den offiziellen Regierungskurs des Bundeskanzlers Helmut Schmidt aussprechen. Es reden der evangelische Pastor und ehemalige SPD-Bürgermeister Westberlins, Heinrich Albertz; zwei Prominente aus der Partei Die Grünen, Petra Kelly und Gert Bastian; die Witwe des US-amerikanischen Bürgerrechtlers Martin Luther King, Coretta Scott King, versucht, ein wenig Hoffnung auf eine friedliche Welt zu stiften; die Theologin Uta Ranke-Heinemann hingegen malt die Gesamtlage in den düstersten Farben.

Zu Beginn der achtziger Jahre spitzt sich der Kalte Krieg zu; bei vielen Menschen wächst die Angst, er könnte bald in einen heißen Krieg umschlagen. Seit 1977 hat die Sowjetunion in den Staaten des Warschauer Pakts neue Waffen für einen Atomkrieg in Stellung gebracht. Die zwanzigste Generation der «Surface-to-surface»-Raketen, kurz SS-20, kann fünftausend Kilometer weit fliegen und also im Ernstfall ganz Westeuropa verheeren. Dagegen verabschiedet das westliche Militärbündnis im Dezember 1979 den NATO-Doppelbeschluss. Darin heißt es: Wenn die Sowjetunion sich nicht binnen vier Jahren für den Rückzug der SS-20 entscheide, dann werde man selbst neue atomare Mittelstreckenraketen stationieren. Mit den Pershing-II-Flugkörpern will die NATO jenes «Gleichgewicht des Schreckens» wiederherstellen, das – wie die Vertreter beider Militärblöcke behaupten – in der gegenwärtigen Lage einzig und allein den Frieden garantiert. Die Sowjetunion bleibt vom Doppelbeschluss unbeeindruckt, mehr noch: Zwei Wochen danach, am 25. Dezember 1979, lässt sie Truppen in Afghanistan einmarschieren, um das seit dem vorigen Jahr dort herrschende kommunistische Regime zu unterstützen. Dieses hat sich eine Modernisierung und Säkularisierung des Landes zum Ziel gesetzt, unter anderem mit gleichen Bürgerrechten für Frauen und einem Burkaverbot. Darum wird es von den islamistischen Mudschaheddin bekämpft, welche wiederum – rückblickend betrachtet eine allerdings bizarre historische Wendung – die Unterstützung der USA genießen.

Die Konfrontation zwischen dem kapitalistischen Westen und dem kommunistischen Osten ist damit in eine neue Phase der Eskalation eingetreten; nicht wenige Menschen sehen sich, wie es schon im Aufruf zur Demonstration in Bonn anklingt, am Vorabend eines Dritten Weltkriegs. Die dreihunderttausend Demonstranten in der Bundeshauptstadt bekunden ihre Ohnmacht und ihre Angst angesichts einer politischen Lage, die jederzeit zu einer globalen Katastrophe führen könnte. Dass so viele Menschen zusammenkommen, um ihren Unmut zu bekunden, verschafft vielen Glücks- und Gemeinschaftsgefühle; darin ähnelt die Stimmung tatsächlich jener in Woodstock zwölf Jahre zuvor, als Janis Joplin beim Blick von der Bühne ins Publikum ergriffen ausruft: «Ich hätte nicht gedacht, dass wir so viele sind!» Auch in Woodstock sind die Besucher und Besucherinnen im Protest gegen einen Krieg geeint, den Vietnamkrieg.

Aber es gibt doch einen Unterschied, der wiederum etwas aussagt über den Unterschied zwischen den siebziger Jahren, die in Woodstock beginnen, und den Achtzigern, die ihren Ausgang im Bonner Hofgarten nehmen. In Woodstock wähnen sich die Menschen am Beginn einer neuen Epoche; einer Epoche, die weniger kriegerisch und konfrontativ sein wird als die bisherige Menschheitsgeschichte. Sie betrachten sich, nach dem Titel eines Woodstock-Songs von Melanie Safka, als «beautiful people», deren harmonischer und friedfertiger Geist bald die ganze Welt beglücken wird – gewissermaßen als Avantgarde einer Globalisierung, die die gesamte Menschheit einer besseren Zukunft entgegenführt. In Bonn fehlt dieser utopische Glaube. Wer im Hofgarten für den Frieden demonstriert, der tut dies nicht aus dem optimistisch gestimmten Geist der Friedfertigkeit heraus – sondern aus der Angst vor einer atomaren Apokalypse. Man glaubt nicht mehr daran, dass sich die Welt durch das eigene Handeln zum Besseren verändern lässt – sondern handelt politisch, um die Veränderung der Welt zum Schlechteren aufzuhalten. Auch hier geht es um Globalisierung, auch hier betrachtet man den Planeten im Ganzen. Doch betrachtet man ihn aus der Perspektive einer möglichen planetarischen Apokalypse.

Und es gibt noch einen Unterschied zwischen Woodstock und Bonn. Das musikalische Programm der Hofgartendemonstration ist, um es vorsichtig zu sagen, nicht ganz so toll. Unter anderem treten die Liedermacher Hannes Wader und Franz Josef Degenhardt auf und der in der DDR lebende kanadische Banjospieler Perry Friedman, der in seiner Wahlheimat die sogenannte Singebewegung mitgegründet hat; der Calypso-Sänger Harry Belafonte intoniert mit den Massen das Erkennungslied der alten US-amerikanischen Bürgerrechtsbewegung, «We Shall Overcome». Vielleicht könnte man sagen: Fortschrittliche politische Botschaften werden hier in musikalisch eher traditionsseligem Ton vorgetragen. Dies gilt auch für die jüngsten Künstlerinnen und Künstler, die im Hofgarten auf der Bühne stehen. Die Folksängerin, Gitarristin und Querflötenspielerin Angi Domdey etwa hat seit Mitte der Siebziger mit ihrer Gruppe Schneewittchen an einer Verbindung von deutschen Volksliedern und Blues-Balladen mit feministischen

Botschaften gearbeitet; auf ihrem Debütalbum «Zerschlag deinen gläsernen Sarg (Frauenmusik – Frauenlieder)» aus dem Jahr 1978 findet sich eine populäre Parole der Gegenkultur, instrumentiert mit Flöte, Bratsche und Akkordeon: «Unter dem Pflaster liegt der Strand.»

Die Stars des Abends sind aber die Bots: eine Folkgruppe aus den Niederlanden, die Ende der Siebziger angefangen hat, auf Deutsch zu singen. «Aufstehn» heißt ihr Erfolgsalbum aus dem Jahr 1980, auf dem sich auch der größte Hit findet, «Sieben Tage lang». Zu einer markanten, von Flöte und Glockenspiel eingeleiteten Melodie und einem schließlich einsetzenden, spielmannszugartigen Schlagzeug singen die fünf Musiker im Chor mit starkem niederländischen Akzent, dass sie nicht wüssten, was sie sieben Tage lang trinken wollen: «… so ein Durst!» Doch findet sich die Lösung der Frage alsbald im Bekenntnis zur Gemeinschaftlichkeit: «Es wird genug für alle sein / Wir trinken zusammen / Roll das Fass mal rein! / Wir trinken zusammen / Nicht allein!» Vor dem Auftritt im Hofgarten ist gerade das zweite deutschsprachige Album der Bots erschienen: «Entrüstung». Auf dem Cover sieht man einen Kampfpanzer der Marke Gepard. Allerdings sind die beiden Kanonenrohre seitlich des Ausgucksturms durch zwei E-Gitarren ersetzt, und die Panzerketten bestehen aus Klaviertasten. Auf «Entrüstung» ist der zweite große Hit der Gruppe zu hören, «Das weiche Wasser», das wie ein Thesenstück für die Friedensdemonstrationen komponiert worden ist: «Europa hatte zweimal Krieg / Der dritte wird der letzte sein», heißt es darin. «Gib bloß nicht auf, gib nicht klein bei / Das weiche Wasser bricht den Stein.» Und: «Komm, feiern wir ein Friedensfest / Und zeigen, wie sich's leben lässt.»

«Das weiche Wasser bricht den Stein»: So könnte man auch die Botschaft der zentralen Rede im Bonner Hofgarten paraphrasieren. Sie wird gehalten von dem Schriftsteller Heinrich Böll, der seit den Siebzigern zu einem der wichtigsten Festredner des zivilen Widerstands gegen die als ungerecht empfundenen gesellschaftlichen Verhältnisse geworden ist. In Bonn fordert Böll sein Publikum dazu auf, sich von der scheinbaren Ausweglosigkeit der Situation nicht einschüchtern und lähmen zu lassen; man dürfe nicht glauben, die «kleinen Leute» hätten keine Möglichkeit, gegen das anzugehen, was «die Politiker» entscheiden. «Die Politiker haben ja die Wahl, uns zu apathischen Zynikern zu machen», sagt Böll. «Das ist sehr leicht geschehen. Sie können es haben, sie können eine gelähmte Bevölkerung auf der ganzen Welt haben, die gelähmt ist von diesen Waffenpesten und Waffenzahlen. Wir wollen uns nicht lähmen lassen!»

Was die Bereitschaft zur massenweisen Meinungsbekundung betrifft, so muss Heinrich Böll sich einstweilen keine Sorgen darum machen, dass die Gesellschaft unter Lähmungserscheinungen leidet. Jedenfalls in der Bundesrepublik Deutschland wird Anfang der achtziger Jahre so viel demonstriert wie nie zuvor. Weitaus mehr als selbst zur Hochzeit der 68er-Bewegung: Als im Mai 1968 im Bonner Hofgarten gegen die Notstandsgesetze demonstriert wird – auch damals ist Heinrich Böll schon als Hauptredner dabei –, kommen gerade einmal fünfzigtausend Menschen zusammen. Bei der Kundgebung gegen den NATO-Doppelbeschluss sind es sechsmal so viele.

Aber man demonstriert Anfang der achtziger Jahre nicht nur gegen den NATO-Doppelbeschluss. Man kettet sich zum Beispiel auch an Bäume, die für die Erweiterung des Frankfurter Flughafens durch eine Startbahn West gerodet werden sollen. Und vor allem versucht man, den Bau von Atomkraftwerken oder nuklearen Endlagern zu verhindern. Schon ein halbes Jahr vor der Kundgebung im Bonner Hofgarten, am 28. Februar 1981, sind hunderttausend Menschen in Brokdorf zusammengekommen, einem Dorf an der Elbe etwas nordwestlich von Hamburg. Dort soll seit Anfang der siebziger Jahre ein Atomkraftwerk errichtet werden, doch haben zahlreiche Gerichtsverfahren die Bauarbeiten immer wieder verzögert. Jetzt hat das Oberlandesgericht Lüneburg die letzte Baustopp-Verfügung aufgehoben; schon zum Weihnachtsfest 1980 versammeln sich darum Tausende Menschen auf den Marschwiesen vor dem eingezäunten Gelände, Anfang Februar demonstrieren zehntausend in Hamburg. Am Ende des Monats ist es die zehnfache Menge, die sich auch hier in einem Sternmarsch auf den Weg zur Baustelle macht. Anders als die Versammlung im Hofgarten ist diese allerdings «wegen der Erwartung unfriedlicher Aktionen» verboten. Die Demonstranten und Demonstrantinnen umgehen die Straßensperren der Polizei und schlagen sich, von Kradmeldern mit Handfunkgeräten geleitet, auf manchmal abenteuerlichen Wegen durch das norddeutsche Flachland. Vor Ort werden sie von der Staatsmacht mit Hubschraubern und Wasserwerfern empfangen. Wer an dieser Veranstaltung teilnimmt, fühlt sich weniger an Woodstock erinnert als vielmehr an Krieg. Oder wenigstens an die dramatischen Bilder von Militärhubschraubern in Vietnam, die Francis Ford Coppola in seinem kurz vorher herausgekommenen Film «Apocalypse Now» zeigt.

«Apokalypse» heißt auch ein Lied der Düsseldorfer Gruppe Fehlfarben, das auf dem Debütalbum «Monarchie und Alltag» im Oktober 1980 erscheint; es bringt die Stimmung vieler Menschen am Beginn dieses Jahrzehnts auf den Punkt. Der Fehlfarben-Sänger Peter Hein kündet darin von einer Apokalypse, die wie bei Coppola nicht mehr bevorsteht, sondern längst eingetreten ist. Aus der Zivilisation ist eine «Un-Zivilisation» geworden, man lebt in verbotenen Zonen voller Fabriken, «in die keiner seine Nase steckt», während die «Waffenschmieden der Nation» unentwegt Panzer und Raketen produzieren. «Ernstfall – es ist schon längst so weit / Ernstfall – Normalzustand seit langer Zeit», heißt es im Refrain, und am Ende bekundet Peter Hein in gleichsam heroischer Resi-

Es finden sich am Anfang der achtziger Jahre viele Gründe, Angst zu haben – darunter das nukleare Wettrüsten der Großmächte und der NATO-Doppelbeschluss. Im Oktober 1981 demonstrieren dreihunderttausend Menschen im Bonner Hofgarten gegen die Stationierung von Mittelstreckenraketen in Deutschland und für eine friedliche Welt.

gnation: «Ich fürchte nicht um mein Leben / Ich hab nur Angst vor dem Schmerz.»

Angst ist das Leitmotiv für die sozialen Bewegungen und für die Popkultur am Beginn der achtziger Jahre. «Aufrüstung macht mir Angst», steht auf einem der Schilder, das auf der Friedensdemonstration im Bonner Hofgarten hochgereckt wird; das «t» in «Angst» ist in der Form eines Totenkreuzes gezeichnet. Auf einem anderen liest man: «Ich wollte doch Großvater werden.» Es gibt viele Gründe, in dieser Zeit Angst zu haben, zu Atomkrieg und Atomkraft kommen die verschiedensten Arten der Umweltverschmutzung. Am Anfang des Jahrzehnts sind es zunächst das Waldsterben und der saure Regen, die das Kommen der Apokalypse ankündigen; in der Mitte der Achtziger gerät das Ozonloch in den Mittelpunkt des Interesses: eine Schädigung der Atmosphäre, durch die das Risiko von Hautkrebs und anderen Erkrankungen steigt. Man hat Angst vor chemischen Giften wie Dioxin, die in rostigen Fässern endgelagert werden und in das Grundwasser eindringen. Die Angst vor der unbeherrschbaren Atomtechnologie wird in der zweiten Hälfte der Achtziger noch einmal befeuert durch die Kernschmelze im Kraftwerk von Tschernobyl.

Wer sich in dieser Zeit auf der progressiven Seite der Gesellschaft verortet, der glaubt nicht daran, dass «die Mächtigen», «der Staat» oder «der militärisch-industrielle Komplex» im Interesse der Menschen und mit Blick auf eine friedliche Welt und das Leben kommender Generationen handeln. Vielmehr meint man, dass es den Mächtigen nur um den kurzfristigen Eigennutz geht oder darum, nichts ändern zu müssen an dem verschwenderischen Lebensstil, den sie sich angewöhnt haben. Wenn alles so bleibt, wie es ist, dann ist die ganze Menschheit verloren. «Erst wenn der letzte Baum gerodet, der letzte Fluss vergiftet, der letzte Fisch gefangen ist, werdet ihr merken, dass man Geld nicht essen kann»: So lautet der – angeblich von einem Häuptling des nordamerikanischen Cree-Stammes geprägte – Spruch auf einem Transparent, das zwei Mitglieder der Umweltschutzorganisation Greenpeace im Juni 1981 an einem Schornstein der Hamburger Chemiewerke Boehringer anbringen.

Die Menschheit braucht eine «planetarische Wende»: So hat es schon im Jahr 1975 der CDU-Abgeordnete Herbert Gruhl formuliert. In seinem Buch «Ein Planet wird geplündert» beschreibt Gruhl den «Raubbau» an der Natur und die «Zerstörung der natürlichen Lebensgrundlagen», die zu «irreversibler Umweltverderbnis» führen; er warnt vor der Ausrottung von Tier- und Pflanzenarten, vor der Verseuchung der Seen und der Vergiftung der Luft – und vor allem davor, dass das Sterben der Wälder und die Verkarstung der Böden bald schon dazu führen wird, dass in der Atmosphäre nicht mehr genug Sauerstoff ist, um die Menschheit überleben zu lassen. Auch könne die bei der Energieproduktion entstehende Abwärme eine «Veränderung des Weltklimas» hervorrufen; wenngleich sich die Menschheit schon auf anderem Wege umgebracht haben dürfte, bevor die Klimaerwärmung zu einem existenziellen Problem werde.

Es sei denn, die Menschheit vollzieht jene «totale Wendung», die Gruhl in seinem Buch fordert; das bedeutet, dass «der Mensch nicht mehr von seinem Standpunkt aus handeln kann, sondern von den Grenzen unserer Erde ausgehend denken und handeln muss. Wir nennen diese radikale Umkehr die Planetarische Wende. Das bisherige Denken ging von den Wünschen und Bedürfnissen des Menschen aus. Er fragte sich: Was will ich noch alles? Das neue Denken muss von den Grenzen dieses Planeten ausgehen und führt zu dem Ergebnis: Was könnte der Mensch vielleicht noch?»

Als das Buch erscheint, ist Herbert Gruhl als Sprecher für Umweltfragen in der Bundestagsfraktion der CDU tätig. Doch wird ihm dieses Amt wegen seiner kritischen Einstellung zur Nutzung der Atomenergie bald entzogen. 1978 tritt er aus der CDU aus und gründet eine eigene Partei, die Grüne Aktion Zukunft; zwei Jahre später schließt sich diese mit anderen Gruppierungen zur neuen Partei Die Grünen zusammen. Auf deren Gründungsparteitag am 12. Januar 1980 hält Gruhl die Eröffnungsrede.

Die Grünen sind die Partei der «planetarischen Wende», das ist jedenfalls die Hoffnung, die Gruhl und seine Anhänger und Anhängerinnen im Jahr 1980 hegen. Freilich sind sie nicht die Einzigen, die sich eine Wende auf die Fahnen geschrieben haben. Auch Gruhls ehemalige Partei, die CDU, ruft im selben Jahr eine solche aus: Sie fordert eine «geistig-moralische Wende», wie es in einem später geprägten Schlagwort heißt. «Die Wende ist fällig», so heißt es im «Mannheimer Manifest der Union für die Wende in Deutschland», das im September 1980, kurz vor den Wahlen zum Bundestag, veröffentlicht wird; und schon im ersten Satz erklärt die aus den christlichen Parteien CDU und CSU bestehende Union, dass sie «mit aller Kraft für die geistige und politische Wende in Deutschland kämpfen» will. «Es ist Zeit, dass die Wende jetzt kommt», schreibt ihr Kanzlerkandidat, der bayerische Ministerpräsident Franz Josef Strauß: «Wir sind entschlossen, sie herbeizuführen, um Deutschlands willen.»

Mit dieser Wende soll also nicht der ganze Planet gerettet werden, sondern erst einmal nur Deutschland. Auch geht es in der Politik, die hier beschworen wird, nicht um den Schutz der Umwelt und um ein anderes, neues Verhältnis der Menschen zu ihren natürlichen Lebensgrundlagen. Vielmehr wünscht sich der deutsche Konservatismus eine Wende zurück zu verlorengegangenen «Werten» und «Tugenden», zu Leistungsbereitschaft und Eigeninitiative, zu «Lebenstüchtigkeit» und «Selbständigkeit», wie es der CDU-Vorsitzende Helmut Kohl formuliert. Auch gelte es, die brüchig gewordenen Bindungen zwischen den Menschen zu festigen; die Ehe und die Familie sollten wieder ins Blickfeld der Politik rücken.

Es geht bei dieser Wende um die Korrektur falscher Entwicklungen, für die konservative Politiker gerade diejenigen verantwortlich machen, die ihrerseits eine planetarische Wende fordern: also die Grünen und jene sozialen Bewegungen, aus denen heraus diese Partei wesentlich entstanden ist, die Umweltbewegung, der Feminismus, die Verfechter und Verfechterinnen einer antiautoritären Erziehung; alles das, was die Konservativen als Erbe der 68er und ihrer fundamentalen Kritik der bürgerlichen Institutionen betrachten. Diese Kritik, so Helmut Kohl auf dem Mannheimer Parteitag der CDU im März 1981, habe zu einer grundlegenden «Sinnkrise» geführt: «Es besteht eine tiefe Unsicherheit, gespeist aus Angst und Ratlosigkeit, Angst vor wirtschaftlichem Niedergang, Sorge um den Arbeitsplatz, Angst vor Umweltzerstörung, vor Rüstungswettlauf, Angst vieler junger Menschen vor ihrer Zukunft. Manche dieser jungen Mitbürger fühlen sich ratlos, steigen aus, flüchten in Nostalgie oder Utopien.»

Auch auf der konservativen Seite des politischen Spektrums sieht man sich also von Ängsten umgeben. Doch ängstigt man sich hier nicht vor dem Untergang der Welt, sondern vor dem Zerfall der Gesellschaft, vor einem grassierenden neuen Individualismus – also davor, dass die Menschen nicht mehr das große Ganze im Blick haben, sondern nur noch an sich selber denken; dass sie ihre eigenen Interessen wichtiger nehmen als die Gemeinschaft. Nicht nur Helmut Kohl glaubt, dass gegen diese Entwicklung etwas getan werden muss. Zwei Jahre zuvor, 1979, ist in Großbritannien die konservative Politikerin Margaret Thatcher zur Premierministerin gewählt worden; schon sie hatte sich «change», die Wende oder den Wandel, auf die Fahnen geschrieben. Und im November 1980 gewinnt der republikanische Kandidat Ronald Reagan die US-amerikanischen Präsidentschaftswahlen; er verspricht seinem Wahlvolk, die «Sinnkrise» der siebziger Jahre mit einer «Revolution» zu überwinden.

Diese Sinnkrise erzeugt ebenso Ängste wie der drohende Atomkrieg und die Umweltverschmutzung. Die ältere Generation hat Angst davor, dass der Pazifismus der langhaarigen Demonstranten die Wehrbereitschaft der Nation schwächt und die Russen eines Tages doch noch über die Elbe kommen. Sie hat Angst vor der Jugend und ihrer wohlstandsgenährten Verantwortungslosigkeit, vor ihrer Verrohung und Traditionsvergessenheit, vor dem Verlust von Tugenden, Bindungen, Identität. Man hat Angst davor, dass es bald keine «intakten» Familien mehr gibt, weil der Nachwuchs zu selbstbezogen ist, um überhaupt Kinder in die Welt zu setzen. Man hat Angst davor, dass junge Menschen sich dem schmutzigen und aggressiven Nihilismus zuwenden, der sich am Anfang der achtziger Jahre mit der neuen Jugendkultur Punk auch in Deutschland ausbreitet. Man hat aber auch Angst davor, dass ganz normale Jugendliche ihre Zeit nur noch mit dem Konsum gewaltverherrlichender Videofilme verbringen und eine ganze Generation darüber ihre Empathiefähigkeit verliert, emotionslos und aggressiv wird. Man hat Angst davor, dass die ebenfalls durch das neue Medium des Videorecorders flächendeckend verbreitete Pornokultur zu einer dauerhaften Störung der Bindungsfähigkeit führt.

In dieser zweiten Art von Angst spiegelt sich der gesellschaftliche Wandel der Zeit: Vertraute Sicherheiten und Institutionen verschwinden; herkömmliche biographische Muster und Lebensformen verlieren an Bedeutung. Am Beginn der achtziger Jahre ist es nicht mehr selbstverständlich, dass junge Frauen und Männer einander heiraten, Kinder kriegen und diese dann auch gemeinsam aufziehen. Die Geburtenrate sinkt, die Zahl der Kinderlosen steigt ebenso wie jene der Geschiedenen, der alleinerziehenden Mütter und der Patchwork-Familien, in denen Kinder aus unterschiedlichen früheren Beziehungen miteinander aufwachsen. Die gesamte Gesellschaft scheint sich in ein «Patchwork der Minderheiten» zu verwandeln, wie es der französische Philosoph Jean-François Lyotard schon in einer Schrift aus dem Jahr 1977 genannt hat, oder auch: in eine «multikulturelle Gesellschaft», wie man Anfang der achtziger Jahre erstmals sagt.

Aber Angsthaben: Das ist nur die eine Seite der politischen und kulturellen Entwicklung in dieser Zeit. Dass man so viel Angst hat am Beginn der achtziger Jahre – das heißt gerade nicht, dass die Gesellschaft deswegen «gelähmt» wäre, wie es Heinrich Böll bei seiner Rede im Bonner Hofgarten befürchtet, oder dass die kommende Generation sich in «Nostalgie oder Utopien» flüchtet, wie Helmut Kohl glaubt. Das Gegenteil ist richtig: Die Ängste vor der Apokalypse entfesseln auch neue Energien, stiften neue Gemeinschaften und politische Kollektive. Was die Konservativen als Sinnkrise beklagen, wird von immer mehr Menschen als Befreiung aus den Fesseln der Tradition empfunden – als ein Wandel, der jedem und jeder mehr Möglichkeiten gibt, das eigene Leben nach den eigenen Vorstellungen zu gestalten. Die Achtziger sind also nicht nur ein Jahrzehnt der Ängste, sondern ebenso sehr eines des Aufbruchs; eine Zeit, in der sich politische, soziale, kulturelle Strömungen bilden, die bis in unsere Gegenwart reichen.

Nicht zuletzt sind sie ein Jahrzehnt des technologischen Wandels: Es entsteht, was wir heute als digitale Gesellschaft begreifen. Auch davor haben viele Menschen erst einmal Angst. Sie fürchten sich vor der Verbreitung der Personal Computer in den Kinder- und Jugendzimmern; also davor, dass die heranwachsende Generation über den süchtig machenden Computerspielen jeden Kontakt zur echten Realität verliert. Auf der Seite jener, die den Mächtigen und ihren Absichten grundsätzlich misstrauen, hat man dagegen Angst, dass die Computertechnologie direkt in einen neuen Überwachungsstaat führt, in dem der herrschende militärisch-industrielle Komplex seine Untertanen bis in die intimsten Details ihres Daseins durchleuchtet. Im «Orwell-Jahr» 1984 kommt es darum zu einer breiten gesellschaftlichen Bewegung gegen die von der Bundesregierung beabsichtigte Volkszählung.

Im selben Jahr tritt eine weitere Angst hinzu: jene vor der sich ausbreitenden Aids-Epidemie. Die Mehrheitsgesellschaft bekommt Angst vor den Schwulen, die als «Superspreader» dieser unweigerlich tödlichen Krankheit erscheinen. Die Schwulen wiederum haben Angst davor, dass die Fortschritte der sexuellen Emanzipation in den siebziger Jahren wieder rückgängig gemacht werden könnten – und natürlich bangt jeder Einzelne darum, nicht selbst von der tödlichen Krankheit getroffen zu werden. Doch haben diese Ängste auch den Effekt, dass in der Gesellschaft nun offener über das Sexuelle gesprochen wird; über das Recht jedes Menschen, das eigene sexuelle Begehren auszuleben; aber auch über die Verantwortung, die jeder und jede für die Gesundheit – und für das Glück – des Sexualpartners besitzt.

Die Achtziger sind ein Jahrzehnt, das getrieben ist von einer Dialektik aus Furcht und Aufbruch, aus restaurativem Verzagen und der Entfesselung neuer Energien: «Hi-NRG» – kurz für «High Energy» – heißt nicht umsonst das musikalische Genre, mit dessen Erfindung der Pop der achtziger Jahre beginnt. Der Entstehung dieser Energien möchte ich im Folgenden nachgehen. Dabei ist es oft schwer oder gar nicht mehr zu entscheiden, welche politischen und kulturellen Entwicklungen in dieser Zeit wahrhaft progressiv waren und welche konservativ oder reaktionär. Vielleicht haben diese Begriffe schon in den achtziger Jahren nicht mehr dazu getaugt, die Komplexität der Verhältnisse zu beschreiben? Der Philosoph Jürgen Habermas hat die geistige Situation seiner Zeit im Jahr 1985 als «neue Unübersichtlichkeit» beschrieben.

Am Ende stellt man jedenfalls fest, dass es weder zu einer «planetarischen Wende» im Sinne der Öko- und Friedensbewegung gekommen ist noch zu einer «geistig-moralischen Wende» im Sinne der Konservativen. Die Achtziger sind auch ein Jahrzehnt der Erfolglosigkeit, der Rückschläge und der Erkenntnis, dass ein tiefgreifender Bewusstseinswandel in der Gesellschaft nicht von heute auf morgen zu haben ist. Die Grünen schaffen es langsam in die Parlamente, aber weder können sie die Stationierung von Atomraketen verhindern – im November 1983 beschließt die Bundesregierung unter dem CDU-Kanzler Kohl, den Doppelbeschluss umzusetzen –, noch können sie den Ausstieg aus der zivilen Atomenergie erzwingen. Auf der anderen Seite des politischen Spektrums mag Helmut Kohl noch so oft von einer geistigen und politischen Wende zurück zu alten Bindungen und Tugenden reden – die Individualisierung der Gesellschaft erweist sich als unaufhaltsam. Nicht zuletzt deswegen, weil die Konservativen in Deutschland und anderswo zwar eine Rückkehr zu Familie, Tradition und Gemeinschaft beschwören, aber mit ihrer Politik des entfesselten Marktes zugleich jene Individualisierung und «Ego-Gesellschaft» befördern, die sie zu bekämpfen vorgeben.

Die Achtziger beginnen damit, dass allenthalben eine Wende beschworen wird und es doch so weitergeht wie zuvor. Sie enden damit, dass es tatsächlich zu einer Wende kommt: einer Wende, die nun allerdings grundstürzend ist und planetarische Dimensionen besitzt – die aber niemand beschworen hat und von der auch fast niemand etwas ahnte. Vieles in diesem Jahrzehnt wirkt heute schrill oder fern wie Föhnfrisuren und Pornoschnauzbärte, Aerobic-TV und Atari-Konsole. Aber vieles, was in den Achtzigern anfängt, ist bis in unsere Gegenwart prägend, von der Yuppie-Kultur bis zur Digitalisierung. Wir reisen zurück in eine pulsierende Zeit – die sich selber ebenso grundlegend verkannte wie ihre Zukunft. Auch darin ist uns dieses Jahrzehnt heute vielleicht näher, als wir denken.

TEIL I

ÖKOS, PUNKS UND POPPER: EINE TYPENLEHRE DER ACHTZIGER JAHRE

1. KAPITEL

·· • ··

SCHLABBERPULLIS IM DEUTSCHEN
BUNDESTAG: PROTESTBEWEGUNGEN
UND DER MARSCH DURCH DIE
INSTITUTIONEN

Im Januar 1980 findet in Karlsruhe der Gründungsparteitag der Grünen statt. Wie bei der Demonstration im Bonner Hofgarten versammeln sich auch hier viele Menschen, um gemeinsam ihr Dagegensein auszudrücken. Wobei sich das Dagegensein nicht auf die zivile Nutzung der Atomenergie und die nukleare Aufrüstung beschränkt. In der neuen Partei treffen sich politische Strömungen, die in den siebziger Jahren noch getrennt verlaufen sind. Neben den Friedens- und Umweltbewegten finden sich Aktivistinnen aus der Neuen Frauenbewegung, aber auch Dritte-Welt-Initiativen, die gegen den Hunger in unterentwickelten Ländern kämpfen oder dortige Befreiungsbewegungen gegen die kapitalistische Ausbeutung unterstützen. Und schließlich wechseln die letzten noch aktiven Protagonisten aus dem zerfallenden Milieu der K-Gruppen in die Partei. Eine Abspaltung des Kommunistischen Bundes, die Gruppe Z, bemüht sich schon auf dem Gründungsparteitag darum, die generelle politische Orientierung der Grünen nach links zu verschieben.

Dabei wollen sich diese anfangs ausdrücklich nicht im herkömmlichen politischen Koordinatensystem positionieren. «Nichts links, nicht rechts, sondern vorn» – so lautet einer der Slogans, die man in Karlsruhe auf Plakaten und Spruchbändern findet. «Weder Kapitalismus noch Kommunismus. Wir brauchen neue Wege» –

heißt es dann auf einem Plakat für den Bundestagswahlkampf im Herbst 1980. Eigentlich möchten die Grünen auch gar nicht als Partei verstanden werden; vielmehr sehen sie sich als Anti-Partei, als Anti-Parteien-Partei oder – wie es im ersten Wahlkampfprogramm heißt – als «Alternative zu den herkömmlichen Parteien». Sie treten bei diesem und den folgenden Wahlkämpfen entsprechend auch nicht als Partei im Singular an, sondern als «Die Grünen» im Plural oder in Form von «Listen»: als «Grüne Liste», «Alternative Liste» oder auch «Grün-Alternative Liste». So wollen sie zum Ausdruck bringen, dass sie keine hierarchische Organisation sind, sondern ein «Sammelbecken» von außerparlamentarischen Strömungen. Mit einem später etablierten Begriff würde man sagen: Es geht um die Vernetzung von Menschen, die aus unterschiedlichen politischen und weltanschaulichen Traditionen kommen, zum Teil auch sehr unterschiedliche politische Ziele verfolgen – und doch in der Auffassung übereinstimmen, dass die drängendsten Probleme der Gegenwart von den etablierten Parteien ignoriert oder gar erst erschaffen werden.

Die Eröffnungsrede auf dem Karlsruher Parteitag wird, wie schon erwähnt, von dem konservativen Ökologen und ehemaligen CDU-Abgeordneten Herbert Gruhl gehalten; er trägt bei seinem Auftritt, wie es für Politiker damals üblich ist, Anzug und Schlips. Damit steht er in der Karlsruher Stadthalle beinahe alleine da. Der einzige andere prominente Anzugträger ist der Westberliner Anwalt Otto Schily, der in den siebziger Jahren dadurch bekannt geworden ist, dass er die Mitglieder der RAF im sogenannten Stammheim-Prozess verteidigte. Zu Beginn seiner Zeit bei den Grünen wird er sich vor allem dem Vorhaben widmen, die Angehörigen weltanschaulich eher konservativer Strömungen wieder aus der Partei zu drängen – wie zum Beispiel eben Herbert Gruhl, der die Grünen darum zwei Jahre später verlässt.

Abgesehen von den beiden verfeindeten Anzugträgern Schily

und Gruhl, sind die grünen Männer in Karlsruhe mehrheitlich informell, schluffig und schlampig gekleidet. Sie tragen grob gestrickte, gern auch zu weit geschnittene Pullover – sogenannte Schlabberpullover –, dazu Cordhosen und manchmal Cordjacketts mit großen Lederaufnähern an den Ellbogen. Das lange Haupthaar fällt oft in fettigen Strähnen in die Stirn, wenn es nicht zu einem – bis dahin im wesentlichen Frauen vorbehaltenen – Pferdeschwanz zusammengebunden wird oder aber, je nach Spannkraft und Haartyp, als voluminöses Wuschelgebilde um den Kopf schwebt. Die Bärte der grünen Männer sind ebenfalls grundsätzlich unbeschnitten und ungepflegt, weswegen sie auch als Fusselbärte firmieren. Die Bekleidung der weiblichen Grünen-Mitglieder wird ebenso von selbstgestrickten Pullovern beherrscht sowie von weiten Maxiröcken, die bis auf den Boden fallen; wenn Hosen getragen werden, dann handelt es sich um weite, sehr bequeme und die Körperform verhüllende Pluderhosen oder um die noch aus der Neuen Frauenbewegung stammenden Latzhosen. Röcke, Hosen und auch Blusen werden gerne selber genäht und gefärbt, Letzteres am liebsten im Batikverfahren, bei dem man durch das Zusammenknüllen der Textilien während des Färbeprozesses knittrige Muster erzeugt, die wahlweise exotisch oder psychedelisch wirken oder beides.

Diese Art der negativen Uniformierung ist interessant, gerade angesichts der Beschwörung von Vielheit und Individualismus. Wenn die Grünen sich am Anfang der achtziger Jahre auch als Sammelbewegung verstehen, so kann man ihre Mitglieder und Sympathisanten doch auf den ersten Blick an ihren Frisuren und an ihrer Bekleidung identifizieren. Aus der scheinbaren Verweigerung gegen Modestile jeglicher Art entsteht eine eigene, äußerst prägnante Mode. Zu der wesentlich gehört, dass man zwischen formellen und informellen Bekleidungsstilen nicht mehr unterscheidet, weswegen bei politischen Versammlungen dasselbe schluffige Zeug getragen wird wie zu Hause oder beim Demonstrieren. Als besonders wichtig wird es angesehen, sich auch in bürgerlichen Institutionen, für deren Besuch man sich bis dahin feinzumachen pflegte, den herrschenden Bekleidungskonventionen zu widersetzen. Das gilt für die Oper und das Theater ebenso wie für die Parlamente. Als die Grünen – die beim ersten Anlauf im Herbst 1980 nur 1,5 Prozent der Stimmen erhalten und damit an der Fünf-Prozent-Hürde scheitern – im März 1983 erstmals in den Deutschen Bundestag einziehen, genießen sie sichtlich die Verstörung, die sie bei Plenardebatten auslösen: als chaotischer, bunter und offensiv ungepflegter Haufen in einer ansonsten uniformen und grauen Menge von Anzugträgern.

«Man betonte das Unfertige, Spielerische, Lässige und Gestaltungsoffene gegenüber einer normierten und formierten Gesellschaft», so hat der Kulturhistoriker Sven Reichardt diese Stilistik des Dagegenseins in seinem Buch «Authentizität und Gemeinschaft» charakterisiert. «Den antibürgerlichen Effekt erzielte man dadurch, dass die Kleidung Löcher aufwies oder nachlässig mit Flicken versehen war. Sauberkeits- und Ordnungsvorstellungen wurden durch nachlässige Pflege und achtlose Handhabung herausgefordert.» Man ist ja auch dagegen, große Mengen umweltschädlichen Waschpulvers zu verwenden, darum stört man sich nicht an kleinen oder auch größeren Flecken auf der Kleidung. In einem sauberen und eventuell sogar gebügelten Anzug herumzulaufen gilt als Ausweis der Spießigkeit und Ressourcenverschwendung. Die mit der Umwelt- und Friedensbewegung durchaus sympathisierende Kölner Rockgruppe BAP besingt diese Ästhetik 1982 in ihrem Lied «Müsli-Man» folgendermaßen: «Lange blonde Hoor, bläcke Fööß met nur Sandale draan, / Schweb hä op mich zo, speut messjanisch op ming Currywoosch / Ich saare: Hühr ens, wer bess do? / Typisch, dat do mich nit kenns, ich benn dä Müsli-Män.» Auf Hochdeutsch etwa: «Lange blonde Haare, nackte Füße mit nur Sandalen dran, / Schwebt er auf mich zu, spuckt messianisch auf meine Currywurst. /

Mit den Grünen ziehen 1983 auch die Frisuren- und Bekleidungsstile der westdeutschen Gegenkulturen in den Bundestag ein. Hier der Abgeordnete Walter Schwenninger aus Tübingen, von Beruf Studienrat, im Alpaka-Grobstrick vor dem traditionell eingekleideten Bundeskanzler Helmut Kohl (CDU).

Ich sage: Hör mal, wer bist du? / Typisch, dass du mich nicht kennst, ich bin der Müsli-Man.»

Dass die Angehörigen der Alternativkultur als Müsli-Männer und -Frauen bezeichnet werden, hängt natürlich mit ihrer Neigung zum Müsli-Essen zusammen. Auch ansonsten ist ihre Ernährung durch den Willen zu Natürlichkeit und Authentizität geprägt. So wie die Liedermacherinnen und Liedermacher sich zum Zeichen ihres Protests gegen die moderne Gesellschaft an alten und traditionellen musikalischen Formen orientieren, so werden in der grünen Kulinarik vor allem vergessene und traditionelle Lebensmittel und Rezepte wiederentdeckt. Zum Beispiel die Weizenart Dinkel, die sich bis ins 19. Jahrhundert in Deutschland großer Beliebtheit erfreute, dann aber wegen ihrer schlechten Ernteerträge kaum noch angebaut wurde. In der grünen Naturkostbewegung rückt der Dinkel wieder ins Zentrum, auch dank seiner spirituellen Qualitäten – er wurde schon von der mittelalterlichen Mystikerin Hildegard von Bingen als gesundheitsförderndes Getreide empfohlen.

In dem Buch «Der grüne Zweig. Ernährung und Bewusstsein», das von 1973 bis 1981 in diversen Auflagen und Fassungen zum Hauptwerk der Naturkostbewegung wird, ist der Wiederentdeckung des Dinkels ein ganzes Kapitel gewidmet, ebenso wie den in der deutschen Küche bis dahin eher übersehenen Sprossen und Keimen. Eine ausführliche Darstellung widmet sich der Technik des Einmachens, also dem Haltbarmachen von Gemüse und Früchten durch luftdichtes Erhitzen. Wobei gerade diese Technik in den Achtzigern eigentlich noch gar nicht verschwunden ist, sondern sich wenigstens im ländlichen Raum gut gehalten hat – überall dort, wo die ersten Nachkriegsgenerationen in ihren Einzel- und Reihenhaussiedlungen noch genug Platz für einen Gemüsegarten besitzen, dessen Ernte dann durch das Einmachen über den Winter hinweg haltbar gemacht wird. In der Leidenschaft für das Einmachen trifft sich daher das ganz traditionelle Milieu der CDU-Stammwählerschaft (zu dem zum Beispiel meine Eltern gehörten) mit den Angehörigen der Alternativkulturen und den Wählern der Grünen; beiden Kohorten ist diese kulinarische Verwandtschaft aber nur selten bewusst.

Darüber hinaus verfügen Ökos, Späthippies und Friedensbewegte über keine nennenswerte Ess- oder Trinkkultur. Dafür sind sie fast durchweg begeisterte Raucher und Raucherinnen. Was sie rauchen und wie sie es rauchen: Darin versuchen sie sich von ihrer Umwelt wiederum deutlich zu unterscheiden. Zigaretten sollen etwa nicht in fertiger Form und in Verpackungen aus Pappe gekauft werden, als sogenannte Industrie- oder Fabrikzigaretten. Stattdessen wird «Halfzware Shag», also loser Tabak, den man in Beuteln erwirbt, in Zigarettenpapiere gerollt. Das Selberdrehen verleiht einen Zug von ökologischer Bewusstheit und Autonomie. Der Verpackungsmüll wird reduziert, und da selbstgedrehte Zigaretten in den Achtzigern noch durchweg ohne Kunststofffilter auskommen, bleiben auch diese nicht als Restmüll zurück. Das Selberdrehen ist individualistisch – aber gleichzeitig gemeinschaftsbildend, weil es zum guten Ton gehört, den Tabakbeutel in der Kleingruppe kreisen zu lassen; und es ist natürlich die unabdingbare Grundlage für das «Bauen» von Joints.

Beim Bekleiden, Essen und Rauchen herrscht also der Geist des «Do it yourself»; wobei dies im Falle der Kleidung nicht zwangsläufig bedeutet, dass man alles selber schneidern, nähen und färben muss. Man kann den Willen zur Nachhaltigkeit auch dadurch unter Beweis stellen, dass man in Secondhandläden kauft. Auf diesem Weg kommen die Angehörigen der Alternativkultur massenhaft zu einem Bekleidungsstück aus einer von ihnen eigentlich abgelehnten Institution: zum Bundeswehr-Parka. Das ist ein gefütterter, olivgrün gefärbter Anorak mit Kapuze, wie er bei den westdeutschen Streitkräften zur Grundausstattung gehört. Der Parka ist robust und hält auch bei winterlichen Anti-AKW-Demonstrationen im norddeutschen Flachland warm; wenngleich man, sobald man in den Strahl eines Wasserwerfers gerät, schnell feststellt, dass es mit seiner feuchtigkeitsabweisenden Imprägnierung nicht sonderlich weit her ist. Dafür symbolisiert er mit seiner militärischen Gesamtanmutung immerhin, dass der Träger oder (seltener) die Trägerin zum entschlossenen Widerstand gegen die Staatsmacht bereit ist. Bundeswehr-Parkas werden mit aufgestickten kleinen Deutschlandfahnen ausgeliefert, die vor dem ersten Tragen natürlich abgetrennt werden müssen. Wer das nicht tut, geht das Risiko ein, bei Demonstrationen in Diskussionen verwickelt zu werden über die Frage, ob man das, wofür diese Fahne steht, etwa gut fin-

Zur Standardausrüstung der Alternativkultur gehören auch wetterfeste Kleidungsstücke wie der Bundeswehr-Parka und der Friesennerz. Diese erweisen insbesondere auf Anti-AKW-Demonstrationen gute Dienste, wenn die Staatsmacht – wie hier 1986 in Brokdorf – mit dem Einsatz von Wasserwerfern für Erfrischung sorgt.

det; wer sich hingegen – wie es damals noch verbreitete Sitte ist – mit einem roten Stern an der Mütze oder mit einem Aufnäher der sowjetischen Hammer-und-Zirkel-Fahne schmückt, hat vergleichbare Diskussionen nicht zu befürchten.

Bessere Dienste in der direkten Konfrontation mit Wasserwerfern leistet das zweitbeliebteste Oberbekleidungsteil jener Zeit: der Friesennerz. Dabei handelt es sich um eine Regenjacke, die dank ihres Überzugs aus synthetischem Kautschuk oder PVC besonders wind- und wasserabweisend ist. Der Friesennerz hat üblicherweise ein kräftiges Gelb, während die Innenseite blau ist und bei Bedarf nach außen gestülpt werden kann. Im Unterschied zum klassischen Ölzeug der Seeleute, das hierfür Pate gestanden hat, reicht diese Jacke nur bis zu den Oberschenkeln hinunter, ist also eher wie ein Parka geschnitten. So wie dieser von umwelt- und friedensbewegten Menschen seiner militärischen Bestimmung entwendet wird – die auf der symbolischen Ebene kenntlich bleibt –, so wird auch der Friesennerz nicht nur zum Schutz gegen widriges Wetter oder Wasserwerfer getragen, sondern auch bei milden Temperaturen und Sonnenschein, also: als Zeichen. Wer einen Friesennerz trägt, demonstriert damit, dass er oder sie, unter welchen klimatischen Umständen auch immer, für die Rettung des Planeten einzustehen gedenkt. Kombiniert wird der Friesennerz gern mit einer Jeans des deutschen Herstellers Mustang, dessen Hosen zwar nicht so robust und gut geschnitten sind wie die amerikanischen Originale – aber dafür auch nicht belastet mit der Symbolik des US-amerikanischen Wirtschafts- und Kulturimperialismus, wie er den Angehörigen der alternativen Bewegungen Anfang der achtziger Jahre immer noch als bevorzugtes Feindbild dient.

Einen ausgeprägt antiimperialistischen Charakter hat auch das beliebteste Oberbekleidungs-Ergänzungsstück in dieser Zeit: das Palästinensertuch, kurz «Palituch» oder nur «Pali» genannt. Manchmal firmiert es auch als «Arafat-Schal» oder – wie in einer anderen Strophe des BAP-Songs «Müsli-Man» zu hören – als «Schal von Al-Fatah». Das weiße Baumwolltuch mit Quastenrand ist mittig mit einem schwarzen oder roten Karomuster bedruckt; an den Rändern sind lange Streifen in jeweils derselben Farbe eingestickt. Es geht auf die Kufiya zurück, eine nach der irakischen Stadt Kufa benannte Kopfbedeckung von Beduinen und Bauern, die zum Schutz vor der Wüstensonne und vor Sandstürmen dient. Entsprechend gut kann das Palästinensertuch bei Demonstrationen dazu gebraucht werden, sich gegen Tränengas und Wasserwerfer zu wappnen.

Der wesentliche Grund für die Palituch-Mode ist aber nicht praktischer, sondern symbolischer Art. Als Trendsetter für das Tuchtragen wirkt seit Ende der sechziger Jahre der bei deutschen Öko- und Friedensbewegten ausgesprochen populäre palästinensische Politiker Jassir Arafat; er zeigt sich in der Öffentlichkeit niemals ohne Kufiya, die er mit einer schwarzen Kordel am Kopf befestigt. Als Vorsitzender der Fatah-Partei und der Palästinensischen Befreiungsorganisation (PLO) kämpft Arafat für die «Ausrottung der ökonomischen, politischen, militärischen und kulturellen Existenz» des Staates Israel, wie es in der Verfassung der Fatah aus dem Jahr 1964 heißt. Das ist ein Ziel, dem sich schon die linke Avantgarde des Sozialistischen Deutschen Studentenbunds (SDS) gerne angeschlossen hat. 1969 reist eine Delegation des SDS zu einer PLO-Konferenz nach Algier, auf der Arafat den baldigen «Endsieg» über Israel und den Zionismus ankündigt, «ein rassistisches, expansionistisches und kolonialistisches System, das untrennbar ist vom Welt-Imperialismus mit den Vereinigten Staaten an der Spitze». Zu den Mitreisenden gehört der damals einundzwanzigjährige Joschka Fischer, der 1982 dann den Grünen beitritt und 1985 als erstes Mitglied dieser Partei ein Ministeramt bekleiden wird. Bei seiner Vereidigung zum hessischen Staatsminister für Umwelt und Energie in der ersten rot-grünen Landesregierung sorgt Fischer dadurch für Aufsehen, dass er ein zu großes, schlabbriges Sakko trägt, eine ausgebeulte Jeans und weiße Turnschuhe; von der Presse wird er daraufhin als «Turnschuhminister» bezeichnet.

Während die Grünen im Verlauf der achtziger Jahre den Marsch durch die Institutionen antreten, steigt das Palituch zum Lieblingsaccessoire der Alternativkultur auf. Wer es trägt, bekundet damit nicht nur seine Solidarität mit Arafat und der PLO, sondern darüber hinaus auch mit den «antiimperialistischen Befreiungskämpfen» in aller Welt. Besonders beliebt sind in dieser Zeit etwa auch die Sandinisten in Nicaragua, die man unter anderem mit dem kollektiven Kauf von fair gehandeltem Kaffee, der «Sandino-Dröhnung», unterstützt. Aber auch die kubanische Revolutionsregierung unter dem Diktator Fidel Castro und die baskischen Separatisten der ETA werden von westdeutschen Linken als gerechte Kämpfer für die Freiheit und Selbstbestimmung ihrer Völker verehrt. Lediglich dem Volk der Juden gesteht man weder das eine noch das andere zu; wer Anfang der Achtziger ein Palituch trägt, unterstützt damit willentlich oder auch nicht das – erst in den neunziger Jahren widerrufene – Ziel Jassir Arafats und der PLO, im «Endkampf» gegen den Staat Israel diesen ein für alle Mal von der Landkarte zu tilgen.

Diese Idolisierung des antiisraelischen Kampfes passt gut in die lange Tradition des linken Antisemitismus in Westdeutschland. Doch gibt es noch eine weitere Bedeutungskomponente darin: die alternativkulturelle Sehnsucht nach Authentizität. Mit dem Palituch verwandelt sich der Träger, jedenfalls auf symbolischer Ebene, in den Angehörigen eines einfachen (Wüsten-)Volkes, das auch unter widrigen Naturbedingungen zu leben und zu kämpfen versteht, nicht so entfremdet ist wie das eigene – und sich auch noch im revolutionären Kampf gegen eine niederträchtige Besatzungsmacht befindet. Wer sich mit der Kufiya zum ideellen Palästinenser oder zur ideellen Palästinenserin erklärt, wird damit Teil eines globalen Kampfes gegen kolonialistische Mächte oder jedenfalls gegen zwei bestimmte kolonialistische Mächte, nämlich die USA und Israel. (Der russische und der chinesische Imperialismus gelten unter westdeutschen Linken als irgendwie nicht so schlimm; zumindest wird dagegen nicht protestiert.)

Diese Aneignung einer politisch aufgeladenen ethnischen Symbolik ist nicht neu und auch nicht exklusiv mit den Alternativkulturen verbunden; man findet sie in Westdeutschland schon lange vor der Ausbreitung des Palituchs, und zwar in der großen Leidenschaft für Indianerkostüme und das Cowboy-und-Indianer-Spielen. Bis in die siebziger Jahre verkleiden sich nicht nur Kinder beim

Fasching gerne als Indianer, es gibt unzählige Wildwest-Vereine, in denen auch Erwachsene als Trapper und Apachen posieren. Die erfolgreichsten Filme der Sechziger sind die «Winnetou»-Filme mit Pierre Brice, zu den meistbesuchten Theaterinszenierungen zählen bis in die achtziger Jahre und darüber hinaus die Karl-May-Spiele im schleswig-holsteinischen Bad Segeberg. Wenn dort in jedem Sommer die «Winnetou»-Romane in Freilichttheater-Fassungen aufgeführt werden, kostümieren sich nicht nur die Schauspieler, sondern auch viele Zuschauer und Zuschauerinnen als Cowboys und Indianer.

Die Parallelen zur Palästinenserverkleidung liegen auf der Hand: Auch wer sich zum Indianer macht, identifiziert sich mit einem Volk, das authentisch und naturverbunden ist – und zugleich von der Ausrottung durch eine unbarmherzige Kolonialmacht bedroht wird. Darum begeistern sich die Deutschen gerade in der unmittelbaren Nachkriegszeit so sehr für die Indianer. Nachdem sie sich selber gerade noch an der Ausrottung eines ganzen Volkes versucht haben, können sie im Indianerkostüm aus der Rolle der Täter in jene der Opfer wechseln. Hinzu kommt, dass bei Karl May die guten Cowboys und «Westmänner» immer Deutsche im Ausland sind, die als strahlende Helden den bedrängten Indianern beistehen. Das heißt: Man befindet sich, in welche Kostüme auch immer man schlüpft, auf der richtigen Seite der Geschichte und kann sich von der eigenen historischen Schuld befreien.

So ist Jassir Arafat der Winnetou der achtziger Jahre und das Palituch die alternativkulturelle Version des Indianerkopfschmucks. Wobei den Palituchträgern und -trägerinnen sogar noch jene Vollendung der Vergangenheitsverdrängung gelingt, an der die restaurativen Kräfte der Nachkriegszeit trotz intensiven Bemühens doch scheitern mussten: nämlich sich als Deutsche wieder in die Position einer politischen und moralischen Überlegenheit über die Juden zu begeben.

Der linke Antisemitismus ist uns, wie wir wissen, bis in die Gegenwart des Jahres 2021 erhalten geblieben; hingegen wird die Verwendung symbolisch aufgeladener ethnischer Bekleidungsstücke mittlerweile mehrheitlich als «cultural appropriation» abgelehnt. Dies gilt für den Indianerschmuck wie für die Kufiya; aber auch für die Dreadlocks, also die aus Jamaika stammende Zopffrisur, die an der Wende zu den achtziger Jahren nach dem Vorbild des Reggae-Sängers Bob Marley besonders beim alternativkulturellen Nachwuchs populär wurde. In alldem sieht man heute vor allem illegitime Formen einer Aneignung und Ausbeutung von unterdrückten Kulturen durch Angehörige einer überlegenen Kultur.

Im Faible für ethnische Stammesbekleidung zeigt sich noch etwas anderes: nämlich dass ihre Träger sich eben als Angehörige eines Stammes betrachten, als Mitglieder einer Gemeinschaft, die in einer feindlichen Welt gemeinsam einen sicheren Platz für sich suchen. Das ist ein Unterschied zu dem Selbstverständnis der Alternativkultur in den Siebzigern, zumindest noch zu Beginn des Jahrzehnts. Im Nachklang von Woodstock und 68er-Bewegung sahen sich die Angehörigen der neuen sozialen Bewegungen als Erfinder und Schöpfer, als Avantgarde einer globalen Weiterentwicklung der Menschheit. In den Achtzigern ist diese Gegenkultur defensiv geworden und fragmentiert; es geht ihr nicht mehr darum, etwas Neues zu erschaffen, sondern darum, Schlimmeres abzuwenden; man bildet Stämme, um sich von der Welt abzugrenzen und sich im gemeinsamen Dagegensein vor ihr zu schützen.

Als «Stadtindianer» bezeichnen sich – nach dem Vorbild der italienischen «indiani metropolitani» – noch in den Achtzigern Gruppen von rebellischen Jugendlichen und jungen Erwachsenen, die in den Innenstädten leerstehende Häuser besetzen, um dort «autonome» Jugend- und Kulturzentren zu gründen oder sich in Wohngemeinschaften gleich häuslich einzurichten. Unter den vielen Gruppen, die sich im Januar 1980 beim Gründungsparteitag der Grünen versammeln, gibt es ebenfalls eine mit dem Namen «Stadtindianer». Sie hat eigentlich nur ein politisches Anliegen, nämlich die «Legalisierung aller zärtlichen sexuellen Beziehungen zwischen Erwachsenen und Kindern».

2. KAPITEL

· · ● · ·

SPERMAVÖGEL TANZEN DEN BULLENPOGO: DIE REBELLION DER PUNKS GEGEN RECHTE UND LINKE SPIESSER

Nun bilden die Umwelt- und die Friedensbewegung und die verschiedenen Strömungen der Alternativkultur, die sich bei den Grünen sammeln, keineswegs den einzigen Stamm, der sich am Anfang der achtziger Jahre durch gemeinschaftliches Dagegensein definiert. Eine wichtige stilistische und weltanschauliche Konkurrenz erwächst den Ökos, Hippies und Müslis in den Punks – oder wie man damals noch sagt: in den Punkern. Auch diese werden geeint durch ihr Dagegensein; sie sind gegen die bürgerliche Gesellschaft, ihre Konventionen und Normen; allerdings sind sie zugleich gegen die Ökos, Hippies und Müslis. Deren Gefühligkeit und Weichheit verachten die Punks, insbesondere auch den – nach ihrer Ansicht – naiven Glauben, dass sich am bevorstehenden Weltuntergang noch etwas ändern lässt. Nichts finden sie alberner als die Idee, das Rad der Geschichte zurückdrehen zu wollen, hin zu einem Zustand, in dem die unberührte und also auch unschuldige Natur wieder zu ihrem Recht kommen könnte. «Zurück zum Beton» heißt ein Lied der Düsseldorfer Punkgruppe S. Y. P. H. aus dem Jahr 1980: «Ich glaub, ich träume / Ich seh nur Bäume», heißt es darin: «Wälder überall / Ich merk auf einmal / Ich bin ein Tier hier / Ein scheiß Tier hier / Da bleibt mir nur eins: / Zurück zum Beton / Zurück zum Beton / Da ist der Mensch noch Mensch / da gibt's noch Liebe und Glück / Ekel Ekel Natur Natur / Ich will Beton pur.»

Die Ökos und Müslis wollen reden, «die Verhältnisse hinterfragen», wie man damals gern sagt, sie wollen alles «ausdiskutieren» und ihr «Bewusstsein erweitern». Die Punks können darin nur weichliches Gelaber erkennen, eine endlose Nabelschau, bei der sich die Beteiligten ausschließlich um sich selbst drehen, während die Welt um sie herum dann eben doch so bleibt, wie sie ist. Die Punks wollen das Gelaber beenden und den Verhältnissen ihre Abwehr und ihren Hass in möglichst bündiger und drastischer Weise entgegenschreien. Mit den Angehörigen der Alternativkultur teilen sie das Interesse an möglichst verwahrlost anmutender Bekleidung; doch während die Ökos und Müslis den Eindruck der Verwahrlosung durch einfaches Nichtstun erzeugen, wird er von den Punkern aufwendig hergestellt. Ihre Haare festigen sie sich liebevoll zu toxisch wirkenden Stachelfrisuren oder zu sogenannten Irokesenhaarschnitten, bei denen der Schädel vollständig geschoren wird mit Ausnahme eines schmalen, von vorn nach hinten verlaufenden Streifens, in dem die Haare bürstenförmig nach oben stehen. Je nach Neigung werden die Bürsten schwarz gefärbt, durch giftige Chemikalien gebleicht oder aber in den verschiedensten Farben zum Leuchten gebracht. In einer Variante lappt der Irokesenschnitt vorn über die Stirn; hier hängt die Spitze des Haarkamms schlaff zwischen und über den Augen, sodass der Träger oder die Trägerin nicht mehr normal geradeaus gucken kann.

Die schwarzen Lederjacken, die zum Grundbestand der Punk-Bekleidung gehören, werden mit Nieten verziert und mit Selbstbekundungen und Parolen bemalt, oftmals mit stark nach unten verlaufender Farbe, sodass sich die Selbstbekundungen und Parolen gar nicht entziffern lassen. Dazu trägt man schwere Stiefel und eng anliegende zerfetzte Hosen oder auch nicht ganz so eng anliegende zerfetzte Strumpfhosen; manchmal sind die eng anliegenden Hosen auch in der heimischen Waschküche mit ätzendem

Toilettenreiniger (besonders beliebt ist die Marke Domestos) so behandelt worden, dass von der Grundfarbe nur noch ein ungesund wirkender Flickenteppich zurückbleibt. Ungesund ist auch ansonsten der Gesamteindruck, den die Punks gewissenhaft pflegen. Ihre Gesichter zeigen bevorzugt eine kränkliche Blässe, die mit schwarzer Beschminkung der Augenpartien konturiert wird. Damit die Haut noch unreiner, pickliger und fettiger wirkt, legen sich Punks vor dem Einschlafen gern Masken aus Mettwurstscheiben auf das Gesicht.

Diese Basisausstattung im Styling wird durch unterschiedliche Accessoires ergänzt. So tragen Punks gerne schwere Halsketten, an denen wiederum große Vorhangschlösser baumeln. An kleinere Ketten werden scharfe Rasierklingen gehängt; anstelle von Ohrringen trägt man gebogene rostige Nägel im Ohr. Punks wollen sich als Aussätzige der Gesellschaft inszenieren, als deren Abschaum. Deswegen halten sie sich am liebsten solche Haustiere, die von der Gesellschaft als eklig und als Überträger von Krankheiten angesehen werden, nämlich Ratten. In der zweiten Hälfte der achtziger Jahre kommen Hunde hinzu, wobei es sich dabei ausschließlich um große Promenadenmischungen handelt. «Ratte» und «Köter» sind denn auch beliebte Spitznamen, mit denen Punks sich anreden. Durch die Straßenpseudonyme soll der Abstand zur bürgerlichen Gesellschaft und der Abschied von der eigenen Herkunft bekräftigt werden. Gängig sind auch Namen wie «Krätze», «Pisskopf», «Rotze» oder «Kotze», worin sich ein Interesse an kollektiv schambehafteten Ausscheidungen und den dazugehörigen Körperöffnungen zeigt. Prägende deutsche Punkbands der frühen Achtziger tragen Namen wie Slime, Cotzbrocken, Brutal Verschimmelt, Toxoplasma, Schließmuskel, Notdurft, Spermbirds (zu Deutsch: Spermavögel) oder auch cAnalterror.

Wer so viel Wert auf Aussehen und Styling legt, muss dieses natürlich auch in die Öffentlichkeit tragen. Die beliebteste Freizeitbeschäftigung der Punks besteht Anfang der achtziger Jahre denn auch darin, in den voll betonierten Fußgängerzonen mittelgroßer Städte herumzulungern und sich von den Passanten angaffen zu lassen. Angegafftwerden ist wie bei jeder modisch bewussten Gruppe auch für sie ein Zweck in sich selbst. «Das Ganze kann man unter Individualismus zusammenfassen», sagt ein junger Punk in einem Fernsehbeitrag, den das Dritte Programm des NDR im Juli 1983 in der Sendung «Hallo Niedersachsen» ausstrahlt. «Da gibt es dieses Theatergefühl. Man steigt in die U-Bahn, und alle Leute gaffen. Das ist ein herrliches Gefühl – das können wahrscheinlich die meisten gar nicht nachempfinden mit ihren grauen Hosen und grauen Jacken.» Es geht darum, «sich vom Rest der Gesellschaft auch äußerlich auszuschließen», wobei der Rest der Gesellschaft eben nicht mehr nur aus den Trägern von grauen Hosen und grauen Jacken besteht. «Inzwischen hat ja jeder dritte Büroangestellte auch lange Haare. Das reicht also lange schon nicht mehr aus, um sich da irgendwie auszugrenzen.»

Der Anlass des Fernsehbeitrags ist ein großes Treffen von Punks in der niedersächsischen Landeshauptstadt Hannover: die «Chaostage». Es ist schon die zweite Veranstaltung dieser Art, deswegen ist das Fernsehen darauf aufmerksam geworden, die ersten «Chaostage» fanden im Dezember 1982 statt. Der Auslöser dafür war – abgesehen von der Freude am geselligen Beisammensein – eine Recherche der linken Tageszeitung «taz», nach der die Polizei in Hannover in einer «Punker-Kartei» Daten über die lokale Szene sammelt. Bei den Punks stößt diese Aufmerksamkeit auf Begeisterung. Er habe bei dieser Nachricht «so etwas wie Stolz» empfunden, hat der Veranstalter der «Chaostage» Karl Nagel später einmal rückblickend geschrieben: «Hey, die durchgeknallten Bullen hielten uns also für gefährlich! Punkerherz, was willst Du mehr? (...) Punk war das ideale Werkzeug, um die paranoide Phantasie insbesondere von Medien, Polizei und Politik auf Hochtouren laufen zu lassen. Das musste sich doch irgendwie auch bei dieser idiotischen Punker-Kartei hinkriegen lassen.»

Also mobilisiert Nagel mit Flugblättern und Plakaten die Punks der Umgebung: Sie sollen nach Hannover kommen, um sich dort in möglichst großer Zahl bei einer zunächst noch als «Untergang Hannovers» annoncierten Veranstaltung freiwillig in der Punker-Kartei registrieren zu lassen. Nicht wenige folgen der Einladung, wie Nagel in seinem Resümee festhält: «Achthundert Punks in der City, eine nervöse Polizei, die sich zunächst abwartend verhielt, und gaffende Bürger, die in dem saufenden, bunthaarigen Mob wohl die Vorboten der Apokalypse sahen. Gut so!» Eine Weile bleibt alles friedlich, am Ende kommt es dann aber doch noch zum «Knüppeleinsatz» der Polizei, den die Punks mit einem «Steinhagel» beantworten. «Eigentlich kurzer Prozess», so Nagel: «Aber es reichte für knackige Schlagzeilen à la ‹So wüteten die Punks in der Innenstadt› (BILD) oder ‹Punker wüteten mit Steinen und Flaschen› (Hannoversche Allgemeine), die man ordentlich ausschnitt, um damit die Punk-Wohnungen zu dekorieren.»

Zu den zweiten «Chaostagen», ein halbes Jahr später, reisen bereits tausendfünfhundert Besucher und Besucherinnen an, bei der dritten und vorerst letzten Veranstaltung, 1984, sind es dann zweitausend. 1983 werden auf Flugblättern unter anderem «rosarote Berufskleidung für Zivilbullen», ein «Berufsverbot für Kaufhausdetektive» oder auch die sofortige Auflösung der Punker-Kartei gefordert; dass diese Forderungen nicht ernst gemeint sind, sieht man schon daran, dass die Punks ja eigentlich ganz zufrieden damit sind, wenn sie in einer solchen Kartei aufgenommen werden. Anders als bei den Demonstrationen der Umwelt- und Friedensbewegung gibt es bei den «Chaostagen» keine erkennbare politische Botschaft, keine zentrale Kundgebung oder auch nur irgendwelche Reden. Tatsächlich geht es ausschließlich darum, das eigene Anderssein öffentlich zu demonstrieren und mit anderen, die auf dieselbe Weise anders sind wie man selber, ein Spielfeld zum Ausleben der gemeinsamen «Erlebnisorientierung» – so ein sich damals etablierendes Wort – zu finden. Man versammelt sich schlicht in der Fußgängerzone, provoziert die Passanten und lässt sich von ihnen angaffen oder auch zurückprovozieren. Ansonsten wartet man darauf, dass die Polizei die Lage dahingehend eskaliert, dass sich eine Gelegenheit zum Zurückschlagen und Steinewerfen eröffnet: «Bullenpogo» wird dieses Spiel mit der Staatsmacht genannt.

Von den sozialen Protest- und Widerstandsformen der Alternativkultur ist bei den Punks also nur noch der Kern übriggeblieben, das gemeinschaftliche Erobern des öffentlichen Raums zum Zweck der Demonstration des eigenen Andersseins. «In der Folge wurden die Geschehnisse in gewisser Weise sehr berechenbar», schreibt Klaus N. Frick, ein weiterer früherer Punk-Aktivist und Weggefährte Karl Nagels, zwanzig Jahre später in einem Rückblick auf die «Chaostage» in der «taz». «Was dem Besucher des Musikantenstadls das rhythmische Händeklatschen zu gesungenen Volksweisen ist, wurde den Besuchern der Chaostage recht schnell das rhythmische Hämmern von Polizeiknüppeln auf Plexiglasschilder. Und den fröhlichen Volksweisen ebenjener Musikkultur entsprechen beim Punk eben das Prasseln von Steinen, das Klirren zerschmissener Bierflaschen und der entschlossene Ruf ‹Bulle, halt's Maul!› – so ein Stück der Punkgruppe Boskops aus Hannover.»

Insofern kann man Punk als die erste postmoderne Ausprägung der Popkultur bezeichnen: Es handelt sich hier nicht um eine Bewegung, die aus dem Willen zur Veränderung der Gesellschaft entsteht, sondern um eine Szene, der es allein darum geht, ihren Willen zur Abgrenzung zu demonstrieren – wiederum durch einen bestimmten, mehr oder weniger einheitlichen Stil. Mit diesem Stil – das ist der zweite Aspekt der Postmodernität – setzen die Punks sich aber eben nicht nur von der bürgerlichen Gesellschaft

Das jährliche Stammestreffen der westdeutschen Punks findet in Hannover statt. Bei den Chaostagen trifft man sich zum gemeinschaftlichen Herumgammeln und Angegafftwerden und wartet darauf, dass die Lage dergestalt eskaliert, dass man gegen die Polizei mit Steinen und Flaschen zum «Bullenpogo» antreten kann.

ab, sondern auch von anderen Gruppen, die sich ihrerseits von der bürgerlichen Gesellschaft absetzen wollen, nur eben in einer Art und Weise, die den Punks schon zu angepasst erscheint: «Linke Spießer» nennt die Hamburger Punkgruppe Slime die Generation der Post-68er, die vor ihnen mit Demonstrationen und Sit-ins die Straßen bevölkerte und nun mit der Partei Die Grünen den Marsch durch die Institutionen antritt. «Sozialarbeiter und Student / Ihr seid so frei und unverklemmt», heißt es im gleichnamigen Slime-Song: «Ihr seid sozial auch sehr gut drauf / Doch ihr habt eure Seele dem System verkauft / Ihr seid nichts als linke Spießer / Eigentlich wart ihr es schon immer / Und werden wir mal aggressiv / Seid ihr auf einmal konservativ.»

Der Hass auf die Hippies ist für die Punks mindestens ebenso identitätsstiftend wie der Hass auf die «normalen» Bürger, mit ihnen zieht ein System der vielfältigen Distinktion in die Popkultur ein: Aus der einfachen Verweigerung gegen die Verhältnisse wird eine Ordnung verfeinerter Verweigerungsgesten, in der es nicht mehr nur darauf ankommt, dass man seine Verweigerung gegen die Verhältnisse bekundet, sondern vor allem auch darauf, wie man das tut und von wem man sich dabei auf welche Weise absetzt. Oder wie es der Kritiker Diedrich Diederichsen rückblickend formuliert hat: «Bis zum Punk gab es eine mehr oder weniger einheitliche Jugendkultur. Im Prinzip galt, dass man als Jugendlicher sich nur entscheiden musste, wie intensiv man jugendkulturelle und – damals damit noch verbundene – subkulturelle Orientierungen ernst nehmen und leben wollte, nicht so sehr, welche Orientierung man wählte. Dies änderte sich mit Punk. Von nun an entschied man sich für eine Orientierung nicht nur, weil sie einen begeisterte, durch die Pubertät half oder aus welchem anderen guten Grund auch immer, sondern man entschloss sich gleichzeitig bei der Wahl für das eine auch zu einer Wahl gegen das andere.»

Wer sich dazu entschließt, ein Punk zu werden, der tut dies eben auch, weil er kein Öko oder Müsli sein will; wer sich wiederum dazu entschließt, ein Popper zu werden – auf diese Ausprägung der Popkultur komme ich im nächsten Kapitel zurück –, der tut dies, weil er oder sie die Punks asozial, stinkend, schlecht angezogen findet. Und zugleich aber auch die Ökos und Müslis ablehnt wegen ihres endlosen Gelabers und – zum Beispiel – wegen des Tragens von Palitüchern; Letzteres allerdings nicht aus politischen Gründen, sondern weil man Palitücher filzig und speckig findet. Man ordnet sich einer Gruppe auch deswegen zu, weil man klarmachen will, dass man einer anderen Gruppe nicht angehört. Die «Jugendmoden» der Achtziger, schreibt Diedrich Diederichsen, «waren insofern die Avantgarde der heute allseits üblichen Differenzierungs- und Distinktionsorgien.» Man könnte auch sagen: In den Achtzigern wird aus der klassischen Gegenkultur – «wir gegen die» – ein System von Subkulturen, das wie ein Zeichensystem organisiert ist: Jede einzelne Subkultur funktioniert wie ein Zeichen, das seinen Wert und seine Bedeutung nicht nur aus der Beziehung zur Realität, sondern auch aus der Differenz zu anderen Zeichen gewinnt.

Das passt zu der Diagnose, die der Soziologe Andreas Reckwitz in seinem Buch «Die Gesellschaft der Singularitäten» für die achtziger Jahre stellt. Für ihn besteht der prägende «Strukturwandel der Öffentlichkeit» in dieser Zeit vor allem darin, dass nun jeder Einzelne danach strebt, etwas Besonderes zu sein – es gibt keine «Normalität» mehr, von der man sich absetzen möchte; es gibt nur noch das Bedürfnis, zu etwas Unverwechselbarem zu werden. Wobei der Wunsch nach Individualisierung und nach dem Besonderen – das kann man an den Jugendkulturen der Achtziger sehen – freilich nur die dialektische Kehrseite eines ebenso starken Wunsches nach kollektiver Identifizierung ist. Wer sich als Punk oder Popper identifiziert, der ordnet sich dabei ja auch stets einer Gruppe mit streng uniformen Bekleidungsstilen, Verhaltensregeln, Sprachcodes, musikalischen Vorlieben und Tanzschritten zu. Gerade weil sich die Subkulturen der Achtziger so sehr von jeweils anderen Subkulturen abgrenzen, bieten sie den in ihnen aufgehobenen Individuen neue Formen der Heimat und der familiären Sicherheit. Die Achtziger sind insofern nicht nur eine Zeit der Individualisierung, sondern auch eine Zeit der Tribalisierung: Während die Alternativkultur sich durch ihren Bezug auf scheinbar naturverbundene, authentische «Stämme» von der sie umgebenden, modern-technisierten Gesellschaft abzusetzen versucht, entstehen zugleich viele andere Stämme, die zwar nicht mehr den Fetisch der Natürlichkeit oder Authentizität pflegen, deren Mitglieder sich aber wie Stammesangehörige – egal, wo und unter welchen Umständen sie aufeinandertreffen – an ihrer Bekleidung, an ihrem Musikgeschmack, an ihrer Art des Redens und Sichbewegens erkennen.

Die wichtigste Subkultur, die sich im Lauf der Achtziger aus dem Punk entwickelt, sind die Gothics, in Deutschland auch als Gruftis oder Schwarzkittel bekannt. Ihre Wurzeln liegen in der Londoner Punkszene der späten siebziger und frühen achtziger Jahre; beide Stämme eint die – mit den Ökos und Müslis geteilte – Überzeugung, dass man sich in einer Endzeit befindet, im letzten welthistorischen Moment vor der Apokalypse. Doch wo die Punks sich nihilistisch, gefühlskalt, hart, aggressiv, maskulin und zerstörerisch geben – da erscheinen die Gothics eher todessehnsüchtig, romantisch, verträumt, weich, passiv, androgyn und bestenfalls selbstzerstörerisch. Sie tragen fast ausschließlich schwarze Bekleidung, weil sie sich als Kinder der Nacht und der Dunkelheit empfinden, sie schminken sich die Gesichter blass und die Augenlider dunkel, weil sie so wirken wollen, als ob das Leben gerade aus ihnen entweicht. Auch wenn Gothics einander in größeren Gruppen begegnen, geben sie sich große Mühe, einsam, traurig und isoliert zu erscheinen. Sie bewegen sich möglichst langsam und vermeiden den Körperkontakt mit anderen Menschen, in der Öffentlichkeit ebenso wie auf den Tanzflächen der Gothic-Clubs. Während die Punks sich bei ihrem szenetypischen Tanz, dem Pogo, schnell und unkontrolliert bewegen und einander so oft wie möglich anzurempeln und umzutanzen versuchen, stehen die Gothics auf der Tanzfläche meist eher gedankenverloren herum und ignorieren alles, was in ihrer Umgebung geschieht, einschließlich der Musik und der anderen tanzenden Menschen. Als äußerstes Zeichen der Euphorie und des Körpereinsatzes pflegen sie den sogenannten Zombietanz: Dabei bewegt man sich auf der Tanzfläche, indem man – unbeirrt vom Beat und von der Geschwindigkeit der Musik – langsam mit vorgebeugtem Oberkörper und nach innen gerichtetem Blick drei Schritte nach vorne geht und dann wieder drei Schritte zurück.

Die Lieblingslebewesen der Gruftis sind denn auch Vampire, Fledermäuse und Zombies. Der Londoner Club, der Anfang der achtziger Jahre zur Keimzelle der Szene wird, trägt den Namen «Batcave» (Fledermaushöhle). Der Lieblingsfilm der Gruftis ist Werner Herzogs Dracula-Variation «Nosferatu – Phantom der Nacht» aus dem Jahr 1979. «Wir haben ihn geliebt, weil alles darin durchweg böse und unheimlich wirkte», hat der Gitarrist der Gruppe Joy Division, Bernard Sumner, später einmal gesagt, «und weil er dennoch eine so große Behaglichkeit verströmte.» Der Produzent von Joy Division, Martin Hannett, ist der Erste, der den Begriff «gothic» in diesem popkulturellen Zusammenhang nutzt: 1979 bezeichnet er in einem Interview das von ihm produzierte Debütalbum der Band, «Unknown Pleasures», als «dance music with gothic overtones». Die Musik von Joy Division ist kalt und hart, die Texte ihres Sängers Ian Curtis sind tief depressiv und zeugen von einer existenziellen Verzweiflung darüber, keinen Platz in der Welt zu finden, an dem sich ein Leben vorstellen lässt. Im Mai 1980 erhängt Curtis sich in seiner Wohnung in Macclesfield, nachdem er im Fernsehen «Stroszek» gesehen hat, einen weiteren Film von Werner Herzog.

Für die empfindsame Jugend an der Wende zu den achtziger Jahren wird Ian Curtis zum beliebtesten Schmerzensmann und Selbstmörder, ähnlich wie anderthalb Jahrzehnte später Kurt Cobain für die nachfolgende Generation. Gleichwohl bleibt Curtis eine singuläre Gestalt, ebenso, wie der Sound, die existenzielle Härte und Lichtlosigkeit seiner Band singulär bleiben. Typisch für die Gothicszene des folgenden Jahrzehnts wird eher eine milde melancholische Stimmung, ein wertherianischer Weltschmerz. Wenn die Gruftis der frühen achtziger Jahre eine gemeinsame Utopie eint, dann ist es die Utopie des Unsichtbar- und Unkörperlichwerdens und des Verschwindens aus der Welt: Auch das ist ja eine Art, auf die apokalyptischen Ahnungen der Zeit zu reagieren.

«It doesn't matter if we all die», so lauten die ersten Zeilen, die Robert Smith von der Gothicgruppe The Cure im ersten Lied ihres Albums «Pornography» singt. «Es hat keine Bedeutung, wenn wir alle sterben», weil «wir» uns auch im Leben wie Tote fühlen. Auf dem Cover des Albums sieht man ein Porträt der Gruppe, allerdings dermaßen verzerrt und verschwommen, dass die Gesichter der Musiker nicht zu erkennen sind; man sieht lediglich, dass sie alle drei weiß geschminkt sind, mit schweren schwarzen Schatten um die Augen.

The Cure haben ihre Karriere Ende der Siebziger als Punkband begonnen, aber schon auf ihrem 1980er-Album «Seventeen Seconds» ist alle Härte, Geschwindigkeit und Energie aus der Musik gewichen, zugunsten eines leisen, langsamen, bis kurz vor die Wahrnehmungsschwelle entkräfteten Sounds; ihre Lieder wirken nun wie im Dämmerzustand geträumte Skizzen von Liedern, zu denen Robert Smith eher flüstert und winselt, als dass er singt. Auch das Erscheinungsbild der Band und vor allem ihres Sängers verändert sich: Als «Pornography» erscheint, hat Smith bereits jene charismatische Selbstinszenierung voll entwickelt, die ihn auch zu einer prägenden Mode-Ikone der frühen Achtziger machen wird. Er trägt jetzt weit geschnittene schwarze Bekleidung, auch seine inzwischen sehr langen Haare hat er schwarz gefärbt und zu einer gewaltigen Wuschelfrisur aufgeplustert, manchmal trägt er dazu auch noch dick aufgetragenen und schief verschmierten roten Lippenstift.

So verschwindet er nicht nur aus der Welt, er entzieht sich auch dem Gegensatz zwischen den Geschlechtern. In gewisser Weise ist der Robert Smith des Jahres 1982 in seiner androgynen Erscheinung der dunkle Zwilling von Prince, dessen Album «1999» etwa zeitgleich mit «Pornography» erscheint – davon wird an späterer

Stelle noch die Rede sein. Auch Prince wähnt sich am Vorabend der Apokalypse, er möchte, wie er in dem Lied «1999» singt, seine letzten Tage mit Feiern und Sex verbringen. Nicht so Robert Smith: Er würde es bevorzugen, schon vor dem Tag des Jüngsten Gerichts unbemerkt aus der Welt zu verschwinden; und Sex spielt in seiner Musik ohnehin keine Rolle, weil er ausschließlich von verschwundenen Mädchen singt, von Liebeskummer und vom Verlassensein, von unerwiderten Gefühlen und unaufhörlichem Schmerz. Die einzige Ekstase, in die er sich auf dem «Pornography»-Album hineinsteigert, ist am Ende des Lieds «Siamese Twins» zu hören; dort schleudert er einem Menschen, der ihn nicht liebt, die trotzigen und hasserfüllten Zeilen entgegen: «I scream / you're nothing / I don't need you anymore / you're nothing.»

Der in seiner Teenagerzeit unablässig von Liebeskummer geplagte Autor dieses Buches hat das Lied so oft gehört und mitgesungen wie wahrscheinlich kein anderes in seinem Leben. Ein paar Jahre später, inzwischen siebzehn geworden, gründete ich meine eigene Band, wir waren ein Trio und rechneten uns dem Gothic und dem Punk gleichermaßen zu. Als Instrumente dienten uns ein Backblech, ein Benzinkanister und ein Bass, den ich einem älteren Punk für zwanzig Mark abgekauft hatte und auf dessen Saiten ich nun mit einer groben Metallfeile feilte. Unser erstes Konzert spielten wir auf einem antifaschistischen Solidaritätsfestival im Jugendzentrum unseres Dorfes in der Lüneburger Heide. Wir hatten drei Stücke: Eines beschäftigte sich mit den empörenden Zuständen in Nordirland («Straßen von Belfast»), eines bekundete unsere generelle Unzufriedenheit mit der Welt und unsere Entschlossenheit, gegen diese Welt insbesondere durch unverbrüchliche Ignoranz Widerstand zu leisten («I Don't Care»), das dritte war eine für Backblech, Benzinkanister und Bass arrangierte Coverversion von «Pippi Langstrumpf».

Zu den beliebtesten Abspaltungen aus der Punkszene gehören die Gothics oder auch Gruftis; dabei handelt es sich um junge Leute, die angesichts der drohenden Apokalypse nicht wütend und militant werden, sondern eher melancholisch und todessehnsüchtig. Hier der Verfasser dieses Buches als junger Grufti im Jahr 1987 auf einem Promobild seiner Band.

Die Band, die nach uns auftrat, rechnete sich dem inzwischen entstandenen linksradikalen Flügel der Punkszene zu. Das Kommando Holger Meins – das sich wenig später allerdings in Klingonenkreuzer Vogon umbenannte – bot unter anderem seinen Szene-Hit «Bundeskabinett» dar. Dieser bestand aus den forsch gebrüllten Namen der Mitglieder der damals amtierenden Bundesregierung, wobei nach der Nennung jedes Namens eine Bierflasche in einer mit Wackersteinen gefüllten Badewanne zerschlagen wurde. «Kohl – schepper! Genscher – klirr! Zimmermann – krach schepper! Stoltenberg – klirr!»

Für den weitaus größten Skandal sorgte die Gruppe Dum Spiro Spero, die sich nach dem bekannten Ausruf des Revolutionsführers Spartakus benannt hatte (zu Deutsch: Solange ich atme, hoffe ich) und eher konventionellen Drei-Akkorde-Punkrock mit Gitarre, Bass und Schlagzeug darbot. Freilich hatte in einer Ankündigung des Konzerts im örtlichen «Nordheide-Wochenblatt» der des Lateinischen offenbar unkundige Programmredakteur den Namen der Band als «Dum Dum Spiro» wiedergegeben, woraufhin eine Flut von Protesten über das Jugendzentrum hereinbrach: Hier werde «menschenverachtenden Bands ein Forum gewährt, die sich nach Dum-Dum-Geschossen benennen», darum sei die kommunale Politik dringend dazu aufgerufen, die finanzielle Förderung für diese Institution zu überdenken. Man sieht, dass es Ende der achtziger Jahre in der norddeutschen Provinz nur sehr geringer Mittel bedurfte, um die unbeirrt vorherrschende Normalität der bürgerlichen Verhältnisse zu provozieren.

3. KAPITEL

․•●••

GUT GEFÖHNTE ZYKLOPEN-
FRISUREN EROBERN DIE ZUKUNFT:
ÜBER POPPER, PREPPIES UND
SLOANE RANGERS

Es gibt einen vierten prägenden Stamm, der an der Wende zu den achtziger Jahren entsteht. Die sogenannten Popper unterscheiden sich von den Ökos und Friedensbewegten, von den Punks und Gothics vor allem dadurch, dass sie sich nicht von der sie umgebenden Gesellschaft unterscheiden wollen, sondern diese im Gegenteil toll finden; sie befinden sich weder im Widerspruch zu den politischen Verhältnissen noch im Widerspruch zu ihren Eltern und der dazugehörigen Generation. Die Popper haben an der Gesellschaft schon deshalb nichts auszusetzen, weil sie wesentlich von ihr profitieren. Es handelt sich bei ihnen wahlweise um die Kinder reicher Eltern oder um junge Menschen, die gerne so wirken, als ob es sich bei ihnen um die Kinder von reichen Eltern handelt. Popper tragen ausschließlich Markenbekleidung in bunten, aber nie grellen Farben. Anders als die mit ihnen konkurrierenden Jugendkulturen erschaffen sie sich also keinen eigenen Stil – indem sie sich ältere Stile aneignen, kombinieren, verfremden, zerstören, transformieren –, sondern lassen sich diesen von den großen Modefirmen vorgeben, deren Produkte sie kaufen.

Der Begriff «Popper» taucht erstmals im Jahr 1979 auf. Geprägt wird er von Carola Rönneburg und Mathias Lorenz in ihrem selbstkopierten und -vertriebenen Heftchen «Der Popper-Knigge». Die beiden sind damals sechzehn und achtzehn Jahre alt und besuchen ein Gymnasium im wohlhabenden Hamburger Stadtteil Eimsbüttel. Im «Popper-Knigge» wollen sie die Eigenarten ihrer Mitschülerinnen und Mitschüler karikieren; freilich wird ihr Werk von den dergestalt Karikierten wohlwollend, wenn nicht zustimmend aufgenommen und bald schon wie ein echter Knigge, eine Stilfibel, weiter kopiert und vertrieben.

Auf dem Cover sieht man eine Figur mit prototypischer Popper-Frisur: einem extrem asymmetrischen Seitenscheitel, der eine Gesichtshälfte vollständig verdeckt und damit auch den poppertypischen Zyklopenblick erzeugt. Diese Scheitelfrisur gehört tatsächlich zu den wesentlichen Erkennungszeichen der Popper. Sie wird kombiniert mit scharf abrasierten Koteletten und einem ebenso scharf ausrasierten Nackenbereich. Während der Popper von hinten also geradezu militärisch straff frisiert erscheint, wirkt sein Anblick von vorne wie ein Patchwork aus den Jugend- und Subkulturen der sechziger und siebziger Jahre, vom Hippietum über den Glamrock bis zu Postpunk und New Wave.

Dieser dialektische Charakter verbindet den Popperscheitel mit einem prägenden Haarschnitt der siebziger Jahre, dessen Wirkungsgeschichte freilich bis tief in die Achtziger reicht: dem Vokuhila (oder auf Englisch: mullet). «Vokuhila» ist die Abkürzung für «Vorne kurz, hinten lang», es handelt sich also um die invertierte Variante des Popperscheitels, für den sich die entsprechend naheliegende Bezeichnung «Volahiku» aber nicht durchgesetzt hat. Wobei es auch einen entscheidenden Unterschied gibt; denn jedenfalls in seiner archetypischen, von David Bowie 1972 popularisierten Version wird der Vokuhila unter Hinzufügung großer Mengen von Haarfestiger hergestellt. Ebenso greifen auch die anderen Jugend- und Subkulturen der späten siebziger und frühen achtziger Jahre auf festigende Substanzen zurück: sei es Haarspray, Gel oder – wie bei der proletarischen Variante der Punks – getrocknete Seife; sei es – wie bei den Ökos und Friedensbewegten – das körpereigene

Fett aus den Talgdrüsen der Kopfoberfläche (hier erhalten die Haare ihre unverwechselbare Fasson vor allem dadurch, dass sie nur sehr selten oder gar nicht gewaschen werden.) Die Popper hingegen legen großen Wert auf die Fluffigkeit ihrer Frisuren. Die Haare sollen wehen und schweben und sich von selber bewegen, darum werden sie so oft wie möglich gewaschen, anschließend aber vorzugsweise nicht geföhnt: ihre bessere Form gewinnen sie, wenn sie an der Luft trocknen können. Dann lässt sich der Popperscheitel bei Bedarf auch mit einer ruckartigen Bewegung des Kopfes von rechts unten nach links oben aus der Position über dem Auge entfernen, sodass der Scheitelträger wenigstens für einen Moment mit zwei Augen sehen kann. Wichtig ist, dass bei dieser Bewegung des Scheitels die Hände nicht benutzt werden. Während die Ökos und Friedensbewegten sich selber oder auch sich gegenseitig unentwegt mit den Händen in den langen Haaren herumfummeln, ist diese Art des Händegebrauchs aus dem gestischen Repertoire der Popper grundsätzlich ausgeschlossen.

Gestik und Verhalten der Popper werden im «Popper-Knigge» penibel katalogisiert. Die Gangart ist «locker-flockig, nicht mit dem ganzen Fuß auftreten, leicht schwingen». Trifft man Bekannte, werden diese «stets freudig begrüßt», am besten «mit einem Aufschrei sowie einem Freudensprung» – allerdings nur, wenn es sich um «Ebenbürtige» handelt; andere und insbesondere «Nichtpopper» werden lediglich «durch ein leichtes, lässiges Kopfnicken begrüßt». Bei abendlichen Zusammenkünften mit anderen Poppern ist es vor allem wichtig, «dass man möglichst besser und interessanter als die anderen aussieht. Die Schwierigkeit besteht darin, dass die anderen eben genau das auch erreichen wollen.»

Auf einen besonderen Musikstil sind die Popper nicht festgelegt, darum bilden sie, anders als Punks und Gruftis, auch keine besonderen Bewegungsformen für die Tanzfläche aus. Viel entscheidender als das, was auf der Tanzfläche passiert, ist denn auch

Die Kopfhaltung ist ebenfalls wichtig.
Der Kopf wird recht hoch getragen, ca.
1-2 mal in der Minute wird das Haar
elegant zurüchgeworfen.

§ 3 : Gangarten des Poppers

a) Im Schritt: Leicht locker-flockig,
nicht mit dem ganzen Fuß auftreten,
leicht schwingen.
b) Im Trab: Wie im Schritt, leicht
beschleunigt.
c) Galopp: GIBT ES NICHT!

§ 4 : Besuch (Bekannte, wichtige Leute)

a) Besuch wird stets freudig begrüßt.
Man tut dies am besten mit einem Aufschrei sowie einem Freudensprung.

Wichtig:
Dies nur bei 1) Ebenbürtigen(geistig)
2) Näheren Bekannten
3) Und besonders in Gegenwart
anderer (1,2) Leute.

§5 : Eigenheiten des Poppers

a) Dies bezieht sich nur auf innere Einstellungen, keinesfalls auf äußere Merkmale.
- Und auch hier dürfen eigene Meinungen nur
wenig vom Durchschnittsmeinungsbild abweichen.

Der «Popper-Knigge» von Carola Rönneburg und Mathias Lorenz aus dem Jahr 1979.

der erste Auftritt: Popper gehen «gewöhnlich zu mehreren in eine Diskothek – nur so ist es möglich, die anderen Besucher deutlich sehen und fühlen zu lassen, wer ‹man› ist». Darin zeigt sich das Wesensprinzip dieses Stils, mit dessen mottohafter Zusammenfassung der «Popper-Knigge» schließt: «Sehen und gesehen werden ist des Poppers Glück auf Erden.»

Die Wirkung der kleinen Stilfibel ist enorm. Sie wird nicht nur von ihren Leserinnen und Lesern weiter kopiert und vertrieben, sondern erregt auch erstaunlich viel Medieninteresse. Im Frühjahr 1980 etwa widmet der «Spiegel» dem Phänomen eine ausführliche Geschichte. Der Popper sei «nicht etwa ein Anhänger Karl Poppers», werden die Leser zunächst informiert: «Dem Pflichtoptimismus des Philosophen der Anti-Ideologie könnte ein Popper wohl Glauben schenken, doch von dem Herrn hat er in der Regel nie gehört.» Von dieser «antiideologischen» Ausrichtung der Popper ist die Autorin des Textes gleichwohl fasziniert: Sie protestieren nicht, sie interessieren sich überhaupt nicht für Politik; sie stimmen nicht in die apokalyptischen Abgesänge der Alternativkultur und der Punks ein, sondern blicken prinzipiell optimistisch in die Zukunft. Insofern erscheinen die Popper als Zeichen eines Epochenwandels am Ende der bürgerrechtsbewegten siebziger Jahre. Die «Kinder der 68er» – so der Tenor auch in anderen Artikeln, die etwa zeitgleich in großen Medien wie der «Zeit» oder dem «Stern» erscheinen – wenden sich von den Idealen ihrer Eltern ab und einem entpolitisierten und hedonistischen, aber irgendwie auch entspannteren und positiveren Leben zu.

Das ist nun insofern nicht ganz zutreffend, als es sich bei den prototypischen Poppern, wie sie in dieser Zeit an Elitegymnasien in Hamburg-Eimsbüttel und in den Oberschichtsvierteln anderer westdeutscher Großstädte gesichtet werden, gerade nicht um die Kinder von 68ern handelt – sondern vielmehr um Kinder aus wohlhabenden Familien, die mit den «Idealen von '68» schon 1968 selber weit weniger am Hut hatten als mit der Wahrung und Mehrung des eigenen Besitzstands. Dennoch trifft die Diagnose einen wahren Punkt: nämlich den Umstand, dass trotz aller Aufmerksamkeit, die an der Wende zu den achtziger Jahren den politischen Protestbewegungen und den «unangepassten» Jugendkulturen zukommt, alle diese Bewegungen und Subkulturen nur einen kleinen Ausschnitt der gesellschaftlichen Verhältnisse darstellen. Und dass in den siebziger Jahren keineswegs eine neue Generation herangewachsen ist, die nun in den Achtzigern, da sie ins wahlfähige Alter gelangt, einen dramatischen Wandel der politischen Verhältnisse herbeiführen würde. Im Gegenteil.

Bei den Wahlen am 6. März 1983, bei denen die Grünen als parlamentarischer Arm der emanzipatorischen Bewegungen mit 5,6 Prozent erstmals in den Deutschen Bundestag einziehen, erhalten diese mit 13,9 Prozent bei den Wählerinnen und Wählern zwischen achtzehn und vierundzwanzig Jahren zwar einen überproportional hohen Stimmenanteil (bei den Fünfundzwanzig- bis Vierunddreißigjährigen sind es immerhin noch 10,8 Prozent). Doch den mit Abstand größten Erfolg bei den Erst- und Jungwählern erzielen CDU und CSU. Deren Kanzlerkandidat Helmut Kohl hat, wie schon erwähnt, Anfang des Jahrzehnts eine «geistige und politische Wende» gefordert – gegen die libertären Tendenzen des «Zeitgeistes», zurück zu traditionellen Werten und Institutionen. Gerade im Wahlkampf des Jahres 1983 tritt er aber auch für eine Gesellschaft ein, die weit stärker als bisher auf Konkurrenz und Individualismus gründet. «Fortschrittsoptimismus, Stärkung der Marktkräfte, Eigenverantwortung und Rückführung des Staates», so hat der Historiker Andreas Wirsching in seinem Buch «Abschied vom Provisorium» die Programmatik von CDU und CSU in jener Zeit auf den Punkt gebracht. Auf die sich daraus ergebenden inneren Widersprüche der konservativen Politik komme ich an anderer

Stelle zurück – in jedem Fall ließe sich mit diesen vier Punkten auch das weltanschauliche Fundament des Popperwesens charakterisieren.

Für die von Helmut Kohl proklamierte Mischung aus Konservatismus und Individualismus stimmen 41,2 Prozent der achtzehn- bis vierundzwanzigjährigen Wähler und 43 Prozent der Fünfundzwanzig- bis Vierunddreißigjährigen; das sind deutlich mehr als bei den Bundestagswahlen 1980. Die stärksten Verluste muss die SPD verbuchen, deren langer Abstieg von der Volks- zur Minderheitenpartei, rückblickend betrachtet, bei den Wahlen 1983 beginnt. Wenn man sich diese Zahlen ansieht, muss man also feststellen: Von den verschiedenen Jugendkulturen, die Anfang der Achtziger miteinander konkurrieren, sind die Popper ohne Frage diejenigen mit der breitesten Massenbasis. Sie sind jene Lifestyle-Avantgardisten, die weltanschaulich am tiefsten in der Mitte der Gesellschaft wurzeln.

Für die anderen Jugendkulturen bieten die Popper damit ein ideales Feindbild. So wie sie selbst alle politisch engagierten oder gesellschaftskritisch veranlagten Jugendlichen als «Prolos» oder «Palästinenserfeudelträger» verspotten, so werden sie ihrerseits von allen anderen als angepasste Spießer und Schnösel verachtet. «Liegt der Popper tot im Keller, war der Punker wieder schneller», lautet einer von vielen geflügelten Sponti-Sprüchen aus den frühen achtziger Jahren, oder auch: «Hast du fünf Minuten Zeit, schlag dir einen Popper breit»; «Popper überfährt man mit 'nem Chopper»; «Haut die Popper platt wie 'n Whopper»; «Warum die Zeit totschlagen, es gibt doch Popper».

So beginnen die Popper Anfang der achtziger Jahre eine negative Integrationskraft zu entwickeln, wie es vor ihnen nur den Hippies gelungen ist: Sie bieten ein Feindbild, auf das sich Angehörige unterschiedlicher Jugendkulturen einigen können – auch solcher, zwischen denen ansonsten eher Konkurrenz oder Animosität herrscht. So versammelt sich am 17. Oktober 1980 ein breites Bündnis aus Punks, Skins und Rockern, um ein bundesweites Popper-Treffen in der Berliner Diskothek «Maxim» zu sprengen. An diesem Abend soll erstmals die Band Die Popper auftreten, die der Schlagerkomponist Joachim Heider passenderweise zusammengestellt hat, der Titel der ersten Single: «Wir sind die Popper». (Ein weitaus größerer Hit gelingt Heider im selben Jahr mit «Stein um Stein», der deutschsprachigen Cover-Version des Pink-Floyd-Stücks «Another Brick in the Wall Pt. 2».)

«Fein herausgeputzt mit Kaschmirpullovern, Seidenschals und kurzem Haarschnitt hörten sie Popmusik und feierten ihr Treffen mit Champagner», schreibt die «Welt am Sonntag» in ihrem Berlin-Teil über das Treffen – dann aber stürmen siebzig popperfeindliche Jugendliche in das Lokal und beginnen auf das Publikum einzuprügeln. Der Historiker Bodo Mrozek hat das Geschehen 2014 in seinem Essay «Vom Ätherkrieg zur Popperschlacht» folgendermaßen rekapituliert: «Es kam zu einer Straßenschlacht, an der sich zeitweise bis zu 1000 Jugendliche beteiligten und bei der 270 Polizisten eingesetzt wurden. Die Punks, verstärkt von Fans eines in unmittelbarer Nähe stattfindenden Rockkonzerts, griffen mit Pflastersteinen und Eisenketten an, stürzten Autos um und warfen einen Molotowcocktail auf das Lokal. Nach vier Stunden endete die Auseinandersetzung mit 40 Verletzten und 17 Festnahmen; 36 Ermittlungsverfahren wurden eingeleitet.»

Die Berliner Punkszene betrachtet die Ereignisse als großen Erfolg, in Anlehnung an die «Bewegung 2. Juni» feiern die Beteiligten sich als «Bewegung 17. Oktober». Der Düsseldorfer Punk-Pionier Trini Trimpop dokumentiert den Vorfall 1981 in dem Kurzfilm «Die Schlacht an der Hasenheide» – noch ein Jahr später wird Trimpop zu den Gründungsmitgliedern der bis heute tätigen Gruppe Die Toten Hosen gehören. Eine überraschende Wendung nimmt die Geschichte, als die Popper sich zwei Tage nach dem Angriff auf das «Maxim» mit einem Gegenangriff auf eine Kreuzberger Punkkneipe mit dem naheliegenden Namen «Chaos» revanchieren: «Mit dicken Autos fuhren sie an der Punk-Pinte vor», berichtet das Magazin «Stern». «Ein Stein flog durch die Scheibe ins ‹Chaos›, wo nur sieben Besucher saßen, darunter vier Mädchen. Rund 30 Popper stürmten durch die Tür. Gaspistolen knallten, Leuchtgeschosse detonierten im Lokal. Die feinen Popper zertrümmerten mit Eisenrohren und Tischbeinen das Mobiliar und droschen mit Kabeln auf die sieben Punks ein.»

Von der Gruppe Die Popper, deren Konzertdebüt den Anlass zur Eskalation bot, hat man danach nie wieder etwas gehört. Generell klingt die mediale Erregung um die Popper bald wieder ab, weil auch in den folgenden Jahren keine nennenswerte kulturelle Szene um sie herum entsteht. Zudem bringen die Popper keine Popstars oder auch nur prägende Mode-Ikonen hervor. Die Figur, die einer solchen eventuell noch am nächsten kommt, betritt erst Ende 1985 die Bühne: Es handelt sich um Dr. Udo Brinkmann, eine der zentralen Figuren aus der Serie «Die Schwarzwaldklinik», gespielt von Sascha Hehn. So trägt Brinkmann etwa gerne pastellfarbene Kaschmirpullover und eine stets locker-fluffige Mittelscheitelfrisur; er erweckt einen sorglos-optimistischen Eindruck und beherrscht insbesondere auch den schon im «Popper-Knigge» vorgeschriebenen «leicht schwingenden» Gang bis zur Perfektion. Sein charakteristischster Bewegungsablauf ist der Sprung über die Tür seines Golf-Cabrios; da er sich stets mit einem lässigen Satz hinter das Steuerrad schwingt, muss die Tür dieses Autos im Verlauf der gesamten Serie nicht ein einziges Mal von außen geöffnet werden. Ich komme auf die «Schwarzwaldklinik» an späterer Stelle zurück.

Die Popper sind eine rein westdeutsche Erscheinung, doch finden sich in anderen westlichen Industrienationen vergleichbare

Phänomene: die Preppies in den USA – sowie in Großbritannien die Sloane Rangers. Beide entspringen älteren Traditionslinien, werden an der Wende zu den achtziger Jahren aber erstmals als kulturelle Szenen auf den Begriff gebracht. Dafür sorgen wiederum zwei Stilfibeln, die wie der «Popper-Knigge» satirisch-ironisch angelegt sind, sich aber ebenso als ernsthafte Anleitung zur Stilimitation auffassen lassen und mithin erheblich zur popkulturellen Verbreitung der entsprechenden Ästhetik beitragen.

1980 bringt die New Yorker Autorin und ausgebildete Semiotikerin Lisa Birnbach das «Official Preppy Handbook» heraus. Aufgeführt werden darin die idealen Bekleidungs- und Verhaltensweisen der «preppies» oder auch «preps» – also der Sprösslinge alteingesessener Ostküstenfamilien, die sich auf den «preparatory schools» (kurz: «prep schools») für den Besuch der Ivy-League-Universitäten vorbereiten und ihre Freizeit vor allem mit exklusiven sportlichen Tätigkeiten verbringen, zum Beispiel mit Golf, Tennis, Squash, Polo, Fechten und Segeln. Dementsprechend finden sich im Bekleidungsstil der Preps luxuriöse wie – das unterscheidet sie von den westdeutschen Poppern – auch sportive und lässige Elemente. Das zentrale Bekleidungsstück der Preps ist das Polohemd, das von der Modefirma des ehemaligen französischen Tennisspielers René Lacoste bereits in den fünfziger Jahren verbreitet worden ist; wesentliche Konkurrenz erwächst Lacoste an der Wende zu den achtziger Jahren in dem New Yorker Modemacher Ralph Lifshitz alias Ralph Lauren. Letzterer versieht seine Kreationen noch deutlicher mit maritimen Akzenten, inspiriert vom Leben in den Wochenendrefugien der New Yorker Oberschicht in Neuengland; marineblaue Blazer und Tweedsakkos kombiniert er mit Buttondown-Hemden und Khakihosen. In Westdeutschland stößt dieser Stil denn auch vor allem im Norden und in den Küstenregionen auf Resonanz, und er prägt bis in die Gegenwart das Erscheinungsbild jener schnöseligen Kinder von reichen Eltern, wie man sie auf Sylt findet und wie sie dann allerdings erst in den neunziger Jahren prototypisch repräsentiert werden von dem Schriftsteller und Journalisten Christian Kracht.

Lediglich ein Bekleidungs- beziehungsweise Nichtbekleidungsdetail aus dem Prep-Stil bringt es schon in den achtziger Jahren in Westdeutschland zu größerer Verbreitung: das Tragen von Seglerschuhen bei gleichzeitigem Verzicht auf das Tragen von Socken. Mit dem sockenlosen Auftreten, so Lisa Birnbach im «Official Preppy Handbook», lässt sich das ganze Jahr über ein lässiger «beachside look» erzeugen, der den Träger oder die Trägerin so attraktiv erscheinen lässt, dass er oder sie dafür auch gern auf den fußschützenden Tragekomfort verzichtet, den Socken gemeinhin bieten.

Auch die britischen Sloane Rangers pflegen einen Stil, der sich am Auftreten und an der Bekleidung von Sprösslingen wohlhabender Familien orientiert. Ihre bevorzugte Einkaufsmeile befindet sich am Sloane Square im Londoner Stadtteil Chelsea – dort hat sie jedenfalls der Journalist und Marketing-Forscher Peter York gesichtet, der den Begriff bereits Mitte der siebziger Jahre in einem Artikel für das Magazin «Harpers Queens» prägt. 1982 bringt er, gemeinsam mit seiner Kollegin Ann Barr, nach dem Vorbild des «Official Preppy Handbook» das «Official Sloane Ranger Handbook» heraus.

Die Bekleidung der Sloane Rangers ist wie jene der Preps dezent, aber teuer; wie bei den westdeutschen Poppern gehört ein Hermès-Schal in Pastellgelb zur Grundausstattung. Die Frauen tragen marineblaue Strickjacken oder Westen, dazu lange Faltenröcke und Perlenketten; statt sich den Hermès-Schal um den Hals zu legen, knoten sie ihn gern um die Tragekette ihrer Handtasche. Weitaus wichtiger als bei den Poppern und auch bei den Preps ist die Strapazierfähigkeit der Stoffe und Materialien. So sind die Röcke oft aus Gabardine gewirkt, einer besonders festen Woll- und Kunstfasermischung. Die Männer tragen gern Wachsjacken der Marke

Barbour, die ursprünglich für die Jagd oder das Angeln entwickelt wurden.

So wollen die Sloane Rangers demonstrieren, dass ihr wohlhabendes Leben sich nicht nur in den Innenstadtvierteln von London abspielt, sondern auch auf den Landgütern ihrer Familien in Devon und Somerset, Cornwall und Dorset – einerlei, ob sie tatsächlich über solche Familien verfügen oder gar solche Landgüter oder ob sie sich mit ihrem Auftreten und ihrer Bekleidung nur in dieses aristokratische Paralleluniversum einzuheiraten versuchen. Wie die distinguierte Aussprache gehört auch ein distinguierter Labrador-Hund wesentlich zum Dasein des Sloane Rangers hinzu. Und wer am Wochenende nicht wirklich zum Jagen oder Angeln aufbricht, begibt sich doch zumindest für ein luxuriös ausgestattetes Picknick aufs Land, bei dem für die mitreisenden Hunde ebenso selbstverständlich aufgedeckt wird wie für den menschlichen Teil der Ausflugsgesellschaft.

Die Faszination für diesen edel-aristokratischen, im ländlichen Luxus und in vorgeblich uralten Traditionen verwurzelten Stil reicht über Jahrzehnte hinweg bis in unsere Gegenwart hinein, wie sich an der ungebrochenen Beliebtheit von Magazinen wie «Country Living» oder deutschen Pendants wie «Landlust» erweist; zuletzt wurde in sozialen Netzwerken wie Instagram und Tiktok mit dem Modestil «Cottagecore» eine Variante für die Generation Z entwickelt. Auch haben die Sloane Rangers, anders als die Popper oder die Preps, eine selbst nach Jahrzehnten noch populäre Stil- und Mode-Ikone hervorgebracht: Diana Frances Spencer, die durch ihre Heirat mit dem britischen Thronfolger Prince Charles am 29. Juli 1981 zur Princess of Wales wird. Nicht nur mit ihrem Stil, auch mit ihrer Biographie erweist sie sich als ideale Sloane Ranger: Durch ihr angenehmes Auftreten und die geschickte Nutzung gesellschaftlicher Kontakte gelingt ihr der Aufstieg aus dem alten Adelsgeschlecht der Spencers in die britische Königsfamilie.

Die britische Variante der Popper nennt sich «Sloane Rangers». Ihre populärste Stil- und Mode-Ikone ist Diana Frances Spencer, die durch die Hochzeit mit dem britischen Thronfolger Prince Charles am 29. Juli 1981 zur Princess of Wales aufsteigt.

Diana Spencer ist denn auch auf dem Cover des «Official Sloane Ranger Handbook» zu sehen, in einem schulterfreien berüschten Kleid mit einem Perlenhalsband und der jedenfalls zu Beginn ihrer öffentlichen Karriere typischen Frisur: kurz geschnitten, aber nicht steif, sondern fließend und elegant geschwungen. Unter den unterschiedlichen Typen, die das «Handbook» für den Sloane Ranger katalogisiert, wird dieser als «Pearly Princess» bestimmt; Diana Spencer selber erhält den Ehrentitel der «Supersloane».

Dianas Hochzeit mit Charles wird – in einer Zeit, die man rückblickend vor allem von Punk und New Wave, Jugendrenitenz und Protest bestimmt glaubt – zum größten popkulturellen Ereignis des Jahres 1981. Wir wissen heute, dass diese Ehe und auch das weitere Leben Dianas keinen glücklichen Verlauf genommen haben; insofern ist ihr Schicksal nicht untypisch für die Achtziger, das Jahrzehnt der instabilen Bindungen, in dem die Zahl der Ehescheidungen so dramatisch wächst und das Experiment mit neuen Familienformen ins Zentrum des gesellschaftlichen Lebens rückt. Trotzdem – oder gerade deswegen – ist es am Beginn dieses Jahrzehnts eine Märchenhochzeit, von der sich die Menschen faszinieren und begeistern lassen; eine Märchenhochzeit, bei der die Braut in einem elfenbeinfarbenen, spitzenbesetzten Kleid mit einer knapp acht Meter langen Schleppe über den roten Teppich schwebt, während der Bräutigam an ihrer Seite eine Gala-Uniform der britischen Marine trägt.

Rund sechshunderttausend Menschen säumen die Straßen in London, als Diana und Charles sich in der St. Paul's Cathedral das Jawort geben; geschätzte siebenhundertfünfzig Millionen Zuschauer sitzen in aller Welt vor den Fernsehgeräten. Bis heute ist dies eine der meistgesehenen Übertragungen der Fernsehgeschichte – übertroffen erst sechzehn Jahre später, am 6. September 1997, durch die Live-Übertragung von Dianas Beerdigung. Bei ihr geht die Zahl der Zuschauer und Zuschauerinnen in die Milliarden.

TEIL II

VON DER «SCHWARZ-WALDKLINIK» BIS ZUR DRITTEN WELLE DES FEMINISMUS: WIE SICH DIE GESELLSCHAFT VERÄNDERT

4. KAPITEL

·· • ··

VON GLÜCKLICHEN PATCHWORK-FAMILIEN: PROFESSOR BRINKMANN UND DIE NEUE UNÜBERSICHT-LICHKEIT DER LIEBES- UND LEBENS-VERHÄLTNISSE

Am 13. Oktober 1982 gibt Helmut Kohl im Deutschen Bundestag seine erste Regierungserklärung als Bundeskanzler ab. Er proklamiert darin die von ihm schon vielfach geforderte «geistige» und «politische» Wende, eine «Politik der Erneuerung», in der sich die Rückkehr zu traditionellen Werten mit einer optimistischen Haltung zur Zukunft verbindet. Kohl will den weiteren Ausbau der Kernenergie ebenso fördern wie die klassische Kernfamilie, die von der sozialliberalen Koalition unter Helmut Schmidt eklatant vernachlässigt worden sei. Schon in den Siebzigern hat er wiederholt «die völlig einseitige Sicht der Emanzipation der Frau» beklagt, wie sie aus dem Geist der 68er-Generation heraus rühre. «Familienpolitik», kündigt Kohl nun an, werde ein «zentraler Punkt» seiner beabsichtigten Neugestaltung der Politik sein. «Unser Leitbild ist die partnerschaftliche Familie, die geprägt ist von der Partnerschaft zwischen Mann und Frau, zwischen Eltern und Kindern. Die Gemeinschaft von Eltern und Kindern bietet Lebenserfüllung und Glück.» Zwar sähen immer mehr Frauen «im Beruf einen ebenso selbstverständlichen Teil ihrer Lebensplanung wie in der Familie». Doch: «Meine Damen und Herren, Beruf ist für uns (...) nicht nur die außerhäusliche Erwerbstätigkeit; Beruf ist für uns ebenso die Tätigkeit der Hausfrau in der Familie und bei ihren Kindern.»

Familienpolitik: Das ist auch das Thema der beiden erfolgreichsten und meistdiskutierten Fernsehserien, die während der ersten Legislaturperiode der von Helmut Kohl geführten christlich-liberalen Koalition starten. «Ich heirate eine Familie» hat am 3. November 1983 Premiere, ein Jahr nach dem Misstrauensvotum gegen Helmut Schmidt, das Kohl zur Kanzlerschaft verholfen hat; zwei Jahre später, am 22. Oktober 1985, folgt «Die Schwarzwaldklinik». Beide Serien befassen sich mit Fragen der Liebe und der Sexualität, mit dem Suchen, Finden, Verlieren und Wiederfinden des richtigen Partners – nicht zuletzt aber mit der Institution der Familie in einer Zeit, in der das klassische Familienbild der unmittelbaren Nachkriegszeit seine Selbstverständlichkeit verloren hat. Oder anders gesagt: in einer Zeit, die von Patchwork-Familien und Scheidungsdramen geprägt ist, von alleinerziehenden Müttern und Scheidungskindern und von Männern und Frauen mittleren Alters, die darauf hoffen, dass sie nach vielen Enttäuschungen im dritten oder vierten Anlauf vielleicht doch noch einen Menschen finden, mit dem sie den Rest des Lebens verbringen möchten.

«Ich heirate eine Familie» erzählt von dem erfolgreichen Werbegrafiker Werner, gespielt von Peter Weck, der nach zwei Scheidungen als alleinstehender Endvierziger in einer modernistischen Villa in Berlin-Lichtenrade lebt und arbeitet, unterstützt von einer Haushälterin. Werner ist sexuell noch aktiv, er unterhält wechselnde Beziehungen zu jüngeren Frauen. Nach seiner zweiten Scheidung hat er als damals schon reiferer Mann von der sexuellen Revolution der Siebziger profitiert. Doch wie viele, die in den Siebzigern die neuen Vorzüge der sexuellen Lockerung und auch der gelockerten Bindungen genossen haben, leidet Werner nun an der allgemeinen Unverbindlichkeit, die daraus resultiert.

Gleich in der ersten Folge der Serie wird der Geist der Siebziger in symbolischer Weise begraben. Wir werfen einen Blick in Werners

Schlafzimmer: Auf einem Korbsessel, der dem «Pfauenthron» aus der Softpornoserie «Emmanuelle» nachempfunden ist, räkelt sich die Gespielin der letzten Nacht, barbusig und nur mit einem Unterhöschen bekleidet. Es gab offenkundig Momente, in denen man miteinander Spaß hatte, doch nun fällt die junge Frau dem älteren Mann lästig, weil sie so unternehmungslustig ist und ständig ausgehen will. Werner dagegen sehnt sich nach einer festen Beziehung mit einer Partnerin, der er auf Augenhöhe begegnen kann; und er sehnt sich nach einer Familie.

Diese tritt nun in Gestalt der Kinderboutiquenbesitzerin Angi, gespielt von Thekla Carola Wied, in sein Leben. Angi ist immer noch deutlich jünger als Werner, nämlich etwa fünfzehn Jahre, aber eben nicht so viel jünger wie seine letzten Kurzzeitbeziehungen. Die beiden werden von einem befreundeten kinderlosen Paar miteinander verkuppelt. Alfons und Bille sind seit zwanzig Jahren miteinander verheiratet; Alfons hat aber in all dieser Zeit niemals aufgehört, Bille mit jüngeren Frauen zu betrügen. Bille ist deswegen oft ungehalten, ihre Beziehung wird jedoch nicht dauerhaft beschädigt, denn jedes Mal, wenn wieder ein neuer Seitensprung auffliegt, wird Bille von Alfons mit einem neuen Nerzmantel beschenkt.

Bei einem extra dafür arrangierten Abendessen bringen sie also Werner und Angi zusammen, und beide verlieben sich zügig ineinander – ein Vorgang, der auch nicht ernsthaft beeinträchtigt wird, als Angi Werner nach einigen glücklich miteinander verbrachten Abenden und Nächten gesteht, dass sie drei Kinder hat. Diese stammen von ihrem ersten Ehemann Berni, von dem Angi in ähnlicher Weise enttäuscht wurde wie Werner von seinen ersten beiden Ehefrauen; Berni zahlt zwar akkurat seine Alimente, kümmert sich aber ansonsten nicht um die Kinder. Auch Angi hatte seit ihrer Scheidung einige kurze Beziehungen mit anderen Männern. Doch traf sie dabei wiederum vor allem solche, die ihrerseits noch verheiratet waren – und sich letztlich doch nicht dazu durchringen konnten, ihre Ehe, so zerrüttet sie sein mochte, für Angi aufzugeben. Werner hingegen freut sich über die neue Familie, auch wenn diese Freude von Angis Kindern zunächst nicht erwidert wird. Man zieht also zusammen und heiratet.

Über sechzehn Folgen hinweg geht es nun um die Probleme der Patchwork-Familienbildung, einschließlich eines von Werner und Angi gezeugten neuen Kindes, das von den älteren natürlich als Konkurrenz und Bedrohung empfunden wird. Vorher schon muss sich Werner beispielsweise daran gewöhnen, dass das Leben mit Kindern doch deutlich turbulenter ist als seine bisherige Junggesellenexistenz, zumal er – ein Thema, das aus heutiger Sicht noch einmal stark an Aktualität gewonnen hat – im Homeoffice arbeitet. Sein Atelier befindet sich im Souterrain des Hauses; mit der Ruhe dort ist es vorbei, als die beiden Jungen anfangen, im Garten Fußball zu spielen, und das Teenager-Mädchen Tanja im Wohnzimmer in dröhnender Lautstärke Videokassetten abspielt. Zudem pflegen Tanjas wechselnde Freunde durchweg Hobbys mit großer Geräuschintensität: Der erste bastelt in Werners Vorgarten alsbald an alten Autos herum; der andere übt in Tanjas Kinderzimmer unermüdlich auf seiner E-Gitarre.

Man merkt den Geschichten und Dialogen, den Charakterzeichnungen der Figuren und auch den Gags und scheinbar überraschenden Wendungen immer an, dass sie aus einer langen Tradition des westdeutschen Boulevardtheaters entstammen. Der Autor der Serie, Curth Flatow, gehört seit den sechziger Jahren zu den prägenden Protagonisten des Genres, nicht zuletzt in seiner Zusammenarbeit mit Harald Juhnke – der ursprünglich für die Rolle des Patchwork-Familienvaters Werner vorgesehen war, dann aber wegen seiner eskalierenden Alkoholsucht nicht mehr in Frage kam. Die Figuren sind liebenswert, ihre Stilisierungen sind heiter und niemals denunziatorisch. Die wirtschaftlichen Verhältnisse, in

In den Achtzigern wächst die Zahl der Alleinerziehenden und der Geschiedenen, der Wiederverheirateten und der Patchwork-Familien. In der beliebten Fernsehserie «Ich heirate eine Familie» holt sich der reife Werbezeichner Werner (Peter Weck) mit der attraktiven Angi (Thekla Carola Wied) auch gleich deren drei Kinder aus erster Ehe mit ins Haus.

denen sie leben, sind im Wesentlichen stabil. Sie wohnen in einem gediegenen, bürgerlichen Viertel von Westberlin, bei dessen Anblick man kaum auf die Idee kommen könnte, dass nur ein paar Kilometer entfernt, in Kreuzberg und Schöneberg, in den Gegenden entlang des Mauerstreifens, Künstler wie die Einstürzenden

Neubauten, Die Tödliche Doris und der junge Nick Cave dasselbe Berlin als apokalyptische Ruinenstadt empfinden, mithin als idealen Schauplatz endzeitlicher Selbstzerstörungsmusik.

Von Apokalypse und Endzeit ist in «Ich heirate eine Familie» nichts zu spüren, und darum ist es leicht – wie es schon in damaligen Rezensionen geschieht –, die Serie als harmoniesüchtigen Wohlfühlkitsch abzutun. Das ändert aber nichts daran, dass gerade auch in diesem harmonieseligen Wohfühlkitsch, oder sachlicher formuliert: in solch einer vom Boulevardtheater geprägten Serie, jene Erschütterungen zu spüren sind, die sich aus dem Jahrzehnt der sexuellen Emanzipation, den Siebzigern, in die gesellschaftliche Mitte der Achtziger fortgepflanzt haben. Dass Ehen nicht für immer halten und dass die Menschen gerade erst damit angefangen haben, die Verhältnisse zwischen den Geschlechtern neu auszuhandeln – das ist eine Einsicht, die sich in diesem Jahrzehnt erst wirklich flächendeckend durchzusetzen beginnt.

Von intellektuellen Beobachtern wird diese Einsicht zumeist in kulturpessimistischem Ton formuliert. Auf die euphorische Befreiungsrhetorik des vorangegangenen Jahrzehnts – endlich schienen das Ausleben der erotischen Wünsche und die Befriedigung des sexuellen Begehrens möglich, die Fesseln der monogamen Zweierbeziehung gelöst – folgt die Katerstimmung. «In allen westlichen Industrieländern gibt es die Signale steigender Scheidungsziffern», schreibt etwa der Soziologe Ulrich Beck 1986 in seinem vielgelesenen Buch «Risikogesellschaft»: «Obwohl die Bundesrepublik – etwa im Vergleich zu den USA – noch gemäßigt abschneidet, wird auch bei uns inzwischen nahezu jede dritte Ehe geschieden (in Großstädten bereits fast jede zweite, in kleinstädtischen und ländlichen Gebieten ca. jede vierte Ehe) – mit steigender Tendenz. Bis 1984 konnte der Scheidungsbilanz eine positive Wiederverheiratungsbilanz entgegengehalten werden. Inzwischen entschließen sich immer weniger Geschiedene zu einer neuen Heirat. Demgegenüber steigt die Scheidungsquote für wiederverheiratete Paare ebenso wie die Scheidungsquote für Eltern mit Kindern. Entsprechend wächst der Dschungel elterlicher Beziehungen: meine, deine, unsere Kinder mit den jeweils damit verbundenen unterschiedlichen Regelungen, Empfindlichkeiten und Konfliktzonen für alle Betroffenen.»

Der dazu passende Song ist schon im Jahr 1978 erschienen. Er trägt den Titel «Und dabei liebe ich Euch beide» und wird von der damals zehnjährigen Andrea Jürgens interpretiert. «Sag Vati, warum kann ich denn nicht öfter bei dir sein?», möchte sie wissen. «Warum geht es nur zweimal im Monat? / Sind wir zusammen, bringt mir das doch sehr viel Freude ein / Wie das eben ist, wenn man sich lieb hat / Aber die Mutti sieht das nicht gern / Warum hält sie mich denn von dir fern?» Man ahnt bereits, dass dieser Liedtext von einem Mann formuliert wurde; es handelt sich um den Sänger und Liedermacher Wolfgang Preuß. Die Melodie des Lieds stammt von dem Schlagerkomponisten Jack White: Mit Andrea Jürgens gelingt es ihm, erstmals seit den großen Erfolgen von Heintje Ende der sechziger Jahre wieder einen Kinderstar aufzubauen.

Der Unterschied zwischen den beiden Jungstars ist signifikant. Auch Hein Simons alias Heintje singt in seinem Lied «Mama», das dem damals Zwölfjährigen 1967 zum Durchbruch verhilft, vom Abschiedsschmerz und von der Sehnsucht. Anlass dafür ist allerdings der Abschied, den ein erwachsen gewordener Junge von seiner Mutter nimmt. Er bittet sie, nicht traurig zu sein: «Mama / Du sollst doch nicht um deinen Jungen weinen / Ich werd es nie vergessen / Was ich an dir hab besessen / Dass es auf Erden nur Eine gibt / Die mich so heiß hat geliebt.» Bei Andrea Jürgens ist es zehn Jahre später gerade andersherum: Sie klagt darüber, dass ihre Mutter sie eben nicht so «heiß liebt», wie sie es sich wünscht – denn sonst würde die Mutter es ja möglich machen, dass der Vater wieder mehr Zeit mit ihnen verbringt. «Und dabei liebe ich euch beide / Denn ich bin doch euer Kind», heißt es im Refrain. «Warum nur kann ich nicht entscheiden / Wo ich gerne bin?»

Bei ihrem ersten Auftritt vor großem Publikum, in der Silvester-Fernsehgala des Showmasters Rudi Carrell, sitzt Andrea Jürgens in der Kulisse eines Kinderschlafzimmers im Nachthemd auf ihrem Bettchen und singt. Während Heintje zehn Jahre zuvor über das Ende seiner Kindheit und behüteten Jugend geklagt hat, klagt Andrea Jürgens nunmehr darüber, dass sie das, was er verliert, niemals besessen hat – denn die Scheidung der Eltern hat ihr die Familie und damit die behütete Kindheit genommen.

Auch einer der erfolgreichsten Hollywood-Filme des folgenden Jahres, 1979, befasst sich mit einer Ehescheidung und mit deren Folgen für das Kind: In Robert Bentons «Kramer gegen Kramer» ist es die Mutter Joanna Kramer, gespielt von Meryl Streep, die ihren Mann Ted und den gemeinsamen, fünfjährigen Sohn Billy verlässt, weil sie sich von ihrer Rolle als Ehefrau und Mutter überfordert fühlt und generell unzufrieden ist mit dem Leben. Ted, gespielt von Dustin Hoffman, lernt daraufhin die Härte des Daseins als alleinerziehender Vater kennen. Von der Doppelbelastung mit Beruf und Kinderbetreuung überfordert, verliert er seinen Job – und damit auch die Aussicht, das Sorgerecht für seinen Sohn zu behalten. Denn nachdem sich die zunächst flüchtige Mutter psychisch wieder stabilisiert hat, beginnt sie einen aufwendigen Gerichtsprozess gegen ihn. Ted verzichtet schließlich auf seine Ansprüche, um Billy die Zeugenschaft vor Gericht zu ersparen, woraufhin wiederum Joanna auf das Kind verzichtet, weil sie nun glaubt, dass Ted ein guter Vater ist. Das Ende des Films legt die Möglichkeit nahe, dass alle Beteiligten nun wieder zu einer «richtigen» Familie zusammenkommen.

Das Thema der Ehescheidung und auch die Frage, was diese für das Verhältnis zwischen Eltern und Kindern bedeutet, wird zu einem bestimmenden Motiv nicht nur in der Popkultur an der Wende zu den achtziger Jahren, sondern auch in den gesellschaftlichen Debatten. Von einem «war over the family» schreibt das US-amerikanische Soziologenpaar Brigitte und Peter L. Berger in einem gleichnamigen, vielgelesenen Buch aus dem Jahr 1983 (deutsch: «In Verteidigung der bürgerlichen Familie»). Die Bergers geben «militanten Feministinnen» und «homosexuellen Aktivisten» die Schuld daran, dass der «middle ground» der Gesellschaft erodiert, mithin: die «traditionelle Mittelklasse-Familie». Auch Helmut Kohl beklagt in seiner ersten Amtszeit immer wieder die «Krise der Familie», die sich zu einer Krise der gesamten Gesellschaft auszuweiten drohe. «Der dramatische Geburtenrückgang, die wachsende Scheidungshäufigkeit, die Tatsache, dass inzwischen die Hälfte aller Ehen ohne Kinder bleibt oder sich nur für ein Kind entscheidet, sind unübersehbare Warnsignale», so Kohl in einer Rede aus dem April 1984. «Ich habe keinen Zweifel daran, dass diese Entwicklung durch die Politik der letzten anderthalb Jahrzehnte, durch die materielle Vernachlässigung und die rechtliche Bevormundung der Familien, mitbeeinflusst worden ist. Und ich weiß, dass zu dieser Entwicklung auch soziale Bedingungen wie die zunehmende Berufstätigkeit junger Frauen beigetragen haben.»

Offenkundig müssen sich die Männer erst noch daran gewöhnen, dass die bislang nur der «Hausfrau» zugeschriebenen Tätigkeiten im Haushalt und bei der Erziehung der Kinder künftig auf beide Geschlechter verteilt werden könnten; das gilt auch für den eigentlich bereits recht emanzipiert wirkenden Werner aus «Ich heirate eine Familie». Nach der Hochzeit gelangt er schon bald zu der Ansicht, dass Angi ihre Arbeit in der Kinderboutique aufgeben sollte, um sich ganz auf ihre Aufgaben als Hausfrau und Mutter zu konzentrieren. «Ich verdiene doch genug für uns beide», sagt er – eine

Einstellung, die Angi für einen so aufgeschlossen wirkenden Menschen erstaunlich unmodern findet. «Aber du liebst doch deine Arbeit, oder?», entgegnet sie ihm: «Und siehst du, ich liebe meine Arbeit auch.» Nach der Geburt des gemeinsamen Kindes bleibt sie zwar tatsächlich eine Weile zu Hause, doch zum Ende der Serie hin verschärft sich das Problem sogar noch. Denn nun wird Angi überraschend zur Beraterin und Imagefigur einer erfolgreichen Kindermodenkollektion auserkoren und jettet fortan zwischen internationalen Modemessen hin und her. Werner fühlt sich nunmehr wie ein «Witwer mit vier Kindern»; die Einzige, die ihn bedauert, ist seine Haushälterin, Frau Rabe, die ihrerseits wiederum etwa fünfzehn Jahre älter ist als er und deren Ideen vom Zusammenleben von Männern und Frauen noch aus einer Epoche stammen, in der dieses übersichtlicher geordnet war.

Ähnliche Motivlagen finden sich in der Serie «Die Schwarzwaldklinik», die ab November 1985 ebenfalls im ZDF ausgestrahlt wird und in Westdeutschland die höchsten Einschaltquoten des Jahrzehnts erzielt. Auch hier herrschen Patchwork-Familien, zweite oder dritte Eheanläufe oder komplizierte Drei- und Vierecksbeziehungen vor. Die zentrale Figur ist wiederum ein reiferer, aber sexuell noch aktiver Mann, dessen einzige konstante Frauenbeziehung erneut die zu seiner Haushälterin ist. Professor Klaus Brinkmann, gespielt von Klausjürgen Wussow, übernimmt in der ersten Folge der Serie die Leitung des titelgebenden Krankenhauses im idyllischen Glottertal. Brinkmanns Ehefrau ist vor zwölf Jahren verstorben, von seiner letzten Lebensgefährtin hat er sich gerade getrennt. Im Glottertal verliebt er sich sogleich in eine jüngere Frau, in die Krankenschwester Christa, gespielt von Gaby Dohm. In diesem Fall ist der Altersunterschied allerdings noch größer als der zwischen Werner und Angi in «Ich heirate eine Familie»; er ist dermaßen groß, dass Professor Brinkmann um Christa zunächst mit seinem eigenen Sohn konkurriert.

Udo Brinkmann, gespielt von Sascha Hehn, wirkt beim Eintreffen seines Vaters in der Schwarzwaldklinik schon länger als Stationsarzt und unermüdlicher Schwerenöter. Er erobert eine Frau nach der nächsten und kommt dabei gelegentlich durcheinander, so gleich in der ersten Folge, als er eine Verabredung mit Christa vergessen hat und von ihr beim Techtelmechtel mit einer anderen ertappt wird; dass Christa sich daraufhin Klaus Brinkmann zuwendet, sorgt zwischen Vater und Sohn für diverse Verstimmungen. Von Udos virilen Sprüngen auf den Fahrersitz seines weißen Golf-Cabrios ist schon die Rede gewesen. Mit seinem luftigen Mittelscheitel, seinen gelben Kaschmirpullovern und seinem munteren Selbstbekenntnis zum verantwortungslosen Leben kommt er dem Archetyp des Poppers so nah wie kaum eine andere Fernsehfigur in dieser Zeit. Allerdings liegt ihm karrieristisches Denken von vornherein fern, denn auch er möchte in Wahrheit vor allem eine Familie gründen. Diesen Wunsch kann er bis zum Beginn der zweiten Staffel der «Schwarzwaldklinik» dadurch in die Wirklichkeit umsetzen, dass er die frisch geschiedene Anästhesistin Katarina Gessner heiratet, Mutter einer zweijährigen Tochter.

In Gestalt von Udo Brinkmann und Katarina Gessner werden hier, Mitte der achtziger Jahre, zwei archetypische Figuren der Siebziger besichtigt und in ihrer charakterlichen Entwicklung analysiert. Da ist zum einen der Gigolo, der die sexuelle Befreiung dazu genutzt hat, mit möglichst vielen Frauen ins Bett zu gehen – passenderweise hat Sascha Hehn seine Schauspielkarriere in den Siebzigern mit Softpornofilmen wie «Melody in Love» und «Nackt und heiß auf Mykonos» begonnen –, den nun aber die unverbindlichen sexuellen Abenteuer zusehends unbefriedigt zurücklassen. Da ist zum anderen die souverän gewordene Frau, die auch in einer festen Langzeitbeziehung oder gar Ehe ihre eigenen Vorstellungen von Selbstverwirklichung hegt. Katarina Gessner, gespielt von Ilona Grübel, ist ihrem zweiten Ehemann Udo sowohl intellektuell wie auch finanziell überlegen; sie interessiert sich zu seinem völligen Unverständnis für Konzertabende und moderne Kunst; und sie verfolgt entschlossen ihre berufliche Karriere, auch wenn sie ihre Tochter und ihren Mann dafür oftmals alleine zu Hause lässt.

Im kollektiven Gedächtnis ist «Die Schwarzwaldklinik» vor allem durch die Figur des Professor Brinkmann haften geblieben, der als Halbgott in Weiß in der zweiten Hälfte der Achtziger zum Inbegriff des vertrauenswürdigen Arztes wird. Die patriarchale Stimmung, die er verbreitet, passt gut zu dem idyllischen Ambiente des Glottertals. So wie der Vorspann der Serie von einem goldenen Rahmen eingefasst wird, der den Titelblättern der in den Achtzigern immer noch populären Arzt-Romanhefte nachempfunden ist – so ist die gesamte Handlung in eine von den Zeitläuften scheinbar unberührte und unberührbare Provinz verlegt. Das macht es den zeitgenössischen Kritikern wiederum leicht – und sogar noch leichter als im Fall von «Ich heirate eine Familie» –, die Serie als trivial und kitschig zu schmähen. Die Zeitung «Die Welt» sieht eine Szenerie «aus dem billigen Papier der Groschenhefte».

Was den Kommentatoren entgeht, das ist der Umstand, wie sich gerade in diesem provinziellen Idyll die gesellschaftlichen Veränderungen der siebziger und achtziger Jahre eben doch niederschlagen: in der Unübersichtlichkeit der sexuellen und sonstigen zwischenmenschlichen Verhältnisse und in den Auftritten souveräner Frauenfiguren, die sich dem augenscheinlich patriarchalen Schema gerade nicht fügen. In der ersten Staffel begegnen wir etwa einer Schwangeren, die sich mit einer depressiven jungen Frau anfreundet. Die junge Frau ist nach einem Suizidversuch in die Klinik gekommen; es stellt sich heraus, dass sie eine Affäre mit dem Mann der Schwangeren hatte. Beide verbünden sich, um den Gatten gemeinsam mit seiner Untreue zu konfrontieren – angesichts dieser Solidarität der betrogenen Frauen wirkt der nach außen ganz pa-

Die erfolgreichste deutsche Fernsehserie der Achtziger: «Die Schwarzwaldklinik». Der Klinikleiter Professor Brinkmann (Klausjürgen Wussow) spannt seinem Sohn, dem Schwerenöter Udo Brinkmann (Sascha Hehn), die Freundin Christa (Gaby Dohm) aus und bekommt mit dieser schließlich den Sohn Benjamin, der dreißig Jahre jünger ist als sein Halbbruder Udo.

triarchal auftretende Mann, Bauunternehmer und Honoratior, nur noch wie ein erbärmlicher Wicht.

Daneben tritt in der Serie eine junge schwangere, mittellose Frau auf, die sich gegen jeden Kontakt mit dem Vater ihres Kindes wehrt.

Sie liebt ihn nicht mehr und will nichts mit ihm zu tun haben; eher zieht sie ihr Kind in ärmlichsten Verhältnissen auf, als sich in eine Vernunftehe zu fügen. Stattdessen verliebt sie sich in den örtlichen Zivildienstleistenden und er sich in sie – dass das kurz vor der Entbindung stehende Kind nicht von ihm ist, spielt für ihn keine Rolle. Udo Brinkmann hat weniger Glück mit seiner Rolle als Stiefvater. Nachdem er sich schon kurz nach der Hochzeit mit der leiblichen Mutter des Kindes entzweit, muss er beide nach Hamburg fortziehen lassen. Wenigstens beginnt er eine Liebesbeziehung mit der Kinderfrau seiner Stieftochter, die sich wiederum um das neu geborene Kind von Professor Brinkmann und Christa kümmert – also um Udos Halbbruder, der mehr als dreißig Jahre jünger ist als er.

Für diese Art «irregulärer» Familienverhältnisse gibt es in den achtziger Jahren noch kein griffiges Etikett; dieses wird erst 1990 geprägt. In ihrem Buch «Yours, Mine, and Ours» beschreibt die US-amerikanische Familientherapeutin Anne Bernstein die Auflösung – oder Ergänzung – der traditionellen Familienformen und die Anforderungen, die daraus erwachsen, wenn sich Erwachsene und Kinder aus alten Bindungen lösen und zu neuen Familien zusammenfinden. Für den Titel der deutschen Ausgabe des Buches erfindet die Übersetzerin Margaret Minker den Begriff «Patchwork-Familie», nach dem besonders in den USA verbreiteten Hobby, aus Stoffresten verschiedener Herkunft neue Textilien zusammenzunähen. Im Buch selbst kommt das Wort nicht vor, und im englischen Sprachraum ist die «Patchwork-Familie» bis heute unbekannt, hier redet man stattdessen von «blended families», also zusammengemischten Familien. In Deutschland wird die «Patchwork-Familie» jedoch zu einem gängigen Begriff für die neuen Familienverhältnisse.

Um noch einmal aus Ulrich Becks «Risikogesellschaft» zu zitieren: «Noch in den sechziger Jahren besaßen Familie, Ehe und

Beruf als Bündelung von Lebensplänen, Lebenslagen und Biographien weitgehend Verbindlichkeit. Inzwischen sind in allen Bezugspunkten Wahlmöglichkeiten und -zwänge aufgebrochen. Es ist nicht mehr klar, ob man heiratet, wann man heiratet, ob man zusammenlebt und nicht heiratet, heiratet und nicht zusammenlebt, ob man das Kind innerhalb oder außerhalb der Familie empfängt oder aufzieht, mit dem, mit dem man zusammenlebt, oder mit dem, den man liebt, der aber mit einer anderen zusammenlebt, vor oder nach der Karriere oder mittendrin.»

In der «Schwarzwaldklinik» wird diese neue Unübersichtlichkeit – anders als in vielen intellektuellen Kommentaren der Zeit – nicht kulturpessimistisch beklagt, sondern ganz selbstverständlich übernommen. Mit moralischen Urteilen hält sich das Drehbuch in augenfälliger Weise zurück. Das gilt gerade auch für eine der meistdiskutierten Folgen der Serie, die im Februar 1986 ausgestrahlt wird und den Titel «Gewalt im Spiel» trägt. Darin wird eine junge Frau auf dem nächtlichen Heimweg aus einer Kneipe von zwei Männern vergewaltigt. Glücklicherweise kommt Udo Brinkmann auf dem Fahrrad vorbei; er bringt die schwer verletzte Frau ins Krankenhaus. Die Frau hat beide Täter erkannt, will sie aber nicht anzeigen, da sie weiß, dass der Dorfpolizist sich nicht groß darum schert. Tatsächlich führt er die Befragung in der Klinik gelangweilt und abweisend durch. Ob er kein Interesse an der Aufklärung habe, will Professor Brinkmann hinterher von ihm wissen. Als Antwort erhält er abfällige Bemerkungen über das Opfer: «Die ist doch bekannt», sagt der Polizist, «durch Saufen und Männer.» – «Moment», hakt Professor Brinkmann nach. «Hab ich Sie richtig verstanden? Eine Frau, die öfter mal die Männer wechselt, muss es sich auch gefallen lassen, vergewaltigt zu werden?» – «Offenbar haben nur sogenannte anständige Frauen das Recht, nicht vergewaltigt zu werden», resümiert Christa, als der Polizist gegangen ist.

So wird in dieser Folge der angeblich so trivial-kitschigen Serie zum ersten Mal im deutschen Fernsehen jenes Phänomen thematisiert und kritisiert, das wir heute als «slut shaming» bezeichnen: die Umkehr der Schuld bei vergewaltigten Frauen. Im Verlauf der Folge wird klar, dass die Vergewaltigung bei den männlichen Bewohnern des Glottertals anstelle von Empörung nur ein Schmunzeln auslöst: «Na, wenn sich eine so rumtreibt!» – «Das sag ich auch immer.» Das Opfer nimmt schließlich gemeinsam mit dem Bruder die Justiz selbst in die Hand: Beide lauern dem Haupttäter auf und zerfetzen ihm mit einem Messer das Geschlecht. Da auch er aus Furcht vor der eigenen Verurteilung nicht zur Polizei gehen will, bleiben Tat und Sühne gleichermaßen außerhalb des Gesetzesvollzugs. «Jetzt tragen die ihre Schuld für sich allein, diese dummen Kinder. Jeder für sich», hält Professor Brinkmann in der letzten Szene der Folge fest.

Diese moralische Ambivalenz passt gut zu dem «Rape-Revenge»-Schema, das diese Folge der «Schwarzwaldklinik» – zur besten Sendezeit vor einem Millionenpublikum – von seinerzeit populären Horrorvideofilmen wie «Mother's Day» übernimmt, die kurz zuvor noch zum warnenden Ausweis für die moralische Verrohung der Jugend geworden sind; ich komme später darauf zurück. Tatsächlich setzt die Bundesprüfstelle für jugendgefährdende Schriften «Gewalt im Spiel» auf den Index, wegen der «brutalen Demonstration» der Vergewaltigung sowie wegen «der Verharmlosung der höchst fragwürdig – durch Vergewaltigung – gerechtfertigten straffreien Selbstjustiz». Bei Wiederholungen der Serie wird die gesamte Folge zunächst nicht mehr gezeigt und später nur in einer um die Gewaltdarstellungen bereinigten Fassung. In den «Schnittberichten» der Horrorvideo-Fangemeinde, in denen die unterschiedlich zensierten Fassungen von Zombie- und sonstigen Metzelfilmen miteinander verglichen werden, hat die «Schwarzwaldklinik» seither einen Ehrenplatz inne. Doch während selbst

Filme wie «Muttertag» oder «Ein Zombie hing am Glockenseil» inzwischen in vollständigen Versionen auf DVD und als Internetstream erhältlich sind, sucht man nach der längst legendenumwobenen ungeschnittenen Fassung von «Schwarzwaldklinik – Gewalt im Spiel» bis heute vergebens.

5. KAPITEL

· · ● · ·

UND WANN GEHEN SIE WIEDER ZURÜCK IN DIE TÜRKEI? DEUTSCHLAND AUF DEM WEG ZUR MULTIKULTURELLEN GESELLSCHAFT

Zu den beliebtesten deutschen Fernsehsendungen der frühen achtziger Jahre zählt die Show «Bio's Bahnhof», die in unregelmäßigen Abständen in der ARD gezeigt wird; sie läuft immer donnerstagabends zwischen 21 Uhr und 22.30 Uhr, danach folgen die «Tagesthemen». In einer aufgelassenen Eisenbahndepothalle in Frechen bei Köln führt der Journalist und Talkmaster Alfred Biolek durch ein ungewöhnlich buntes Programm. Bunt ist schon die Musikauswahl: Zur besten Sendezeit konfrontiert Biolek sein Publikum mit Komponisten der neuesten Avantgarde wie Karlheinz Stockhausen, Iannis Xenakis und Mauricio Kagel; aber auch mit avantgardistischen Popmusikern und -musikerinnen, die in Deutschland und manchmal sogar in ihren Heimatländern noch unbekannt sind. Biolek gibt den bildungsbürgerlich gediegenen Talkmaster, mit Nickelbrille und stets im Anzug mit Weste oder Pullunder und Schlips. So präsentiert er seine Gäste im Ton wagemutiger Aufklärungsarbeit einem Publikum, das mit seiner Hilfe in kulturelle Welten gelangt, die es sonst niemals betreten würde.

Für die Sendung am 28. Oktober 1982 hat Biolek ein paar besonders exotisch wirkende Menschen eingeladen: Es handelt sich um echte, in Deutschland lebende Türken, die anlässlich des türkischen Nationalfeiertags darüber Auskunft geben dürfen, wie es ihnen gerade so geht. Am Beginn des Abends führt Biolek ein längeres Gespräch mit der Familie Uslu. «Wie lange sind Sie denn schon in Köln?», ist die erste Frage an Frau Uslu, die neben dem Talkmaster sitzt. «Dreizehn Jahre», antwortet sie. «Sind Sie zusammen mit Ihrer Familie hierhergekommen?» – «Nein, erst ich allein.» – «Sie erst allein? Und dann haben Sie die Familie nachgeholt?» – «Ja!» – «Das ist ja ungewöhnlich. Meistens kam der Vater zuerst. Arbeiten Sie seither?» – «Sicher, ganztags.» – «Den ganzen Tag? Und wie machen Sie das mit dem Kochen und mit den Kindern?» – «Mein Mann hilft.» – «Ihr Mann hilft?» Biolek wendet sich an Herrn Uslu: «Herr Uslu, können Sie kochen?» – «Ja, mein Beruf ist Koch. In der Türkei habe ich als Koch gearbeitet.»

Das ist alles schon einmal äußerst erstaunlich. Aber die drängendste Frage ist natürlich jene, die Alfred Biolek als Nächstes stellt: «Wollen Sie denn wieder zurückgehen in die Türkei?» – «Ja», sagt Herr Uslu, «wenn die Kinder mit der Schule fertig sind, dann gehen wir wieder zurück.» Drei Söhne und eine Tochter sitzen mit am Tisch und antworten auf die Fragen des Moderators. Der älteste Sohn ist sechsundzwanzig und arbeitet in einem Lager, in seiner Freizeit gibt er Boxtraining. «Haben Sie da Probleme mit den deutschen Jungs, als türkischer Trainer?» – «Nein, denn beim Boxen, beim Sport im Allgemeinen, legt man keinen Wert auf Nationalität!» – «Sport ist international?» – «Wir haben Sportler von jeder Nationalität bei uns.» Biolek: «Toll!» Der zweite Sohn ist siebzehn und spricht mit einem leicht Kölsch-eingefärbten Dialekt, was den Moderator besonders freut: «Ein kölsche Jung! Hast du auch deutsche Freunde?» – «Ich habe deutsche und türkische Freunde.» – «Und mit deinen türkischen Freunden, sprichst du da deutsch oder türkisch?» – «Meistens deutsch.» – Biolek: «Ah! Da bahnt sich schon etwas an!»

Der dritte Sohn ist einundzwanzig Jahre alt und steht kurz vor dem Abitur. «Und wollen Sie danach studieren?» – «Ja, das möchte ich.» – «Ah, da müssen die Eltern noch lange hier bleiben.» – «Ja, leider, das wäre sonst zu schwierig für mich.» – Biolek lässt nicht locker: «Können Sie sich vorstellen, dass Sie und Ihre Geschwister noch mal zurück in die Türkei gehen und dort leben?» – «Ja, wir möchten alle auf jeden Fall eines Tages in die Heimat zurück.» – «Aber wird es dort dann nicht Anpassungsschwierigkeiten geben, die vielleicht sogar größer sind als die hier?» – «Doch, es wird einige Schwierigkeiten geben, aber nicht so viele Schwierigkeiten wie hier.» – «Was sind denn Ihre Schwierigkeiten hier? Woran merken Sie, dass man die Türken nicht mag in der Bundesrepublik?», fragt Biolek nach – und spürt schon im selben Moment, dass das vielleicht unangemessen klang. Er korrigiert sich: «Es gibt ja auch sehr viele, die sehr freundlich sind. Ich hoffe, dass Sie diese Erfahrung auch gemacht haben.»

Offensichtlich sind andere Erfahrungen stärker, denn Bioleks Gesprächspartner beklagt im Folgenden die vielen Vorurteile, denen er im Alltag begegnet, etwa, dass er keine Chance hat, in die Kölner Diskotheken hineingelassen zu werden. «Das hätte ich nicht gedacht», sagt Biolek und bietet Hilfe an: «Was können wir denn machen, damit es mit der Integration besser klappt?» Worauf er wiederum eine zurückhaltende Antwort bekommt: «Integration ist sehr wichtig, aber nur bis zu einem gewissen Grad. Denn wenn wir uns total anpassen würden, voll integrieren, dann würden wir unsere eigene Identität verlieren. Und das möchte ich nicht.» Tosender Szenenapplaus aus dem Publikum. Biolek fragt ein letztes Mal nach: «Ist das der Grund dafür, warum Sie und Ihr Bruder einen Schnurrbart tragen? Das ist doch etwas sehr Typisches! Damit werden Sie sofort als Türke erkannt!»

Damit ist das Gespräch beendet, anschließend spielt aus Anlass des türkischen Nationalfeiertags eine der bekanntesten Rockgruppen des Landes, Barış Manços Band Kurtalan Ekspres.

Ich zitiere diese Szene hier so ausführlich, weil sich darin wie durch ein Brennglas der gewandelte Umgang mit dem Thema der Migration am Anfang der Achtziger zeigt. Mit vierzig Jahren Distanz wirkt das Gespräch von Alfred Biolek mit seinen Gästen auf befremdliche Weise paternalistisch und auf unfreiwillige Weise auch komisch und selbstverräterisch, etwa, wenn Biolek fragt, wie «wir» dabei helfen könnten, dass die Integration der Türken besser gelingt – und damit durchblicken lässt, dass mit diesem «Wir» nur gebürtige Deutsche gemeint sind, die türkische Migranten als Fremdkörper oder bestenfalls als Objekte der Fürsorge betrachten. Doch ändert das zweifellos nichts daran, dass Biolek hier in gutgemeinter emanzipatorischer Absicht agiert – er gibt in seiner Sendung einer gesellschaftlichen Gruppe Stimme und Raum, die in den westdeutschen Massenmedien bis dahin schlicht unsichtbar ist, und er lässt sie von Arten der Diskriminierung und von Vorurteilen berichten, die der Mehrheit der deutschen Fernsehzuschauer Anfang der Achtziger unbekannt oder gleichgültig sind.

Wenn Biolek seine Gäste gleichwohl auch als Gäste im fremden Land anspricht – wobei ihn vor allem interessiert, wann sie wieder «in ihre Heimat» gehen –, dann äußert sich darin natürlich nichts anderes als die seit den sechziger Jahren verbreitete Ansicht, dass es sich bei den Migranten um «Gastarbeiter» handelt, die nur vorübergehend in Deutschland sesshaft werden. Die Einsicht, dass dem nicht so sein könnte, beginnt sich in der deutschen Öffentlichkeit erst an der Wende zu den Achtzigern durchzusetzen. Dass die «Gastarbeiter» auf Dauer in Deutschland bleiben und sich etwa die «Türken» in der zweiten oder dritten Generation in «Deutschtürken» verwandeln könnten; dass sich hier also etwas «anbahnt», wie Alfred Biolek im Gespräch mit dem jüngsten Sohn der Uslus bemerkt: Das ist eine Entwicklung, die die deutschen Debatten in diesem Jahrzehnt wesentlich mitprägen wird.

1973 hat die deutsche Bundesregierung einen «Anwerbestopp»

für Arbeitnehmer aus dem nicht zur Europäischen Gemeinschaft gehörenden Ausland beschlossen. Man müsse, so der damalige Bundeskanzler Willy Brandt, «sehr sorgsam überlegen, wo die Aufnahmefähigkeit unserer Gesellschaft erschöpft ist und wo soziale Vernunft und Verantwortung Halt gebieten.» Tatsächlich sinkt die Zahl der ausländischen Erwerbstätigen bis zum Ende der Siebziger um ein Drittel, von 2,6 Millionen auf 1,8 Millionen. Doch erhöht sich die Gesamtzahl der «ausländischen Mitbürger» im selben Zeitraum erheblich, von 3,5 Millionen zum Zeitpunkt des Anwerbestopps auf 4,5 Millionen im Jahr 1980. Die Gastarbeiter der ersten Generation haben – wie die Uslus – nach zehn bis fünfzehn Jahren in Deutschland Fuß gefasst; viele Männer, die zunächst allein kamen, um Hilfsarbeitertätigkeiten auszuüben und in kasernenartigen Wohnheimen zu leben, haben inzwischen ihre Familien nachgeholt und sind mit diesen in meist billige Mietwohnungen gezogen. Ihre Kinder, die nun die zweite Generation bilden, sind in Deutschland sozialisiert und haben bald mit der Frage zu kämpfen, wohin sie eigentlich «wirklich» gehören.

In den Siebzigern beschränkt sich die «Ausländerpolitik» der Bundesregierung ebenso wie der Mainstream der kulturellen Debatten darauf, von den Arbeitsmigranten zugleich Integration in die deutsche Gesellschaft wie auch die Bewahrung ihrer kulturellen Eigenständigkeit zu verlangen, also das möglichst geräuschlose Dasein in einer konstitutiven Paradoxie: Für die Zeit ihres Aufenthalts sollen sie so deutsch wie nur möglich werden, um das gesellschaftliche Gesamtgefüge nicht weiter zu stören; sie dürfen aber auch nicht allzu deutsch werden, weil sie nach verrichteten Diensten schließlich wieder in ihre Heimat zurückgehen sollen.

«Integration auf Widerruf» hat der Historiker Ulrich Herbert dieses Konzept in seiner umfassenden «Geschichte der Ausländerpolitik in Deutschland» aus dem Jahr 2001 genannt. «Der seit Mitte der siebziger Jahre deutlich gewordene Trend zum Daueraufeenthalt, zum Familiennachzug», schreibt Herbert, führt «zur Verwandlung der ‹Gastarbeiter› in ‹Einwanderer›». Zwar gibt der SPD-Bundeskanzler Helmut Schmidt noch 1979 die Devise aus: «Wir wollen und können kein Einwanderungsland sein.» Doch setzt sich am Beginn der achtziger Jahre zumindest bei einem Teil der Öffentlichkeit die Erkenntnis durch, dass die Bundesrepublik tatsächlich schon längst zu einem solchen geworden ist – und dass sich mit der paradoxen Forderung an die dauerhaft hier sesshaft gewordenen Migranten und Migrantinnen, sich gleichzeitig zu integrieren und auch wieder nicht, keine sinnvolle Gesellschaftspolitik formulieren lässt.

Wie kann man die neue Realität besser beschreiben? Der Ausländerreferent der Evangelischen Kirche in Deutschland, Jürgen Micksch, macht dazu im September 1980 anlässlich des «Tags des Ausländischen Mitbürgers» einen Vorschlag in neun Thesen. Die erste und gewichtigste These lautet: «Wir leben in einer multikulturellen Gesellschaft.» Damit übernimmt Micksch als Erster einen Begriff, der im englischsprachigen Raum bereits seit den Siebzigern kursiert, in Deutschland aber zu diesem Zeitpunkt noch unbekannt ist: Multikulturalismus. Was er damit meint, erläutert Micksch in seinen weiteren Thesen. Eine «multikulturelle Gesellschaft» sei durch das «Zusammenleben verschiedener Kulturen» gekennzeichnet, was zugleich bedeute, dass man nicht mehr von einer bestimmten Kultur die Integration in eine andere bestimmte Kultur verlangen dürfe. Dieser Prozess könne nicht einseitig sein, vielmehr sei für das künftige Zusammenleben «eine gegenseitige Integration» erforderlich. Und weiter: «Im Miteinander der Kulturen sollte die Mehrheit die Ansprüche der Minderheiten respektieren. Gegenseitige Isolierung und Ghettos fördern nicht die gemeinsame Zukunft. Kulturelle Angebote sollten die Verschiedenheiten, aber auch die Gemeinsamkeiten des jeweiligen kulturellen Erbes vermitteln.»

Mehr noch als von «multiculturalism», wie das Konzept in englischsprachigen Debatten seit den Siebzigern heißt, spricht man in den USA von «cultural pluralism». Hier sind es vor allem die Aktivisten und Vordenker der Black Panther Party, die sich gegen die alte Vorstellung von der US-amerikanischen Nation als «melting pot», als Schmelztiegel unterschiedlicher kultureller Traditionen, wenden – mit dem berechtigten Argument, dass dieses Selbstverständnis lediglich die rassistische Herrschaft der weißen, angelsächsischen Bevölkerungsgruppe über alle anderen kaschiert. Wer sich für die Emanzipation diskriminierter Minderheiten wie insbesondere eben der Afroamerikaner einsetzen wolle, der müsse sie bei der Bewahrung ihrer kulturellen Traditionen unterstützen. Ein positives Verhältnis zur eigenen Identität helfe diskriminierten ethnischen Gruppen dabei, ein stärkeres Selbstbewusstsein auszubilden; dieses sei wiederum unabdingbar, um in den Kämpfen um gesellschaftliche Anerkennung und Gleichberechtigung zu bestehen.

In Deutschland beginnt die Debatte nicht nur später als jene in den USA, sie unterscheidet sich von dieser auch insofern in einem wesentlichen Punkt, als sie hier nicht von Angehörigen migrantischer Minderheiten geführt wird, sondern von den Mitgliedern der Mehrheitsgesellschaft. Er habe mit dem Multikulturalismus-Begriff das Bild der Ausländer in der Öffentlichkeit verbessern wollen, hat Jürgen Micksch später einmal gesagt – gegen die herrschende Auffassung, dass sie nur Probleme machen und importieren. «Eine Chance sah ich darin», so Micksch in einem Interview aus dem Jahr 1991, «Ausländer enger mit dem Begriff einer fremden und ‹anziehenden› Kultur in Zusammenhang zu bringen. Die Bevölkerung sollte in Fremden nicht nur Probleme wahrnehmen, sondern auch andere Kulturen, mit denen wir Anregungen, Impulse und geistige Herausforderungen verbinden.»

Es dauert eine Weile, bis der Begriff an prominenter Stelle aufgegriffen wird und dann verstärkt durch die kulturellen Debatten zirkuliert. 1983 organisiert der CDU-Politiker Heiner Geißler eine Tagung mit dem Titel «Ausländer in Deutschland – Für eine gemeinsame Zukunft», deren fünfter Tagesordnungspunkt lautet: «Auf dem Weg in eine multikulturelle Gesellschaft». Weitere sechs Jahre später wird von der Stadt Frankfurt am Main ein «Amt für Multikulturelle Angelegenheiten» eingerichtet, als dessen erster Dezernent Daniel Cohn-Bendit von den Grünen fungiert. In den Duden wird das Adjektiv «multikulturell» freilich erst im Jahr 1991 aufgenommen.

Doch auch wenn der Begriff des Multikulturalismus erst in den neunziger Jahren allgemein gebräuchlich wird – wesentlich für die achtziger Jahre ist die Erkenntnis, dass sich der Charakter der deutschen Gesellschaft dauerhaft ändert. Aus einem Land mit einer homogenen oder auch hegemonialen Kultur, in die sich alle später Hinzugekommenen integrieren sollen, wird ein Land, in dem sich zunehmend verschiedene Kulturen und kulturelle Identitäten versammeln.

Diese Zustandsbeschreibung wird quer durch die politischen Lager geteilt. Äußerst unterschiedlich sind allerdings die Bewertungen und die Schlussfolgerungen, die sich aus dieser Diagnose ergeben. Während die Linken sich vom Multikulturalismus auch eine Bereicherung der deutschen Kultur erhoffen – etwa in dem Sinne, in dem, so ein verbreitetes Argument, die deutsche Esskultur schon seit den sechziger Jahren durch italienische, griechische und jugoslawische Restaurants profitiert –, herrschen auf der konservativen Seite des politischen Spektrums starke Bedenken angesichts dieses Wandels sowie die Furcht vor «Überfremdung».

«Die Überschwemmung der Bundesrepublik hat stattgefunden, ohne dass die Nation jemals bewusst dazu ja gesagt hat», schreibt etwa der Generalsekretär des Deutschen Roten Kreuzes, Jürgen

Schilling, im November 1980 in der Wochenzeitung «Die Zeit». «Ausschließlich an den Bedürfnissen der Wirtschaft orientiert, hat die Anwerbung von Gastarbeitern 1960 ihren Anfang genommen und sich in Dimensionen ausgewachsen, die den Charakter der Bundesrepublik als ein Land deutscher Nation zu relativieren beginnen.» Diesem Prozess müsse man entgegentreten, schon weil die dauerhafte Aufnahme von «Millionen zum Teil extrem ethnisch fremder Ausländer» mit dem Grundgesetz nicht zu vereinen sei. Dieses enthalte ja die Verpflichtung der Staatsorgane, auf die Wiedervereinigung der deutschen Nation hinzuwirken. Also müsse man «verhindern, dass beide deutsche Staaten schon deswegen nicht mehr zueinanderfinden, weil sich die Bundesrepublik (...) durch Verschmelzung extrem fremder Minderheiten (...) in eine andere Nation verwandelt. Bei niedriger eigener Geburtenzahl und hoher Fruchtbarkeit vieler Gastarbeiter zeichnet sich neben der politischen die ethnische Spaltung Deutschlands ab.»

Ein halbes Jahr später, im Juni 1981, veröffentlicht eine Gruppe von Universitätsprofessoren das «Heidelberger Manifest», in dem eindringlich vor der «Unterwanderung des deutschen Volkes durch Zuzug von vielen Millionen Ausländern und ihren Familien» gewarnt wird. Zu befürchten sei «die Überfremdung unserer Sprache, unserer Kultur und unseres Volkstums». Unterzeichnet haben das Manifest unter anderem der Mathematiker und Astronom Theodor Schmidt-Kaler, der die CDU als Parteimitglied im Bundestagswahlkampf 1980 in Fragen des «demographischen Wandels» und der «Sicherung des Generationenvertrags» beraten hat, sowie der ebenfalls der CDU angehörige ehemalige Bundesvertriebenenminister Theodor Oberländer, der 1960 von seinem Amt zurücktreten musste: wegen seiner NSDAP-Mitgliedschaft und seiner Beteiligung am Vernichtungskrieg der Wehrmacht unter anderem in der Ukraine.

«Völker sind (biologisch und kybernetisch) lebende Systeme höherer Ordnung mit voneinander verschiedenen Systemeigenschaften, die genetisch und durch Traditionen weitergegeben werden», heißt es in dem Manifest. «Die Integration großer Massen nichtdeutscher Ausländer ist daher bei gleichzeitiger Erhaltung unseres Volkes nicht möglich und führt zu den bekannten ethnischen Katastrophen multikultureller Gesellschaften. Jedes Volk, auch das deutsche Volk, hat ein Naturrecht auf Erhaltung seiner Identität und Eigenart in seinem Wohngebiet. Die Achtung vor anderen Völkern gebietet ihre Erhaltung, nicht aber ihre Einschmelzung («Germanisierung»). Europa verstehen wir als einen Organismus aus erhaltenswerten Völkern und Nationen auf der Grundlage der ihnen gemeinsamen Geschichte.»

So betritt am Anfang der achtziger Jahre zeitgleich mit dem Konzept des Multikulturalismus auch sein reaktionärer Zwilling die Bühne der Öffentlichkeit, also das, was die Neuen Rechten vierzig Jahre später als «Ethnopluralismus» bezeichnen. Die Unterzeichner des Heidelberger Manifests betrachten sich selber nicht als Rassisten, sie wenden sich in ihrem Text sogar ausdrücklich «gegen ideologischen Nationalismus, gegen Rassismus und gegen jeden Rechts- und Linksextremismus». Statt die Überlegenheit einer Rasse über die anderen zu proklamieren, erklären sie das «Volk» zum alleinigen Träger der kulturellen Identität, das deswegen vor der Vermischung mit anderen Völkern geschützt werden muss. An der «Rückkehr der Ausländer in ihre angestammte Heimat» führe daher kein Weg vorbei: Sie werde für «die Bundesrepublik Deutschland als eines der am dichtesten besiedelten Länder der Welt nicht nur gesellschaftliche, sondern auch ökologische Entlastung bringen».

Diese Verbindung zwischen völkischem Denken und Ökologie ist dabei nicht unüblich. Zu den wesentlichen wissenschaftlichen Stichwortgebern der ethnopluralistischen Rechten am Anfang der achtziger Jahre zählt etwa der Verhaltensforscher Irenäus Eibl-Eibesfeldt, der sich seit längerem für den «Naturschutz» einsetzt und, neben seinem Lehrer Konrad Lorenz und den Tierfilmern Horst Sielmann und Bernhard Grzimek, die «Gruppe Ökologie» mitbegründet hat. Eibl-Eibesfeldt vertritt die Ansicht, dass die Angst vor dem Fremden und dessen Ablehnung zur verhaltensbiologischen Grundausstattung des Menschen gehören und dass ethnisch geprägte Kulturen zwangsläufig miteinander konkurrieren. Darum sei es nachvollziehbar, dass die gegenüber dem «Wirtsvolk» der Deutschen höhere Geburtenrate des «Gastvolkes» der eingewanderten Ausländer eine «Angst vor der Überfremdung» erzeuge. «Auf diese Möglichkeit einer biologischen oder kulturellen Verdrängung muss man hinweisen können, ohne sich gleich den Vorwurf einzuhandeln, man denke ‹rassistisch›», schreibt Eibl-Eibesfeldt im Juni 1982 in einem Beitrag für die «Süddeutsche Zeitung».

Dass die «Ausländerfrage» an der Wende zu den achtziger Jahren zu einem gesellschaftlich bestimmenden und polarisierenden Thema wird, hat natürlich vor allem mit dem wirtschaftlichen Abschwung seit Mitte der siebziger Jahre zu tun und mit der wachsenden Zahl von Arbeitslosen – unter denen wiederum der Anteil der Migranten überproportional hoch ist. Denn die erste Generation der Gastarbeiter war ja vor allem in ungelernten und Hilfsberufen in der Schwerindustrie tätig, im Stahl- und Metallsektor, also gerade in jenen Bereichen, die in der zweiten Hälfte der Siebziger in eine schwere Strukturkrise geraten.

Im Jahr 1971 sind 0,8 Prozent der Deutschen arbeitslos gemeldet und 0,8 Prozent der Ausländer; bis 1983 ist die Quote bei den Deutschen auf 9,1 Prozent gestiegen und auf 14,7 Prozent bei den Ausländern; hinzu kommt eine hohe Jugendarbeitslosigkeit bei den in den siebziger Jahren nachgezogenen Kindern der ersten Gastarbeitergeneration. «Drei Viertel aller fünfzehn- bis vierundzwanzigjährigen Ausländer in der Bundesrepublik besaßen 1980 keinen Hauptschulabschluss, der sie zu einer qualifizierenden Berufsausbildung überhaupt erst befähigt hätte», schreibt Ulrich Herbert in seiner «Geschichte der Ausländerpolitik in Deutschland». So rächt sich die planlose Integrationspolitik der siebziger Jahre – und führt dazu, dass die Mehrheitsbevölkerung die zwanzig Jahre zuvor noch so freudig begrüßten Gastarbeiter nunmehr bloß noch als Konkurrenten um die knapper werdenden Arbeitsplätze empfindet und, von den «wissenschaftlichen» Experten der Neuen Rechten befeuert, als kulturelle Bedrohung. Bei demoskopischen Umfragen wächst der Anteil derjenigen Deutschen, die für die «Rückführung» der Gastarbeiter in ihre Heimatländer plädieren, von 39 Prozent im Jahr 1978 auf 80 Prozent im Jahr 1983. «Deutschland ist kein Einwanderungsland», heißt es denn auch noch einmal im Koalitionsvertrag der ersten Bundesregierung unter Helmut Kohl; die «Förderung der Rückkehrbereitschaft» und die «Verhinderung weiteren Zuzugs» werden als zentrale Zielsetzung der künftigen Ausländerpolitik benannt.

«Man brauchte unsere Arbeitskraft / Die Kraft, die was am Fließband schafft / Wir Menschen waren nicht interessant / Darum blieben wir euch unbekannt», heißt es in einem Lied, das der türkische Rocksänger Cem Karaca 1984 veröffentlicht; es erscheint auf dem Album «Die Kanaken», der ersten von einer türkischen Band eingespielten deutschsprachigen Platte. «Es kamen Menschen an» lautet der Titel dieses Stücks, nach dem von dem Schweizer Schriftsteller Max Frisch schon 1965 niedergeschriebenen Satz: «Wir riefen Arbeitskräfte, doch es kamen Menschen.» In Karacas Lied heißt es weiter: «Solange es viel Arbeit gab / Gab man die Drecksarbeit uns ab / Doch dann, als die große Krise kam / Sagte man, wir sind schuld daran».

Karaca, einer der bekanntesten Musiker der Türkei, verbindet anatolischen Folk mit den ornamentalen Klangbildern und Dramaturgien des Progressive Rock und der psychedelischen Musik.

In seinen Texten finden sich sozialrevolutionäre Motive ebenso wie der Aufruf zum Widerstand gegen die türkischen Nationalisten. «Yoksulluk Kader Olamaz», Armut muss kein Schicksal sein, heißt ein Album von 1977. Das im folgenden Jahr erschienene Werk «Safinaz» ist eine von Queens «Bohemian Rhapsody» inspirierte Rock-Sinfonie, in der Karaca vom schwierigen Schicksal eines Proletariermädchens erzählt. Als sich die politischen Spannungen in der Türkei verschärfen – gipfelnd im Militärputsch im September 1980 –, siedelt Karaca in die Bundesrepublik über, wo er bis 1987 bleibt.

Die Lieder auf dem Album «Die Kanaken» sind musikalisch weit weniger ambitioniert als Karacas Songs aus den Siebzigern. Doch wechseln auch sie immer wieder zwischen Rock- und Folk-Motiven, zwischen «westlichem» und «anatolischem» Stil; besonders prägnant schon in dem Eröffnungstück «Mein Deutscher Freund». Darin erzählt Karaca von der enttäuschten Hoffnung der Gastarbeiter und -arbeiterinnen, von den Deutschen nicht nur als billige Arbeitskräfte gesehen zu werden: «Er glaubt so fest daran, oh, so fest daran / Freund ist jeder deutsche Mann», aber die Barrieren bleiben unüberwindlich: «Gastfreundschaft war zugesagt / Und jetzt heißt es: ‹Türken raus!›» Das Stück endet gleichwohl mit einer euphorischen Strophe, mit der Aussicht auf die Versöhnung der Menschen in der kommenden Generation: «Türkisch Kind und deutsches Kind / Ihr sollt unsere Hoffnung sein / Da, wo jetzt noch Schranken sind / Reißt sie nieder, stampft sie ein».

Auch Cem Karaca tritt in der Sendung «Bio's Bahnhof» auf. In einer Folge des Jahres 1984 spielt er mit seiner nunmehr auch als Die Kanaken firmierenden Band das Stück «Mein Deutscher Freund» und lässt sich zusammen mit der griechischen Sängerin Nana Mouskouri von Alfred Biolek über den griechisch-türkischen Konflikt befragen, wie er sich unter anderem an der Zypernfrage immer wieder entzündet. Anschließend singen alle drei gemein-

Cem Karaca nimmt mit seiner Band Die Kanaken 1984 die erste von einer türkischen Band eingespielte deutschsprachige Platte auf: «Man brauchte unsere Arbeitskraft / Die Kraft, die was am Fließband schafft / Wir Menschen waren nicht interessant / Darum blieben wir euch unbekannt.»

sam ein Lied, in dem sie erklären, dass Griechen, Türken und Deutsche doch Freunde sein sollten. Nana Mouskouri ist seit ihrem ersten auf Deutsch gesungenen Hit «Weiße Rosen aus Athen» aus dem Jahr 1961 auch in Deutschland ein Star; demgegenüber gibt es aus der Türkei keinen einzigen Sänger, keine einzige Sängerin, die es bei der deutschen Mehrheitsbevölkerung auch nur zu mäßiger Bekanntheit gebracht hätten.

Und das, obwohl sich die umsatzstärkste unabhängige Plattenfirma der Bundesrepublik ausschließlich der türkischen Musik widmet; auf dem 1963 in Köln gegründeten Label Türküola bringt auch Cem Karaca Ende der Sechziger seine ersten Singles heraus. Bis in die achtziger Jahre hinein produziert das Label vornehmlich für den deutschen Markt, also für die in Deutschland lebenden türkischen Arbeitsmigranten. Seine erfolgreichste Künstlerin, die auch als «Köln'ün Bülbülü» (Kölner Nachtigall) auftretende Yüksel Özkasap, verkauft etwa von ihrem 1975 erschienenen Album «Beyaz Atlı» achthunderttausend Stück, was ihr gleich mehrere Goldene Schallplatten einbringt. Doch nimmt die deutsche Mehrheitsgesellschaft davon keinerlei Notiz, in keiner Fernsehshow darf Özkasap auftreten, in keinem deutschen Musikmagazin wird ihre Musik besprochen, weder in Teeniezeitschriften wie «Bravo» noch in der popkritischen Fachpresse wie dem «Musikexpress», «Sounds» oder später «Spex»; und auch bei der Ermittlung der Single- und Album-Charts wird sie nicht berücksichtigt.

Das gilt auch für den zweiten prominenten Türküola-Künstler, Metin Türköz, der seine berufliche Laufbahn in Deutschland als Fließbandarbeiter in den Kölner Ford-Werken begonnen hat und von den späten Sechzigern bis in die frühen achtziger Jahre über die Erfahrungen und Alltagsprobleme, Sehnsüchte und Phantasien der ersten Gastarbeitergeneration singt. In dem Stück «Guten Morgen, Mayistero» etwa erklärt Türköz im stetigen Wechsel zwischen deutschen und türkischen Sätzen dem Vorarbeiter am Fließband, dass er «heute sehr müde ist» und morgen seinen «Geburtstag feiert»; auch in anderen Stücken überzieht er den «Mayistero» mit mildem Spott. An der Wende zu den Achtzigern hört man in seinen Liedern aber auch Phrasen wie «Ausländer raus». Als erster Sänger mischt Türköz systematisch deutsche und türkische Sprach- und Slang-Elemente, wie es in der nächsten und übernächsten Generation deutsch-türkischer Musik – bei Rap-Crews wie der Ende der Achtziger gegründeten Fresh Familee, bei Rappern wie Kool Savas, Eko Fresh oder zuletzt Haftbefehl – zum wesentlichen Stilmittel werden wird.

Auch die liberalen Freunde des neuen Multikulturalismus-Begriffs nehmen die Popkultur ihrer türkischen Mitbürger nicht wahr. Für den Rest der Deutschen gilt ohnehin, was Cem Karaca in seinem ebenfalls auf dem «Kanaken»-Album zu hörenden Stück «Willkommen» singt: «Komm Türke, trink deutsches Bier / Dann bist du auch willkommen hier / Mit Prost wird Allah abserviert / Und du ein Stückchen integriert (...) / Die Pluderhosen stören nur / Tragt Bein und Kopf doch bitte pur». Kein Wunder, dass gerade dieses Stück während der jüngsten Debatte über ein ganzes oder teilweises oder wie auch immer zu gestaltendes Kopftuchverbot im Jahr 2016 in den sozialen Netzwerken plötzlich heftig zu zirkulieren begann. Zweiunddreißig Jahre nach seiner Veröffentlichung hatten viele deutsche, türkische, deutschtürkische und andere Zeitgenossen das Gefühl, dass sich die Debatte in all dieser Zeit nicht im Geringsten weiterentwickelt hat.

6. KAPITEL

∴∙∙

SCHWARZER KOPF, SCHWARZER BAUCH, SCHWARZE FÜSS: DER ERFOLGREICHSTE FILM DES JAHRZEHNTS UND DIE WELT ALS ZEICHENGESTÖBER

Der erfolgreichste Film der achtziger Jahre, also derjenige Film, der in Deutschland das größte Publikum in die Kinos lockt, hat seine Premiere am 19. Juli 1985; bis zum Ende des Jahres werden ihn in der Bundesrepublik und in der DDR zusammen rund fünfzehn Millionen Menschen gesehen haben. Der Film heißt «Otto – Der Film», sein Hauptdarsteller ist Otto Waalkes, der seit Mitte der siebziger Jahre zu den beliebtesten Komikern und Entertainern des Landes gehört. Mit Bühnenauftritten und Fernsehshows hat er ein Millionenpublikum erreicht, seine Bücher «Das Buch Otto» und «Das zweite Buch Otto» stehen in den Jahren 1980 und 1984 monatelang auf den Bestsellerlisten.

In «Otto – Der Film» spielt Otto Waalkes einen jungen Mann namens Otto, der ebenso wie er im ostfriesischen Emden aufgewachsen ist und nach dem Auszug aus dem Elternhaus sein Glück in der großen Stadt Hamburg sucht. Otto ist mittellos, er muss also eine Möglichkeit finden, Geld zu verdienen. Die erste Idee, die er diesbezüglich spontan entwickelt, kommt ihm bei der Begegnung mit einem G. I., gespielt von dem Afrodeutschen Günther Kaufmann, der in Ausgehmontur mit einem Ghettoblaster auf der Schulter an ihm vorbeiflaniert. «Hey! Du, Neger?», spricht Otto ihn an, aber der G. I. versteht erst nicht, was er meint: «Hä?» – «Du, Neger? Schwar-

Die meisten Kinozuschauer in den Achtzigern hat «Otto – Der Film» von und mit Otto Waalkes aus dem Jahr 1985. Darin spielt Waalkes den mittellosen Otto aus Emden, der sich in Hamburg mit Gelegenheitsarbeiten und Gaunereien durchschlagen muss. Am Ende gelingt es ihm, das Herz der Millionenerbin Silvia von Kohlen und Reibach (Jessika Cardinahl) zu erobern.

zer Kopf, schwarzer Bauch, schwarze Füß!» Otto fragt ihn, ob er schnell fünfzig D-Mark verdienen will – denn er hat einen hervorragenden Plan.

Kurz darauf sieht man Otto, wie er an der Tür einer großbürgerlichen Altbauwohnung klingelt. Der distinguierten älteren Dame, die ihm öffnet, bietet er seinen Begleiter, «Herrn Bimbo», als «Sklaven» an. Diese willigt ein, Otto lässt Herrn Bimbo zur Ansicht zurück und verabschiedet sich – um einen Moment später wiederzukommen, nunmehr verkleidet als Angestellter des Ordnungsamts, der für den Sklaven tausend D-Mark Anmeldungsgebühr verlangt. Weil die distinguierte Dame nicht hinreichend liquide ist, begnügt er sich mit einer Anzahlung und nimmt Herrn Bimbo bis zur Begleichung der vollen Summe erst einmal mit. Der Enkeltrick ist mithin gelungen.

Mit dem durch den Sklavenhandel erworbenen Anschubkapital macht Otto tatsächlich Karriere, auch wenn er zwischendurch noch in einem Schlachthof oder als Entertainer in einem Altenheim arbeiten muss. Im Verlauf der Geschichte gelingt es ihm auf verschlungenen Pfaden, das Herz einer schönen jungen Milliardenerbin zu gewinnen; die Begegnung des mittellosen ostfriesischen Witzbolds mit den höheren Gesellschaftskreisen sorgt für zahlreiche Gelegenheiten, um überkommene bundesrepublikanische Autoritäten, Industrielle und Politiker, Professoren, Opernsängerinnen und klerikale Würdenträger zu verspotten. Der Film lebt dabei weniger von einer stringent oder auch nur sonst irgendwie erzählten Geschichte als vielmehr von der hektischen Körper- und Grimassenkomik von Otto Waalkes und seinen in sich verdrehten Sprachspielereien.

Das Publikum ist begeistert. Die Kritik bemängelt mehrheitlich den infantilen und unpolitischen Charakter der Gags; einige werfen dem Film vor, die Grenzen des guten Geschmacks zu überschreiten. Besonders die Szene, in der Otto in einem Altenheim auftritt, stößt auf Missfallen. Auf seine zur Gitarre gesungenen Lieder und seine Witze reagiert das Seniorenpublikum erst schweigend und reglos, dann hämisch. Woraufhin Otto zum Gegenschlag ausholt und in der Rolle als Kasperle fragt: «Seid ihr alle da?» – «Ja!» – «Aber nicht mehr lange!» Diese Sentenz wird in einigen Rezensionen als Minderheitendiskriminierung gerügt.

Der Gebrauch der Wörter «Neger» und «Bimbo» und die Inszenierung Günther Kaufmanns als Sklave, der seinen Verkäufer als «Massa» anredet, stoßen hingegen auf keinerlei Resonanz. In keiner zeitgenössischen Kritik des Films wird die Szene auch nur erwähnt, geschweige denn problematisiert oder gar kritisiert. Erst fünfunddreißig Jahre später, im Sommer 2020, kommt es anlässlich einer Wiederaufführung des Films in einzelnen Kinos zu einer Debatte. Man erkenne an der Inszenierung vor allem, heißt es nun, wie weit die achtziger Jahre von uns entfernt sind – der «brachiale» Humor von Otto Waalkes wirke heute nur noch unlustig und peinlich, die Verwendung des rassistischen Negerworts unbedarft und verantwortungslos. Letztere, so antirassistische Aktivisten, sei Grund genug, «Otto – Der Film» aus den Kinos und auch aus den Mediatheken der Streaming-Dienste zu verbannen. Ihre Kontrahenten sehen darin einen Zensurversuch: Man könne nicht die gesamte Kultur der vergangenen Jahrzehnte und Jahrhunderte aus dem moralischen Blickwinkel der Gegenwart betrachten und alles «säubern», was nicht mehr den aktuellen Maßstäben entspreche. Überdies sei der Begriff «Neger» im zeithistorischen Zusammenhang gar nicht anstößig gewesen, und schlussendlich sei es ja die distinguierte Altbaubewohnerin, die in der Szene besonders schlecht wegkomme; sie werde in dem überheblichen Wunsch vorgeführt, sich auch mal einen Sklaven zu halten.

Es lohnt, bei dieser Szene einen Moment zu verweilen, weil sie etwas über die Sprache der Achtziger sagt und über die politische Kultur. Dabei sind die Verhältnisse allerdings etwas komplizierter, als sie in den schematischen und stets polarisierenden Debatten unserer Gegenwart dargestellt werden. Zunächst ist es mitnichten so, dass der Gebrauch des Begriffs «Neger» in den achtziger Jahren in irgendeiner Weise selbstverständlich, neutral oder naiv gewesen wäre; dazu ist er schlicht zu tief mit der Geschichte des deutschen Rassismus verbunden. Der Kampf gegen die «Vernegerung» der Kultur gehörte schon in den zwanziger Jahren zu den Zielen der jungen NSDAP; in der Rassenlehre des NS-Ideologen Alfred Rosenberg ist der Begriff zentral; bei seiner ersten Massenansprache im Berliner Sportpalast 1928 beklagte Adolf Hitler «die Vernegerung des Blutes, der Kultur und der Gesinnung» durch die herrschenden Mächte. Nach dem Zweiten Weltkrieg blieb die «Vernegerung» ein Kampfbegriff der NPD – und der abwertende Ausdruck «Negermusik» ein kulturkritischer Standard des alten Bildungsbürgertums, das die rein «deutsche» Kulturtradition gegen jegliche Einflüsse von «außen», insbesondere aus den USA und Großbritannien, verteidigen wollte. Seit dem Jahr 1975 wird das Wort «Neger» im Duden folgerichtig mit dem Zusatz «abwertend» geführt. Wer es gebraucht, sollte sich fortan darüber im Klaren gewesen sein, dass es sich um eine diskriminierende und beleidigende Bezeichnung handelt.

Das heißt nun andererseits nicht, dass der Begriff in den achtziger Jahren nur unter alten und neuen Rechten kursiert. Im Gegenteil: Er erfreut sich gerade auch unter Linken großer Beliebtheit, jedenfalls unter jenen vom Punk inspirierten Linken, denen die Mehrheitsgesellschaft ebenso zuwider ist wie die harmonieselige Szene der Hippies und Ökos, der Friedensbewegten und frühen Grünen. Gegen deren auch sprachliche Schlaffheit setzt man auf den offensiven Gebrauch kontroverser Begriffe. Der Schriftsteller Rainald Goetz sorgt 1983 beim Ingeborg-Bachmann-Preis für Aufsehen, als er sich während der Lesung die Stirn aufritzt. In seiner Erzählung «Subito» schildert er eine Tour durch das Hamburger Nachtleben mit dem Kulturkritiker Neger Negersen an seiner Seite (hinter dem sich wiederum der schon zitierte Popkritiker Diedrich Diederichsen verbirgt). Der aus Westberliner Punkkreisen kommende Maler Martin Kippenberger nennt ein Bild aus dem Jahr 1982 «Neger haben einen Längeren – stimmt nicht!». Auf einem der meistgefeierten Alben der Neuen Deutschen Welle aus demselben Jahr, «Edelweiß» von Joachim Witt, findet sich ein Stück mit dem Titel «Ich bin der deutsche Neger». Der Schriftsteller Joachim Lottmann erzählt in seinem Debütroman «Mai, Juni, Juli» 1987 unter anderem von seiner – dann wieder verworfenen – Idee, einen biographischen Roman über einen befreundeten «Neger» zu

In der Erzählung «Subito» schildert Rainald Goetz eine Tour durch das Hamburger Nachtleben an der Seite des Kulturkritikers Neger Negersen, hinter dem sich der Popkritiker Diedrich Diederichsen verbirgt. Für Aufsehen sorgt Goetz beim Ingeborg-Bachmann-Preis 1983 aber vor allem damit, dass er sich während der Lesung die Stirn aufritzt.

schreiben; eine Rhetorik, die der sympathisierende Literaturkritiker Hubert Winkels als «Minimal Art der reaktionären Enttabuisierung» lobt, «Reaktion und Rassismus als Mode – nach ‹Bolschewikenschick› und Schwarzer-Stern-Romantik ein Angebot auf dem Markt der Meinungs- und Einstellungsmuster».

So wird in den Kreisen der künstlerischen Avantgarde und der intellektuellen Linken in den frühen achtziger Jahren das Neger-Wort zum semiotischen Spielmaterial, zu einem frei flottierenden Zeichen, mit dessen Gebrauch man die eigene Unabhängigkeit von der «fettarschigen Sozialdemokraten- und Elterngeneration» bekundet (so Anfang der neunziger Jahre rückblickend der Kritiker Harald Fricke in der Tageszeitung «taz»). Diese Haltung findet sich auch bei den Satirikern der Neuen Frankfurter Schule, die in den siebziger Jahren in der Zeitschrift «pardon» reüssieren und 1979 das monatliche Magazin «Titanic» gründen. Zu dessen beliebtesten Karikaturisten gehört etwa Bernd Pfarr mit seinem Helden Sondermann; diesen kann man regelmäßig dabei betrachten, wie er einen großen schwarzen Mann in einer Badewanne «negerschrubbt» – in Sondermanns Firmenbüro ist dies ein wichtiges Ritual.

Zu den Gründern der «Titanic» zählen auch Robert Gernhardt und Peter Knorr, die zusammen mit dem späteren Chefredakteur Bernd Eilert und Otto Waalkes selber das Drehbuch für «Otto – Der Film» verfasst haben. Gernhardt, Eilert und Knorr arbeiten seit Anfang der Siebziger als Satiriker, seit 1973 als Trio mit dem Namen «GEK»; sie parodieren und verspotten die bürgerliche Mehrheitsgesellschaft ebenso gern wie die Alternativkultur mit ihren emanzipatorischen Empfindlichkeiten und Ritualen. Als sie Mitte des Jahrzehnts mit dem aufstrebenden jungen Entertainer und Witzeerzähler Waalkes ins Gespräch kommen, bietet sich ihnen die Gelegenheit, mit ihren Texten ein großes Publikum zu erreichen. «Alle drei waren davon ausgegangen, dass ihre Produktion bestenfalls für intellektuelle Minderheiten interessant wäre», schreibt Otto Waalkes in seiner Autobiographie «Kleinhirn an alle» – «dass wir trotzdem auf einer Komikwellenlänge lagen und bald ein Massenpublikum erreichen würden, war nicht abzusehen und ist und bleibt ganz erstaunlich. Es war der Geist der Zeit (...): Der kleinste gemeinsame Nenner meiner Generation war das Antiautoritäre. Das hieß vereinfacht, man war gegen alles, was da war.»

«Gegen alles», das heißt, dass man gegen die überkommenen Autoritäten ist – aber auch gegen die überkommene Kritik dieser Autoritäten, etwa in Gestalt des Protestlieds oder des politischen

Kabaretts, weil man all das als ebenso verspannt und spießig empfindet wie die Gesellschaft, gegen die damit protestiert werden soll. Zwar bleibt der Spott über die bürgerliche Gesellschaft und ihre Protagonisten, wie er in den siebziger Jahren zum thematischen Kanon der Alternativkultur gehört, als Grundierung der Otto-Auftritte und -Witze bis in die Achtziger hinein spürbar; schon weil Waalkes sich in seinen stetig wechselnden Rollenspielen meist in die Kostüme archetypischer Spießer kleidet, vom bigotten Priester und Wort-zum-Sonntag-Verkünder über den Ordnungsamtangestellten bis zum Oberförster Pudlich. Doch besitzen diese Figuren keinen satirischen oder sonst wie gesellschaftskritischen Charakter (wie ihn etwa die Serienfigur «Ekel Alfred» hat, die Wolfgang Menge in den siebziger Jahren als Karikatur des autoritären Charakters anlegt) – es handelt sich vielmehr um selbstbezügliche Stilisierungen eines sonderbaren oder abseitigen Daseins, deren einziger Zweck darin besteht, sonderbaren oder abseitigen Sprachspielen ein Medium zu verschaffen.

Die wenigen Witze im Otto'schen Œuvre, die sich unmittelbar auf politische Ereignisse oder Persönlichkeiten beziehen, folgen den weltanschaulichen Vorgaben der Alternativkultur. So etwa der auf den CSU-Politiker und Kanzlerkandidaten im Bundestagswahlkampf 1980, Franz Josef Strauß, gemünzte Vers: «Das Wasser ist trüb, die Luft ist rein / Franz Josef muss ertrunken sein.» Oder eine Szene im Englischkurs für Fortgeschrittene, «English for Runaways», die sich den baden-württembergischen Ministerpräsidenten Hans Filbinger vornimmt, der wegen seiner früheren Tätigkeit als NS-Marinerichter 1978 zurücktreten musste: «Hello, Mr. Filbinger. – Heil Hitler, Herr Filbinger.» Wobei die folgenden Lektionen dieses Kurses dann lauten: «Is this Henry wau-wau? – Ja, das ist Heinrich Böll. – This is Alice Schwarzer. – Das sind alles Neger. – And there is Roy Black. – Und da ist der König der Neger.»

So wechselt Otto mühelos in ein und derselben Sequenz von der klassisch linken Kritik der unaufgearbeiteten NS-Vergangenheit zum lustigen Gebrauch rassistischer Stereotypen, die aus ebendieser NS-Vergangenheit stammen. Die vier Texter sehen darin keinen Widerspruch – weil sie das rassistische Wort eben nicht als überzeugte Rassisten gebrauchen, sondern als antiautoritäre Linke, denen der Gebrauch rassistischer Wörter als Zeichen dafür dient, dass sie nicht zum Mainstream der antibürgerlichen Alternativkultur gehören, sondern zur Avantgarde der besonders antiautoritären Satiriker. So wandert das Neger-Wort also nicht von «rechts», sondern von «links» in den Witzekosmos von Otto Waalkes ein. Dort trifft es nun allerdings, spätestens mit «Otto – Der Film», auf ein Publikum, das schon wegen seiner schieren Größe gar nicht mehrheitlich mit der Alternativkultur verbunden sein kann und in dem sich zweifellos auch viele finden, die – wie 80 Prozent der deutschen Bevölkerung in der schon zitierten Umfrage aus dem Jahr 1983 – eine «Überfremdung» des Landes befürchten und darum für die Rückführung der Gastarbeiter plädieren.

Man könnte also sagen: Die Satiriker sind offenbar so sehr bestrebt, sich innerhalb der Linken abzugrenzen, dass sie sich um die Abgrenzung von der konservativen Mehrheitsgesellschaft kaum mehr kümmern. Der antiautoritäre Impuls, der sich im Otto-Film immer noch findet, ist von den ursprünglich damit verbundenen politischen Inhalten weitgehend entkoppelt. Vielmehr richtet er sich – und das ist die andere Traditionslinie, die hier von Bedeutung ist – ganz auf den Umgang mit Sprache und Zeichen. Das Stichwort lautete «Anarchie», so hat es Bernd Eilert später einmal in einem Interview erklärt – und das bedeutete vor allem auch, die «bestehenden komischen Formen aufzusprengen». «Witze mussten nicht mehr zwangsläufig eine Pointe haben. Es ging nicht mehr um die zu Ende erzählte Geschichte, die durchgeführte Nummer, sondern um Ansätze, die ganz schnell wechselten. Das empfand man als anarchisch.»

Der Humor von Waalkes, Gernhardt, Eilert und Knorr zielt also weniger auf die komische Widerspiegelung oder Kritik der Welt als vielmehr auf die möglichst überraschende Verflechtung und Verdrehung der Zeichen, in denen die Welt sich überhaupt widerspiegeln könnte. Was die Zeitgenossen als «Nonsens» bezeichnen, ist auch Ausdruck jener allgemeinen semiotischen Wende, die in den späten siebziger und frühen achtziger Jahren weite Teile der Kultur ergreift. In der Welt ist es zu einem «Aufstand der Zeichen» gekommen, wie der französische Medientheoretiker Jean Baudrillard in einem 1978 erschienenen Text schreibt, oder anders gesagt: Die Welt der Otto-Witze ist nicht mehr die gesellschaftliche, menschliche oder sonst wie materielle Realität; es sind vielmehr die Zeichen, die diese Welt abbilden – oder auch nicht, weil sie «frei flottieren und wuchern», wie es in der Begrifflichkeit von Baudrillard heißt.

Nur so kann sich auch die Geschwindigkeit, in der die Witze aufeinanderfolgen, derart erhöhen. Der hyperaktive Gestus, mit dem Waalkes sich durch seine Nummern hindurchblödelt, verhält sich zu der Bedächtigkeit des politischen Kabaretts und der Protestkultur jener Zeit wie eine schnelle kurze Punk-Nummer zu einem dahingedüdelten, ausufernden Progressive-Rock-Stück. Hinter dem anarchischen Gestöber der Zeichen wird die Welt, der diese Zeichen entspringen, immer undeutlicher. Worauf es ankommt, ist nicht mehr der Sinn, sondern die ungeheure Geschwindigkeit, mit der Sinnzusammenhänge geschaffen und wieder zerrissen werden. Was das alles «bedeutet», gerät dabei zwangsläufig aus dem Blick – und damit auch die Frage, was ein in lustiger Absicht gebrauchter und scheinbar aus allen politischen Kontexten befreiter Begriff wie «Neger» eigentlich für jene bedeutet, die tagtäglich durch ihn diskriminiert werden.

Günther Kaufmann, der im Otto-Film den Herrn Bimbo gibt, hat ausführlich über diese Diskriminierung berichtet. In seiner Autobiographie «Der weiße Neger vom Hasenbergl» erzählt er, wie es war, in der Bundesrepublik der unmittelbaren Nachkriegszeit als afrodeutscher Junge aufzuwachsen: wie er von den anderen Kindern unablässig als «Mohrenkopf, Mohrenkopf» gehänselt wurde; wie der Rektor der Schule, «ein alter Nazi mit Glatzkopf und wulstigen Lippen», immer wieder die Frage stellte: «Das Negerl, ja was machen wir denn nur mit dem Negerl?»; wie die Jugendlichen im Schwimmbad über ihn herzogen und wissen wollten, «ob das Wasser denn sauber bleibe, wenn ich darin sei». Während seiner Ausbildung brüllt der Meister hinter ihm her: «Wo is'n der Bimbo?»

Über seine Rolle als Herr Bimbo bei Otto Waalkes und die Dreharbeiten mit ihm hat Kaufmann, 2012 gestorben, keine Auskunft gegeben. Er wurde – so weit ich sehe – auch niemals gefragt, wie er sich in dieser Rolle fühlte. In seiner Autobiographie gibt es jedoch eine interessante Szene, in der Kaufmann von den Dreharbeiten für Rainer Werner Fassbinders Film «Querelle» von 1982 berichtet. Der Regisseur will den Bordellbesitzer Nono, den Günther Kaufmann spielt, beim Analverkehr zeigen und verlangt einen «monströsen» Gesichtsausdruck. «Damit ich in die richtige Stimmung käme, meinte Werner, würde er die Szene entsprechend musikalisch untermalen. Und so ertönte in voller Lautstärke ein Lied von Joachim Witt: ‹Ich bin der deutsche Neger ... Ich bin der deutsche Neger ...› Nun platzte ich fast vor Wut, aber ich spielte die Szene ohne Widerspruch. Mein Zorn spiegelte sich in meinem Gesichtsausdruck wider – Werner hatte den gewünschten wüsten Ausdruck erreicht. Aber um welchen Preis! Ich hätte diese Fratze auch ohne das verdammte Lied hinbekommen. Werner hingegen war über den Erfolg seiner Demütigung entzückt», und «in salbungsvollem Ton» meinte er abschließend: «Der Neger ist der Freund des Menschen.»

In «Otto – Der Film» verirrt sich Otto übrigens kurz nach seiner Begegnung mit Herrn Bimbo in eine Rockerkneipe mit dem schönen Namen «Crome de la Crome». Als er den Laden betritt, verstummen die Gespräche, und die Musik geht aus. Der zwischen den stämmigen Motorradkuttenträgern schon optisch äußerst auffällige schmale Kerl möchte trotzdem ein Bier bestellen; zuvor aber muss er eine Frage beantworten, um sich die Sympathie der Belegschaft zu sichern. «Wie pinkeln Eskimos?» – «Keine Ahnung.» Daraufhin lässt ein grimmiger Rocker ein paar Eiswürfel aus der Höhe seines Gemächts auf den Boden fallen. Otto bricht in künstlich exaltiertes Gelächter aus – «Spitzenwitz!» –, weil er glaubt, sich bei den Rockern damit beliebt zu machen. Doch das Gegenteil ist der Fall. «Scheißwitz», wird er von dem besonders bedrohlich wirkenden Wirt hinter dem Tresen gerügt: «Uralt! Und außerdem rassistisch!»

7. KAPITEL

··●··

FRAUEN SEHEN WIE MÄNNER AUS, DIE WIE FRAUEN AUSSEHEN: WAS MARGARET THATCHER MIT MODERN TALKING VERBINDET

Die erfolgreichste deutsche Popband der achtziger Jahre gibt ihr Fernsehdebüt am 21. Januar 1985 in der Musiksendung «Formel Eins». Es handelt sich um zwei Männer, von denen einer auf einer elektrischen Gitarre spielt und der andere ein mobiles Keyboard bedient, das er sich um den Hals gehängt hat. Freilich ist weder dieses noch die Gitarre verkabelt, sodass leicht zu erkennen ist, dass hier nicht live musiziert wird. Tatsächlich bewegen die beiden Künstler ihre Lippen und den Rest ihrer Körper bloß rhythmisch zu einem vorproduzierten Band. Verstärkt wird dieser Eindruck noch dadurch, dass die ausdrucksvoll gespielte Gitarre in der Musik überhaupt nicht zu hören ist. Der mit großen ausladenden Armbewegungen tänzelnde Gitarrist trägt einen verwaschenen hellblauen Jeansanzug und dazu weiße Turnschuhe; seine blonden Haare hat er sich zu einer voluminösen Mittelscheitelfrisur föhnen lassen, die ihm hinten in flauschigen Fransen über die Schulter fällt; mit diesem Dauerwellen-Vokuhila-Hybrid sieht er wie eine Mischung aus David Bowie und dem «Schwarzwaldklinik»-Arzt Sascha Hehn aus. Der Keyboardspieler wiederum hat sich in einen rosafarbenen Anzug gekleidet, an dem besonders das übergroße Oberteil mit weit abstehenden Schulterpolstern den Blick auf sich zieht; dazu trägt er ein weißes Hemd mit einer Fliege.

«You're My Heart, You're My Soul» heißt das hier dargebotene

Das Duo Modern Talking bei seinem ersten Auftritt in der Fernsehsendung «Formel Eins» am 21. Januar 1985. Dieter Bohlen (rechts) spielt eine nicht verkabelte E-Gitarre, die in der Musik auch gar nicht zu hören ist. Thomas Anders bedient ein Umhängekeyboard, besticht aber vor allem mit seinem Falsettgesang, seiner fluffigen Föhnfrisur und seinem Schulterpolsterjackett.

Lied. Das musizierende Duo trägt den Namen Modern Talking und wird in der zweiten Hälfte der achtziger Jahre so viele Platten verkaufen wie keine andere deutsche Band; bereits am Ende des Jahres 1985 sind von den ersten beiden Alben, «The 1st Album» und «Let's Talk About Love», über eine Million Stück abgesetzt. Die Kompositionen des Duos stammen von dem an der Gitarre posierenden Dieter Bohlen, der sich an den zuckrig glitzernden Sounds und Falsettgesängen der Italo Disco orientiert; der Falsettgesang scheint von dem zweiten Mitglied des Duos, Thomas Anders, zu stammen. Während Bohlen sich bei den Studioauftritten und in den Videos von Modern Talking mit jungenhaft jovialer Virilität inszeniert, pflegt Anders einen effeminierten, wenn man so möchte: androgynen Look. Seine Haut ist gleichmäßig und offenkundig künstlich gebräunt. Seine Haare trägt er in stufig, zugleich kunstvoll unregelmäßig geschnittenen Federfrisuren. Seine Mundpartie bringt er durch das ausgiebige Auftragen von Lipgloss zum romantisch-erotischen Glitzern.

Zu einer Mode-Ikone der achtziger Jahre wird Thomas Anders aber vor allem durch das konsequente Tragen von Jacken und Jacketts, die mit Schulterpolstern versehen sind. In dem visuell besonders ambitionierten Video zur dritten Single von Modern Talking, «Cheri Cheri Lady» aus dem Herbst 1985, ist dieses Schulterpolster sogar noch mit Pailletten und Troddeln versehen wie bei einem Tambourmajor. Das Video zeigt Dieter Bohlen und Thomas Anders des Nächtens in einem Herrenhaus. Bohlen hat sich darin ein Studio eingerichtet mit schrankgroßen elektronischen Geräten und einem massigen Mischpult mit sehr vielen Knöpfen und Reglern; an diesen Instrumenten wirbelt er wie ein virtuoser Herrscher über die neuesten musikalischen Produktionsmittel herum, in der Nachfolge der Krautrock-Tüftler und Innovatoren von Gruppen wie Kraftwerk, Tangerine Dream oder Harmonia. Thomas Anders läuft derweil mit großen Augen durch das Herrenhaus und setzt sich schließlich an einen Flügel, um auf diesem zu spielen, begleitet von einem Cellisten, dessen Instrument allerdings bald in Flammen aufgeht. Zwischendurch versetzen Anders und Bohlen auf einem perspektivisch verzerrten, wie dreieckig wirkenden Schachbrett gläserne Kugeln und Pyramiden und gucken angestrengt durch sie hindurch.

Das Schulterpolster zählt rückblickend zu den zentralen modischen Insignien der Achtziger. Es wird gern auch als Beweis dafür herangezogen, dass sie ein Jahrzehnt der geschmacklichen Verirrungen waren. Tatsächlich kann man es karikaturhaft und auch peinlich finden, wie Jacken und Jacketts mit Schulterpolstern das breitschultrige Erscheinungsbild besonders viriler Männer stilisieren. Interessant ist gleichwohl – wie man schon am Beispiel von Thomas Anders sieht –, dass diese Stilisierung zumeist einhergeht mit einer «unmännlichen», effeminierten, androgynen Inszenierung. Nicht zufällig zielen viele jener Beschimpfungen, denen Modern Talking in der zeitgenössischen Presse ausgesetzt sind, nicht allein auf die kompositorische Schlichtheit ihrer Musik. Sie haben vielmehr einen homophoben Unterton: Gegen die Etikettierung als «höhensonnengegerbte Sangesschwuchtel» durch einen Autor des Magazins «Musikexpress» geht Thomas Anders am Ende des Jahrzehnts mit Erfolg vor Gericht.

Dass Männer, die ihre Schultern mit Polstern größer und breiter zu machen versuchen, dadurch nicht männlicher aussehen, sondern im Gegenteil weniger männlich oder dies auf eine künstliche Weise – das weist schon auf den historischen Umstand zurück, dass Schulterpolster nicht als Accessoire der Männerbekleidung in die Mode der Achtziger hineingelangt sind, sondern als Bestandteil der Frauenbekleidung. Hier haben die Schulterpolster eine einfache Funktion: Ihre Trägerinnen wollen damit männlicher und souveräner aussehen und auf diese Weise signalisieren, dass sie in einer von Männern beherrschten Welt – insbesondere in der Welt der beruflichen Karrieren, des großen Geschäfts und der Politik – ebenso kompromisslos und durchsetzungsstark sind wie die Platzhirsche und Patriarchen, die sie herausfordern.

«Power-Dressing» nennt man diese Strategie. Der Begriff taucht zum ersten Mal in dem Buch «Dress for Success» auf, das der Marketing-Psychologe John T. Molloy 1975 veröffentlicht. Molloy beschäftigt sich darin mit den Auswirkungen, die bestimmte Bekleidungsstile auf den Erfolg von Geschäftsleuten und Managern, von Verkäufern und Verkäuferinnen haben; 1977 bringt er eine Fortsetzung mit dem Titel «The Woman's Dress for Success» heraus. Im Verlauf der Siebziger wächst die Zahl der Frauen, die eine Karriere in traditionell männlich beherrschten Berufen anstreben. Ihnen empfiehlt Molloy, «sich so anzuziehen, dass sie bei Männern damit Eindruck machen», wie er im Vorwort zu «The Woman's Dress for Success» schreibt. «Das ist nicht sexistisch. Sondern der Tatsache geschuldet, dass es nun einmal Männer sind, die die Machtstrukturen beherrschen, im Geschäft, in der Regierung, in der Erziehung.» Frauen sollen ihre Bekleidung einfach so auswählen, dass diese «sie in sozialer und geschäftlicher Hinsicht voranbringt und nicht zurückhält». Molloy rät beispielsweise zu Frisuren, die nicht «zu weiblich» sind, aber auch nicht «zu männlich». Wer als Geschäftsfrau erfolgreich sein wolle, trage die Haare höchstens schulterlang, aber auch nicht zu kurz und zu maskulin; am besten sei ein welliger, doch nicht lockiger Schnitt. Auch könnten «moderate Schulterpolster» der Frau einen Anstrich von männlicher Autorität verleihen.

Molloys Empfehlungen werden Ende der siebziger Jahre vielfach aufgegriffen. Die Modezeitschrift «Mademoiselle» stellt nach seinen Empfehlungen 1977 eine «Power-Dressing»-Fotostrecke zusammen: «Combat Gear for the Trip to the Top» lautet der Titel, Kampfbekleidung für den Weg an die Spitze. Zu den gelehrigsten Schülern von Molloy gehört der Kostümbildner Nolan Miller, der seit Anfang der Siebziger für US-amerikanische Fernsehserien arbeitet. Seine bekanntesten Kreationen schneidert er für die Serie «Dynasty», die ab 1981 ausgestrahlt wird (in Deutschland ab 1983 als «Der Denver-Clan»). Hier versieht er die beiden weiblichen Hauptfiguren Krystle Carrington – gespielt von Linda Evans – und Alexis Carrington Colby – gespielt von Joan Collins – mit strengen Power-Suits in kräftigen Farben sowie mit überdimensionierten Schulterpolstern.

Ähnlich wie die schon seit Ende der Siebziger laufende – und unübersehbar als Vorbild dienende – Fernsehserie «Dallas» dreht sich auch «Dynasty» um die Geschäfte und Machtspiele, Kabalen und Liebesverwicklungen in einer steinreichen Sippschaft von Ölmagnaten. Wesentlich mehr noch als bei «Dallas» schwelgen die Ausstatter und Kostümbildner von «Dynasty» in bunt ausgemalten Bildern des märchenhaften Reichtums. In der Ästhetik dieser Serie erscheint zum ersten Mal jene exzessiv ausgelebte Lust an künstlichen, dabei nicht schrillen, aber stets Luxus und Verschwendung symbolisierenden Farben, wie sie für wesentliche Stränge der Popkultur in den Achtzigern typisch sein wird.

Im Jahr 1981, in dem die ersten «Dynasty»-Folgen laufen, legt sich auch die bedeutendste Power-Frau des realen Lebens maskuline Schulterpolster zu, um ihr Power-Dressing zu vervollkommnen: Margaret Thatcher. 1979 zur britischen Premierministerin gewählt, ist sie die erste Frau, die es in einer westeuropäischen Industrienation auf den obersten Regierungsposten geschafft hat. Ihr Sieg passt gut an das Ende eines Jahrzehnts, in dem der «second wave feminism» oder, wie es in Deutschland heißt, die «Neue Frauenbewegung» zu einer gesellschaftsprägenden Kraft herangewachsen ist. Freilich lehnt es Thatcher strikt ab, mit der Frauenbewegung in Verbindung gebracht zu werden. Sie will nicht als «Quotenfrau» wahrgenommen werden, und sie zeigt auch kein Interesse daran, sich in ihrem Kabinett oder sonst wo im Regierungsapparat mit weiteren Frauen zu umgeben. Vielmehr will sie mit männlicher Härte und Entschlossenheit einen radikalen Umbau ihres Landes beginnen. Wenn dabei weibliche Fähigkeiten von Nutzen sein können, dann vor allem beim Aufräumen, Putzen und Großreinemachen: Im Wahlkampf im Frühjahr 1979 zeigt Margaret Thatcher sich bei Presseterminen gerne mit großen Besen, die für ihr Versprechen stehen, das ihrer Ansicht nach verwahrloste Land einmal kräftig auszufegen. «Es ist Zeit für eine Grundreinigung», schreibt die sympathisierende Zeitung «Daily Express» nach Thatchers Wahlsieg am 3. Mai 1979: «Gebt dem Mädchen eine Chance, Großbritannien wieder groß zu machen.»

Margaret Thatcher ist nicht nur die erste Frau, die den Posten des britischen Regierungsoberhaupts bekleidet; sie ist auch die erste Person auf diesem Posten, deren Bekleidungs- und auch sonstiger Stil in der Presse thematisiert wird. Die Ausführlichkeit, mit der sich britische und ausländische Journalisten vor und nach ihrer Wahl mit ihren Frisuren, ihren Jacken, Röcken und Kostümen befassen, ist bis dahin jedenfalls keinem männlichen Politiker zuteilgeworden. Auch nicht dem bayerischen Ministerpräsidenten Franz Josef Strauß, der sich einen Monat nach Thatchers Wahl, im Juni 1979, mit dem Satz zu ihr bekennt: «Ich bin die deutsche Margaret Thatcher.»

Anders als Strauß legt Thatcher allerdings Wert auf eine geschmackvolle Gesamterscheinung. Die Bilder des Wahlabends zeigen sie noch eher unauffällig in einer eng geschnittenen marineblauen Jacke ohne jegliche Schulterapplikationen. In den folgenden Jahren aber macht sich Thatcher allmählich die Ästhetik des Power-Dressing zu eigen. 1981 ist sie, wie erwähnt, erstmals in einer Jacke mit – allerdings noch moderaten – Schulterpolstern zu sehen, kombiniert nun aber schon mit einer Frisur, die nicht mehr weich und beweglich wirkt, sondern auf strenge Weise gefestigt: Der Thatcher'sche «Haarpanzer» oder auch «Haarhelm» wird seinerseits zu einem stilprägenden Symbol von Durchsetzungskraft und Entschlossenheit. Im Jahr 1987 schließlich, anlässlich einer von ihr selbst in ihren Memoiren als «äußerst schwierig» beschriebenen Auslandsreise zum sowjetischen Generalsekretär Michail Gorbatschow, übernimmt Thatcher vollends den überdimensioniert maskulinen Schulterpolsterstil, der in der Zwischenzeit von Modedesignern wie Giorgio Armani, Ralph Lauren und Donna Karan zur Pflicht erhoben worden ist. In einer Hinsicht widersteht sie gleichwohl diesem neuen Mainstream der Frauenmode: Zeit ihrer politischen Karriere hat Thatcher in der Öffentlichkeit niemals eine Hose getragen.

Das markanteste Schulterpolster des Jahres 1981 findet sich auf einem Schallplattencover, und zwar auf dem Album «Nightclubbing» von Grace Jones. Darauf sieht man die jamaikanische Künstlerin in einer rätselhaft-bedrohlichen Frontalansicht. Sie trägt ein Jackett mit derart ausladenden Applikationen, dass ihr Oberkörper geradezu kastenförmig wirkt. Ihre Haare hat sie zu einem strengen Flat-Top-Bürstenschnitt geschoren, so dass auch der Kopf nicht rund oder oval, sondern eckig erscheint. Ihre dunkle Haut glänzt wie poliert; aus ihrem Mund hängt exakt vertikal eine nicht angezündete Zigarette heraus. Der ganze Körper scheint sich in eine Statue verwandelt zu haben; ohne jegliche Rundung wirkt er nicht organisch, sondern wie aus einem Stück Stein gehauen – oder wie eine aus geometrisch geordneten Linien zusammengesetzte Skizze.

Hier dient das Schulterpolster also nicht mehr allein dazu, seiner weiblichen Trägerin eine männliche Silhouette zu verleihen. Durch deren extreme Überbetonung wird das «Männliche» gleichsam parodistisch entstellt, oder anders gesagt: Es wird zu einem Zeichen reduziert, das man sich – unabhängig davon, welches biologische Geschlecht man selber besitzt – aneignen kann, um damit Dominanz zu symbolisieren; und das man wieder abstreift, wenn man der Dominanzgeste überdrüssig ist.

Das Outfit und die dazugehörige Inszenierung hat Grace Jones gemeinsam mit dem Designer Jean-Paul Goude entworfen. Dieser hat die Sängerin erstmals Ende der siebziger Jahre getroffen, als sie in New Yorker Diskotheken wie dem Studio 54 auftrat. Schon in ihrer ersten Karrierephase reüssiert Jones als androgyne Frau, die man ebenso gut für einen Mann halten könnte, und begeistert damit vor allem das schwule Publikum, das für die Discokultur jener

Grace Jones hat ihren Bürstenhaarschnitt bei dem Boxer Muhammad Ali entliehen, und in ihrem Video «Demolition Man» aus dem Jahr 1981 tritt sie mit einer Armada paramilitärischer Kämpferinnen auf, die alle wie sie selbst aussehen. Neben Margaret Thatcher ist sie die bedeutendste Schulterpolsterträgerin und Powerfrau am Beginn des Jahrzehnts.

Zeit wesentlich ist; mit «I Need A Man» singt sie 1977 eine der großen Schwulenhymnen des Jahrzehnts. Ihre Zusammenarbeit mit Goude beginnt damit, dass er sie nach den Vorgaben der «Dress-for-Success»-Bücher einkleidet. Dabei verleiht er ihrem dominanten Auftritt überdies noch einen Zug ins Militärische: Den strengen Bürstenhaarschnitt entleiht er dem Boxer Muhammad Ali; für ihre Konzerte baut er ihr Bühnen, die wie Boxringe aussehen. Auf den beiden Alben, mit denen sie bei einem größeren Publikum berühmt wird, «Warm Leatherette» von 1980 und «Nightclubbing» aus dem folgenden Jahr, singt Jones fast ausschließlich Coverversionen, die im Original von Männern stammen, und wechselt dabei unermüdlich die Rollen, Maskeraden und Inszenierungen von Männlichkeit.

Denn diese erschöpft sich ja nicht in Virilität und dem Streben nach Dominanz. In «Love Is The Drug», einem Cover von Roxy Music, fühlt Grace Jones sich ganz in die Rolle des sensiblen und ästhetisch verfeinerten, aber existenziell zugleich desorientierten Dandys ein, wie sie der Roxy-Music-Sänger Bryan Ferry in den Siebzigern idealtypisch verkörpert. «Demolition Man» wiederum heißt ein Lied auf dem Album «Nightclubbing», das der Sänger und Bassist der Gruppe The Police, Sting, für sie geschrieben hat: «I'm a walking disaster / I'm a demolition man», heißt es darin. Im dazugehörigen Video kann man Grace Jones dabei zusehen, wie sie auf einer Art Vaudeville-Bühne in dem schon vom Albumcover bekannten Jackett mit den überdimensionierten Schulterpolstern tanzt, und zwar mit hektischen, abgehackten Bewegungen wie eine außer Rand und Band geratene Marionette – bis schließlich eine ganze Armee von Grace-Jones-Klonen auf die Bühne marschiert, allesamt im gleichen Kostüm, mit Schulterpolsterjacketts und Bürstenhaarschnitten.

Grace Jones zeigt in dieser Szene, woraus Zeichen, vor allem die der Männlichkeit, ihre reale Wirkmacht beziehen: aus der Uniformierung; aus der Verstärkung des dominanten Auftretens in gleichgeschalteten Gruppen, etwa in einer Polizeitruppe oder eben einer Armee in Grace-Jones-Uniformen; oder auch durch die ästhetische Gleichschaltung, die Politiker und Wirtschaftsbosse mit ihren Anzügen vornehmen – eine Gleichschaltung, der sich die Power-Frauen der achtziger Jahre mit Power-Dressing und «Dress for Success» fügen sollen, um in für sie bisher unzugängliche Bereiche der Gesellschaft und Macht vorzudringen.

Das markanteste Schulterpolster des Jahres 1983, zwei Jahre nach Grace Jones' «Nightclubbing» und zwei Jahre vor dem Durchbruch von Modern Talking, trägt die Sängerin des britischen Duos Eurythmics, Annie Lennox. Sie sieht nun tatsächlich und scheinbar ohne jede ironische Brechung wie eine erfolgreiche Firmenlenkerin aus. In dem Video zum Eurythmics-Stück «Sweet Dreams (Are Made Of This)» sieht man Lennox in einem dunklen Manageranzug mit weißem Hemd und Krawatte in einem dunklen Konferenzraum stehen. Mit lederbehandschuhten Händen schlägt sie rhythmisch auf den Konferenztisch; ihre Haare sind raspelkurz geschnitten und orangerot gefärbt. Während sie den Text ihres Liedes vorträgt, blickt sie dominant direkt in die Kamera, als wolle sie den Blick der Betrachter und Betrachterinnen fixieren und sie lähmen; derweil ist hinter ihr auf einem Fernsehmonitor das Bild einer startenden Rakete zu sehen.

Mit ihrem strengen, schulterbepolsterten Herrenoutfit hat Lennox die Vorgaben der Power-Dressing-Ratgeber ähnlich übererfüllt wie Grace Jones. Anders als diese findet Lennox jedoch immer wieder in die Inszenierungen und Zeichenwelten der «echten» Weiblichkeit zurück – etwa wenn sie sich über ihre «unweiblich» kurzgeschorenen Haare opulente Perücken zieht. In der zweiten Hälfte des Videos zu «Sweet Dreams» sieht man sie mit dem zweiten Mitglied der Eurythmics, Dave Stewart, auf einer von Kühen umstandenen Weide im Dämmerlicht auf zwei Celli spielen, die freilich – ähnlich wie Dieter Bohlens Gitarre bei Modern Talking – in der Musik gar nicht zu hören sind; dabei trägt Lennox eine ausladende schwarze Lockenperücke. In dem Video zu dem Lied «Love Is A Stranger» lässt sie sich als Diva in einer Limousine durch die Nacht fahren. Dabei trägt sie zunächst eine wasserstoffblonde Lockenperücke, die sie sich allerdings bald mit dramatischer Geste vom Kopf reißt; darunter kommt eine kurze, rotblond gefärbte Gelfrisur zum Vorschein, die sie im weiteren Verlauf mit einer schwarzen Ponyperücke und schließlich wieder mit den wasserstoffblonden Haaren bedeckt.

Der stete Rollen- und Perückenwechsel wird sich durch die Auftritte von Annie Lennox bis in die zweite Hälfte der achtziger Jahre hineinziehen: So wie Grace Jones ihre androgyne Erscheinung dazu nutzt, sich mit wechselnden Männerrollen zu maskieren, so maskiert sich Annie Lennox mit wechselnden Frauenrollen – während ihr musikalischer Begleiter Dave Stewart dabei durchweg in subalterner Funktion auftritt: als Chauffeur in «Love Is A Stranger», als tippender Sekretär der herrischen Managerin in «Sweet Dreams (Are Made Of This)», als kameraführender Assistent in dem Video zu «Here Comes The Rain Again» aus dem Jahr 1983.

In gewisser Weise führen Lennox und Jones damit jenes Prinzip des dauernden Rollenwechsels und der stetigen Selbst-Neuerfindung fort, das David Bowie Anfang der siebziger Jahre etabliert hat, als er sich in das bisexuelle Alien Ziggy Stardust verwandelte und später dann in Aladdin Sane und in den Thin White Duke; auch der Bowie der Glamrock-Phase trägt übrigens gern Schulterpolster. Freilich sind es in den Siebzigern, dem Jahrzehnt der sexuellen Befreiung und der Überschreitung von überkommenen Rollenmodellen, fast ausschließlich Männer, die diese politische Emanzipation in popkulturelle Bilder und Inszenierungen übersetzen. Das ändert sich erst in den Achtzigern mit Künstlerinnen wie Grace Jones und Annie Lennox.

Die schulterpolstertragenden Männer jener Zeit fallen dagegen auf, weil sie gerade durch die Stilisierung der männlichen Körperlichkeit eher unmännlich aussehen; sie wirken, als wollten sie sich selbst parodieren. Oft hat man den Eindruck, dass die Bekleidung schlicht zu groß ist – ob nun beabsichtigt oder nicht.

Die krasseste Übergröße findet sich fraglos bei der New Yorker Band Talking Heads in ihrem 1984 veröffentlichten Konzertfilm

«Stop Making Sense» und auf dem Cover des dazugehörigen Albums. Der Sänger der Gruppe, David Byrne, trägt in der zweiten Hälfte des Konzerts einen gewaltigen, wiederum kastenförmig geschnittenen Anzug mit weit ausladender Schulterpartie, in dem sein Körper fast zu verschwinden scheint. Es sei der Designerin Gail Blacker und ihm darum gegangen, den Rumpf größer wirken zu lassen und damit den Kopf kleiner, hat David Byrne später dazu gesagt. So wollte er darauf hinweisen, dass Musik zunächst eine Sache des Körpers ist und erst dann eine Sache des Kopfes; je kleiner der Kopf, desto besser für die Musik.

Derart überdimensionierte Anzüge mit Schulterpolstern sieht man, zumindest bei einer Band, erst wieder am Ende der achtziger Jahre. Auch hier hat man sofort das Gefühl, dass die Anzüge der Musiker viel zu groß sind; allerdings eher unbeabsichtigt. «Girl You Know It's True» heißt der Song, mit dem das deutsche Duo Milli Vanilli 1988 den Durchbruch schafft, und das nicht nur beim heimischen Publikum, sondern in einer für deutsche Musiker bis dahin unbekannten Größenordnung auch bei den US-amerikanischen Hörern und Hörerinnen; das gleichnamige Albumdebüt steht wochenlang auf Platz eins der Billboard-Charts. In dem Video zu «Girl You Know It's True» kann man den beiden Mitgliedern von Milli Vanilli, Fabrice Morvan und Robert Pilatus, dabei zusehen, wie sie in gewaltig auskragenden Schulterpolsterjacketts eine Art Synchronchoreographie aufführen. Diese erschöpft sich allerdings im Wesentlichen darin, dass Morvan und Pilatus ihre Oberkörper jeweils gleichzeitig nach rechts und nach links abwinkeln und gelegentlich in rätselhaft motivierter Weise aufeinander zuspringen – ein rundum erbärmlicher Eindruck.

Für die Phänomenologie und Geschichte des Schulterpolsters ist dieses Video gleichwohl von Bedeutung, denn es vollendet sich darin der Kreislauf der Appropriation, den dieses Bekleidungsteil in den Achtzigern durchlaufen hat. Am Beginn des Jahrzehnts steht seine Aneignung durch Frauen, die sich mit diesem Symbol maskuliner Körperlichkeit selbst ermächtigen oder auch «vermännlichen» wollen; in den folgenden Jahren wird das Schulterpolster dann zu einer Art Metazeichen dafür, dass sexuelle Rollenmodelle und Körperbilder grundsätzlich einen Zeichencharakter besitzen. Männer, die sich das von Frauen angeeignete Symbol ihrerseits rückanzueignen versuchen, wirken dabei durchweg effeminiert oder auf eine künstliche Weise männlich: Zur dominanzstiftenden Authentiziät der klassischen Herrenbekleidung führt, nachdem sie einmal ins Säurebad der aufgelösten sexuellen Rollenmodelle geworfen wurde, kein Weg mehr zurück. Es sei denn als Farce: wie bei Milli Vanilli, die ihre Schulterpolsterjacketts noch einmal völlig unironisch tragen wollen, dabei aber lediglich aussehen wie zwei Kinder in den Anzügen ihrer großen Geschwister, wie zwei singende Hanswurste in zu weiten Kleidern.

TEIL III

VIDEO, WALKMAN, COMPUTERKULTUR: DER BEGINN DES DIGITALEN ZEITALTERS

8. KAPITEL

· · ● · ·

IHR WOLLTET DIE SEXUELLE
BEFREIUNG? HIER HABT IHR
PORNO! DER VIDEORECORDER
UND DIE MEDIALE REVOLUTION
DER WOHNZIMMER

Die Achtziger sind auch ein Jahrzehnt des Medienwandels: Es mehren sich frühe Anzeichen für das, was wir heute digitale Kultur nennen; und nachdem in den siebziger Jahren die Bevölkerung flächendeckend mit Fernsehgeräten versorgt worden ist, steigt nun der Videorecorder zum Symbol der Epoche auf. Fernsehgeräte haben die Menschen unabhängig vom Kino gemacht, Videorecorder machen sie unabhängig vom Fernsehen. Wer ein Fernsehgerät besitzt, kann bewegte Bilder betrachten, ohne dafür das eigene Wohnzimmer verlassen zu müssen. Wer einen Videorecorder besitzt, kann damit Fernsehsendungen oder im Fernsehen ausgestrahlte Kinofilme betrachten, ohne dabei an die Uhrzeit gebunden zu sein, zu der diese Ausstrahlung stattfindet; er oder sie wird unabhängig vom Programm, oder – wie es in einer frühen Reklame für den Videorecorder aus dem Jahr 1980 heißt – «der Fernsehzuschauer wird zu seinem eigenen Programmdirektor».

Diese Idee und die dazugehörige Technik sind nicht neu; der erste Videorecorder wird der deutschen Öffentlichkeit schon vorgestellt, als nur eine verschwindend kleine Minderheit überhaupt Fernsehgeräte besitzt. Das ist im Jahr 1964, als der niederländische Elektronikkonzern Philips auf der Industrieausstellung in Berlin seinen «video-recorder 3400» präsentiert: eine kastenförmige Apparatur, die wie ein Tonbandgerät aussieht und in deren Innerem ein auf zwei Spulen gewickeltes Band an einem rotierenden Magnetkopf vorbeiläuft. Der Kaufpreis für das Gerät ist mit 6900 D-Mark indes erheblich, so etwas können sich in den sechziger Jahren nur finanziell besonders gut ausgestattete Zeitgenossen leisten. Zu den ersten prominenten Besitzern gehören die Beatles-Mitglieder John Lennon und Paul McCartney. Letzterer hat sich in der viktorianischen Villa, die er 1965 in der Cavendish Avenue in London erwirbt, ein eigenes videobasiertes Heimkino einrichten lassen; während Lennon die Technik später vor allem dazu nutzt, sich mit Yoko Ono zu Hause und dort meistens im Bett zu filmen.

Bis Videorecorder so günstig sind, dass ein Erwerb für breitere Bevölkerungsschichten in Frage kommt, werden noch einmal anderthalb Jahrzehnte vergehen. Erst 1980 ist der Preis für die Geräte auf 2500 D-Mark gefallen, drei Jahre später kosten sie im Schnitt noch 2000 D-Mark. Nunmehr ziehen sie in großem Maßstab in die Wohnzimmer ein, 1980 werden 400 000 Stück verkauft, 1986 sind es 1,8 Millionen und noch einmal drei Jahre später, 1989, schließlich 2,3 Millionen Geräte.

Zu Beginn des Jahrzehnts geht es zunächst vor allem darum, Fernsehsendungen aufzuzeichnen. Doch entwickelt sich an der Wende zu den achtziger Jahren auch ein zweiter Strang jener Kultur, für die sich – nachdem sie in den Siebzigern ausschließlich als «Kassettenkultur» tituliert wurde – nunmehr der Begriff «Video» etabliert. Neben den Leerkassetten, die man mit Fernsehsendungen oder mit selbst gedrehten Aufnahmen bespielen und auch immer wieder überspielen kann (solange die nach mehreren Überspielvorgängen rapide abnehmende Qualität des Bandes es zulässt), kommen nun auch fertig bespielte Kassetten in Umlauf, die in sogenannten Videotheken verkauft oder verliehen werden.

Die erste Firma, die Kinofilme für den Heimgebrauch auf Video verkauft, ist schon 1977 in den USA gegründet worden; sie heißt

«Magnetic Video» und sitzt in einem Vorort von Detroit. Ihr Startprogramm stammt vollständig aus dem Repertoire der Filmproduktionsfirma 20th Century Fox. Die Katalognummer eins trägt das Musical «Hello, Dolly!» aus dem Jahr 1969 mit Barbra Streisand und Louis Armstrong. Das Spektrum der Filme reicht von «Rommel, der Wüstenfuchs» aus dem Jahr 1951 über «Cleopatra» mit Elizabeth Taylor bis zu Robert Altmans Militärsatire «M. A. S. H.»; keiner davon ist freilich nach dem Jahr 1973 erschienen. Wer halbwegs aktuelle Kinoerfolge zu Hause ansehen will, ist weiterhin auf die Super-8-Zelluloidfilm-Versionen angewiesen, die seit Ende der sechziger Jahre kursieren. Dabei handelt es sich allerdings stets um extrem gekürzte Fassungen: So dauert die Super-8-Ausgabe von «Star Wars», die kurz nach der Kinopremiere des Films im Herbst 1977 auf den Markt kommt, gerade einmal siebzehn Minuten.

«Magnetic Video» verkauft seine Kassetten ausschließlich über den Postversand. Im Dezember 1977 aber beginnt George Atkinson, ein Geschäftsmann aus Los Angeles, der zuvor schon Super-8-Filme an Hotels und Pizzerien zur beiläufigen Unterhaltung der Kundschaft vertrieben hat, die Filme in seiner «Video Station» zum Verleih anzubieten. Er richtet Clubmitgliedschaften und Abonnementsysteme ein und gewinnt auf diese Weise schnell weitere Kunden. Auch gewinnt Atkinson einen von «Magnetic Video» gegen ihn angestrengten Urheberrechtsprozess, wodurch er zur Gründungsfigur des US-amerikanischen Videothekensystems wird; bis Mitte der achtziger Jahre kann er sein Geschäft auf über sechshundert Filialen ausweiten.

Die erste deutsche Videothek, die diesen Namen verdient, öffnet schon zwei Jahre vor der «Video Station», 1975, in Kassel. In Eckhard Baums «Film Shop» werden am Anfang aber nur Super-8-Filme verliehen und Kassetten, die der Besitzer mit selbst aus dem Fernsehen aufgenommenen Sendungen bespielt hat. Diese Praxis muss er freilich schnell wieder beenden, als die öffentlich-rechtlichen Fernsehstationen ihm mit Urheberrechtsklagen drohen. Dafür beginnt Baum nun damit, das in Deutschland ebenfalls noch sehr schmale Repertoire an industriell bespielten Kassetten zum Verleih anzubieten.

Ab Anfang der achtziger Jahre vergrößert sich dieses Repertoire erheblich. Und wie der Absatz von Videorecordern wächst auch die Zahl der Videotheken: In der Bundesrepublik gibt es am Ende des Jahres 1980 etwa tausend Geschäfte; Mitte des Jahrzehnts sind es sechstausend und im Jahr 1989 schließlich über neuntausend. Anfang der Achtziger wird die Gründung einer Videothek zu einem der beliebtesten neuen Geschäftsmodelle für all jene, die in anderen Branchen bis dahin erfolglos waren oder mit ihren Berufen nicht zufrieden sind. Die seit Mitte der siebziger Jahre andauernde Wirtschaftskrise und die wachsende Arbeitslosigkeit fördern vielerorts die Bereitschaft, sich in einem unternehmerischen Feld zu versuchen, das scheinbar nur geringe Kenntnisse erfordert und dabei ordentliche Profite verspricht. «Taxifahrer, Kellner, Fernlastfahrer, Kioskbesitzer: Aus diesem bunten Völkchen setzte sich Anfang der 1980er Jahre das Personal der neu gegründeten Videotheken zusammen», schreibt der Berliner Medienwissenschaftler Tobias Haupts in seiner historischen Studie «Die Videothek» aus dem Jahr 2014, dabei aus einer Reihe von zeitgenössischen Medienzeitschriften zitierend. «Der Videoboom schien eine Goldgräberstimmung unter den Existenzneugründern auszulösen (...), lockte die Branche doch mit dem falschen Versprechen, ohne viel Arbeit eine schnelle Mark zu machen.» In einem Artikel aus dem «Medium Magazin» vom November 1982 heißt es: «Zahlreiche Kindergärtnerinnen, Heizungsmonteure, Gastwirte, Masseure und Anwaltssekretärinnen haben ihren Job gekündigt, eine goldene Zukunft als Videothekar vor Augen.»

Die meisten Videotheken der ersten Generation sind Ein-Mann-, (weit seltener) Ein-Frau- oder Familienbetriebe mit einem äußerst

Im Jahr 1980 gibt es eintausend Videotheken in der Bundesrepublik, am Ende des Jahrzehnts sind es neunmal so viele. Die erfolgreichsten Genres sind Porno- und Horrorfilme. Darum sorgen sich Eltern und Jugendschützer schon bald um die sittliche Verfassung des videosüchtigen Nachwuchses.

geringen Budget. Das führt dazu, dass sich in ihrem Repertoire zunächst nur wenige teure Hollywood-Produktionen finden, dafür aber umso mehr günstig zu erwerbende «C-Filme». Der Begriff stammt aus den sechziger Jahren und folgt der vorher schon geläufigen Einteilung in A- und B-Produktionen: Die vor allem in den dreißiger und vierziger Jahren gängigen Double Features im Kino bestehen aus einem hochwertig produzierten A-Film und einem billiger produzierten, ohne Stars auskommenden Vor- oder Nach-, also B-Film, der dafür stärker auf Schauwerte und spektakuläre, schockierende Handlungen setzt. C-Filme sind nun noch billiger und – jedenfalls vermeintlich – spektakulärer und schockierender als B-Filme. Sie werden in den USA seit den späten Fünfzigern vor allem für Autokinos produziert und gehören zumeist zum Horror- oder Sex-Genre. Zu den prominentesten Regisseuren jener Ära zählt Herschell Gordon Lewis, der der Welt unvergängliche Preziosen wie «Blood Feast», «Two Thousand Maniacs!» oder «She-Devils on Wheels» geschenkt hat.

Die C-Filme der achtziger Jahre werden nicht mehr für Autokinos produziert, sondern direkt für das Videoformat. Auch hier herrschen zum einen Horrorfilme vor; ich komme im nächsten Kapitel darauf zurück. Zum anderen erlebt insbesondere der Pornofilm mit dem Aufkommen der Videodistribution eine historisch bislang unbekannte Konjunktur. Die Vorteile der neuartigen Rezeptionsform liegen ja auch auf der Hand. In den siebziger Jahren musste man zum Pornoschauen in ein Bahnhofs- oder Sexkino gehen, wo man sich zwangsläufig in der Gesellschaft anderer Zuschauer befand. Das heimliche, möglichst unauffällige Onanieren zu den erregenden Bildern im Kinosessel war nicht nur unpraktisch, sondern auch schambesetzt. Darum wird das Angebot, diese Tätigkeit künftig in den unbeobachteten Raum der eigenen vier Wände verlagern zu können, dankbar angenommen.

«Watch what you want when you want to watch it», heißt es in einer großformatigen Zeitungsanzeige der 1978 gegründeten New Yorker Firma «International Home Video Club»: «X-rated movies in the privacy of your own home», Filme für Erwachsene zum heimischen Privatgebrauch. Die Filme, die dabei zunächst angeboten werden, kommen noch aus dem Porno-Repertoire der siebziger Jahre, es sind Klassiker wie «Deep Throat», bei denen die Sex- und

Kopulationsszenen durch eine Spielhandlung miteinander verbunden sind. «The Devil in Miss Jones» erzählt etwa von einer Frau, die nach ihrem Selbstmord von einem Engel dazu gebracht wird, kurzzeitig auf die Erde zurückzukehren, um sich dort durch besondere sexuelle Ausschweifungen einen privilegierten Platz in der Hölle zu verdienen.

Von der Kritik der siebziger Jahre werden Filme wie dieser – oder auch der mit psychedelischen Bildverwirbelungen experimentierende «Behind the Green Door» – als zukunftsweisende Verbindung zwischen Sexfilm und ästhetischer Avantgarde gefeiert, rückblickend firmiert diese Zeit als «Golden Age of Porn». Das Gros der Zuschauer jedoch interessiert sich weniger für die ambitionierten Rahmenhandlungen als vielmehr schlicht für den Anblick von Geschlechtsteilen und Kopulationsszenen. Auch darum bietet das Betrachten von Pornos auf Video wesentliche Vorteile: Mit der Vorspultaste kann man über die störenden Spielszenen kurzerhand hinwegeilen; und wer über zwei Videorecorder verfügt, kann damit eine Schnittfassung herstellen, in der nur noch die reinen Sexszenen enthalten sind oder sogar nur jene, die hinsichtlich Stellung, Fetisch oder sonstiger Kategorien den spezifischen Vorlieben des Betrachters entsprechen.

Dass der «Fernsehzuschauer zu seinem eigenen Programmdirektor» wird, wie es in der oben zitierten Videoreklame aus dem Jahr 1980 heißt – diese mediale Revolution schlägt sich an der Wende zu den achtziger Jahren nirgendwo so nachhaltig nieder wie beim Konsum von Pornofilmen. Zugleich wirkt diese Entwicklung zurück auf die Produktion. Die Pornofilmregisseure und -produzenten verzichten fortan völlig auf Spielhandlungen jeglicher Art und auch auf künstlerische Ambitionen. Ohne sich groß um Vor- oder Nachspiele zu kümmern, setzen sie ihre Filme nun ausschließlich aus den erregenden Bildern nackter Körper zusammen. Sie produzieren ab Ende der siebziger Jahre nicht mehr auf Zelluloid, sondern gleich auf Videoband, was die Kosten ebenso senkt wie die visuelle Qualität – wobei Letzteres von den Betrachtern offensichtlich nicht als nennenswerter Mangel empfunden wird, zumal die Produzenten ihnen dafür den authentischen Genuss von Live-Sex versprechen.

«Lights! Camera! Orgy!», heißt der erste direkt auf Video gedrehte Pornofilm, den der Kameramann und Regisseur David Jennings im Sommer 1978 in seinem Apartment in New York produziert, schnell gefolgt von drei weiteren Filmen mit den Titeln «The Perfect Gift», «Teenage Playmates» und «Bound». Die von ihm dafür gegründete Firma Love Television Enterprises ist die erste, die Pornofilme ausschließlich auf Video und für die Videodistribution produziert. Mit Erfolg und zahlreichen Nachahmern: Am Ende des Jahrzehnts schätzt das Branchenmagazin «Variety», dass die Hälfte der in den USA zirkulierenden Videokassetten mit Pornofilmen bespielt sind.

In Deutschland verläuft die Entwicklung ähnlich, auch wenn sie mit der üblichen Verzögerung gegenüber den USA einsetzt – und es, anders als dort, hierzulande gar kein «Golden Age of Porn» gegeben hat, dem nun irgendjemand hinterhertrauern könnte. Zwar erfreuen sich auch in Deutschland die Filme der sogenannten Sexwelle großer Beliebtheit: Schon in den Jahren 1970 und 1971 rangieren die ersten Filme der «Schulmädchenreport»-Reihe jeweils auf Platz eins der Kino-Hitparade; um das Jahr 1973 herum fällt etwa die Hälfte der westdeutschen Filmproduktionen in das Genre des Sex-Reports. Doch lässt sich den «Schulmädchenreports» und ihren zahlreichen Plagiaten und Variationen schwerlich nachsagen, dass sie jemals von irgendeiner Art künstlerischer Ambition angekränkelt gewesen wären. Auch ist die Darstellung des Geschlechtsverkehrs in ihnen weit weniger direkt, deutlich und körperlich als in ihren US-amerikanischen Pendants, für die sich darum in den Siebzigern der Genre-Begriff «Hardcore» einbürgert.

Es führt keine ästhetische oder sonst eine Traditionslinie von der Sexwelle der Siebziger zu den Pornovideos, die auch im Deutschland der achtziger Jahre die masturbationswilligen Zuschauer zu Millionen begeistern. Die in dieser Anfangsphase prägende Produzentin hat denn auch mit dem klassischen Kinogeschäft überhaupt nichts zu tun: Es handelt sich um die seit den fünfziger Jahren im Fachhandel für Erotik und Ehehygiene tätige Beate Uhse. Sie hat bereits 1975 – als in der Bundesrepublik die Pornographie legalisiert wird – eine Kinokette mit dem Namen «Blue Movie Theatres» gegründet, in der zunächst vor allem US-amerikanische Hardcore-Produktionen gezeigt werden. Weil der Nachschub an Filmen schon bald nicht mehr zur Befriedigung der Nachfrage reicht, produziert sie ab 1978 selbst Pornofilme, die sie nicht nur in ihren eigenen Abspielstätten zeigt, sondern auch in einem eigenen Videovertrieb an das Publikum bringt.

Neben Beate Uhse teilen sich drei männliche Produzenten in den achtziger Jahren wesentliche Teile des Videomarktes auf. Der erfolgreichste von ihnen ist der Kölner Gerd Wasmund, der seine Karriere in den Siebzigern als Herausgeber des Sexmagazins «Happy Weekend» begonnen hat und in den Achtzigern nun Unmengen von Pornofilmen unter dem Namen Mike Hunter produziert und vertreibt. Der Journalist Helge Timmerberg, phantasievollen Ausschmückungen nicht abgeneigt, staunt 1988 in einer Reportage für das Magazin «Tempo» über Wasmunds Haus, «in dem alle Tischbeine, Aschenbecher, Skulpturen, Kerzenhalter, Türklinken und Wasserhähne aus 24-karätigem Gold waren». Bei Wasmund, so beschreibt Timmerberg dessen kinematograpischen Stil, «mussten die Männer mindestens zwei Meter weit spritzen. Das war seine Handschrift. Von allem etwas (lesbisch, anal, Folterkammer) und etwas drastischer als bei den anderen». Eines seiner Markenzeichen sei außerdem die Schere, mit der die Strapse der willigen Frau vor dem Geschlechtsverkehr zerschnitten werden. Mit alldem erzielt Wasmund 1988 nach eigenen Angaben einen jährlichen Umsatz von vierzig Millionen D-Mark.

Auf den nächsten beiden Plätzen in der Rangliste der deutschen Pornokönige und -prinzen folgen Hans Moser aus Hannover und Werner Ritterbusch aus Hamburg. Moser, der seit 1981 unter dem Namen Sascha Alexander produziert, verdankt den Erfolg vor allem seiner Ehefrau Teresa Orlowski, die als «Foxy Lady» und «Queen of the Anal Scene» zur bekanntesten Pornodarstellerin in Deutschland aufsteigt. Orlowski ist die erste Power-Frau des deutschen Pornos – nicht zufällig trägt sie, wenn sie sich bekleidet in der Öffentlichkeit zeigt, am liebsten lacklederne Jacken mit weit auskragenden Schulterpolstern. Sie inszeniert sich gleichermaßen als Sexobjekt wie als souveräne Herrin über das Geschäft mit ihrem Körper. In ihrer öffentlichen Person verbindet sie die «Lust auf Knete» mit der «Lust, sich beim Ficken filmen zu lassen», wie es der Autor Philip Siegel in seinem 2017 erschienenen Buch «Drei Zimmer, Küche, Porno» treffend beschreibt: «Der schlechte Geschmack der sterilen Räume, die flach ausgeleuchteten Bilder, die kaum mehr vorhandene Handlung – Teresa Orlowski erobert die neue Pornozeit im Sturm und drückt der Branche ihren Stempel auf. Geld, Geschäft und Genitalien sind das berechnende Trio einer neuen Ego-Kultur, die keine Probleme mehr damit hat, zur eigenen Gier zu stehen. Nicht mehr für die sexuelle Freizügigkeit und den phantasievollen Umgang mit Sexualität eintreten, sondern für die Karriere kämpfen, das ist die neue Parole.» Oder wie der Kulturkritiker und Historiker Georg Seeßlen es in seinem Buch «Der pornographische Film» aus dem Jahr 1993 formuliert: «Die anale Fixierung, die psychologisch als Grundlage für Geiz und Habgier gedeutet wird und die in den Märchen immer wieder in Gestalt von allerlei Goldscheißern und Dukateneseln auftaucht, findet hier

Teresa Orlowski (links) steigt als «Foxy Lady» und «Queen of the Anal Scene» in den Achtzigern zur bekanntesten Pornodarstellerin in Deutschland auf. 1989 ist sie in dem Video zum Song «Bitte, bitte» der Gruppe Die Ärzte (rechts) zu sehen.

ein fernes Echo. Wenn die Männer Teresa Orlowskis Hintern ausdauernd bewundern und bedrängen und sie so bereitwillig darauf reagiert, dann spiegelt sich darin auf negative Weise auch unterschwellig die Beziehung zwischen Sexualität und Geld, von der die Filme an der Oberfläche so überdeutlich handeln.»

Damit wird Orlowski im Verlauf der Achtziger zur ersten Protagonistin eines Geschäfts- und Inszenierungsmodells, das in den folgenden Jahrzehnten von einer Vielzahl von Pornodarstellerinnen variiert werden wird – von Dolly Buster und Michaela Schaffrath alias Gina Wild in den Neunzigern bis zu Sasha Grey in den Nullern und Zehnern. Auch gelingt ihr als Erster der Schritt aus dem Halbdunkel der Videoproduktion in etablierte Formen der Massenkultur; sie wird zu einem gern gesehenen Gast in den Talkshows des öffentlich-rechtlichen Fernsehens und tritt 1989 in einem Video der Gruppe Die Ärzte auf: In deren Song «Bitte, bitte» bietet sich das lyrische Ich als Sklave einer Domina an, die von Orlowski in einem nietenbesetzten Lack-Leder-Amazonenkostüm in kompetenter Weise dargeboten wird.

In gewisser Weise lässt sich an ihrer Person die Entwicklung ablesen, die der Pornofilm in den Achtzigern durchlaufen hat. Am Beginn des Jahrzehnts der Videokultur ist er aus den öffentlichen Räumen, aus den Kinos, verschwunden und hat sich in die unsichtbare Privatsphäre der Wohn- und Schlafzimmer zurückgezogen; das Betrachten von Porno ist zu einer intimen und zugleich hochindividualisierten Angelegenheit geworden. Gerade durch diese Individualisierung wird Porno jedoch in bislang ungekanntem Ausmaß zu einer Massenkultur und drängt auf dieser Grundlage schließlich, stärker als zuvor, in die klassischen Medien und ihre Öffentlichkeit zurück. An dieser Transformation kann man mithin studieren, wie eine Kultur entsteht, in der jeder auf scheinbar individuelle Weise seine eigenen Wünsche und Phantasien pflegen kann – und doch gerade dadurch zum Teil einer Masse wird, in der die Einzelnen so unterschiedslos erscheinen wie eh und je: In der Dialektik des Pornos in den Achtzigern spiegelt sich die Dialektik der Individualisierung, die für dieses Jahrzehnt typisch ist.

9. KAPITEL

.. • ..

«'CAUSE THIS IS THRILLER, THRILLER NIGHT»: ÜBER MICHAEL JACKSON, WALKMAN-TRÄGER UND ANDERE ZOMBIES

Im Jahr 1983 übersteigen die Umsätze, die mit Videotheken und Videokassetten erzielt werden, erstmals jene des klassischen Kinogewerbes. Auf dessen Seite werden 850 Millionen D-Mark verbucht; auf der Seite der neuen Medienkultur ist es eine Milliarde. In jedem siebten deutschen Haushalt gebe es inzwischen einen Videorecorder, und schon im kommenden Jahr dürfte sich dieser Anteil verdoppeln: So wird das Publikum des öffentlich-rechtlichen Fernsehens in einer Dokumentation des ZDF informiert. In langen Einstellungen fährt die Kamera durch urbane Straßen, in denen sich eine Videothek an die andere reiht.

Die Begeisterung, die zu Beginn des Jahrzehnts angesichts der Möglichkeiten des neuen Mediums noch allenthalben herrschte, ist jedoch inzwischen dem strengen Ton des Kulturpessimismus gewichen. «Mama, Papa, Zombie»: So heißt die Dokumentation, in der es um die Gefahren für Kinder und Jugendliche durch den Videokonsum geht. Sie beginnt mit einem Ausschnitt aus dem auf Videokassetten kursierenden Film «Mother's Day», in dem sich zwei zuvor vergewaltigte junge Frauen ausgiebig an ihren beiden Peinigern rächen. Man sieht, wie die Frauen einem von beiden zunächst eine Flasche mit Abflussreiniger in den Mund stopfen und darin entleeren, um dem jungen Mann anschließend, während er noch seine Innereien ausspuckt, einen Fernseher auf den Kopf zu rammen, der daraufhin mitsamt des Kopfes in Flammen aufgeht. Der Film wird, wie in der nächsten Szene der ZDF-Dokumentation zu sehen ist, von drei Angestellten der Bundesprüfstelle für jugendgefährdende Schriften mit ernsten Mienen begutachtet. «Mother's Day» ist zu diesem Zeitpunkt in den deutschen Videotheken noch frei erhältlich. Aber nicht mehr lange. Denn die drei von der Prüfstelle beschließen, das Video auf den Index zu setzen: Es darf also künftig nicht mehr beworben und nur noch an Kunden über achtzehn Jahren verliehen werden, die ausdrücklich danach verlangen.

Neben Pornos aller Art bilden Horrorfilme das erfolgreichste Genre der jungen Videokultur. In den Videotheken liegen sie zunächst ganz selbstverständlich neben dem Hollywood-, aber auch dem Kinder- und Jugendprogramm. Regelungen zum Jugendschutz gibt es nicht – weil niemand zuständig ist. Während die Kinoverleihe sich seit 1949 einer «Freiwilligen Selbstkontrolle» unterwerfen, der entsprechend sie ihre Filme mit unterschiedlichen Altersfreigaben versehen (ab sechs, ab zwölf, ab sechzehn oder ab achtzehn Jahren), dauert es bis zum Jahr 1985, bis diese Kennzeichnungspflicht auf «Videokassetten und andere Bildträger» übertragen wird. Nun müssen sich die Videotheken auch dazu verpflichten, Filme «ab achtzehn» nur noch in gesonderten, für Jugendliche unzugänglichen Räumen anzubieten.

Bis dahin besteht die einzige Möglichkeit, einen Film aus dem allgemein zugänglichen Sortiment zu verbannen, in der Indizierung durch die Bundesprüfstelle für jugendgefährdende Schriften. Das ist aber ein kompliziertes Verfahren: Erst muss ein Antrag durch ein Jugendamt oder eine besorgte Privatperson gestellt werden; dann müssen die Angestellten der Bundesprüfstelle den inkriminierten Film sichten und bewerten, was sich schon deswegen in die Länge zieht, weil die Behörde am Anfang der achtziger Jahre nur über drei Mitarbeiter und einen einzigen Videorecorder verfügt.

Die Videotheken werden in der öffentlichen Debatte nun als

Keimzellen der Jugendverrohung gezeichnet, als Orte, an denen unschuldige Kinder mit süchtig machenden Drogen versorgt werden und mit Gewaltbildern, die sie selber gewalttätig werden lassen. Oder die sie in ihrer gesunden Entwicklung blockieren: Eine Videotheken-Mitarbeiterin erzählt in der ZDF-Dokumentation «Mama, Papa, Zombie» davon, wie eine Kollegin das Jugendamt alarmierte, weil eine Mutter ein indiziertes Zombievideo für ihre achtjährige Tochter auslieh. «Das Jugendamt ist dann zu der Familie hingegangen. Das achtjährige Mädchen hatte noch eine kleine dreijährige Schwester, die sehr schwer verhaltensgestört war, und die konnte nur die drei Worte sagen: Mama, Papa, Zombie.»

Die Dokumentation endet mit einem «Experiment» in einer Hamburger Grundschule. Eine Lehrerin fragt morgens die Kinder aus ihrer vierten Klasse, ob sie wüssten, was Zombiefilme seien; daraufhin zeigen viele sich gut informiert. Zombies seien Tote, die wieder zum Leben auferstanden sind, hört sie; und auch, dass Zombies andere Menschen beißen müssten, um weiterleben zu können, woraufhin sich die gebissenen Menschen ihrerseits in Zombies verwandelten. Am folgenden Abend stellt die Lehrerin den Eltern dieser Kinder dieselbe Frage, woraufhin sie nur ratloses Schweigen erntet: In der versammelten Runde hat noch niemand etwas von Zombies gehört. Um auf den Wissensstand ihrer Kinder zu kommen, müssen sich daraufhin alle gemeinsam den Film «Ein Zombie hing am Glockenseil» ansehen. Eine Erfahrung, die die Eltern schockiert und verwirrt zurücklässt: Eine Mutter bekundet, dass sie nach diesem Film nun bestimmt nicht mehr einschlafen kann; ein Vater hat immerhin noch die Hoffnung, dass es ihm nach ein bis zwei Flaschen Bier gelingen wird.

«Ein Zombie hing am Glockenseil» aus dem Jahr 1980, im Original «Paura nella città dei morti viventi» (wörtlich übersetzt: Angst in der Stadt der lebenden Toten), stammt von dem italienischen Re-

Lucio Fulcis «Ein Zombie hing am Glockenseil» aus dem Jahr 1980. Wenn die Zombies hier auf Menschen treffen, bluten diese aus den Augen. Großer Beliebtheit unter jugendlichen Horrorfilmfans erfreut sich eine Szene, in der einem jungen Mann bei lebendigem Leib ein elektrischer Bohrer durch das Gehirn getrieben wird.

gisseur Lucio Fulci. Der Film handelt – so weit sich die Handlung nachvollziehen lässt – von der Wiederauferstehung von Toten in einer Stadt, die auf den Ruinen einer uralten Hexenstadt errichtet wurde. Hier verwandeln sich Leichen in Zombies, nachdem ein Priester zu Beginn des Films auf einem Friedhof Selbstmord begangen hat, indem er sich mit Hilfe eines Glockenseils erhängte.

Die Geschichte könnte auch zu einem klassischen Gruselfilm gehören. Doch wo in diesem Genre der Schauder vor allem durch unbehagliche Stimmungen und unheilvolle Andeutungen erzeugt wird, geht es Fulci um visuelle Drastik und um die Überwältigung des Betrachters. In der bekanntesten Szene des Films wird ein junger Mann von dem Vater seiner Freundin getötet, weil dieser ihn für einen Zombie hält. Da sich die Beteiligten gerade zufällig in einer Autowerkstatt befinden, hält der zornige Vater sein Opfer auf einer Arbeitsbank fest, wo ihm dann ein elektrischer Bohrer durch das Gehirn getrieben wird. Gegen die verzweifelten Versuche des jungen Mannes, sich in letzter Sekunde noch aus seiner misslichen Lage zu befreien, wird das Bild des kreischend rotierenden Bohrers geschnitten, der sich frontal auf die Kamera zubewegt, bis er aus der Leinwand heraus- und in das Auge des Betrachters einzudringen scheint. Anschließend wird ausgiebig das Durchbohren der Schläfe samt Wiederaustritt des rotierenden Aufsatzes unter dem gegenüberliegenden Ohr gezeigt.

Für den Film ist dies eine Schlüsselszene, denn es geht darin durchweg um die Zerstörung von Körpern und um das Quälen des Betrachters. Wenn der Priester, der sich zu Beginn erhängt, nach seiner Wiederauferstehung als Zombie auf Menschen trifft, bluten diese sogleich aus den Augen. Eine junge Frau, die es besonders unglücklich trifft, erbricht in einer sehr langen Einstellung ihre inneren Organe; ein Effekt, der bei vielen zeitgenössischen Zuschauern und Zuschauerinnen seinerseits Übelkeit auslöst. Auch das Personal des Films wurde nicht geschont: Bei dem Erbrochenen habe es sich um echte blutige Schafseingeweide gehandelt, die von der Schauspielerin vor jedem Schnitt von Neuem in den Mund gestopft und ausgespuckt werden mussten – so hat es der Maskenbildner und Spezialeffekt-Künstler des Films, Giannetto De Rossi, später einmal berichtet.

De Rossi hat mit Lucio Fulci bereits bei dessen vorangegangenem Film, «Zombi 2» aus dem Jahr 1979, zusammengearbeitet. Hier reüssiert er mit seinem beliebtesten Effekt, der für Zombiefilme stilprägend werden soll: dem beherzten Griff der Untoten nach den Gehirnen ihrer menschlichen Opfer. Die Untoten nähern sich unbemerkt von hinten oder kommen plötzlich hinter einer Ecke hervor; dann krallen sie sich den Schädel ihres Opfers und drücken ihn ein, um sich in der nächsten Einstellung das in bunten Farben blubbernde und quellende Hirn schmatzend in den Mund zu schieben. In «Ein Zombie hing am Glockenseil» wird dieser Vorgang gleich in fünf Szenen gezeigt. Dabei bleibt jedes Mal unklar, was zwischen den Einstellungen eigentlich aus dem eingedrückten Schädelknochen geworden ist. Er ist auf wundersame Weise verschwunden: wie ein Deckel, den man von einem Topf nimmt. Jedenfalls können sich die Zombies nun ohne weitere Hindernisse an der schmackhaften Hirnmasse erfreuen.

Zum wahrhaften Bestandteil der massenbegeisternden Popkultur werden die Zombies gegen Ende des Jahres 1983. Jetzt treten sie aus der Welt des Kinos und der Videotheken heraus und zeigen sich Millionen und Abermillionen von Fernsehzuschauern, die – noch einmal gegen jeden Trend zur Individualisierung zu einer großen, simultan das Gleiche erlebenden Gemeinschaft versammelt – gebannt vor den Geräten sitzen. Am 2. Dezember 1983 wird in den USA erstmals das Musikvideo «Thriller» mit Michael Jackson ausgestrahlt. In Deutschland erfolgt die Premiere ein paar Wochen später, am 23. Januar 1984 in der Musiksendung «Formel Eins».

Allerdings wird die Show, die in den dritten Programmen der ARD üblicherweise im Vorabendprogramm um 18 Uhr läuft, an diesem Tag erst um 22 Uhr gezeigt, aus Gründen des Jugendschutzes: Man schätzt den Film als zu gruselig und schreckenerregend für jüngere Zuschauer ein.

Am Beginn des Videoclips sieht man Michael Jackson, wie er mit seiner Freundin im Auto auf einer nächtlichen Lichtung hält, um ihr einen Antrag zu machen; die Freundin – dargestellt von der Schauspielerin Ola Ray – ist überglücklich. Allerdings verwandelt sich Michael Jackson schon im nächsten Moment in einen Werwolf, oder besser gesagt: in eine Werkatze mit langen spitzen Ohren und noch längeren Krallen. Diese jagt nun das laut kreischende Mädchen durch den dunklen Wald.

Glücklicherweise erfahren wir in der nächsten Einstellung, dass das alles nur ein Film ist. In Wahrheit sitzen Michael Jackson und seine Freundin neben popcornknabbernden Menschen im Kino, wo sie sich den schrecklichen Werkatzen-Schocker ansehen. Michael Jackson ist begeistert, seine Freundin hingegen nicht. Sie verlässt das Kino, weil sie das alles nicht lustig findet; er folgt ihr und versucht sie zu besänftigen, indem er sie singend neckt: «Im Mondlicht siehst du etwas / das dein Herz fast zum Stillstehen bringt / Du versuchst zu schreien / aber der Schrecken schluckt das Geräusch, bevor es aus dir herauskommt / Du erstarrst / 'cause this is thriller / thriller night / and no one's gonna save you / from the beast about to strike.»

Kurzzeitig ist die Stimmung wieder heiter, aber das ändert sich, als die beiden an einem nebelverhangenen Friedhof vorbeiflanieren. Wie es der Zufall so will, befreien sich im selben Moment die dort beerdigten Leichen aus ihren Gräbern. Sie schieben die Grabplatten beiseite oder buddeln sich zuckend aus dem Erdreich empor – ganz so, wie man es vier Jahre zuvor erstmals in Lucio Fulcis Film «Zombi 2» gesehen hat. Anders als dort haben die Zombies

**THRILLER (VIDEO US/1983)
MICHAEL JACKSON AND ZOMBIES
Picture from The Ronald Grant Archive**

Im Musikvideo «Thriller» flaniert Michael Jackson singend mit seiner Freundin an einem Friedhof vorbei, aus dessen Gräbern sich die Toten erheben. Nach einem kurzen Moment der Irritation wagt er ein flottes Tänzchen mit ihnen. Mit Videos wie diesem wird Jackson zum ersten Superstar des Musikfernsehens.

hier jedoch keinen Hunger auf Menschengehirne, sondern vielmehr Lust auf ein flottes Tänzchen. Nach einem kurzen Moment der Irritation setzt Michael Jackson sich an ihre Spitze und bringt die bis dahin noch zombiegerecht vor sich hin wankenden Gestalten dazu, mit ihm eine zackige Choreographie aufzuführen.

Als der knapp vierzehnminütige Film erstmals ausgestrahlt wird, ist die dazugehörige Musik schon ein Jahr alt. «Thriller», das Album, ist am 30. November 1982 erschienen und hat sich innerhalb eines Jahres zweiunddreißig Millionen Mal verkauft. Bis zum heutigen Tag sind es sechsundsechzig Millionen Exemplare geworden; damit ist «Thriller» in der – mittlerweile zu Ende gehenden – Geschichte der Schallplatten und anderen physischen Tonträger das meistverkaufte Album überhaupt.

Michael Jackson ist ein überaus charismatischer Sänger; mit seinem Falsett und den kleinen, hektisch hechelnden Atemstößen führt er den extemporierenden Soulstil von James Brown fort und verleiht ihm zugleich eine modernere, spitzere, weniger körperliche, aber dafür umso energetischere Anmutung; zugleich entfaltet er diesen Gesang vor einer musikalischen Kulisse, die kaum allgemeingültiger sein könnte. Auf «Thriller», produziert von dem Jazzmusiker Quincy Jones, verbindet er erstmals in massenbegeisternder Weise «schwarze» und «weiße» Stile und Traditionen. Man hört den Motown-Soul der späten sechziger und siebziger Jahre, mit dem er – als Mitglied der Geschwistergruppe The Jackson 5 – seine Karriere begann. Es gibt aber auch fest auftretende elektronische Beats wie im aktuellen Elektropop der frühen achtziger Jahre; wilde Synkopen wie aus dem Jazzfunk der späten Siebziger; und schließlich maskuline Gitarrenriffs mit lang dahingegniedelten Soli: In dem Stück «Beat It» – das als Single im Februar 1983 veröffentlicht wird – hat einer der prägenden weißen Gitarrenvirtuosen des Jahrzehnts, Eddie Van Halen, einen Gastauftritt.

Dieser eklektische, aber druckvoll und konsequent wirkende Stil spricht Publikumsgruppen an, die vorher klar voneinander getrennt waren: die schwarzen Soul-Hörer und -Hörerinnen ebenso wie das weiße Rockpublikum; ältere Hörer ebenso wie pubertierende Teenager, aber auch – und das ist neu in der Popgeschichte – Kinder vor dem Beginn der Pubertät. «‹Beat It›», so hat es Jackson später einmal in einem Interview gesagt, «war auf den Geschmack von Schulkindern zugeschnitten. Es hat mir immer Spaß gemacht, Stücke zu schreiben, die Kindern gefallen würden. Es bereitet mir Freude, für sie zu komponieren, und ich weiß, was sie mögen, weil sie ein sehr anspruchsvolles Publikum sind. Wenn ein Song ihnen gefällt, ist er ein Hit, egal, wo er in den Charts steht.» Auch der Auftritt der Zombies in «Thriller» ist auf dieses Publikum zugeschnitten. In der Version von Jackson und seinem Regisseur John Landis verlieren die Untoten jenen körperlich drastischen Charakter, den sie in den Zombiefilmen jener Zeit sonst besitzen, und werden – gerade weil sie am Ende des Videos so folgsam und harmlos zu tanzen beginnen – zu freundlichen Gruselfiguren.

«Anders als alle anderen Jugendhelden vor ihm», so hat es der Musiksoziologe Albert Goldman in seinem bis heute aufschlussreichen Essay «Analyzing the Magic» 1984 im «People Magazine» formuliert, «zieht Michael Jackson seine Wirkung nicht aus seinem Sex-Appeal; noch besteht seine wesentliche Anhängerschaft aus Teenagern, die mit pubertären Initiationsriten beschäftigt sind. Michael Jackson ist der erste Held einer neuen Jugendkultur, die im wesentlichen ‹Kiddie-Kultur› ist. Seine Welt ist diejenige der Jungen und Mädchen, die die Pubertät noch nicht erreicht haben. Niemals zuvor haben Kinder in diesem Alter einen so entscheidenden Einfluss auf die Popkultur ausgeübt. Niemals zuvor haben sie den primären Popmarkt gebildet.» Das letzte Album, das er vor «Thriller» im Frühjahr 1982 herausgebracht hat, trägt den Titel «E. T. the Extra-Terrestrial» und begleitet den gleichnamigen Kinderfilm von Steven Spielberg.

Der eigentliche Durchbruch zum globalen Superstar – der Beginn der «Michaelmania», wie es später heißen wird – gelingt Michael

Jackson ein knappes halbes Jahr nach der Veröffentlichung des Albums «Thriller». Am 16. Mai 1983 strahlt der Sender NBC ein Galakonzert zum 25. Jubiläum der Plattenfirma Motown aus, mit allen großen Stars aus der Geschichte des prägenden Soul-Labels, von Stevie Wonder über Diana Ross und The Supremes bis zu Smokey Robinson und Marvin Gaye. Auch The Jackson 5 sind mit dabei, und schließlich bietet Michael Jackson allein auf der Bühne das Lied «Billie Jean» dar. Er trägt eine lange, schwarze, mit glitzernden weißen Pailletten besetzte Jacke und an der linken Hand einen weißen Handschuh, er singt – aber vor allem tanzt er: exaltiert, kontrolliert, gleichermaßen graziös wie von plötzlichen Energiestößen durchschüttelt. Er lässt die Beine schlenkern, als wollten sie ihm nicht gehorchen, reckt den rechten Arm in die Luft und greift sich mit der behandschuhten Hand ans Gemächt, und vor allem führt er erstmals jene Schrittchoreographie auf, die in den folgenden Jahren zu seinem Markenzeichen wird: Beim «Moonwalk» scheint er nach vorne zu schreiten und gleitet doch nach hinten; diese Bewegungsfolge hat er sich aus der gerade erblühenden Breakdancekultur der New Yorker Hip-Hop-Szene abgeschaut.

Der Auftritt ist eine Sensation, mit ihm wird Michael Jackson zu einer ikonischen Figur, zu einem Menschen «larger than life», der ebenso gut wie der Außerirdische «E.T.» aus dem Weltall auf die Erde heruntergekommen sein könnte. Trotz des stetig wiederholten, eigentlich eindeutigen Griffs in den Schritt ist seine Darbietung nicht sexuell aufgeladen, sondern wirkt sonderbar asexuell, verspielt und niedlich. Jacksons extraterrestrischer Glamour ergibt sich weniger aus seinen Kostümen und seiner Erscheinung als vielmehr aus seinen überirdisch-unmenschlich erscheinenden Bewegungsabläufen. Schier unüberschaubare Mengen von Michael-Jackson-Imitatoren betreten in den Jahren 1983 und 1984 die Szene, eine ganze Generation von Kindern und Teenagern eifert ihm nach.

«Wenn die Kinder Michael auf dem Fernsehschirm sehen, dann sind sie nicht einfach von ihm hypnotisiert», schreibt Albert Goldman in «Analyzing the Magic», «sondern sie machen sich daran, seinen komplexen Bewegungscode zu knacken; einen Code, der weit elaborierter ist als alles, was sich Elvis oder Mick Jagger jemals träumen ließen. Sie versuchen, alle seine ‹bops› und ‹bams› zu entschlüsseln, bis sie tatsächlich so weit sind, dass sie ‹den Michael Jackson machen› können: das heißt, bis sie selber zu kleinen Superstars mit weißen Handschuhen und roten Jacken geworden sind.» Das Publikum genießt die rätselhafte Magie und die Aura von Michael Jacksons Tänzen – und versucht zugleich, diese Aura zu entzaubern, indem es die technischen Bedingungen ihrer Herstellung zu rekonstruieren versucht. Dabei hilft eine Videokassette, die Anfang 1984 erscheint. Sie enthält den Videoclip zu «Thriller» und eine Dokumentation seiner Entstehung. «Making Michael Jackson's Thriller» verkauft sich innerhalb eines Jahres knapp eine Million Mal.

Michael Jacksons Aufstieg zur ikonischen Popfigur der Achtziger hat also ebenso viel zu tun mit seinem musikalischen Talent wie mit seiner körperlichen, visuellen, tänzerischen Erfindungsgabe; letztlich wäre dieser Aufstieg nicht denkbar gewesen ohne die Entstehung des Musikfernsehens am Anfang des Jahrzehnts. Die Premiere von «Thriller» läuft auf dem US-amerikanischen Sender MTV (kurz für: «Music Television»), der erst seit etwas mehr als zwei Jahren auf Sendung ist. Rund um die Uhr werden hier Musikfilme gezeigt, in der ersten Zeit nach dem Start im August 1981 sind es vor allem Konzertaufnahmen und günstig hergestellte Werbeclips der großen Plattenfirmen. Auch wird das Repertoire zu Beginn von weißen Rockmusikern aus dem AOR- oder auch Adult-Oriented-Rock-Genre beherrscht: wie etwa REO Speedwagon, Survivor, Styx, Toto oder Van Halen. Freilich taugt deren visuelle Inszenierung zwar gut für die großen Konzertbühnen, auf denen man gern hingebungsvoll sich an ihren Instrumenten verausgabende Männer betrachtet, weniger aber für den kleinen Fernsehbildschirm, auf dem die weiße Gitarrenrockmacker-Ästhetik schnell öde wirkt – weswegen es erst Michael Jackson mit seiner Verbindung aus Gesang, Musik und in jeder Beziehung verblüffenden Choreographien gelingt, das Musikvideo zu einer eigenständigen, massenbegeisternden Kunstform zu erheben.

Um noch einmal Albert Goldman zu zitieren: «Rock ist eine Rhetorik für die Bühne, nicht für den Bildschirm. Auf der Bühne wirken Rocker rough'n' ready, roh und bereit. Auf dem Bildschirm wirken sie theatralisch, gestelzt, unnatürlich – wenn nicht gleich vollkommen bekloppt. Darum geben sich so viele Rockvideos als surrealistische Psychodramen aus oder reduzieren den Star gleich zu einem Clown. Ganz anders ist es mit Michael Jackson: Er ist die geschmeidigste und eleganteste Figur auf dem Bildschirm seit Fred Astaire. Er ist so schnell, dass er dir vor den Augen verschwimmt. Sein Aggregatzustand ist so elektro-ekstatisch, dass er von einer wild vibrierenden Aura umgeben scheint; auf die erstaunlichste Weise gelingt es ihm, seinen ganzen Körper zum Sprechen zu bringen.»

Michael Jackson trägt also erheblich dazu bei, dass das Musikfernsehen zu einem eigenständigen Medium wird, das heißt: zu einem Medium, das sich nicht in der Bebilderung von Musik erschöpft, sondern in dem Musik, Bilder, Körper, Bewegungen sich zu einer neuartigen Sprache verbinden. In den Musikvideos der folgenden Jahre wird dieses Prinzip sich durchsetzen, nach «Beat It» und «Thriller» entsteht ein neuer Typus von Stars, deren Popularität sich wesentlich aus der optischen Inszenierung und der Verbindung von Tanz und Musik ergibt. Die erste und bedeutendste Künstlerin, die nach diesem Modell reüssiert und in der Mitte der achtziger Jahre zum zweiten globalen Popstar neben Michael Jackson aufsteigt, ist Madonna Louise Ciccone, die unter dem Namen Madonna auftritt.

Es gibt einen zweiten Medienwandel, der das Hören von Popmusik in den achtziger Jahren grundlegend verändert. Er vollzieht sich fast zeitgleich mit dem Aufstieg von MTV und hat vieles mit der entstehenden Videokultur gemein. Auf der Berliner Funkausstellung im August 1979 wird erstmals in Deutschland ein Gerät vorgestellt, das der japanische Elektronikkonzern Sony entwickelt hat: der Walkman TPS-L2. Diese leichte und tragbare Abspielvorrichtung ist gerade groß genug, dass man eine Kassette hineinschieben kann; die Musik, die sich auf dieser befindet, wird dann über einen ebenso kleinen und leichten Kopfhörer in das Gehör übertragen. Wer einen Walkman besitzt, ist nicht mehr darauf angewiesen, vor der heimischen Stereo- oder Hi-Fi-Anlage zu sitzen – die Musik wird aus ihrer bis dahin typischen Rezeptionssituation befreit, in ähnlicher Weise, wie das Betrachten von Filmen durch den Videorecorder von den zeitlichen Vorgaben des Kino- und Fernsehprogramms befreit wird. Man kann also die Musik aus dem Wohnzimmer oder dem Kinder- und Jugendzimmer mit hinaus in die weite Welt nehmen. Mit der richtigen Musik im Ohr kann man durch die Stadt flanieren, über eine Frühlingswiese laufen oder durch einen nächtlichen Wald. Mit dem Walkman wird das Musikhören mobilisiert, das heißt auch: Wer die Schritte und Choreographien von Michael Jackson einüben möchte, der kann sich an einen unbeobachteten Ort begeben und zum Walkman-Sound von «Beat It» oder «Thriller» die passenden Bewegungen ausführen.

Dass das Musikhören in öffentliche Räume einzieht, sorgt vielerorts für Befürchtungen. Der ADAC warnt vor der Benutzung des Walkmans im Straßenverkehr, weil die laute Musik die Warnsignale anderer Verkehrsteilnehmer übertöne. Der Deutsche Bundestag beschäftigt sich auf Antrag eines Abgeordneten der CDU/

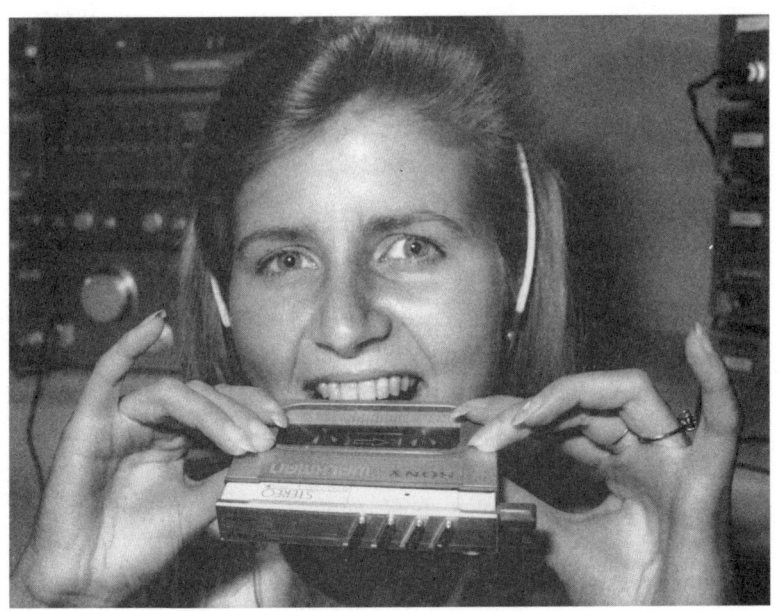

Ärzte und Jugendschützer warnen vor Gehörverlust, die meisten jugendlichen Nutzer dagegen genießen die neue Mobilität und Freiheit des Musikgenusses. Hier sehen wir den bis dahin kleinsten Walkman der Welt, präsentiert 1983: Das Vier-Spur-Stereogerät von der Firma Sony ist nicht größer als eine Compact Cassette.

CSU-Fraktion mit der Frage, «ob die zunehmende Benutzung des sogenannten Walkman – transportable Musikgeräte mit Kopfhörerübertragung – zu dauerhaften Hörschäden schon bei Jugendlichen führen» könne. In der Antwort des Parlamentarischen Staatssekretärs im Bundesgesundheitsministerium heißt es: «In einer Untersuchung zur Hörfähigkeit bei 4000 Jugendlichen im Alter von 16 bis 20 Jahren konnte das Bundesgesundsheitsamt bei etwa 2 v. H. Innenohrhörverluste feststellen. Die Untersucher kommen zu dem Schluß, daß durch Musikbelastung in Diskotheken, über Kopfhörer u. ä. bei etwa 3 v. H. der Großstadtjugend schon jetzt Hörverluste befürchtet werden müssen.» Psychologen sehen die Gesellschaft am Beginn einer neuen Einsiedlerei, mit der die letzten Reste zwischenmenschlicher Kommunikation absterben könnten.

Ist der Walkman also die musiktechnologische Ausprägung dessen, was konservative Politiker Anfang der achtziger Jahre als grassierenden Individualismus beklagen? In jedem Fall wird das Musikhören damit nicht nur mobilisiert, sondern auch anderen, neuen Arten der Aneignung zugeführt. Mit individuell zusammengestellten Kassetten, den sogenannten Mixtapes, lassen sich besondere Kombinationen von Liedern auf besondere Orte oder Situationen abstimmen; so kann man der Wahrnehmung der Welt etwas hinzufügen, das von sonst niemandem gehört wird: einen Soundtrack für das eigene Leben.

Der japanische Kulturtheoretiker Shuhei Hosokawa beschreibt diesen «Walkman-Effekt» in einem gleichnamigen Essay, der auf Deutsch 1984 im Westberliner Merve Verlag erscheint. Für ihn ist der Walkman nichts anderes als das Instrument einer intensivierten Beziehung des Menschen zur Welt, mithin: einer «neuen Lebensart» und «Autonomie». «Die praktische Bedeutung des Walkman», schreibt Hosokawa, «besteht in der Distanz, die er zwischen der Wirklichkeit und dem Realen, der Stadt und dem Urbanen und insbesondere zwischen den Anderen und dem Ich entstehen lässt.» Diese Distanz sei nicht als Mangel zu verstehen, im Gegenteil: Erst sie erlaube es dem Individuum, sich die Welt in selbstbestimmter Art anzueignen. «Autonomie ist nicht immer ein Synonym für Isolation, Individualisierung, Trennung von der Realität; vielmehr ist sie, so paradox es auch erscheint, unerlässlich für den Prozess der Selbst-Vereinheitlichung.» Der Walkman sei das Symbol, die technische Verkörperung und Ermöglichung einer neuen Art der Autonomie, wie sie typisch sei für die kulturellen Veränderungen der Achtziger. In diesem Jahrzehnt sei Autonomie als «intersektionales» Phänomen kenntlich geworden: «Schnittpunkt von Singularitäten im Hinblick auf die Erschaffung eines Diskurses». Der Walkman ist «weder Ursache noch Wirkung dieser Autonomie, er ruft sie weder hervor, noch verwirklicht er sie. Er *ist* die Autonomie, oder vielmehr die Autonomie-des-laufenden-Ich.»

Der Walkman ist also gleichermaßen ein Instrument der Isolation, wie er die Schaffung von neuen Verbindungen ermöglicht: In ihm spiegelt sich die generelle Dialektik der achtziger Jahre aus Individualisierung und der Bildung neuer Gemeinschaften. Zu den erfolgreichsten Kinofilmen am Beginn des Jahrzehnts zählt die französische Teenie-Romanze «La Boum» mit der damals dreizehnjährigen Sophie Marceau in der Hauptrolle. In einer zentralen Szene des Films steht sie auf einer Party am Rand der Tanzfläche, als sich ein in sie verliebter Junge von hinten an sie heranschleicht und ihr den Kopfhörer seines Walkmans über die Ohren streift. Die flotten Beats, zu denen sich die Teenager dicht gedrängt auf der Tanzfläche bewegen, sind plötzlich gelöscht. Stattdessen hört man, was aus den Kopfhörern kommt: «Dreams», ein romantisches Liebeslied von Richard Sanderson, von dem das Mädchen derart überwältigt ist, dass es sich mit dem Walkmanbesitzer sogleich in einen romantischen Engtanz begibt. «Dreams are my reality / the only kind of real fantasy / Illusions are a common thing / I try to live in dreams», klingt es dazu aus den Kopfhörern. Und es bleibt die Hoffnung, dass sich Träume, Illusionen und Gefühle mit Hilfe von Musik zwischen verschiedenen Menschen synchronisieren lassen: «Tell me that it's true / feelings that are cue.» So tanzen das Mädchen und der Junge eng umschlungen zu der Ballade, mit langsamen Bewegungen, wie in Zeitlupe, während die anderen Teenager auf der Tanzfläche zu einem für die Kinozuschauer nicht mehr hörbaren Beat so rätselhaft herumzucken wie sonst nur Zombies.

10. KAPITEL

· · ● · ·

EIN ITALIENISCHER KLEMPNER RETTET DIE WELT: DIE NEUE JUGENDKULTUR DER COMPUTERSPIELE

Mit der allgemeinen Begeisterung für den Walkman steigt auch der Absatz von bespielbaren Kompaktkassetten in den achtziger Jahren enorm. Wobei es für diese noch eine zweite Verwendung gibt, die nichts mit Musik zu tun hat: Sie werden auch zum Speichern von Computerprogrammen gebraucht, insbesondere von Spielen. Die Titel, die sich zu Beginn des Jahrzehnts auf solchen Kassetten finden, tragen Namen wie «Brennball», «Luftkampf» und «Panzerschlacht», «Ping Pong», «Black Max» oder «Invasion aus dem All». Schiebt man die Kassetten in ein normales Tapedeck oder in einen Walkman, erklingen bloß hektisch einander abwechselnde hohe Fiep- und Pfeiftöne und sich sogleich in die Ohren sägende Vibrationen, nicht unähnlich dem Sound der Gehirnfräse in «Ein Zombie hing am Glockenseil». Was man hier hört: Das sind lange Reihen von Nullen und Einsen, die durch das Verfahren der sogenannten Frequenzumtastung in analoge Klänge übersetzt worden sind. Schiebt man die Kassetten hingegen in ein Laufwerk, das an einen Heimcomputer angeschlossen ist, der wiederum an ein Fernsehgerät angeschlossen ist, dann werden die Geräusche in digitale Daten rückübersetzt und das Programm in den Arbeitsspeicher des Computers übertragen.

Um auf diese Weise ein einfaches Computerspiel zu laden, braucht man Anfang der achtziger Jahre etwa eine halbe Stunde.

Wenn es vollbracht ist, erscheint das Spiel auf dem Fernseher. Nun kann man, indem man ausgewählte Funktionssymbole auf der Computertastatur bedient, beispielsweise mit einer beweglichen Strahlenkanone gegen den Eroberungsangriff flugfähiger außerirdischer Kopffüßlerwesen kämpfen – oder auch, je nach Laune und Temperament, einen nur aus einem Kopf bestehenden Kobold durch ein Labyrinth manövrieren, in dem es lauter kleine Punkte aufzufuttern gibt, aber auch Gespenster, die den Koboldkopf verfolgen.

Auf heutige Betrachter und Betrachterinnen wirken solche Bilder auf paläolithische Art primitiv und die dazugehörigen Klänge – synthetisch schnarrend, quiekend und quakend – nachgerade nervtötend. Tatsächlich aber zeigt sich nirgendwo am Beginn der achtziger Jahre so viel Zukunft wie hier: Denn mit der Ära der Computerspiele beginnt auch jene des Personal Computers, und dies ist – neben der Blüte der Videos und der Mobilisierung der Musik – der dritte und grundlegendste mediale Wandel in diesem Jahrzehnt. Schließlich zeigen sich hier die ersten Anzeichen für das, was wir heute als vernetzte und digitale Kultur begreifen.

Computerspiele sind natürlich keine Erfindung der Achtziger. Ein breiteres Publikum spielt schon seit dem Beginn des vorangegangenen Jahrzehnts, zunächst aber noch ausschließlich an Münzautomaten, die in Kneipen und Spielhallen stehen oder in den Vergnügungsarkaden von Strandbädern und anderen Touristenorten, weswegen man sie auch als Arcade-Automaten bezeichnet. Mitte der Siebziger wandert der Spielbetrieb langsam in die Wohnzimmer ein, in Form von Konsolen, die man an den Fernseher anschließen kann. Das erste Konsolenspiel trägt den Namen «Pong» und ist eine minimalistische Bildschirmvariante von Tennis.

Hier wird das Fernsehen zum ersten Mal interaktiv: Wer «Pong» spielt, wechselt aus der vertrauten Rolle des Empfängers, des passiven Konsumenten, in jene des Senders und wieder zurück. Die

«Pong»-Konsole wird 1975 von der kalifornischen Firma Atari auf den Markt gebracht. Zwei Jahre später folgt das Atari Video Computer System, das wechselnde Spiele zulässt. Die Spielemodule werden in einen Schacht auf der Bedienoberfläche eingeführt. So verwandelt sich das heimische Wohnzimmer in eine Spielhalle mit prinzipiell unbegrenztem Angebot; man muss nur zu der einmal erworbenen «Hardware» immer wieder neue «Software» erwerben, damit es nicht langweilig wird. Der Durchbruch für die Atari-Konsole gelingt mit der Adaption eines japanischen Münzautomatenspiels: «Space Invaders» von dem japanischen Programmierer Tomohiro Nishikado. Darin geht es eben darum, eine Invasion aus dem Weltall abzuwehren: Außerirdische Lebewesen schweben herab und müssen mit Strahlenkanonen daran gehindert werden, die Erdoberfläche zu erreichen.

Mit den «Space Invaders» ist es wie mit der gesamten Computerkultur jener Zeit: Auch ihre einfachen, aus großen Quadraten zusammengesetzten Figuren wirken vierzig Jahre später optisch bestenfalls rudimentär. Für das zeitgenössische Publikum ist der Spektakelcharakter dieses Spiels jedoch enorm. Das liegt an der Kombination von Bildern, Bewegungen und Musik – in ihrer konsequent multimedialen Choreographie stecken die «Space Invaders» gewissermaßen mit den frühen Musikvideos unter einer Decke. Der Soundtrack des Spiels verändert und intensiviert sich, wenn die außerirdischen Invasoren der Erde näher kommen. Dann verändern diese außerdem ihre Farbe, und sie bewegen sich schneller; jeder Kanonenschuss und jede Explosion erhält einen eigenen Sound. Wie in zeitgenössischen Science-Fiction-Filmen, etwa der «Star-Wars»-Reihe von George Lucas, soll man sich auch beim Spielen von «Space Invaders» ganz in der futuristischen Vision verlieren. Das Ziel ist die Immersion, wie man später einmal sagen wird, also ein Zustand, in dem man die reale Welt um einen herum völlig vergisst und vollständig in die Fiktion eintaucht.

Dabei wird der unmittelbare Effekt des Sichverlierens beim Spielen noch dadurch verstärkt und zeitlich gedehnt, dass hier erstmals jeder Benutzer einen «High Score» vor Augen hat. Das beste individuelle Ergebnis wird notiert und dem eigenen Benutzernamen zugeordnet; so kann man sich mit anderen Spielern vergleichen, und jeder Spieler versucht, das beste Gesamtergebnis zu erzielen. Der Wunsch nach Selbstüberbietung, der daraus erwächst, verringert das Bedürfnis, nach dem Eintauchen in die fiktive Welt aus dieser zurück in die Realität zu kehren.

Nachdem sich das Atari Video Computer System zwei Jahre lang eher mäßig verkauft hat, wird es dank «Space Invaders» in den USA 1979 plötzlich zum beliebtesten Weihnachtsgeschenk, jedenfalls für heranwachsende männliche Jugendliche. In der Bundesrepublik kommt die Konsole Anfang 1980 auf den Markt. Hier führt das High-Score-Prinzip dazu, dass die zunächst einzeln vor ihren Bildschirmen sitzenden Spieler sich in Gemeinschaften zusammenfinden: Noch im selben Jahr bilden sich die ersten Atari Clubs, deren Mitglieder fortan bei sportlichen Wettkämpfen gegeneinander antreten. 1982 wird die VCS Bundesliga gegründet, in der dreißig Clubs landesweit um den Titel des Deutschen Meisters kämpfen. Im Mai 1983 erscheint die erste Ausgabe des «VCS Bundesliga High-Score Heft», herausgegeben vom «Atari Mini Club ‹Bildschirm frei› Wiesbaden». Zu den beliebtesten Disziplinen unter den Atari-Bundesligisten zählen neben «Space Invaders» bald auch Spiele wie «Asteroids», «Defender» und «Pac-Man», wobei sich «Asteroids» und «Defender» thematisch noch nahe an «Space Invaders» bewegen. Dabei geht es einmal darum, mit einem Raumschiff gefährliche Asteroiden und noch gefährlichere Ufos abzuschießen; ein anderes Mal gilt es, Menschen vor der Entführung durch Außerirdische zu bewahren, indem man deren Raumschiffe attackiert.

Bei «Pac-Man» dagegen kommen weder Außerdische noch

Raumschiffe vor, auch wird darin nicht mit Strahlenkanonen geschossen. Es handelt sich also um ein für seine Zeit ausgesprochen ungewöhnliches Spiel. Er habe – so hat es der «Pac-Man»-Programmierer Toru Iwatani später gesagt – eine Handlung erschaffen wollen, die sich nicht mehr nur «an den Vorlieben von Männern, an kriegerischen Konflikten und sportlichen Wettkämpfen» orientiert. Vielmehr sei es ihm um eine Welt und eine Geschichte gegangen, «für die sich auch Frauen interessieren können». So handelt «Pac-Man» nun davon, dass ein kleiner Koboldkopf durch ein Labyrinth gleitet, um verschiedenfarbige Energiepunkte aufzuessen. Dabei wird er von niedlichen Gespenstern verfolgt, die Blinky, Pinky, Inky und Clyde heißen. Wenn Pac-Man eines von ihnen berührt, verliert er ein Leben; hat er sämtliche Leben verloren, ist das Spiel zu Ende.

Ob es sich dabei um eine Geschichte handelt, die die Interessen von Frauen in typischer Weise repräsentiert, wäre an anderer Stelle zu diskutieren. Jedenfalls wird «Pac-Man» zum erfolgreichsten Computerspiel der frühen Achtziger, die Adaption für die Atari-Konsole verkauft sich binnen eines Jahres sieben Millionen Mal. Dieser Erfolg wurde später darauf zurückgeführt, dass es in «Pac-Man» um das Sammeln von Trophäen und das Anhäufen von Reichtum geht – womit es gut zum beginnenden Jahrzehnt des Konsumismus passt. Bedeutsamer erscheint aber tatsächlich, dass diesem Spiel alles Grimmige, Militärische, auf negative Art Futuristische fehlt. So kann seine Zielgruppe sich über die kleine Szene der Science-Fiction-begeisterten Computerfreaks – oder wie man Anfang der Achtziger zu sagen beginnt: Nerds – hinaus erweitern.

Die nächsten Computerspielerfolge in der ersten Hälfte der Achtziger gründen ebenfalls auf niedlichen oder jedenfalls freundlichen Figuren, die nicht auf jemanden schießen, sondern stattdessen in Labyrinthen unterschiedlicher Art laufen, springen und klettern. In «Donkey Kong» von Shigeru Miyamoto, das 1981

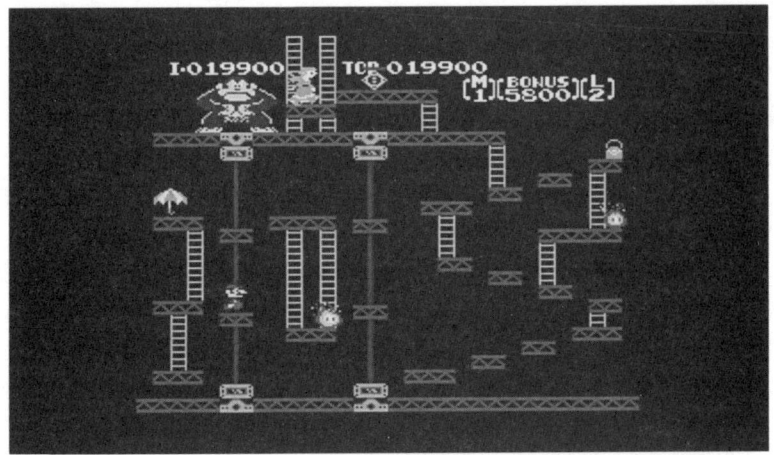

In «Donkey Kong» aus dem Jahr 1981 muss ein netter kleiner Mann auf Leitern seiner Liebsten hinterherklettern, die von einem Gorilla entführt worden ist. Die japanische Firma Nintendo steigt mit diesem Spiel und dann vor allem mit den Nachfolgern «Mario Bros.» und «Super Mario Bros.» zu einem der größten Elektronikkonzerne der Welt auf.

erscheint, muss ein kleiner Mann mit Schnauzbart und Kappe auf Leitern seiner Liebsten hinterhersteigen, die von einem Gorilla entführt worden ist. Aber auch dieser Gorilla ist nicht wirklich gefährlich und führt nicht eigentlich etwas Böses im Schilde. Er fühlt sich nur missverstanden und ist deswegen ein bisschen muffig.

«Donkey Kong» ist der erste große Erfolg der neuen Computersparte von Nintendo, einer japanischen Firma, die seit Ende des 19. Jahrhunderts vor allem Spielkarten produziert hat. Bald darauf steigt Nintendo zu einem der größten Elektronikkonzerne der Welt auf – vor allem dank der Spiele «Mario Bros.» und «Super Mario Bros.», die ebenfalls Shigeru Miyamoto entwickelt hat. Hier taucht der freundliche Mann aus «Donkey Kong» als italienischer Klempner wieder auf. In «Mario Bros.» muss er gemeinsam mit seinem Bruder Luigi unterirdische Rohre von allerlei Getier befreien, insbesondere von Schildkröten. In «Super Mario Bros.» haben die Schildkröten sich schwarzmagische Kräfte angeeignet und mit deren Hilfe ein mythisches Pilzkönigreich unterworfen; der italienische Klempner macht sich auf, um die Prinzessin des Pilzkönigreichs aus den Klauen des bösen Schildkrötenmanns Bowser zu befreien. Dabei muss er – wie schon bei seinem ersten Auftritt in «Donkey Kong» – ständig laufen, springen und klettern.

Als «Super Mario Bros.» 1985 auf den Markt kommt, ist die erste kurze Blüte der Computerkonsolen bereits vorüber. Im Rausch der Begeisterung über die Erfolge von «Space Invaders» und «Pac-Man» haben Atari und zahllose Nachahmerfirmen den Markt mit Spielen von meist eher minderer Qualität überflutet. Die Investitionen sind zu hoch und die Gewinne zu niedrig. Nach dem spektakulären Flop des 1982 erschienenen Konsolenspiels zum Film «E. T.» ziehen sich die meisten Firmen aus dem Geschäft zurück. Erschwerend kommt hinzu, dass seit Anfang der achtziger Jahre die ersten Personal Computer produziert werden, die auch für breite Bevölkerungsschichten erschwinglich sind. Mit dem Commodore VC 20 und seinem Nachfolgemodell, dem Commodore 64, kann man eigene Programme erstellen, aber eben auch spielen; wie die Konsolen werden sie an den heimischen Fernseher angeschlossen.

Auch Personal Computer gibt es schon seit den Siebzigern. Ihr Prototyp ist der «Apple II», der 1977 von Steve Wozniak und Steve Jobs im kalifornischen Cupertino konstruiert worden ist. Apple wird bis Mitte der Achtziger wegweisend bei technischen Erfindungen sein, insbesondere mit dem 1983 veröffentlichten Computer «Apple Lisa», der sich nicht mehr nur über eine Tastatur bedienen lässt, sondern auch über eine graphische Benutzeroberfläche mit einer sogenannten Maus. Solche Innovationen – umgehend plagiiert von der konkurrierenden Firma Microsoft für ihr «Windows»-Betriebssystem – weisen überdeutlich bis in unsere

Gegenwart. Doch in den Achtzigern bleibt der Absatz solcher Geräte noch weithin auf professionelle Anwender beschränkt.

Bei den Computern der Firma Commodore ist das anders: Sie sind nicht innovativ, aber spektakulär billig. Großen Wert legen ihre Ingenieure auf bunte Farben und Soundeffekte; beides soll futuristisch anmuten und besonders Jugendliche ansprechen. Auch werden die Commodore-PCs – anders als die Apple-Produkte – nicht nur im Elektronikfachhandel verkauft, sondern von vornherein ebenso in Einzelhandelsketten und Spielwarenläden. Für die Werbekampagne zum Commodore VC 20 wird William Shatner als Maskottchen engagiert, der Darsteller des Raumschiffkapitäns Kirk aus der Science-Fiction-Serie «Star Trek». Beim Dreh der Fernsehspots scheint Shatner, zur Verblüffung der Commodore-Vertreter und -Programmierer, zum ersten Mal einen Computer vor sich zu haben: So gibt er – wie sich der Marketing-Chef Michael Tomczyk später erinnert hat – mit zwei Fingern langsam das Wort «Hallo» ein «und füllt den Rest des Bildschirms mit wirren Buchstabenfolgen; er scheint begeistert, dass ein Fernseher mehr als das TV-Programm darstellen kann». Doch egal: «Commodores neuer Sprecher ist kein Computer-Freak, aber enthusiastisch», und die Hightech-Aura, die ihn als Raumschiff-Enterprise-Kommandant umgibt, lässt das beworbene Instrument wie den Schlüssel zur Zukunft der Menschheit aussehen.

In einem der Spots, die im Sommer 1981 laufen, sieht man zunächst einen Schuljungen und einen älteren Mann vor zwei Spielekonsolen. Der Junge erklärt, dass er mit dem Atari Video Computer System spielt; der Ältere bevorzugt das Konkurrenzprodukt der Firma Intellivision. Dann aber wird plötzlich William Shatner aus den Weiten des Weltalls zwischen die beiden gebeamt – mit dem neuen Commodore-Modell. «Der VIC 20 kann mehr als eure beiden Maschinen. Er ist ein grandioser Computer, mit dem man auch spielen kann.» Der Unglaube ist groß: «Ein Computer, mit dem man

Mit dem Commodore VC-20 ziehen die Heimcomputer in großem Maßstab in die Jugendzimmer ein. Dies verdankt sich auch einer großen Werbekampagne mit William Shatner (links), dem Darsteller des Captain Kirk in «Raumschiff Enterprise», hier zu sehen mit dem Commodore-Marketing-Chef Michael Tomczyk.

auch spielen kann?» – «Und der weniger als dreihundert Dollar kostet?» – William Shatner, triumphierend: «Exakt!»

Der VIC 20 – der in Deutschland VC 20 heißt, weil «VIC» nach Ansicht der hiesigen Marketing-Leute zu sehr nach «Fick» klingt und «VC» sich als «Volkscomputer» auflösen lässt – ist der erste Personal Computer, der flächendeckend in die Jugendzimmer gelangt. Noch populärer ist sein Nachfolgemodell, der gern auch als «Brotkasten» bezeichnete Commodore 64. Dieser kommt in Westdeutschland Anfang 1983 in die Läden und wird wiederum als bessere Alternative zu den Spielkonsolen vorgestellt. Dabei richten die Werbekampagnen sich hierzulande weniger an die potenzielle Kundschaft – pubertierende männliche Jugendliche –, sondern an deren Erziehungsberechtigte. Sie sollen für ihren Nachwuchs lieber ein Gerät erwerben, mit dem man nicht nur daddeln kann, sondern auch das Programmieren erlernt und also etwas Nützliches für die eigene Zukunft: «Damit aus Ihrem Kind was wird. Das Commodore-Computer-Weihnachtspaket», lautet der Slogan einer Plakatkampagne am Ende des Jahres. Mit Erfolg: Binnen kurzem werden allein in Deutschland drei Millionen Exemplare des C64 verkauft.

Kompaktkassetten stellen bis in die zweite Hälfte der Achtziger das wichtigste Speichermedium dar. Zwar sind sie, wie schon erwähnt, langsam beim Laden, dazu fehler- und verschleißanfällig. Doch werden ihre Nachteile durch den niedrigen Preis aufgewogen. Und vor allem dadurch, dass sich ihre Inhalte problemlos kopieren lassen: Man braucht die Kassetten nur in ein Tapedeck einzulegen, das an ein weiteres angeschlossen ist, und schon kann man die gespeicherten Programme so oft überspielen und vervielfältigen, wie man will. Die Menge der kursierenden privat kopierten Programme ist bald weit größer als die der Originalkassetten, schon im Jahr 1984 wird das Verhältnis auf neun zu eins geschätzt. Einer kauft, viele kopieren: Was sich zeitgleich auch bei Musikkassetten beobachten lässt – dass Freundeskreise zu Tauschzirkeln werden –, wird in der frühen Computerkultur zu einem zentralen Prinzip der Gemeinschaftsbildung. Es entsteht eine Szene, die sich darüber vernetzt, dass ihre Mitglieder privat kopierte Dateien tauschen, ganz so wie in den nuller Jahren dann beim Filesharing der Internetpiraten.

Die Informationen darüber, welche neuen Spiele es gerade gibt und wie man am besten an sie herankommt, werden aber immer noch auf analoge Weise getauscht. Die erste Blüte der Computerkultur wird begleitet von zahllosen neu gegründeten Computerzeitschriften. Sie tragen Namen wie «Homecomputer», «Happy Computer», «Hobby Computer» oder «CPU – Computer programmiert zur Unterhaltung»; für die Commodore-64-Nutzer heißt das wichtigste Magazin schlicht «64er». Finanziert werden sie vor allem über ihre Kleinanzeigenrubriken, in denen wiederum vor allem private Verkäufer Computerspiele und -programme anbieten, die so günstig sind, dass sie augenscheinlich ohne Lizenz der Urheber produziert wurden. Die meisten dieser Verkäufer geben als Adresse «postlagernd» an, das heißt, dass die Kunden ihre Briefe mit der Bargeldbezahlung an ein Postamt senden, wo sie vom anonym bleibenden Empfänger abgeholt werden – so verwandeln sich die örtlichen Postämter mit ihren nichtsahnenden Beamten gewissermaßen in das Darknet der Achtziger.

Im redaktionellen Teil der Magazine finden sich neben Nachrichten und Testberichten auch Codes für Computerprogramme, wiederum vor allem für Spiele: seitenlange Datenkolonnen, die vom Leser beziehungsweise Benutzer abgetippt werden müssen. Viele dieser «Listings» sind in der Programmiersprache Basic gehalten, deren Befehle sich beim einfachen Lesen erschließen und die sich darum noch einigermaßen gut abschreiben lassen. Andere werden im Assemblercode veröffentlicht, einer Form, die sich näher am binären Quelltext der Schaltkreisarchitektur befindet. In diesem Fall gilt es dann, über Hunderte und Tausende von Zeilen hinweg Zeichenfolgen im Hexadezimalsystem zu reproduzieren. «0001 06, 08, c3, 07, 9c, 32, 30, 36, 24 / 0009 34, 00, 00, 00, 00, 00, 00, 70, bc»: So lautet etwa der Beginn des Programms «Crabyx», das in der Zeitschrift «Run» abgedruckt wird. Gelingt es, die Zeichenfolgen ohne Fehler zu kopieren, kann man als Raumschiffkapitän gegnerische Aliens abschießen; vertippt man sich jedoch nur an einer einzigen Stelle, war die tagelange Arbeit umsonst. Darum werden solche Arbeiten gerne auch im Zweierteam vorgenommen: Der eine diktiert den Code, der andere tippt. So verbringen viele computerbegeisterte Jugendliche in den Achtzigern ihre Nachmittage und Wochenenden damit, einander unverständliche Zeichenfolgen vorzulesen. Unter den vielen Stämmen des Jahrzehnts mit ihren merkwürdigen Verhaltensweisen nimmt dieser zweifellos einen Sonderplatz ein.

11. KAPITEL

· · ● · ·

FICKT DAS SYSTEM! DIE NEUE HACKERSZENE UND DER COMPUTER ALS WERKZEUG DER POLITISCHEN SUBVERSION

Einer breiteren Fernsehöffentlichkeit wird dieser neue Stamm am 17. Dezember 1984 vorgestellt, mit einer Dokumentation im dritten Programm des NDR. Sie heißt «Computerfieber – Die neue Lust im deutschen Familienalltag» und beginnt in der Computerabteilung eines großen Warenhauses. Dort drängen sich dreizehn-, vierzehnjährige Jungen vor den Bildschirmen und spielen; einige programmieren auch. Er komponiere ein Musikstück, erläutert einer von ihnen dem Reporter. An seinem eigenen Computer könne er gerade nicht arbeiten, weil sein Vater einen «Betriebsstundenzähler» eingebaut habe und das erlaubte Kontingent in diesem Monat schon ausgeschöpft sei.

«Unter jugendlichen Computerfans gibt es vor allem Spieler und die sogenannten Computerfreaks», werden die Zuschauer in der folgenden Szene informiert. Diese zeigt drei Freaks, wie sie – so der Sprecher – «das Innenleben des Computers kennenlernen. Um gemeinsam zu programmieren und selbstgefertigte Programme, die sogenannte Software, zu verkaufen, haben sie einen kleinen Club gegründet.» Der Club trägt den Namen «Gröpaz – Größte Programmierer aller Zeiten» («das ist so ein Gag, auf den ist mein Vater gekommen»), und wie wir im weiteren Verlauf des Films erfahren, geht es seinen Mitgliedern nicht nur um den konstruktiven Umgang mit den neuen elektronischen Mitteln. Den größten Spaß haben sie vielmehr beim «Hacken», wie der Sprecher aus dem Off erläutert: «Sie setzen all ihre Mühe darin, mit ihrem Heimcomputer in fremde Datennetzwerke zu gelangen.» Ihre Fähigkeiten stellen die jungen Gröpaze dadurch unter Beweis, dass sie mit einem «Akustikkoppler» vor den Augen des staunenden, aber nicht weiter erschütterten Reporters in das gemeinsame Redaktionssystem der «Los Angeles Times» und der «Washington Post» eindringen. Warum tun sie das? «Das ist doch ein tolles Gefühl: Wenn ich mir vorstelle, dass ich aus meinem kleinen Zimmer mit meinem Plastikbomber irgend so einen Mülleimer in Amerika dazu kriege, dass der etwas tut. Es passiert ja was: Ich krieg den dazu, dass er Daten von seinen Magnetplatten runterholt und sie mir rüberschickt.»

Viele fragen sich Anfang der achtziger Jahre, wozu Computer eigentlich gut sind. Darauf wird in dieser Sendung zumindest eine halbe Antwort gegeben: Computer erlauben ihren Benutzern und Programmierern, sich mit anderen Computern zu vernetzen und so Distanzen und Räume zu überwinden. Die Faszination des Hackens, wie sie in der NDR-Dokumentation über das «Computerfieber» dargestellt wird, besteht einerseits darin, Sicherheitsschranken durch logisches Denken und Rätsellösen oder auch manchmal nur schlichtes Raten zu überlisten – sowie andererseits und vor allem darin, dass man beim Eindringen in einen anderen, weit entfernten Computer die physischen Beschränkungen der eigenen Existenz aufhebt: Man befindet sich an einem bestimmten Ort und kann doch gleichzeitig an einem ganz anderen Ort sein. Es geht also gewissermaßen um das Kommunizieren um seiner selbst willen.

Wer in Echtzeit Kontakt zu einem Menschen an einem anderen Ort aufnehmen möchte, dem steht Anfang der Achtziger sonst genau eine Möglichkeit zur Verfügung: das Festnetztelefon. Immerhin

70 Prozent aller westdeutschen Haushalte verfügen schon über ein solches Gerät (zehn Jahre zuvor ist es gerade ein Viertel gewesen), aber deswegen ist es noch lange nicht selbstverständlich, in jeder Lebenslage zum Hörer zu greifen, schon gar nicht für Kinder und Jugendliche. Neben vielen Telefonen – meistens sind es noch graue Geräte mit einer Wählscheibe, die im Flur oder Wohnzimmer installiert sind – findet man kleine Stoppuhren, sodass man am Ende des Gesprächs dessen Dauer und Tarif notieren kann (ähnlich dem «Betriebsstundenzähler», von dem der junge Programmierer in der «Computerfieber»-Dokumentation berichtet). In den meisten Familien gibt es Zeit- oder Kostenkontingente fürs Telefonieren; sind diese aufgebraucht, muss bis zum Ende des Monats verzichtet werden. Widersetzt sich der Nachwuchs, greifen die Eltern zu sanktionierenden Mitteln und verriegeln die Wählscheibe des Telefons mit einem kleinen Vorhängeschloss, das in die Aussparung für die Ziffer «0» eingeführt wird.

Was die meisten Erziehungsberechtigten nicht wissen: Man kann mit einem Wählscheibentelefon auch eine Verbindung herstellen, ohne die Wählscheibe zu benutzen, und zwar indem man die entsprechende Nummer rhythmisch in den Gabelumschalter schlägt. Sagen wir also, man will «6162» wählen. Dafür tippt man sechsmal auf den Umschalter, kurze Pause, einmal Tippen, kurze Pause, sechsmal Tippen, kurze Pause, schließlich zweimal Tippen. Wenn man sich nicht – was leicht passiert – vertippt hat oder die Pausen zwischen den Ziffern zu lang oder zu kurz waren, dann steht die Verbindung. Dieses Verfahren ist gewissermaßen die elementare Form des Hackens, ohne technische Hilfsmittel. Es bedarf dazu nur ein wenig des Fingerspitzengefühls (der Verfasser dieses Textes hat freilich lange gebraucht, um dieses zu entwickeln).

Tatsächlich gehört das Manipulieren von Telefonleitungen zum Zweck ihrer kostenlosen Benutzung schon zu den Urszenen der US-amerikanischen Hackerkultur Ende der sechziger Jahre. Damals hat der Luftwaffentechniker Don Draper entdeckt, dass man mit einer Spielzeugpfeife, die als Gimmick den Frühstücksflocken der Marke «Cap'n Crunch» beiliegt, einen Ton von genau 2600 Hertz erzeugt, wie er von der Telefongesellschaft AT als Signal zur Steuerung ihres Netzes eingesetzt wird. So kann die Pfeife also dazu verwendet werden, eine kostenfreie Leitung herzustellen. Draper begründet damit die Kulturtechnik des «Phreaking» – ein Kofferwort aus «Phone» und «Freaking» –, die dann im Verlauf der siebziger Jahre in das «Hacking» übergeht.

Von den linksradikalen Aktivisten Abbie Hoffman und Jerry Rubin werden Erkenntnisse und Techniken wie diese zum Kampf gegen das kapitalistische System eingesetzt. In ihrem 1971 gegründeten Magazin «Youth International Party Line (YIPL)» geben sie konkrete Anleitungen zur Manipulation und zum Umbau von Telefonanlagen, und Computerbastler tauschen sich hier über ihre aktuellen Programmierarbeiten oder die Möglichkeiten der Nutzung von Computern aus (Jerry Rubin wechselt im Laufe der folgenden Jahre die politische Seite, er wird uns in Kapitel zwanzig als «erster Yuppie» wiederbegegnen).

Da das Hacken in den USA eine längere Tradition hat, gibt es dort in den achtziger Jahren auch schon erste Gesetze gegen Computerkriminalität. 1983 wird der neunzehnjährige Physikstudent Ronald Mark Austin verhaftet, weil er sich von seinem Heimcomputer aus in diverse Rechner und Datennetzwerke gehackt hat, unter anderem in Dateien des Verteidigungsministeriums; 1985 verurteilt man ihn zu einer dreijährigen Bewährungsstrafe. Bei seiner Vernehmung sagt Austin, er sei von dem Film «War Games» inspiriert gewesen, der in den USA im Mai 1983 angelaufen ist. Darin löst ein jugendlicher Computerfreak beinahe den Dritten Weltkrieg aus, nachdem er sich versehentlich nicht in die Datenbank eines Spieleherstellers, sondern in das Steuerungsprogramm des US-amerikanischen Nuklearwaffenarsenals gehackt hat. Auch in Deutschland ist der Film seit Oktober 1983 zu sehen. Im November berichtet die «taz» über den Fall von Ronald Mark Austin, auf einer Themendoppelseite mit dem Titel «Computer Guerilla».

Umso erstaunlicher ist es, dass die «Computerfieber»-Fernsehreportage die Frage nach der Rechtmäßigkeit des jugendlichen Treibens nicht einmal stellt. Ernsthafte Konsequenzen des Hackens und Programmierens kann man überhaupt nicht im Feld des Datenschutzes und der Eigentums- und Persönlichkeitsrechte erkennen – aber dafür in umso dramatischerer Weise im Zusammenleben von Erwachsenen und Jugendlichen sowie in den Verhältnissen zwischen Männern und Frauen. «Die neue Lust im deutschen Familienalltag» lautet schließlich der Untertitel der Reportage, und so werden die jungen Gröpaze nicht nur im Programmierzimmer beim Datenbankknacken gezeigt, sondern auch gemeinsam mit ihren Eltern und Geschwistern porträtiert und befragt.

Einer der Computerfreaks, so zeigt sich, teilt das Fieber mit seinem Vater. Beide verbringen ihre Freizeit fast ausschließlich vor ihren Geräten – während die Mutter des Jungen und seine Schwester diesem Hobby nichts abgewinnen können. Bei einer Zusammenkunft am Wohnzimmertisch wird die Familie gefragt, wie sich der Medienwandel auf ihren Alltag ausgewirkt hat. Für den Vater hat sich auf den ersten Blick nicht viel geändert, abgesehen davon, dass er die Zeit, die er früher vor dem Fernseher verbracht hat, nun eben dem Programmieren widmet. «Filme sind für mich jedenfalls zweitrangiger geworden», sagt er. Für seine Ehefrau ist der Medienwandel stärker zu spüren. «Die Unterhaltung zwischen meinem Mann und mir und meinem Sohn und mir ist etwas abgeschwächt», sagt sie. «Immer wenn ich etwas sagen will, ist erst mal der Computer dran.» Nachfrage des Reporters: «Ist es denn so, dass der Computer so ein Gesprächsthema ist, dass Sie keinen Platz mehr haben?» Antwort der Ehefrau: «Ja.» Ihr Ehemann kann das nachvollziehen, findet die Entwicklung aber positiv, gerade auch für die Familienverhältnisse. Seit der Computer da ist, gebe es weniger Konflikte, sagt er: «Es ist friedlicher geworden, es ist eine gewisse Ruhe eingekehrt. Denn ich habe eine Sache, mit der ich mich befassen kann. Ich habe keinen Leerraum, ich brauche mich also auch nicht mit meiner Frau zu unterhalten. Sondern ich setze mich mit dem Computer auseinander und führe da einen mathematischen Dialog.»

Bleibt die Frage, warum sich augenscheinlich nur Männer für die neue Technologie interessieren. Der Vater dazu: «Beim Computer wird alles mit exakter Logik, mit mathematischer Genauigkeit bestimmt. Das ist eine Sache, die nicht auslegbar ist, sondern die wird genau ausgerechnet. Und ich habe das Empfinden, dass Frauen alles immer ein bisschen auslegbar haben wollen: Es könnte doch auch anders sein. Und so was lässt der Computer einfach nicht zu.»

Diese Ansicht teilt er mit dem Schriftsteller Peter Glaser, der im folgenden Jahr, 1985, in der Anthologie «Hackerbibel» einen autobiographischen Essay mit dem Titel «Das Basic-Gefühl. Vom Leben mit einem Mikrocomputer» veröffentlicht. Glaser, der seine Karriere als Autor von Punk- und New-Wave-inspirierter Prosa begonnen hat, schildert darin seinen Weg in die Szene der Programmierer und Freaks. Ein befreundeter Schriftsteller hat ihm zwei Jahre zuvor «das Fenster in die neue stofflose und sacht flimmernde Welt der Computer-Software» geöffnet. Glaser ist gleich überwältigt von der Schönheit der Zeichenketten: «Mein Freund ließ Programmzeilen über den Bildschirm laufen. ‹QQ=PEEK(PP):IFQQ= 86THENFU=79:ONSQR(QQ)GOTO50025,3348,HELL,50026› stand da. Parlez-vous BASIC? Ich hatte das Gefühl, bald ein neuzeitlicher Analphabet zu sein, wenn ich mich nicht daranmachte, das zu lernen.» Gemeinsam beginnen die beiden zu programmieren und vergessen darüber alles andere, auch die Frau des Freundes.

«Hatte ich bei meinen ersten Besuchen noch jedes Mal mit meinem Freund und seiner Frau im Wohnzimmer geplaudert, bevor wir uns an den Computer setzten, so steuerte ich zuletzt direkt von der Wohnungstür an das Bildschirmfenster. Die Frau meines Freundes nahm ich nur noch als einen Arm wahr, der belegte Brote und Kaffee neben den Monitor stellte. Die Scheidung war vor zwei Jahren, und vor eineinhalb Jahren hat mein Freund sich einen schnelleren Computer gekauft.»

Wie die Autoren der NDR-Reportage beschreibt auch Glaser die erste Zeit, «die jeder Computernewcomer durchlebt», als «Fieberphase. Sie dauert mindestens so lange wie eine infektiöse Gelbsucht und kann auch chronisch werden. Mediziner beschäftigen sich bereits mit speziellen rechnerbedingten Gebrechen, etwa der ‹Spielklaue›, einer krampfartigen Verformung der Hand infolge exzessiven Hebelns bei Videospielen, oder Schwindelanfällen, wenn nach stundenlangem Bildschirmbetrachten in einem unvorsichtigen Seitenblick die Umwelt wieder zu einem dreidimensionalen Raum auseinanderfährt.» Glaser verlässt seine Heimatstadt Düsseldorf, um in Hamburg einer Wohngemeinschaft von jungen Männern beizutreten, die «Stunden um Stunden» programmieren, «von einem wilden Pioniergeist beseelt, als gelte es, eine Linie an den Rand des Universums zu ziehen».

Wiederum sind die Männer ganz unter sich: «Frauen sind die Dritte Welt des mikroelektronischen Zeitalters. Sie sind immun gegen Computerbegeisterung. Sie mögen die Apparate nicht. In zehn Jahren wird es eine neue Frauenbefreiungsbewegung geben müssen, um den Anwendervorsprung und die ADV-Bewegungsfreiheit der Männer auszugleichen.» Was sind die Gründe dafür? Noch einmal Peter Glaser: «Abneigung gegen das ‹technische› Flair begründet noch nicht die umfassende Mattigkeit des Interesses, welches fast alle Frauen den Rechnern entgegengähnen. Ich habe den Eindruck, dass es mehr mit der seltsamen Erotik der Maschinen zu tun hat: der sklavischen Ergebenheit, mit der sie immer wieder das tun, was man ihnen sagt (und was nicht unbedingt mit dem übereinstimmen muss, was der Programmierer meint), der Willigkeit, sich bis in die innersten Geheimnisse erobern zu lassen, und den Allmachtsgefühlen, die der Computer durch eine Vielfalt an Simulationsmöglichkeiten, vom Nachtflug bis zur psychologischen Beratung, hervorrufen kann.»

Auch Peter Glaser weiß zunächst nicht so richtig, wozu das, was er da macht, eigentlich gut ist. Er formuliert es so: «Der Computer ist die Lösung. Was wir jetzt brauchen, ist das Problem.» Nach seinem Umzug gehört er zu den ersten Mitgliedern des Chaos Computer Clubs, der 1981 in den Räumen der Westberliner Tageszeitung «taz» gegründet wird, aber vor allem in Hamburg aktiv ist; 1984 wird Glaser zum Redakteur der neu gegündeten Clubzeitschrift «Datenschleuder». Ähnlich wie Abbie Hoffman, Jerry Rubin und die Autoren der «Youth International Party Line» verbinden auch die Mitglieder des Chaos Computer Clubs ihre Leidenschaft für das Programmieren mit einer politischen Agenda: Sie wollen die Möglichkeiten, die die neue Technologie bietet, zur vollständigen Befreiung der Kommunikationsverhältnisse nutzen.

«Der Chaos Computer Club ist eine galaktische Vereinigung ohne feste Strukturen», so beginnt das Manifest der Vereinigung, das in der ersten Ausgabe der «Datenschleuder» veröffentlicht wird. «Nach uns die Zukunft: vielfältig und abwechslungsreich durch Ausbildung und Praxis im richtigen Umgang mit Computern wird oft auch als ‹hacking› bezeichnet. Wir verwirklichen so weit wie möglich das ‹neue› Menschenrecht auf zumindest weltweiten freien, unbehinderten und nicht kontrollierbaren Informationsaustausch (Freiheit für die Daten) unter ausnahmslos allen Menschen und anderen intelligenten Lebewesen. Computer sind dabei eine nicht wieder abschaffbare Voraussetzung. Computer sind Spiel-,

Werk- und Denk-Zeug: vor allem aber: ‹das wichtigste neue Medium›.»

Die Mitglieder des – als CCC abgekürzten – Clubs sind denn auch die Ersten in Deutschland, die sich selber ausdrücklich als Hacker bezeichnen. Wobei sie großen Wert darauf legen, dass das Wort deutsch ausgesprochen wird: Man sagt also nicht «Häcker», sondern «Hacker». Wie die jungen Gröpaze aus dem «Computerfieber»-Film hacken auch sie sich am liebsten in fremde Datennetzwerke ein; dies allerdings mit der erklärten Absicht, auf diese Weise Sicherheitslücken aufzudecken, um einfache Computernutzer vor Schaden zu schützen.

Der meistbeachtete Coup in der Frühzeit der Clubgeschichte gelingt im November 1984, als zwei Gründungsmitglieder, Steffen Wernéry und Wau Holland, in das frisch gestartete BTX- oder auch «Bildschirmtext»-Angebot der Deutschen Bundespost eindringen. Wer einen kostspieligen BTX-Zugang mietet, kann seinen Fernseher über ein Modem mit gebührenpflichtigen Onlineseiten verbinden, um etwa Fahrpläne und Nachrichten abzurufen, «Teleshopping» bei Versandhäusern zu machen oder Banküberweisungen zu tätigen. Wernéry und Holland knacken das Passwort der Hamburger Sparkasse und erteilen in deren Namen den Auftrag, in kurzen Zeitabständen immer wieder ein kostenpflichtiges Angebot von ihrer eigenen CCC-Seite aufzurufen. Jedes Mal werden 9,97 D-Mark an den Club überwiesen; nach einer Nacht und einem Tag haben sie die Sparkasse um 135 000 D-Mark erleichtert. Schließlich gehen Wernéry und Holland damit an die Presse, um darauf hinzuweisen, dass auch persönliche Daten – wie Bankverbindungen – nicht vor fremdem Zugriff geschützt sind, wenn man sie über die schlecht oder gar nicht gesicherten Kanäle des Bildschirmtextes weitergibt.

«Gib ein neues Passwort ein / Oft fliegst du raus, mal kommste rein / Schau genau beim Tippen zu / Wir hacken, hacken, hacken // Find vom Chef die Freundin raus / Probiere ihren Namen aus / Tast

Die sogenannten Hacker nutzen die neue Technologie am liebsten dazu, in fremde Systeme einzudringen und sonstigen kapitalismuskritischen Schabernack zu betreiben. Hier sehen wir den Vorstand des Chaos Computer Clubs, Steffen Wernéry (vorne rechts), mit den Clubmitgliedern Reinhard Schrutzki (links) und Wau Holland (Mitte) im Jahr 1987.

dich ran mit Ruh im Nu / Zum Hacken, Hacken, Hacken // Begreife endlich das System / Dann hast du es ganz bequem / Was du willst, das tu, ja tu / Du Hacker, Hacker, Hacker»: So lautet der Text jenes Liedes, das der CCC zur «Hacker-Hymne» erklärt hat. Aus dem Spaß am Hacken soll sich eine Form des politischen Widerstands entwickeln, der in subversiver Weise die herrschenden Verhältnisse zum Wanken bringt: «Gesellschaftsspiele, die tausendmal spannender sind als müde Latschedemos», wie es Wau Holland in einem programmatischen Text in der «taz» formuliert – und mit denen programmierbegabte Individuen gegen scheinbar übermächtige Akteure und Institutionen eine eigene Gegenmacht errichten können. Neben der Verteidigung der Privatsphäre wollen die Mitglieder des CCC den großen Konzernen und staatlichen Institutionen die alleinige Verfügung über die Computertechnik entziehen; und sie wollen die Geheimnisse lüften, mit denen die bereits etablierten Akteure der digitalen Kultur ihre Produkte umgeben.

«Der Zugang zu Computern und allem, was einem zeigen kann, wie diese Welt funktioniert, sollte unbegrenzt und vollständig sein.» So lautet der erste Satz der «Hacker-Ethik», die der US-amerikanische Autor Steven Levy 1984 in seinem Buch «Hackers: Heroes of the Computer Revolution» veröffentlicht hat; eine deutsche Übersetzung erscheint im folgenden Jahr in der «Hackerbibel». Weiter heißt es: «Alle Informationen müssen frei sein. Misstraue Autoritäten – fördere Dezentralisierung. Beurteile einen Hacker nach dem, was er tut, und nicht nach üblichen Kriterien wie Aussehen, Alter, Herkunft, Spezies, Geschlecht oder gesellschaftliche Stellung. Man kann mit einem Computer Kunst und Schönheit schaffen. Computer können dein Leben zum Besseren verändern.»

Der letzte Satz verdient besondere Beachtung; denn dass in Computern überhaupt ein positives Potenzial stecken könnte, ist Mitte der Achtziger durchaus eine Minderheitenmeinung, insbesondere in Deutschland. Die euphorische Umarmung der neuen Technologie beschränkt sich auf die überschaubare Gruppe junger Männer zwischen dreizehn und fünfundzwanzig Jahren (wenngleich sich gelegentlich, wie wir durch den NDR wissen, auch die Väter der jungen Männer begeistern lassen). Jenseits dessen ist das Interesse gering, und über die Hälfte der Bevölkerung, so ergibt eine Umfrage aus dem Jahr 1984, hat einfach nur «Angst» vor der neuen Technologie. Man fürchtet sich vor zunehmender Entfremdung und Überwachung. 1984 ist ja auch das Jahr, für das der britische Autor George Orwell in seinem gleichnamigen Roman aus dem Jahr 1948 die Herrschaft des totalen «Big-Brother»-Staats prophezeit hatte; passend dazu fühlen die Zeitgenossen sich nun an allen

Ecken und Enden kontrolliert und durchleuchtet, das Wort vom «gläsernen Bürger» macht die Runde.

Dieser generelle Vorbehalt gegen die neue Technik wird insbesondere auch in den Milieus der Gegen- und Alternativkultur gepflegt. Dort nimmt schon im Jahr zuvor eine breite Initiative gegen die sogenannte Volkszählung ihren Ausgang. Anlass ist das Vorhaben der Bundesregierung und ihrer Behörden, in sämtlichen Haushalten Personenfragebögen zu verteilen, auf denen Auskunft über Wohnsitz, Familienstand, Religionszugehörigkeit, Berufs- und Einkommensverhältnisse zu erteilen ist. Die Erhebung soll bei der Planung staatlicher Infrastruktur helfen, etwa bei der Einrichtung von Schulplätzen. Es ist bereits die vierte Volkszählung seit Gründung der Bundesrepublik, aber zum ersten Mal erhebt sich gegen solch ein Ansinnen breiter Protest – auch weil diese «Zwangsbefragung» zum Symbol einer neuen, autoritären Politik durch die konservative Bundesregierung unter Helmut Kohl geworden ist (dass die Erhebung schon von seinem Vorgänger Helmut Schmidt geplant wurde, geht in der öffentlichen Debatte unter). Dutzende von Bürgerinitiativen rufen zum Boykott der Volkszählung auf. Nach einer teilweise erfolgreichen Klage vor dem Bundesverfassungsgericht 1984 wird sie um drei Jahre verschoben und 1987 in stärker anonymisierter Form – und nunmehr ohne größeren gesellschaftlichen Widerstand – durchgeführt.

Blickt man heute auf diese Proteste zurück, scheinen die achtziger Jahre sehr weit entfernt: Mit welchem Pathos wird hier noch das Recht verteidigt, keine Auskunft geben zu müssen; und wie apokalyptisch sind auch hier wieder die Visionen der drohenden Szenarien. «Zählt nicht uns, sondern eure Tage!», heißt ein gern auf Demonstrationsplakaten hochgereckter Slogan aus jener Zeit. Ein populäres Plakatmotiv zeigt Menschen, die wie Schaufensterpuppen aussehen und mit den damals erstmals kursierenden Strichcodes für Scannerkassen bedruckt sind. So wie diese – im

Gegen das Vorhaben der Bundesregierung, eine Volkszählung durchzuführen, erhebt sich 1983 und 1984 breiter Protest. Das Wort vom «gläsernen Bürger» macht die Runde. Schließlich ist 1984 auch das Jahr, für das der britische Autor George Orwell in seinem gleichnamigen Roman die Herrschaft des «Big-Brother»-Staats prophezeit hat.

wahrsten Sinne des Wortes – technisch stigmatisierten Puppen wollen die Menschen damals auf keinen Fall werden.

Aber genau das ist seither natürlich mit den Menschen passiert. Inzwischen ist es längst selbstverständlich, dass man sich mit Strichcodes auf seinem Smartphone in jeder nur denkbaren Alltagssituation identifiziert und registrieren lässt. In unserer Gegenwart des hemmungslosen Daten-Exhibitionismus, nach dem Sieg der sozialen Netzwerke mit ihrer Zerstörung noch des letzten Restes von Privatsphäre wirkt eine Welt, in der Menschen selbst die unverfänglichsten Aspekte ihrer Existenz vor dem Kontrollblick eines «großen Bruders» verbergen wollen, ähnlich entrückt wie das Mittelalter vor der Erfindung des Buchdrucks.

In den Gegen- und Alternativkulturen der achtziger Jahre herrscht jedenfalls noch verbreiteter Widerstand gegen die Datenerfassung und die neuen Kontrollmöglichkeiten. Wobei dieser Widerstand derart fundamental ist, dass man sich, anders als die Mitglieder des Chaos Computer Clubs, mit den neuen Informations- und Computertechnologien überhaupt nicht befassen möchte – lieber hofft man, dass sie von alleine wieder verschwinden. Die Grünen fordern auf ihrer achten ordentlichen Bundesversammlung in Hagen im Februar 1986 einen «Einführungsstopp» für «neue IuK-Techniken», also Informations- und Kommunikationstechniken. Eine «spürbare Behinderung der Herrschenden bei der Computerisierung der Gesellschaft» könne dabei helfen, «Schaden abzuwenden», und «zur Entwicklung von kritischem Bewusstsein und politischer Handlungsbereitschaft in der Bevölkerung» beitragen.

Immerhin beauftragt man noch im selben Jahr einige Mitglieder des CCC, darunter auch Wau Holland und Steffen Wernéry, mit einer Studie über die Frage, ob und in welchem Umfang die Grünen bei der parlamentarischen Arbeit auf Computer zurückgreifen sollten. Doch klingt der Abschlussbericht der Studie – «Trau keinem Computer, den du nicht (er-)tragen kannst», veröffentlicht im Januar 1987 – einigermaßen ernüchtert angesichts der Verweigerungshaltung der Parteifunktionäre und -funktionärinnen. Was bleibt, ist nur eine Mahnung: «Eine fundamentalistische Ablehnung der Fernmelde-Techniken lässt sich nicht durchhalten und ist anachronistisch», schreiben die CCC-Gutachter in ihrem Vorwort. «Es gibt absolut keine Chance, Fernmelde-Techniken zu bremsen, zu verhindern oder gar zu verbieten.» Die Verweigerung der Grünen gegen alle und also auch alternative Formen der Computeranwendung trage «im Effekt dazu bei, dass der Computer nur mit den Interessen herrschender Kreise besetzt wird und als ‹Strukturverstärker› ausschließlich zentralistische Ideologie transportiert. Herrschaft hat schon immer darauf Wert gelegt, das historisch jeweils fortgeschrittenste Medium zu kontrollieren und einzuschränken.» Die Angst der Alternativszene vor dem Computer blockiere «den respektlosen Umgang mit einem zum Herrschaftsinstrument missbrauchten Medium», und die bisherige Politik der Grünen unterstütze «im Endeffekt diese Herrschaftspolitik».

Die Ausgangsfrage der Studie bleibt bis zum Schluss ungeklärt: «Wie kann man den Grünen im Bundestag dabei helfen, sich zu computerisieren?» Eine Antwort darauf gibt wiederum der Schriftsteller Peter Glaser, der sich in der gerade gegründeten Zeitschrift «Tempo» darüber Gedanken macht, wie ein Computer aussehen muss, dem auch Grüne vertrauen können: «Monitor, verschalt in Weichholz, mit indianischer Einlegearbeit aus Solarzellen, Tastatur in anthroposophisch verträglicher Knetmasse oder kuscheligen Hirtenteppich eingebettet. Und ein paar zusätzliche Tasten, um jedem eingetippten Hauptwort automatisch die weibliche Endung zuzufügen (‹Grüne/r›).» Glaser beschreibt, wie er an diesem Konstruktionsplan arbeitet und dabei dann bemerkt, dass «sich mehrere Grüne aus dem Bundestag auf dem Balkon meines Nachbarn Traugott versammelten, um nach Zukunftsperspektiven Ausschau zu halten. ‹Da›, rief einer und zeigte zu mir herüber, ‹Computer!› Ich warf mich über meine Tastatur. Lasst mir meine Leidenschaft! Verschont meine letzten Geheimnisse vor der fanatischen Debatte über die Verbesserung der Gesellschaft! Der Computer bleibt ein böses Instrument. Meines!»

TEIL IV

FITNESS, FETISCH, CYBORGS: DAS JAHRZEHNT DER KÖRPERKULTUR – UND DER TÖDLICHEN SEUCHE

12. KAPITEL

· · • · ·

SPANDEXHOSEN, STULPEN, SPAGHETTITRÄGER: VOM AEROBIC-TREND BIS ZUM JOGGING-RAUSCH

Wir müssen an dieser Stelle noch einmal auf die Video- und Videokassettenkultur zurückkommen; es gilt, den Eindruck zu korrigieren, dass hier lediglich Porno- und Horrorfilme erfolgreich sind. Tatsächlich gehört die meistverkaufte Videokassette der Achtziger weder zum einen noch zum anderen Genre, auch wenn das, was darauf zu sehen ist, auf Teile des zeitgenössischen Publikums wie eine Mischung aus Porno und Horror wirkt. Die Kassette heißt «Workout» und erscheint im Herbst 1981. In der Hauptrolle sieht man die Schauspielerin Jane Fonda, wie sie eine Gruppe aus willigen Tänzerinnen und einem Tänzer in grell gefärbten, eng anliegenden Synthetikbekleidungen zur Ausführung von sportlichen Übungen anleitet. Alle hüpfen und springen und recken sich und strecken sich und verrenken ihre Glieder, und zwischendurch atmen sie immer wieder tief durch. Das Trainingsprogramm, das hier exerziert wird, trägt den Namen Aerobic. Es verspricht eine Lockerung des Körpers und seine bessere Durchblutung; die Herzmuskulatur soll gestärkt werden und der Bauch und die Beine gestrafft; ein freierer Kopf gehört ebenso zu den Versprechen von Aerobic wie ein generell besseres Körpergefühl und -bewusstsein.

Wer die «Workout»-Kassette in den heimischen Videorecorder schiebt, kann die körpergefühlverbessernden Übungen auf dem Wohnzimmerteppich nachahmen. Hat man eine Haltung, eine

Dehnung, eine Verrenkung nicht sofort begriffen, kann man das Band zurückspulen und sich die betreffende Übung noch einmal von vorne ansehen. So wie der Horrorfilmfreund auf die Rückspul-, Stopp- oder Zeitlupentaste drückt, um einen besonders bizarren Spezialeffekt noch einmal in Ruhe mitzuverfolgen, und der Pornobetrachter immer wieder zu einer besonders erregenden Stelle zurückkehrt – so lässt sich die neue Technik des Videos hier dazu nutzen, um sportliche Übungen nachzuvollziehen und selber ausführen zu lernen.

Oder auch – wahlweise – um noch einmal einen genaueren Blick auf die turnenden und verschwitzten Frauen und Männer zu werfen. Die Spandexkostüme, in denen sie stecken, sind so eng, dass jedes Körperdetail betont wird; sie stellen die schmalen Hüften heraus und die Beckenknochen, die Wölbungen der Scham und die Brustwarzen. Auch als erotisch unbefriedigter männlicher Jugendlicher kann man von diesen Übungen mithin profitieren: Wer Anfang der Achtziger noch keinen Zugang zu echten Pornofilmkassetten hat und sich nicht in das örtliche Sexkino traut, bekommt mit dem «Workout»-Video von Jane Fonda einen jugendfreien Ersatz. Und auch in dieser Hinsicht erweist die Vor- und Rückspultaste des Recorders nützliche Dienste: indem sie das Band immer wieder an jene Stellen bringt, an denen sich die individuell erregendsten Körperhaltungen zeigen.

Jane Fonda hat ihre Karriere in den Sechzigern unter anderem als Titelfigur in der Comic-Verfilmung «Barbarella» begonnen. Darin spielt sie eine Astronautin, die in ihrem Raumschiff durch die Galaxis reist, um mit den verschiedensten Menschen und Außerirdischen zu kopulieren und auch mit einem Roboter namens Viktor. In der dramatischsten Szene des Films wird sie von einem finsteren Planetenpriester in eine «Exzessmaschine» gesperrt, in der sie einen Orgasmus erleben soll, der so heftig ist, dass er sie tötet; allerdings ist der Orgasmus von Barbarella derart gewaltig, dass die Maschine Feuer fängt und sie sich befreien kann. Das gefährliche Gerät trägt den Namen «Durand-Durand» – eine der prägenden New-Wave-Bands der achtziger Jahre, Duran Duran, wird sich nach ihm benennen.

In den Siebzigern ist Fonda dann auch in sozialkritischen Filmen wie «Das China-Syndrom» zu sehen, der von einem Störfall in einem Atomkraftwerk handelt und von seiner Vertuschung durch Medien, Politiker und Wissenschaftler; auch engagiert sie sich in der Anti-Vietnamkriegs-Bewegung und im Second Wave Feminism. Ihr damaliger Mann, Tom Hayden, ist Anfang der Sechziger einer der Mitbegründer der Bürgerrechtsbewegung Students for a Democratic Society (SDS) gewesen. In den Achtzigern gehört er zum linken Flügel der Demokratischen Partei und setzt sich mit seiner «Campaign for Economic Democracy» für soziale Gerechtigkeit ein, zudem kämpft er gegen die Anfang des Jahrzehnts beginnende Gentrifizierung in den US-amerikanischen Innenstädten und für eine Deckelung der Wohnungsmieten (ich komme auf diese Entwicklung in Kapitel zwanzig zurück). Die Erlöse, die seine Frau mit ihrer enorm erfolgreichen Videokassette und dem dazugehörigen, ebenfalls «Workout» betitelten Buch erzielt, kommen Haydens sozialistischer Graswurzelarbeit zugute sowie seiner Kandidatur für den kalifornischen Senat.

Aber nicht nur deswegen hat «Workout» eine politische Seite. Generell begreift Jane Fonda ihren Wechsel von der Schauspielerin zur Gymnastiklehrerin als Fortsetzung ihrer feministischen Arbeit in den Siebzigern. Sie will, wie sie in Interviews erläutert, insbesondere Frauen zu einem positiveren Körperverhältnis verhelfen, zu einer Verbesserung ihres physischen Empfindens, zu einem tieferen Bewusstsein für ihre körperliche Natur. Darum bringt sie ihnen mit Aerobic eine Trainingsart nahe, die körperliche Ausdauer und Koordination stärkt, die lockert und entspannt und geschmeidiger macht – mit der Betonung auf Spaß und Lust. Kleine, schnell wechselnde Übungseinheiten steigern sich von niedriger zu hoher Intensität, durchweg begleitet von flotter Musik: eine Mischung aus Gymnastik und Tanz.

In «Workout» sieht man Jane Fonda als Anweisungen rufende Trainerin vor einer Gruppe von willig folgenden Frauen und einem ebenso willig folgenden, sich aber im Hintergrund haltenden Mann. Knapp anderthalb Stunden lang führen alle Beteiligten ihre Befehle aus, sie laufen auf der Stelle und lassen die Köpfe kreisen, sie legen sich auf Sportmatten, um die Beine rhythmisch auf und ab zu bewegen, stehen wieder auf, um sich vorne herunterzubeugen oder in den Hüften zu wiegen. Am Ende liegen alle noch einmal auf den Matten, ziehen ihre Beine über die Brust und den Kopf hinweg und üben gemeinsam rhythmisches Atmen. Danach springt Jane Fonda auf und ruft der Gruppe zu: «You did a great job! Don't you feel good?»

So verschränkt sich die Lässigkeit des Disco-Tanzens der siebziger Jahre mit einer Art militärischem Drill. Zu Letzterem passt, dass die Aerobicgruppe in zwar unterschiedlich grell gefärbte, aber prinzipiell einheitliche Uniformen gekleidet ist. Zu den engen, körperbetonenden Oberteilen aus synthetischem Gewebe kommen ebenso enge synthetische Strumpfhosen und dazu noch Stulpen über den Unterschenkeln. Manchmal werden über die glänzenden Ganzkörperanzüge farblich stark kontrastierende Stringtangas gezogen; andere beschränken sich auf ein Trikot mit Spaghettiträgern und sehr hohem Beinausschnitt und legen sich dann noch einen Gürtel um die Taille; viele halten ihr wuscheliges Haar mit elastischen Frotteebändern zusammen. Diese Bekleidung aus «Bodys», «Leggins» und «Trikots» wird typisch für den Aerobic-Trend. Es verbinden sich hier also nicht nur Tanz, Gymnastik und Drill; die sportliche Ertüchtigung wird dabei auch in überdeutlicher Weise sexualisiert.

Anschaulich wird dieser Zusammenhang in einem Musikvideo, das fast zeitgleich mit Jane Fondas «Workout» erscheint. Es ist eines der ersten, das auf dem neu gegründeten Musikfernsehsender MTV für Furore sorgt, und der dazugehörige Song ist einer der erfolgreichsten des Jahres: «Physical» von Olivia Newton-John. In musikalischer Hinsicht handelt es sich um einen druckvollen, von elektronischen Instrumenten bestimmten, aber noch von der Discokultur der späten Siebziger geprägten Track – gegen Ende jedoch ergänzt um ein maskulines Solo, gespielt von Steve Lukather, dem Gitarristen der Gruppe Toto. Olivia Newton-John singt davon, wie sie einen Mann zunächst in ein «intimes Restaurant» mitnimmt und dann in einen «suggestiven Film» – alles nur mit dem Ziel, ihn schließlich ins Bett zu bekommen: «Let's get physical, physical», heißt es im Refrain, «let me hear your body talk» – lass uns körperlich werden; ich will hören, wie dein Körper spricht.

Im Video sieht man die Sängerin in einem knappen glitzernden weißen Sporttrikot mit ebenso weißen Spandexhosen und einem Stirnband bei sportlichen Übungen. Zu Beginn dehnt sie die Hüft- und Rückenmuskulatur, dann tänzelt sie beim Singen der Strophe ein wenig zu den Beats, um sich im Refrain auf den Boden zu legen und zu den Zeilen «Let's get physical, physical» in Seitenlage ihr linkes Bein scherenartig hoch und nieder zu bewegen, was sich nun ebenso als sportliche Dehnung betrachten lässt wie als motorische Allegorie auf die Kopulation. Zu dem – sagen wir einmal – orgiastischen Gitarrensolo von Steve Lukather fällt sie schließlich wieder zurück in die Dehnübungen vom Anfang und steigert sich daraus in Zitter- und Schüttelbewegungen hinein, die den gesamten Körper ergreifen. Am Ende der Lockerung, die diese Aerobic-Übung verspricht, lockt also nichts anderes als die volle Befriedigung und postkoitale Erschlaffung.

Bald darauf, 1983, erscheint auch ein Musikfilm, der die Verbindung von sportlicher Ertüchtigung und Sexualität, von der

Optimierung des Körpers und seiner Befreiung im Tanz in abendfüllender Form variiert. In «Flashdance» wird die Geschichte einer jungen Schweißerin aus Pittsburgh erzählt, deren größter Traum es ist, an einer renommierten Tanzschule aufgenommen zu werden. Sie arbeitet hart an ihrer körperlichen Fitness und Geschmeidigkeit und an ihren selbstdachten Choreographien und kann schließlich die Jury von sich überzeugen. Den dazugehörigen Hit «Flashdance ... What A Feeling» hat Giorgio Moroder geschrieben, einer der prägenden Disco-Produzenten der Siebziger, unter anderem verantwortlich für Donna Summers «I Feel Love» und «Love to Love You Baby». Doch wo Moroder sich im Jahrzehnt zuvor noch in scheinbar endlosen, lasziv den Höhepunkt hinausschiebenden, minimalistischen Synthesizerkompositionen ergeht – dort klingt seine Musik jetzt dramatisch und zackig, als könne sie gar nicht schnell genug zum Höhepunkt kommen. Wo Donna Summer in «I Feel Love» selbstvergessen stöhnt und haucht, ist die Sängerin von «Flashdance ... What A Feeling», Irene Cara, in jedem Moment hochkonzentriert, angespannt und straff. Sie lässt sich nicht treiben, und sie lässt sich mit ihrem Körper nicht in die Musik fallen. Vielmehr stürmt sie von einer Anspannung zur nächsten, hektisch und maximalistisch. Vielleicht könnte man, wenn man den Unterschied zwischen den siebziger und den achtziger Jahren in kürzestmöglicher Weise veranschaulichen will, einfach diese beiden Songs von Giorgio Moroder nacheinander laufen lassen.

In Deutschland wird der neue Aerobic-Trend fast ohne Zeitverzug übernommen. Im September 1982 eröffnet die Schauspielerin Sydne Rome das erste Aerobic-Studio in Westberlin, es befindet sich in der Karlsruher Straße nahe dem Kurfürstendamm und trägt den Namen «Sydne Rome let's move». Auch bringt sie eine Langspielplatte mit aktuellen Hits und anderen Stücken heraus, die einzelnen Aerobicübungen zugeordnet werden. Zum Aufwärmen wird

«Auf in den Kampf, Torero» aus der Bizet-Oper «Carmen» empfohlen; zur Stärkung der Taille «Do You Really Want To Hurt Me» von Culture Club; für die Straffung des Bauchs soll «Eye of the Tiger» der Gruppe Survivor dienen, aus dem im selben Jahr herausgekommenen Film «Rocky III».

Der «Spiegel» berichtet erstmals im Januar 1983 über den Aerobic-Trend, im Ton des Erstaunens und der Exotik. «Als sei der Leibhaftige in sie gefahren, sprangen sie wieder auf, ließen die Hintern rotieren, rissen die Arme hoch, wirbelten mit den Köpfen und hüpften gummiballartig umher. Schließlich gingen alle in die Knie und sprangen wie verschreckte Frösche immer wieder in die Luft. Was der schwitzende und keuchende Haufen da kürzlich im ZDF-Sportstudio vollführte, erinnerte manchen Zuschauer an den Regentanz afrikanischer Buschmänner – es war eine Demonstration der neuesten Fitness-Mode aus den USA.»

Wenig später läuft die erste regelmäßige Aerobic-Sendung im deutschen Fernsehprogramm. In «Enorm in Form» wird die gefilmte Aerobic-Gruppe von zwei Trainerinnen geleitet, die sich gegenseitig mit «Das ist die Judith» und «Das ist die Gaby» vorstellen. Judith und Gaby können schon zu Beginn jeder Sendung vor guter Laune und Bewegungslust gar nicht an sich halten und springen und hüpfen selbst bei ihren Moderationen herum. Doch wird bei allem Spaß auch der Bildungsauftrag des öffentlich-rechtlichen Fernsehens nicht vergessen. Zwischen den Übungen blendet die Regie zu einem sitzenden älteren Mann mit grauen Haaren und einem generell vertrauenerweckenden Gesamteindruck über. Es handelt sich um einen Professor für Orthopädie und Sportmedizin; und während die Trainerinnen Gaby und Judith über keine Nachnamen verfügen, kommt der seriöse Professor seinerseits ohne einen Vornamen aus. «Prof. Dr. Rosemeyer» – wie er laut Einblendung heißt – gibt den Zuschauerinnen und Zuschauern wichtige Hinweise für das eigene Training. Zum Beispiel, dass sie nicht

Dehnen, strecken, tanzen, springen: Mit der Aerobic-Welle beginnt das Zeitalter der Fitness. Populäre Fernsehsendungen wie «Enorm in Form» helfen der Bevölkerung, ihre Kondition zu verbessern, und prägen mit schrill gefärbten Bodies, Leggins und Trikots auch die Mode der Achtziger.

vergessen sollen, sich aufzuwärmen: «Durch diese Aufwärmung wird die Leistungsbereitschaft erhöht. Das ist wie beim Auto. Sie holen ja auch nicht das Auto aus der Garage und fahren sofort sehr schnell auf die Autobahn.»

Man braucht also bald keinen Videorecorder mehr, um sich im Wohnzimmer nach kompetenter Anweisung sportlich ertüchtigen zu können. Und die allgemeine Aerobic-Begeisterung führt auch dazu, dass binnen kurzem sehr viele neue Fitness-Studios gegründet werden; und dass diese Einrichtung als solche sich aus den leicht schmuddelig wirkenden Randbezirken der Zivilisation in deren Zentrum bewegt. Im Jahr 1980 gibt es etwa tausend Fitness-Studios in Deutschland, die aber wesentlich noch dem Bodybuilding und dem Erlernen und Ausüben von Kampfsportarten dienen. Ihren Ruch des Subkulturellen und Halbweltlichen verlieren sie mit Aerobic, auch weil diese Art der Fitness vor allem von Frauen praktiziert wird. Die Studios, die für diese Zielgruppe neu eingerichtet werden, erscheinen vertrauenswürdiger, freundlicher und kommunikativer. Schon die Tatsache, dass Aerobic in Gruppen unter Anleitung eines ausgebildeten Trainers oder einer Trainerin ausgeübt wird, trägt zur seriöseren Anmutung bei; auch werden die klassischen Sporträume um Bereiche ergänzt, in denen man nach dem Training noch in geselliger Runde einen eiweißhaltigen Shake trinken oder an einem Energieriegel knabbern kann. Fast zweitausend neue Studios werden in der Bundesrepublik in der ersten Hälfte der Achtziger gegründet, am Ende des Jahrzehnts gibt es über viertausend davon. Die Zahl der Mitgliedschaften wächst von rund dreihunderttausend im Jahr 1980 auf 1,6 Millionen im Jahr 1990.

So wird Fitness, die individuelle körperliche Ertüchtigung, in den achtziger Jahren zu einem eigenständigen, prägenden kulturellen Feld; auch wenn die Begeisterung für das ursprünglich trendsetzende Aerobic schnell wieder abflaut. Jedenfalls wird die Sendung «Enorm in Form» im ZDF nach einem Jahr durch eine neue Gymnastikshow ersetzt, die auf einem anderen, ebenfalls aus den USA herüberkommenden Trend aufbaut: dem sogenannten Breakdance, der seit den frühen siebziger Jahren im Feld der jungen Hip-Hop-Kultur entstanden ist. Die Breakdance-Übungen werden von der – mittlerweile mit einem Nachnamen ausgestatteten – Aerobic-Trainerin Judith Jagiello gemeinsam mit dem

Pantomimen und Tänzer Werner Eisenrieder alias Eisi Gulp durchgeführt. Beide kombinieren die bereits bekannten gymnastischen Lockerungsübungen mit den eckig-roboterhaften Bewegungen des Tanzstils und gelegentlich auch mit spektakulären «Power Moves», also akrobatischen Einsätzen, bei denen die Tänzer sich auf dem Rücken drehen («Backspin») oder gar auf dem Kopf («Headspin»).

Freilich leiden diese Bewegungsarten – im Unterschied zu Aerobic – darunter, dass sie sich vom unausgebildeten Publikum so gut wie nicht nachvollziehen lassen. Weswegen der weiterhin die Rolle der sportmedizinischen Autorität ausübende Professor Rosemeyer bereits in der ersten Folge sagt: «Unsere jungen Zuschauer möchte ich warnen! Probieren Sie nicht die spektakulären Figuren ohne Anleitung aus, die in den Zeitungen abgebildet sind. Die Übungen werden Ihnen auf Anhieb nicht gelingen, auch wenn Sie noch so sportlich sind.» Das ist vielleicht nicht der richtige Ansatz, um ein größeres Publikum für diese neue Sportart dauerhaft zu begeistern. Jedenfalls verschwindet die «Breakdance»-Sendung bereits nach wenigen Folgen wieder aus dem Programm.

Andere Fitness-Trends, die auf dem Aerobic-Modell basieren, sind erfolgreicher. Manche davon bauen direkt auf dem Original auf, wie etwa das Step Aerobic, bei dem die typischen Bewegungsabläufe an einem Podest oder einer Treppenstufe ausgeführt werden, was eine besondere Straffung von Po und Beinen verspricht. Oder das Tae Bo, das gegen Ende der Achtziger erfunden wird und das Hüpfen und Tänzeln mit karateartigen Schlag- und Trittbewegungen kombiniert. Beim sogenannten Bodypump hantiert man zusätzlich noch mit Hanteln; hier wird also der Bogen wieder zurück zu den Martial Arts der Siebziger geschlagen. Großer Beliebtheit bei jüngeren Menschen erfreut sich schließlich das Inline-Skating, eine neue, schnellere und sportlich anspruchsvollere Variante des überkommenen Rollschuhfahrens, bei der die Rollen unter den Schuhen nicht paarweise angebracht sind, sondern nach dem Vorbild von Schlittschuhen in einer Viererreihe. Die 1982 gegründete Firma Rollerblade hält fast über das gesamte Jahrzehnt hinweg das Produktionsmonopol auf diese Hochgeschwindigkeitsschuhe.

Am langlebigsten und am prägendsten für die Individualisierung des Sports in den achtziger Jahren wird gleichwohl jene Bewegungsart sein, die man ohne dauernde Anweisungen von Trainerinnen und Trainern außerhalb geschlossener Räume durchführt und die man in dieser Zeit in Deutschland noch zumeist als «Trimm-Dich-Laufen» bezeichnet: das später sogenannte Jogging. Bis in die Siebziger hinein, schreibt der Historiker Jürgen Martschukat in seinem Buch «Das Zeitalter der Fitness», «hatte kaum jemand daran gedacht, nach Feierabend noch eine Runde zu drehen, um sich etwas Gutes zu tun und fit zu werden oder zu bleiben». Das ändert sich in den Achtzigern, nun wird der konditionsstärkende Dauerlauf zu einem massenbegeisternden Phänomen. Man läuft abends allein oder zu zweit um den Block oder, falls man in einer günstig gelegenen Wohnlage lebt, durch einen nahen Park. Man beginnt für Marathonläufe zu trainieren, eine Form der körperlichen Verausgabung, die noch bis tief in die siebziger Jahre nur etwas «für einige wenige Fanatiker» war, wie Jürgen Martschukat schreibt: «1970 gingen beim New-York-Marathon gerade einmal 126 Männer und eine Frau an den Start.» Der erste deutsche «Volksmarathon» wird 1974 in Westberlin veranstaltet, damals erreichen 234 Läufer und zehn Läuferinnen das Ziel. Bei dieser noch niedrigen Beteiligung bleibt es die gesamten Siebziger hindurch, erst am Anfang des folgenden Jahrzehnts wachsen die Zahlen deutlich. 1981 nehmen knapp 2600 Läuferinnen und Läufer teil, 1989 sind es dann schon 13 500.

In den USA hat diese Entwicklung bereits etwas früher begonnen. Hier wurzelt sie auch stärker in der Alternativ- und Gegenkultur, in dem Wunsch nach einem anderen Körperbewusstsein

Jogging wird zum Volkssport, vor allem Männer mittleren Alters versuchen sich damit ihre jugendliche Straffheit zu bewahren. Zu den Pionieren des neuen Sports zählt schon Ende der Siebziger der US-amerikanische Präsident Jimmy Carter, hier (mittig mit Stirnband) beim Catoctin Mountain Park Run in der Nähe von Camp David.

und nach dem – wenigstens vorübergehenden – Ausstieg aus den Zwängen des Alltags. In Magazinen wie «Runner's World» werden die Effekte des Dauerlaufens wie eine religiöse oder spirituelle Erfahrung beschrieben, als Erweckungserlebnis oder Bewusstseinserweiterung, nicht unähnlich der Wirkung psychedelischer Drogen. In Deutschland sieht man die Sache wie stets nüchterner und fürchtet sich vor allem vor den Gefahren, die das Jogging mit sich bringen könnte. So legt der «Spiegel» kurz nach dem Beginn der allgemeinen Jogging-Begeisterung dar, warum die jetzt überall zu beobachtenden Dauerläufer typischerweise unter einer «Zwangsstörung» leiden. Die «Wurzel des Lauf-Kults», so heißt es in einem

Artikel aus dem März 1983, liege in dem «Bemühen, auf dem Umweg über die Sucht eine persönliche Identität zu finden und zu sichern». Somit wiesen die vornehmlich männlichen Jogger die gleichen Krankheits- und Persönlichkeitsstörungs-Symptome auf wie magersüchtige Frauen: «Die Persönlichkeit dieser Männer, ihr Lebensstil und ihre Vorgeschichte zeigten immer wieder die Charakteristika von Patientinnen, die wegen Anorexia nervosa halb verhungert in die Klinik kommen.»

Doch auch wenn man durch seine Leidenschaft für das Laufen nicht gleich zum Fall für den Psychiater wird, so steckt in der «Lauf-Manie» nach Ansicht des «Spiegel» mindestens «eine Art von höherem Selbstbetrug»: Jogger seien «unterwegs, um ihrem Tod davonzulaufen». Wenn man es etwas weniger dramatisch formuliert, ist da natürlich etwas dran: In den Achtzigern wird das individuelle und kollektive Rennen zum Sinnbild dafür, dass die Menschen ein Gegengewicht setzen wollen gegen die Erschlaffung und Verfettung des Körpers, die sich bei sitzenden Bürotätigkeiten unweigerlich irgendwann einstellen.

Während Aerobic also für die Verweiblichung der sportlichen Ertüchtigung steht, ist das Laufen – ob es nun «Trimm-Dich-Laufen», «Jogging» oder «Running» genannt wird – zunächst die bevorzugte Aktivität des Mannes in mittleren Jahren, der auf diese Weise versucht, seinen körperlichen Verfall aufzuhalten oder wenigstens zu verlangsamen. Dieser Mann will sich nicht damit abfinden, dass seine jugendliche Straffheit und Erscheinung – wie noch in der Generation der Eltern – während der in den Vierzigern ohnehin einsetzenden Midlife-Crisis verschwindet. Die wachsende Begeisterung für das Laufen hat also unter anderem damit zu tun, dass die möglichst endlose Verlängerung der Jugend zu einem erstrebenswerten Ziel wird. Es tritt ja nun auch erstmals eine Generation in das mittlere Lebensalter ein, die in den sechziger und siebziger Jahren in den damals erblühenden Jugendkulturen sozialisiert worden ist; in einer Zeit, in der man sich in programmatischer Weise von der Generation der Eltern absetzen wollte: «Ich will nicht werden, was mein Alter ist», sang die Berliner Rockband Ton Steine Scherben 1972. «I hope I die before I get old», hatte es schon 1965 in dem epochalen Song «My Generation» der britischen Gruppe The Who geheißen.

Das wäre denjenigen entgegenzuhalten, die den Wunsch nach körperlicher Fitness allein als Symptom der Unterwerfung unter die «neoliberale Leistungsgesellschaft» betrachten – so wie es auch Jürgen Martschukat in seinem Buch «Zeitalter der Fitness» tut. Für ihn zielt die Individualisierung des Sports allein auf die Erzeugung von «Normkörpern», deren Besitzer in ihrer geschmeidigen Verwertbarkeit umso mehr den Anforderungen eines entfesselten Kapitalismus genügen. An diesem Beispiel, so Martschukat, könne man mithin studieren, wie der Trend zur individuellen Optimierung einhergeht mit dem Verschwimmen der Grenze zwischen dem privaten und dem beruflichen Leben. Die Forderung nach ständiger und entfesselter Leistungsbereitschaft und -fähigkeit im Beruf greife in den Jogging- und Running-Trends über auf die gesamte Lebensgestaltung. Der «Ausdauersportler», schreibt Martschukat, sei geradezu der «Idealtyp des neoliberalen Selbst». Er sei «Teil einer Kultur und Bewegung, fühlt sich dabei aber unabhängig und selbstbestimmt. Er ist auf den eigenen Körper fokussiert, um sich insgesamt und zu einem besseren und erfolgreicheren Menschen zu machen. Er investiert beständig in sich und ist um Gesundheit, Selbstoptimierung und Leistungsfähigkeit bemüht.»

Diese Beobachtung hat sicher ihr Recht, trifft aber nur die eine Seite eines dialektischen Prozesses. Die andere Seite besteht gerade darin, dass Fitness dabei hilft, aus vorgezeichneten biographischen Mustern auszubrechen. Indem man sich einen gesunden und sportlichen «Normkörper» verschafft, wehrt man sich gegen unverrückbar scheinende Biographien, in denen die Körperlichkeit in einem bestimmten Alter auf andere Weise – im Sinne eines unausweichlichen Verfalls – normiert war: Fitness hat immer auch etwas mit Emanzipation und Empowerment zu tun.

Das gilt übrigens auch für Aerobic. Eines der ersten Musikvideos, das aus dem Umfeld dieser Gymnastikbewegung kommt und etwa zeitgleich mit «Physical» von Olivia Newton-John im Herbst 1981 erscheint, zeigt die Soulsängerin Diana Ross bei einem ausgiebigen Workout. Das dazugehörige Lied trägt den Titel «Work That Body», und Diana Ross teilt darin mit, dass sie jeden Morgen nach dem Aufwachen erst einmal ihre Übungen macht, um sich das Stück Torte vom Vorabend wieder abzutrainieren: «Reach 2, 3, 4, 5, 6, 7, 8/Stretch 2, 3, 4, 5, 6, 7, 8/Push 2, 3, 4, 5, 6, 7, 8.» Im Ergebnis ist sie so «tight», straff, dass alle Männer sie anstarren: «all the men around / begin to stop and stare» – und das, obwohl sie zu diesem Zeitpunkt schon siebenunddreißig Jahre alt ist und zwei Kinder zur Welt gebracht hat. Eine Frau kann also – das ist die Botschaft des Songs – auch dann noch sexuell attraktiv und körperlich souverän sein, wenn sie schon Mutter ist. Das ist allerdings eine Qualität, die in den «Normkörpern» der vorangegangenen Generationen nicht vorgesehen war.

Auch Jane Fonda ist 1981, als ihr «Workout»-Video erscheint, bereits weit in ihren Vierzigern. Ein Umstand, der ihr von dem anonymen, aber mutmaßlich männlichen Autor eines weiteren, im Frühjahr 1983 erschienenen «Spiegel»-Artikels über das Aerobic-Phänomen mokant vorgehalten wird: «Drei Vorturnerinnen hat sich die Nation erwählt, nicht mehr die Jüngsten, nicht mehr die Schönsten, doch alle von weit her: Jane Fonda, 45, aus Kalifornien, früher zur ‹schnurrenden Sexkatze abgestempelt›, die als Nymphomanin ‹Barbarella› nackt durch den Weltraum schwebte; Sydne Rome, 38, gehandelt als ‹Hollywoodstar› und wegen ihrer hervorragendsten Attribute einst unverhüllt im ‹Playboy› aufzublättern;

schließlich Marlene Charell (bürgerlich: Angela Mieps aus Winsen an der Luhe), 38, die im Pariser Lido als ‹Bluebell girl› Männerherzen brach.» Allein diese Passage zeigt, welches emanzipatorische Potenzial in der Fitness-Welle der Achtziger steckt: Nun können auch Frauen, die nach Ansicht der männlichen Journalistik «nicht mehr die Jüngsten, nicht mehr die Schönsten» sind, zu sportiven Sexsymbolen aufsteigen – und das auch noch in körperbetonenden, superengen synthetischen Outfits.

Weit über die kurze Konjunktur des Aerobic hinaus bleibt die dazugehörige Bekleidung populär. Man findet sie bald auch in den damals noch trendsetzenden Katalogen von Versandhäusern wie Otto, Quelle und Neckermann. Bis heute zählen Leggins, Stulpen, enge Kostüme in grellen Farben aus synthetischen Stoffen und natürlich die Schweißbänder über der Stirn zu den Modeinnovationen, die das Bild der Achtziger am nachhaltigsten prägen. Sie werden in dieser Zeit auch auf der Straße getragen, bei Partys oder im Klassenzimmer; sie sind an stilbildenden Popstars wie Madonna zu sehen, die rund um ihr Album «Like A Prayer» von 1989 am liebsten in engen schwarzen Radlerhosen aus Spandex und einem schwarzen Tanktop auf die Bühne geht.

Mitte des Jahrzehnts ist es gleichwohl ein schwuler Mann, der die körperbetonende Ästhetik der Aerobic-Kostüme zu seinem persönlichen Individualstil erhebt; dabei handelt es sich um den Sänger der Gruppe Queen, Freddie Mercury. Er zwängt sich für seine Konzerte und Videos mit Vorliebe in Hosen aus Spandex oder auch in Ganzkörperkostüme, die durch übergroße Dekolletés seine buschige Brustbehaarung zur Geltung bringen. Er schlüpft in die von sportlichen Frauen und von weiblicher Sexualität geprägte Bekleidung, um darin einerseits weiblicher zu wirken und andererseits männlicher, denn unter dem engen Synthetikstoff zeichnen sich natürlich in überdeutlicher Weise seine Geschlechtsteile ab. Dazu passend wechselt Mercury bei den Konzerten von Queen zwischen ballerinaartigen Trippelschritten und überaus männlichen Gesten wie – «We will rock you!» – der gereckten Faust. Man könnte auch sagen: Indem er seinen Körper in die gleichermaßen künstliche wie sexualisierende Sportbekleidung der Achtziger-Jahre-Fitness-Trends zwängt, bringt er auch die Künstlichkeit sexueller Inszenierungen zur Erscheinung; ähnlich wie Grace Jones und Annie Lennox dies mit der Anverwandlung des Schulterpolsters tun. So wie die Trainingsprogramme des Fitness-Jahrzehnts den Körper als gestaltbares Material erscheinen lassen – so eignet sich der Spandexträger Freddie Mercury die Ästhetik dieser Trainingsprogramme an, um damit zu zeigen, dass auch Sexualität nichts «Natürliches» ist, sondern etwas, das man erschafft und gestaltet. Womit wir zu dem zweiten großen männlichen Cross-Dresser der achtziger Jahre kommen: Prince.

13. KAPITEL

•••

WIR FEIERN EINE PARTY, ALS WÄRE ES 1999: PRINCE UND EINE ZUKUNFT DER SEXUELLEN ENTFESSELUNG

Der junge Sänger und Gitarrist Prince Rogers Nelson aus Minneapolis wird erstmals Ende 1982 bei einem größeren Publikum bekannt, und zwar, passend zur allgemeinen Stimmung der Zeit, mit einem ausgesprochen apokalyptischen Song. Dieser trägt den Titel «1999» und beschreibt den bevorstehenden Weltuntergang. «Als ich heute Morgen erwachte, wähnte ich mich am Tag des Jüngsten Gerichts», heißt es darin, «der Himmel war purpurn, und die Menschen versuchten, vor der Vernichtung zu fliehen.» Das Thema des Kalten Kriegs und der atomaren Bedrohung findet sich schon vorher in den Liedern von Nelson, der seit dem vier Jahre zuvor erschienenen Debüt «For You» unter seinem ersten Vornamen Prince musiziert. Beispielsweise hat er auf seinem Album «Controversy» von 1981 den US-amerikanischen Präsidenten Ronald Reagan dazu aufgefordert, die Abrüstungsgespräche mit der Sowjetunion nicht abreißen zu lassen: «Ronnie, Talk To Russia» heißt das Lied. Seither scheint seine Hoffnung auf eine friedliche Koexistenz der Großmächte aber geschwunden zu sein. «Um uns herum ist überall Krieg», singt Prince in «1999», «jeder besitzt eine Bombe / wir können alle jeden Tag sterben.»

Diese Beschreibung wird nun keineswegs im Klageton vorgetragen, im Gegenteil, das Stück beginnt mit einer freudigen Fanfare und geht sogleich in einen euphorischen Beat über, die Stimmung ist ausgelassen und erotisiert. Als Anhänger der Siebenten-Tags-Adventisten ist Prince ohnehin davon überzeugt, dass die Wiederkehr von Jesus Christus bevorsteht und mithin die messianische Erlösung der Menschheit. Das Jahr 2000 dient ihm als Chiffre: Zum Jahrtausendwechsel, der zu diesem Zeitpunkt noch knapp zwanzig Jahre in der Zukunft liegt, erwarten viele Anhänger des Adventismus die überfällige Offenbarung ihres Heilands. «Can't run from the revelation, no», heißt es denn auch an einer Stelle im Song. Das Jahr 1999 ist also das letzte, bevor die Welt sich grundlegend verwandelt – zum Schlechten oder zum Guten oder zu beidem.

Wenn nun aber das Ende der Menschheit, wie wir sie kennen, unmittelbar bevorsteht, kann man die verbleibende Zeit ebenso gut mit Feiern und Tanzen verbringen und mit beglückendem Sex: «We're runnin' out of time / so tonight I'm gonna party like it's 1999.» Wobei der Sex, den Prince und seine Begleitband The Revolution hier besingen, beglückend wird durch seine Entfesselung und die Überschreitung überkommener Rollenmodelle: Wenn das Ende der Geschichte gekommen ist, dann endet damit auch die Herrschaft der Tradition und der Geschichte über das sexuelle Verhalten und über das Verhältnis der Menschen zu ihrem Sex und ihren Körpern.

Prince hat schon auf früheren Alben damit begonnen, in einem hohen, für einen männlichen Rocksänger völlig untypischen Falsett zu singen. Auf dem Cover seiner zweiten Platte «Dirty Mind» von 1980 zeigt er sich nur mit einem Tanga und einem Trenchcoat bekleidet. In einem seiner ersten Stücke, «I Wanna Be Your Lover» von 1979, phantasiert er sich durch die verschiedenen Rollen, die er für einen begehrten Menschen gerne einnehmen möchte: «I wanna be your brother / I wanna be your mother and your sister, too.» In «1999» inszeniert Prince sich nun ganz als androgyne Figur.

Die ersten Zeilen des Lieds werden – auch das ist unüblich für einen Rocksänger – gar nicht von Prince selber interpretiert, sondern von zwei Mitgliedern seiner Band. Erst hört man eine hohe, angespannt atemlos hauchende Frauenstimme; sie gehört der Keyboarderin von The Revolution, Lisa Coleman. Darauf folgt der Gitarrist Dez Dickerson in einem männlich-knurrigen, leicht nörgelnden Ton – bis Prince schließlich auf der Szene erscheint und die musikalische Führung übernimmt, mit einem Timbre, in dem sich das Männliche und das Weibliche miteinander verbinden. Er ist die Synthese, heißt das. Aber eben auch: das Multiple; eine Vielfalt, die sich nicht auf einen Begriff bringen lässt. Prince wechselt zwischen sägenden Rockgesangsmanierismen, Falsettpassagen und kleinen erotisierten Kieksern. Im Video zu dem Stück tänzelt er in einem langen purpurfarbenen Mantel mit weichen Bewegungen über die Bühne und hält seine Gitarre gleichsam wie einen großen Phallus – während Lisa Coleman und die zweite Sängerin, Jill Jones, sich hinter dem von ihnen vierhändig gespielten Keyboard als lesbisches Paar inszenieren und, wenn es gerade keine Tasten zu greifen gibt, einander ausgiebig befummeln.

Kurze Zeit später wird Prince endgültig zum Superstar aufsteigen, neben Michael Jackson und Madonna ist er der erfolgreichste und prägendste Popmusiker der achtziger Jahre. In «1999» findet sich freilich schon viel von dem, was seine Inszenierung als Künstler ausmacht: vor allem die Laszivität und die Eleganz, mit der er seine Geschlechtlichkeit zum Schillern bringt. Die gesamte Kunst von Prince ist hochsexualisiert, doch handelt es sich zugleich um eine Sexualität, die sich allen einfachen Zuordnungen entzieht. Sie steht ebenso unzweifelhaft im Zentrum der künstlerischen Inszenierung, wie sie ebendort rätselhaft und ungreifbar bleibt. Prince «ist» nicht erotisch in dem Sinne, in dem dies die großen Rockmusiker der siebziger Jahre gewesen sind; die Erotik ist nicht die Grundlage seiner Ästhetik, sondern vielmehr ein Effekt seiner ständig wechselnden Inszenierungen. In ein und demselben Stück kann er männlich und weiblich erscheinen, viril und effeminiert, aktiv und passiv, machistisch und masochistisch. Das Sexuelle wird von ihm in ein endloses Spiel von Zeichen, Symbolen und Andeutungen überführt. Man könnte auch sagen: Es wird von ihm aufgeführt.

An Prince, einer exemplarischen Figur seiner Zeit, lässt sich eine entscheidende Verschiebung ablesen, die sich zwischen den siebziger und den achtziger Jahren vollzieht. Die Siebziger waren das Jahrzehnt der sexuellen Entfesselung und Befreiung, sexuelle Rollenmodelle wurden grundlegend in Frage gestellt. Der Second Wave Feminism und die Neue Frauenbewegung stritten für die Emanzipation der Frauen: für das Recht der Frauen, über ihre eigenen Körper zu bestimmen; für ein anderes, gerechteres Verhältnis zwischen den Geschlechtern; gegen die Repression durch das Patriarchat. Schwule und Lesben stritten gegen eine homophobe Gesellschaft. Alle gemeinsam und wesentlich auch alle für sich eroberten Freiräume, in denen sie ihre Sexualität ohne Angst ausleben konnten.

In den Achtzigern ist dieser Kampf um Anerkennung keineswegs an sein siegreiches Ende gelangt (er ist es ja, wie wir wissen, bis in unsere Gegenwart nicht). Aber er wird von neuen Reflexionen, neuen Zweifeln und Zielen begleitet und ergänzt. Der wichtigste dieser Zweifel betrifft die Frage, ob das Endziel, die Utopie der emanzipatorischen Kämpfe, wirklich schon darin bestehen kann, allen von der Norm abweichenden sexuellen Identitäten einen eigenen und sicheren Platz in der Gesellschaft zu verschaffen – oder ob es nicht, einen Schritt weiter gedacht, eigentlich darum gehen müsste, die Gesellschaft im Ganzen zu verändern und das ihr zugrunde liegende Konzept der Identität an sich zu hinterfragen. Die Männer müssen ihr Verhalten, ihre Stellung gegenüber den Frauen, ihre Privilegien überdenken, gewiss; damit haben sie ja, wenigstens in gewissen gesellschaftlichen Kreisen, etwa mit der Erfindung des frauenverstehenden Softie-Manns, bereits begonnen. Aber wäre es nicht ein schöneres und radikaleres Ziel, mit dem Konzept der Männlichkeit selbst aufzuräumen zugunsten einer sexuellen Identität und eines Begehrens, in dem sich das «Männliche» und das «Weibliche» miteinander verbinden? Die Frauen haben sich ein neues Selbstbewusstsein erstritten, neue Räume und Möglichkeiten. Aber bleiben sie nicht gefangen im alten Dualismus der Geschlechter, wenn sie gegen die männliche Härte und Seinsvergessenheit lediglich eine «authentische» Weiblichkeit der Empathie und Naturverbundenheit setzen, wie es etwa die französische Philosophin und Psychoanalytikerin Luce Irigaray in ihrem Ende der siebziger Jahre vielgelesenen Buch «Das Geschlecht, das nicht eins ist» empfiehlt?

Man müsse sich von der Vorstellung verabschieden, dass es so etwas wie ein «wahres Geschlecht» oder eine «wahre Sexualität» gebe: Dies fordert der französische Philosoph Michel Foucault schon 1980 in einem Text, den er als Einleitung zu den wiederveröffentlichten Lebenserinnerungen des Hermaphroditen Herculine Barbin schreibt. Zwar habe die sexuelle Revolution der siebziger Jahre zu einer toleranteren Gesellschaft geführt und zu einem generell toleranteren Verhalten gegenüber allen Arten des zwischenmenschlichen Zusammenseins und Begehrens, die nicht der heterosexuellen Norm entsprechen und dem Modell der monogamen Ehe zwischen Männern und Frauen. Doch halte sich «in der öffentlichen Meinung» noch immer «die diffuse Vorstellung, dass zwischen Geschlecht und Wahrheit ein komplexes, dunkles, aber wesenhaftes Verhältnis besteht», so Foucault. «Ein ‹passiver› Mann, eine ‹virile› Frau, gleichgeschlechtliche Liebe – man ist zwar bereit, darin keinen gravierenden Verstoß gegen die herrschende Ordnung zu erblicken, aber ist doch auch bereit, sie gleichsam für einen ‹Irrtum› zu halten. Einen Irrtum im traditionell philosophischen Sinne als etwas, das der Realität nicht angemessen ist. Die

Man solle sich von der Vorstellung verabschieden, dass es so etwas wie ein «wahres Geschlecht» oder eine «wahre Sexualität» gibt: Das fordert der französische Philosoph Michel Foucault. Alle Arten der Identität hält er für ein Unglück: «Es ist sehr langweilig, immer derselbe zu sein», sagt Foucault im letzten Interview vor seinem Tod am 25. Juni 1984.

geschlechtliche Unregelmäßigkeit wird mehr oder weniger dem Reich der Schimären zugeordnet.»

Dagegen plädiert Foucault dafür, die Begriffe der Sexualität und der Wahrheit voneinander zu entkoppeln und damit auch das Verständnis des sexuellen Begehrens von den Zurichtungen und Beschränkungen der sexuellen «Identität». Jegliche Identität, schreibt er, sei für ihn ein «Unglück», das den Menschen von den «zärtlichen

Freuden» abtrennt, «zu denen die sexuelle Identitätslosigkeit findet». Nachdem das Jahrzehnt der sexuellen Emanzipation und der Kämpfe von sexuellen Minderheiten um Anerkennung zu Ende gegangen ist, sei es nun an der Zeit, aus der Kritik an der «Repression» in eine neue Phase der schöpferischen Gestaltung einzutreten – so Foucault kurz vor dem Erscheinen von Prince' «1999», im Frühjahr 1982, in einem Interview mit dem in New York erscheinenden Magazin «Christopher Street». Vielleicht könnte man sagen: Zeitgleich mit Helmut Kohl fordert auch er eine «geistige» und «politische Wende», nur dass er diese Wende nicht als Rückbesinnung auf eine klarer geordnete, übersichtlichere Vergangenheit versteht, sondern im Gegenteil als den Weg in eine offenere, freiere, noch unübersichtlichere Zukunft.

Michel Foucault stirbt am 25. Juni 1984. Am selben Tag erscheint das Album, mit dem Prince sein Durchbruch als internationaler Pop-Superstar gelingt: «Purple Rain». In «Darling Nikki», dem vielleicht bemerkenswertesten Stück darauf, berichtet er von der Begegnung mit einer Frau, die ihn in die Wonnen des sadomasochistischen Sexes einführt. Er trifft Nikki in der Lobby eines Hotels, als sie gerade über einem Magazin masturbiert; sie bietet ihm an, ein bisschen Zeit mit ihr zu verschwenden, und nimmt ihn dann mit in ihr «castle», in ihre Burg, wo Prince seinen Augen nicht trauen kann: «She had so many devices / everything that money could buy / she said ‹sign your name on the dotted line› / the lights went out, and Nikki started to grind.»

Nikki besitzt also viele Instrumente, die sich für sexuelle Rollenspiele gebrauchen lassen, für die lustvolle Unterwerfung und die Erzeugung von Schmerz. Bevor man sich auf ihre Spiele einlässt, muss man auf eine gepunktete Linie seine Unterschrift setzen: als Dokument des Einverständnisses darüber, dass alle Unterwerfung hier auf Freiwilligkeit gründet und dass man selber den Sexualpartner nur so lange unterwirft und ihm oder ihr Schmerzen zufügt oder die Freiheit nimmt, bis ein vorher verabredetes Zeichen gegeben wird. Wer sich an diese Verabredungen hält, wird dafür reich belohnt: «The castle started spinning / or maybe it was my brain», schildert Prince die von Nikki verabreichte Erfahrung. «I can't tell you what she did to me / but my body will never be the same.»

Als er am nächsten Morgen erwacht und feststellen muss, dass Nikki nicht mehr da ist, bricht er in ein endloses Schluchzen aus. Im Video des Songs wälzt er sich am Ende bäuchlings auf der Konzertbühne und wimmert und heult, er trommelt mit den Fäusten auf dem Boden herum wie ein Kind in der Trotzphase. Angesichts der Tatsache, dass seine Herrin ihn wortlos verlassen hat, ist er derart verzweifelt, dass er sich immer intensiver seiner leidenschaftlichen Lust am Leiden hingibt.

In dem letzten von ihm gegebenen Interview, das im August 1984 postum erscheint, spricht Michel Foucault über sadomasochistische Sexualpraktiken und die Verhältnisse zwischen Macht und Lust, die darin zur Erscheinung kommen. «Man kann sagen, dass SM die Erotisierung der Macht ist, die Erotisierung strategischer Beziehungen.» Doch anders als im Feld der gesellschaftlich institutionalisierten Macht seien die «strategischen Beziehungen zwischen den Individuen» hier nicht verfestigt, sondern im Gegenteil «fließend». «Es gibt Rollen, selbstverständlich, aber jeder weiß sehr wohl, dass diese Rollen umgekehrt werden können. Manchmal ist, wenn das Spiel beginnt, der eine der Herr, der andere der Sklave, und am Ende ist derjenige, der der Sklave war, zum Herrn geworden.» Dieser strategische, spielerische, grundsätzlich ambivalente Charakter des sadomasochistischen Sexes unterscheide ihn von allen anderen Formen der Sexualität – und auch von dem Verständnis des Sexuellen, wie es sich in den Emanzipationsbewegungen der späten sechziger und siebziger Jahre niedergeschlagen habe. Denn hier gehe es ja gerade nicht mehr darum, eine «unterdrückte» Sexualität zu befreien und die verschüttete «Wahrheit» des Sexes ans Licht zu bringen. «Ich denke, dass SM viel mehr ist als das», so Foucault: «Es ist die wirkliche Erschaffung neuer Möglichkeit von Lust, die man sich zuvor nicht hatte vorstellen können.» Hier könne man lernen, dass Sexualität «einen Teil der Freiheit» bildet, «die wir in dieser Welt genießen. Die Sexualität ist etwas, das wir selbst erschaffen – sie ist unsere eigene Schöpfung. Der Sex ist nichts Schicksalhaftes; er ist eine Möglichkeit, Zugang zu einem schöpferischen Leben zu erhalten.»

Nun ist Prince' «Darling Nikki» natürlich nicht der erste Rock- oder Popsong, in dem sadomasochistische Lust zu einem Thema wird. Das erste bedeutende Beispiel für dieses Genre liefert schon im Jahr 1967 die New Yorker Gruppe The Velvet Underground; ihr Song heißt «Venus in Furs» und ist von Leopold von Sacher-Masochs Novelle «Venus im Pelz» inspiriert. Der Sänger Lou Reed bekennt sich darin zu seinem Spaß am Erniedrigtwerden, wir erfahren, dass er gerne Stiefel aus gut gewichstem Leder küsst und sich von dominanten Frauen mit Lederriemen bestriegeln lässt. Auch in Reeds Solowerken der siebziger Jahre, etwa dem Songzyklus «Berlin» von 1973, spielt Sadomasochismus eine Rolle. Doch bleibt er mit seiner Leidenschaft in dieser Zeit weithin allein, und er ist auch weit davon entfernt, mit seiner Musik ein großes Publikum zu erreichen.

Es gibt einen weiteren wesentlichen Unterschied zur SM-Ästhetik von Prince: Bei The Velvet Underground und dem Solo-Künstler Lou Reed ist die Beschwörung «abseitiger» Sexualpraktiken immer auch mit einer Feier dieser Abseitigkeit verbunden; die Welt, von der Lou Reed erzählt, liegt im mysteriösen, sonderbaren, abweisenden, aber gerade darin stets erregenden Halbdunkel der Devianz. Die Welt, in der Prince sich bewegt, ist hingegen grell ausgeleuchtet, von Fanfaren beschallt und von dem Vertrauen darauf bewegt, im Überwinden überkommener sexueller Gegensätze und

Kategorien eine neue Art des überlebensgroßen Popstar-Glamours zu erzeugen.

In gewisser Hinsicht führt Prince damit das fort, was Lou Reeds zeitweiliger Wegbegleiter David Bowie Anfang der Siebziger begonnen hat: Wie Bowie wechselt Prince stetig die Identitäten; doch während Bowie diesen Wechsel zeitlich streckte (aus dem Folksänger von «Aladdin Sane» verwandelt er sich in das bisexuelle Alien Ziggy Stardust, aus diesem wiederum in den Thin White Duke und so weiter), verdichtet und beschleunigt ihn Prince erheblich. Die Verwandlungen, die sich bei Bowie über Jahre hinweg erstrecken, finden bei Prince in ein und demselben Moment statt. Er will alles auf einmal, das Spiel mit den Identitäten ist bei ihm nicht Gegenstand einer künstlerischen Entwicklung, sondern ein in jedem Augenblick sich neu justierendes Prisma.

So schlägt sich auch hier die neue Geschwindigkeit nieder, die das pulsierende Jahrzehnt der Achtziger charakterisiert. Beim breiten Publikum stößt diese Art des sexuellen Avantgardismus freilich zunächst nur auf geringes Verständnis. Das kann man etwa an den Reaktionen ablesen, die der junge Prince im Oktober 1981 bei einem Auftritt im Vorprogramm der Rolling Stones erntet. Mick Jagger, der Ende der sechziger Jahre ja selber gerne in Frauenkleidern aufgetreten ist, zählt zu den frühen Bewunderern des zu diesem Zeitpunkt noch mäßig bekannten dreiundzwanzigjährigen Künstlers; darum hat er ihn eingeladen, die Rolling-Stones-Show im Coliseum in Los Angeles zu eröffnen. Prince betritt mit einem durchsichtigen Oberteil, bis zum Oberschenkel reichenden Stiefeln und dem von «Dirty-Mind»-Cover bereits bekannten Tanga die Bühne. Die Rolling-Stones-Fans quittieren diesen Anblick, indem sie den Sänger und seine Band ausbuhen und mit Bierflaschen und Essen bewerfen. «Wie eine schwarze Wolke aus fliegendem Essen sah das aus», hat sich der damalige Bassist von The Revolution, Mark Brown, später erinnert. «Stell dir vor, 94 000 Zuschauer be-

Prince Rogers Nelson – hier auf seiner «Dirty-Mind»-Tour im Jahr 1981 – sieht im Stringtanga ebenso umwerfend aus wie im Rokoko-Purpurmantel, er ist männlich, effeminiert und queer zugleich. Nicht alle sind bereit für so viel Avantgardismus: Als Prince im Vorprogramm der Rolling Stones auftritt, wird er vom Publikum mit Bierflaschen und Essen beworfen.

schmeißen dich. So etwas Verrücktes hatte ich noch nie gesehen. Irgendwer hat mir ein frittiertes Hühnchen gegen die Schulter geschleudert, später knallte eine Grapefruit gegen die Mechaniken meiner Gitarre und verstimmte sie.» Der Veranstalter des Konzerts kommt auf die Bühne und versucht, die Menge zu beschwichtigen. Dennoch muss der Auftritt abgebrochen werden.

«Darling Nikki» wiederum ist auch deswegen von besonderem pophistorischem Interesse, weil dies die erste Single ist, die mit einem «Parental-Advisory»-Aufkleber versehen wird, also mit einem Warnhinweis für besorgte Eltern, die ihre Kinder vor dem Konsum von sittlich desorientierender Musik bewahren wollen. Den Impuls für diese Initiative gibt 1984 Tipper Gore, die Ehefrau des demokratischen Senators und späteren US-Vizepräsidenten Al Gore. Ihre seinerzeit elfjährige Tochter hat die Prince-Single gekauft und daheim vorgespielt. Zwar erregen die Passagen mit der Beschreibung des sadomasochistischen Sexes bei Tipper Gore keine besondere Aufmerksamkeit, vermutlich, weil sie gar nicht versteht, wovon Prince da eigentlich singt. Doch empört sie sich umso mehr über die Eingangsszene, in der das lyrische Ich in der Hotellobby auf die masturbierende Nikki trifft. Um die Jugend vor solchen Obszönitäten zu bewahren, gründet Tipper Gore das Parents Music Resource Center, PMRC, und veröffentlicht als Erstes eine Liste mit den fünfzehn moralverderbendsten Liedern der Gegenwart.

Unter diesen «Filthy 15» rangiert «Darling Nikki» auf Platz eins, danach folgen unter anderem die junge Madonna mit dem Stück «Dress You Up» und Cyndi Lauper mit der Masturbationshymne «She Bop» («I want to go south and get me some more / They say I better stop or I'll go blind»), aber auch dem Okkultismus und der lyrischen Grobheit zugeneigte Heavy-, Black- und Schock-Metal-Gruppen wie Black Sabbath und Def Leppard. Die 1979 in Großbritannien gegründete Band Venom wird für das Lied «Possessed» inkriminiert, in dem es um eine Orgie zu Ehren des Teufels geht, bei der unter anderem das Erbrochene von Priestern getrunken und mit einer sterbenden Hure verkehrt wird: «I drink the vomit of the priests / Make love with the dying whore / Satan, as my master incarnate / Hell, praise to the unholy host.»

Es ist einer weiteren britischen Band vorbehalten, auf ein und demselben Langspielalbum beide Arten der Jugendverrohung und sittlichen Verderbnis miteinander zu kombinieren, also: gleichermaßen blasphemische Gedanken zu thematisieren wie die sadomasochistische Lust am Wechselspiel von Unterwerfung und Dominanz. Die Rede ist von Depeche Mode aus dem ostenglischen Basildon. Ihre Karriere haben die vier jungen Männer am Anfang des Jahrzehnts mit ebenso heiteren wie flotten Elektropop-Stücken begonnen. Doch wechseln sie schon auf ihrem dritten Album «Construction Time Again» von 1983 zu metallischen Klängen und groben Rhythmen, die so klingen, als wären sie mit Hämmern auf Ambosse gehauen. Manches davon erinnert an die Ästhetik der Einstürzenden Neubauten aus Westberlin, und tatsächlich haben Depeche Mode sich bei einem längeren Aufenthalt in der Mauerstadt von diesen inspirieren lassen. Für eine Weile teilen sich die beiden Bands sogar den Produzenten Gareth Jones. Doch wo die Neubauten sich als radikale Avantgardisten gerieren, streben Depeche Mode mit aller Energie einem Massenpublikum entgegen und in die Charts; im weiteren Verlauf der achtziger Jahre werden sie zur erfolgreichsten europäischen Popband aufsteigen.

Das Album, mit dem Depeche Mode der Durchbruch gelingt, erscheint wenige Monate nach Prince' «Purple Rain», im September 1984. Die interessanteste Single-Auskopplung daraus trägt den Titel «Master and Servant», Herr und Knecht, und beginnt mit Geräuschen, die sich wie das Schnalzen einer Peitsche anhören, sowie mit einem Chor aus sonderbar entkörperlicht wirkenden Stimmen, weder männlich noch weiblich, sondern computerisiert schnarrend: gewissermaßen die Elektro-Industrial-Variante der Prince'schen Androgynie. «It's a lot like life», singt dieser Chor; danach setzt ein strammer Industrial-Beat ein, und der Sänger der Band, Dave Gahan, beschreibt in seinem kalt schneidenden Bariton die Regeln des «Spiels», das er bevorzugt spielt. Es heißt «domination», und wir erfahren, dass das lyrische Ich des Lieds sich beim Sex gerne wie ein Hund auf alle viere begibt, um sich zu unterwerfen und sich beherrschen zu lassen: «Let's play Master and Servant.»

Wie Prince berichten Depeche Mode hier also von den Wonnen des Sadomasochismus und von der Freude am Spiel mit Unterwerfung und Dominanz; anders als Prince wollen sie darin aber auch einen Spiegel der gesellschaftlichen Verhältnisse erkennen: «It's a lot like life.» In dem dazugehörigen Video sieht man die Band in Lederbekleidung mit Ketten hantieren und sich auf dem Boden eines dunklen Raumes wälzen. Darüber werden Bilder von den Demonstrationen der Friedensbewegung Anfang der achtziger Jahre geblendet sowie von Politikern im Deutschen Bundestag. Man erkennt unter anderem Willy Brandt, Rainer Barzel und Hans-Dietrich Genscher. Eine Szene zeigt das gescheiterte konstruktive Misstrauensvotum gegen Brandt im Jahr 1972; die andere das erfolgreiche Misstrauensvotum gegen Helmut Schmidt, zehn Jahre später, das zur Kanzlerschaft Helmut Kohls führt.

«Domination's the name of the game in bed or in life», singt Dave Gahan dazu: «They're both just the same / Except in one you're fulfilled at the end of the day.» Herrschaft ist der Name des Spiels, im Bett wie im Leben; aber nur aus einer der beiden Varianten des Spiels, jener im Bett, kann man am Ende Befriedigung ziehen. Wenn man, so ließe sich an dieser Stelle wiederum mit Michel Foucault anschließen, in der eigenen schöpferischen Praxis der Sexualität und der Erzeugung von neuen, bisher unbekannten Arten der Lust erst einmal erkannt hat, dass sich die Rollen von Herr und

Knecht jederzeit vertauschen lassen – lässt sich dann daraus nicht die Erkenntnis gewinnen, dass diese Rollen auch im Leben jenseits des Bettes und der Räume der Lust keineswegs so festgefügt sind, wie sie vielleicht erscheinen?

Wie bei Foucault kommt bei Depeche Mode die Sexualität als schöpferische Kraft zur Erscheinung und als Medium der Erkenntnis; schöpferisch ist Sexualität immer dort, wo sie zur Auflösung überkommener Vorstellungen von Identität anregt und zur Kritik von Machtverhältnissen, die darauf gründen, dem Menschen einen unverrückbaren Platz in der Gesellschaft und in der Welt zuzuweisen. «Wenn wir zur Frage der Identität Stellung beziehen müssen», sagt Foucault in seinem letzten Interview, «so muss dies sein, insofern wir einmalige Wesen sind. Doch die Beziehungen, die wir zu uns selbst unterhalten, sind keine Identitätsbeziehungen; sie müssen eher Beziehungen der Differenzierung, der Schöpfung und der Innovation sein. Es ist sehr langweilig, immer derselbe zu sein.»

So wird hier freilich, unter dem Mantel des existenziellen Widerstands gegen eine von Normen besessene Gesellschaft, auch schon etwas anderes sichtbar, in dem spätere Generationen eine neue Art von Normierung, eine neue Art des Zwangs erkennen werden: der Imperativ zur stetigen Selbstneuerfindung und zur kreativen Gestaltung der eigenen Biographie. Für die neuen Formen des Kapitalismus, die sich in den achtziger Jahren durchsetzen, wird diese Zurichtung des Individuums zum unermüdlichen Innovator des eigenen Selbst von zentraler Bedeutung sein. Wer 1984 vielleicht noch glaubt, durch die Verflüssigung der Identität zum Herrn über die Verhältnisse werden zu können, wird darin bald schon auch eine neue Form der Knechtschaft erkennen.

14. KAPITEL

··●··

DIE SEUCHE, DIE ALLES VERÄNDERT: AIDS, DIE ANGST UND DAS STERBEN – UND EINE NEUE EMANZIPATION

Am 25. Juni 1984, um 13.15 Uhr, stirbt Michel Foucault im Hôpital de la Salpêtrière in Paris; zwei Wochen zuvor ist er in seiner Wohnung zusammengebrochen. Schon seit dem vorangegangenen Winter hat Foucault sich immer kranker und schwächer gefühlt, er leidet unter Erschöpfung, Fieber und trockenem Husten. Er sagt viele Verabredungen ab und kehrt doch regelmäßig wieder zurück in die Öffentlichkeit, bis Ende März hält er am Collège de France eine Vorlesung mit dem Titel «Der Mut zur Wahrheit». Zweimal teilt er dem Auditorium dabei mit, dass er sich krank fühlt; am 28. März beschließt er seine letzte Sitzung mit den Worten: «Il est trop tard. Alors, merci.» Es ist zu spät. Ich danke Ihnen.

Nach seinem Tod geben die Ärzte an der Salpêtrière eine Presseerklärung heraus, in der sie neurologische Komplikationen und eine Entzündung des Gehirns als Todesursache nennen. Durch die Gabe von Antibiotika sei kurzzeitig eine Besserung eingetreten, doch habe sich der Zustand dann wieder derart rapide verschlechtert, dass eine weitere Therapie nicht mehr möglich war. In den Nachrufen auf Foucault, die in den folgenden Tagen erscheinen, werden mal die Angaben dieses Kommuniqués übernommen, mal ist von einer seltenen Hirnkrankheit die Rede, oft wird aber auch gar nicht auf die Todesumstände eingegangen, oder sie werden als «ungeklärt» bezeichnet. Das «Time Magazine» spricht von Krebs.

Schon zwei Tage nach dem Tod indes, am 27. Juni, veröffentlicht die Pariser Zeitung «Libération» eine anonyme Leserzuschrift: «Seit er gestorben ist, kursieren Gerüchte. Es heißt, dass Foucault an Aids gestorben ist.» An einer rätselhaften Immunschwächekrankheit mithin, die 1984 auch noch unter dem Namen «Krebs der Schwulen» firmiert.

Es ist in den Jahren und Jahrzehnten nach seinem Tod oft darüber spekuliert worden, ob Foucault von der Art seiner Erkrankung wusste; ob er sie absichtlich verschwiegen oder verdrängt hat oder ob er sich gar nach dem Tod sehnte, der 1984 und noch lange danach unweigerlich mit der Aids-Diagnose verbunden war. Sein Biograph Didier Eribon berichtet von einigen Bemerkungen, die der Kranke diesbezüglich in seinen letzten Monaten gemacht habe; gegenüber Vertrauten wie dem Religionshistoriker Georges Dumézil habe er die Vermutung geäußert, an Aids erkrankt zu sein. Der US-amerikanische Philosoph James Miller hat ihm in den neunziger Jahren in seinem Buch «Die Leidenschaft des Michel Foucault» sogar unterstellt, sich in seinen letzten Jahren absichtlich dem Todesrisiko ausgesetzt zu haben – wie auch die Männer, mit denen er in jener Zeit verkehrte.

Foucaults Lebensgefährte Daniel Defert, der ihn während der letzten Tage in der Salpêtrière begleitet hat, zeichnet ein anderes Bild. Foucault habe vielleicht eine Ahnung besessen, aber keine Gewissheit, denn es gab in dieser Zeit schlicht noch keine Tests, mit denen man sich auf Aids prüfen konnte. Schon im Dezember 1983, als Foucaults Zustand sich erstmals verschlechterte, habe er die behandelnden Ärzte danach gefragt, doch seien sie ihm ausgewichen: «Wenn es das wäre, hätte ich Sie untersucht!» Die gesamte Krankheit sei von Schweigen und Diskretion umgeben gewesen. Erst zwei Tage vor Foucaults Tod habe ein Assistenzarzt «ungeschickt Aids erwähnt», und hinterher entdeckte Defert auf einem von ihm unterschriebenen Aufnahmeschein durch Zufall die Bemerkung «Todesursache: Aids». Die zwei Tage aber, die ihm nach der Äußerung des Assistenzarztes mit dem sterbenden Foucault blieben, seien zu kurz gewesen, um noch mit diesem über die Konsequenzen der Diagnose zu reden. «Wenn die Krankheit länger gedauert hätte und offen zutage getreten wäre (doch die Ärzte hüteten sich, die volle Wahrheit zu sagen), hätten wir sicherlich darüber gesprochen, was man aus dieser Krankheit machen sollte. Aber wir haben nicht die Zeit dazu gehabt», so hat sich Defert sehr viel später, in dem 2014 (auf Deutsch 2015) erschienenen Gesprächsband «Ein politisches Leben», erinnert.

Nach Foucaults Tod entscheidet Defert sich dagegen, die von den Ärzten verschwiegene Diagnose öffentlich zu machen: «Ich konnte nicht etwas in die Welt setzen, indem ich seinen Namen benutzte, aber ich konnte auch nicht nichts tun.» Schließlich gründet er die Gruppe «AIDES», eine «Vereinigung zum Recht der Kranken auf die Wahrheit», eine «Gegenmacht zu den schlechten Praktiken im Krankenhaus». «Die Krankenschwestern in Astronautenanzügen, die roten Punkte auf den Blutproben von Aidskranken (...), eine allgemeine Furcht vor dem Patienten, eine Ablehnung des jeweiligen Lebensgefährten als Gesprächspartner (...), an Stelle einer allgemeinen Verbreitung der Vorsichtsmaßnahmen betrieb man eine Diskriminierung der Aidskranken.» Während Foucault noch in seinen letzten Schriften und Interviews die schöpferische, lebensstiftende Kraft der Sexualität hervorgehoben hat und ihr Vermögen, das eigene Dasein, die eigene Identität aus den Fesseln der gesellschaftlichen Norm zu befreien, kämpft sein Witwer Daniel Defert nun gegen die Diskriminierung der nicht normalen Sexualität im Angesicht des Todes. «Es ist dringend notwendig, unsere Form der Liebe bis zum Tod zu denken, was die Heteros seit langem institutionalisiert haben», schreibt er im September 1984 in einem offenen Brief, der der Gründung von AIDES vorausgeht: «Trennen wir unseren Tod ebenso wie unsere Sexualität von der Familie.»

Die ersten Fälle jener Krankheit, die später Aids (kurz für: Acquired Immune Deficiency Syndrome) genannt wird, verzeichnet man Anfang der achtziger Jahre in den USA, in New York und vor allem in Los Angeles und San Francisco, in der blühenden schwulen Club- und Ausgehkultur, in die auch Michel Foucault seit Mitte der siebziger Jahre immer wieder eingetaucht ist. Es sind sämtlich junge Männer, die unter einer schweren Störung ihrer Immunabwehr leiden; in deren Folge ziehen sie sich Pilzinfektionen und Lungenentzündungen zu, an denen sie schließlich sterben. Im Juli 1981 berichtet die «New York Times» erstmals über eine «seltene Krebsart» namens Kaposi-Sarkom, die ausschließlich Homosexuelle ereilt. Was deren Ursachen sind, ist ebenso rätselhaft wie die Tatsache, dass dieser Krebs sich nur in einer bestimmten Bevölkerungsgruppe ausbreitet, also – anders als Krebs üblicherweise – ansteckend zu sein scheint. Zu diesem Zeitpunkt sind in den USA 41 Fälle bekannt. Ein knappes Jahr später, im Mai 1982, berichtet die «New York Times» von 335 infizierten Patienten und 136 Todesfällen. Die Krankheit, die nunmehr «die Ausmaße einer Epidemie» angenommen habe, firmiert inzwischen unter dem Namen GRID, kurz für: «gay-related immunodeficiency», schwulenbezogene Immundefizienz.

Im Oktober 1982 feiert der DJ und Produzent Patrick Cowley im Club Galleria in San Francisco die Veröffentlichung seines dritten Albums, «Mind Warp». Zugegen ist die gesamte, große und glamouröse Schwulenszene, die sich vor allem im Viertel The Castro angesiedelt hat. Schon seit Mitte der Siebziger gehört Cowley zu den prägenden Protagonisten der Disco-Musik. Sein wesentliches Element ist der Synthesizer, wobei er diesen – anders als damals noch die meisten seiner Zeitgenossen – nicht zur Imitation analoger Instrumente gebrauchte, sondern zur Erzeugung neuer, futuristischer Klänge. Er steigert das Tempo der Musik und verdichtet ihre Dynamik, seine Songs scheinen sich vom ersten Moment an auf dem höchsten Energielevel zu bewegen. Darum wird die von ihm erfundene Disco-Variante später «Hi-NRG» heißen (und hat damit nicht zuletzt auch diesem Buch seinen Titel gegeben).

1977 hat Cowley für die Drag-Queen Sylvester eine der großen emanzipatorischen Hymnen des Jahrzehnts geschrieben, «You Make Me Feel (Mighty Real)», 1981 komponiert er mit «Menergy» den beliebtesten Dancefloor-Feger der schwulen Clubszene – und inspiriert damit viele Elektropopbands, die ihre Karrieren Anfang der achtziger Jahre beginnen, von New Order über die Pet Shop Boys bis zu Frankie Goes To Hollywood. Bei der Party zur Feier von «Mind Warp» tritt der große androgyne Sylvester in Drag-Fummel auf, ebenso wie Cowleys zweite Muse, der Disco-Sänger Paul Parker, ein kräftiger, testosteronverströmender Schnurrbartträger, der – bekleidet mit einer engen schwarzen Lederhose und einem schwarzen Tanktop – unmittelbar aus einem Pornogemälde des Zeichners Tom of Finland entsprungen sein könnte. «Right on Target» heißt der Dancefloor-Hit, den Cowley gerade für ihn geschrieben hat.

Beim Anblick von Paul Parker und Sylvester nebeneinander erhält man ein Bild davon, welche Vielfalt an sexuellen und ästhetischen Ausdrucksformen die schwule Kultur der späten Siebziger und frühen Achtziger umfasst. Vielleicht könnte man sagen: Hier versammelt sich eine Familie von Menschen, die gerade dadurch zu einer Familie wird, dass sie «das Verhältnis zwischen Geschlecht und Wahrheit» entkoppelt, wie es Foucault im selben Jahr, 1982, zum Inbegriff der wahren sexuellen Emanzipation erklärt: eine Familie, die zu den «zärtlichen Freuden» einer «sexuellen Identitätslosigkeit» gefunden hat.

Patrick Cowley sieht sich diese Freuden von einer Empore aus an, er sitzt im Rollstuhl und ist schon so schwach, dass er sich kaum noch bewegen kann. Seit Ende des vorangegangenen Jahres befindet er sich in Behandlung wegen der Immunschwäche, die nun um sich zu greifen beginnt. Der Produzent Marty Blecman, mit dem er das Plattenlabel Megatone betreibt, erinnert sich später an diese Szene: «Ihm liefen Tränen die Wangen hinunter, und er sagte: *Those stupid queens, don't they know?*» Einen Monat später ist Patrick Cowley tot, und von den Menschen, die an diesem letzten Abend mit ihm in der Galleria gefeiert haben, wird kaum jemand das nächste Jahrzehnt überleben. Sylvester stirbt 1988 an Aids, Marty Blecman 1991.

In Deutschland ist die Krankheit zu diesem Zeitpunkt noch ein «Schreck von drüben»: So heißt jedenfalls der erste Artikel zum Thema, der im Mai 1982 im «Spiegel» veröffentlicht wird. «Eine Reihe geheimnisvoller, nicht selten tödlicher Krankheiten sucht Amerikas Homosexuelle heim», heißt es darin. Die Ursachen seien noch nicht bekannt, aber wohl in den «Bräuchen der Homosexuellen-Szene» zu suchen. Schuld könnte zum Beispiel «das unter Homosexuellen weitverbreitete Hasch-Rauchen» sein; oder dass Schwule «sich mit ‹Poppers› in Hochform bringen. Das sind nitrithaltige Drogen, in Beißkapseln eingearbeitet, von denen angenommen wird, daß sie aus einem Orgasmus einen Super-Orgasmus machen. Diese Glaubenssache wird womöglich teuer bezahlt, denn Nitritmißbrauch schädigt die Blutzellen – auch jene, die der Infektabwehr dienen.» Eine Rolle spielen könnten schließlich «entzündungshemmende Cortison-Salben», die von den prinzipiell promisken Schwulen dazu benutzt würden, «die allfälligen Schleimhautdefekte schneller zum Abheilen zu bringen». «Vielleicht ist das die Lustseuche des 20. Jahrhunderts, nur nicht so harmlos», zitiert der «Spiegel» den Bakteriologen Franz Fehrenbach vom Berliner Robert-Koch-Institut. Er fasst die Lage in einem «moralischen Merksatz» zusammen: «Für die Homosexuellen hat der Herr immer eine Peitsche bereit.»

Dabei ist, als dieser Artikel erscheint, eigentlich schon klar, dass sich die Krankheit nicht auf homosexuelle Männer beschränkt, sondern auch bei Empfängern von Bluttransfusionen und heterosexuellen Drogenabhängigen auftritt. Bei einer Konferenz im Juli 1982 einigen sich die beteiligten Mediziner und Medizinerinnen auf die bis heute gängige Beschreibung als Aids. Anfang 1983 kommt der «Schreck von drüben» auch in Deutschland näher, im Februar wird im «Deutschen Ärzteblatt» über die ersten Fälle in der Bundesrepublik berichtet; der Bundesgesundheitsminister Heiner Geißler sagt der «gefährlichen Krankheit» im Mai den Kampf an.

Im selben Monat widmet der «Spiegel» der «tödlichen Seuche» erstmals eine Titelgeschichte – und bestimmt damit weiter den Tonfall, in dem über Aids geredet wird. Auf dem Cover des Magazins sieht man in einer Art Schwarzlicht-Röntgen-Bestrahlung zwei nackte Männer, die sich gerade gegenseitig befriedigen. Das Genital des dem Betrachter zugewandten Mannes wird von einer kreisförmigen Abbildung verdeckt, die bedrohliche Zellklumpen oder vielleicht auch Viren unter einem Mikroskop zeigt. «Droht eine Pest?», heißt es im dazugehörigen Text des Redakteurs Hans Halter mit dem Titel «Eine Epidemie, die erst beginnt». «Wird Aids wie ein apokalyptischer Reiter auf schwarzem Ross über die Menschheit kommen? Ist eine moderne Seuche in Sicht, die sich zu Tod, Hunger und Krieg gesellen wird, wie einst im Mittelalter? Oder werden nur die homosexuellen Männer daran glauben müssen?»

Aids als «Schwulenpest»: Diese Formulierung des «Spiegel» wird bis Mitte der Achtziger zu einem geflügelten Wort. Dabei lässt die Begriffsschöpfung offen, ob Schwule vornehmlich als Opfer der Pest betrachtet werden oder nicht vielmehr als deren Überträger, also wie die Lieblingstiere der Punks, die Ratten, und andere unreine Geschöpfe, die es auszurotten gilt, um ein Übergreifen der Seuche auf «die Menschheit» zu verhindern.

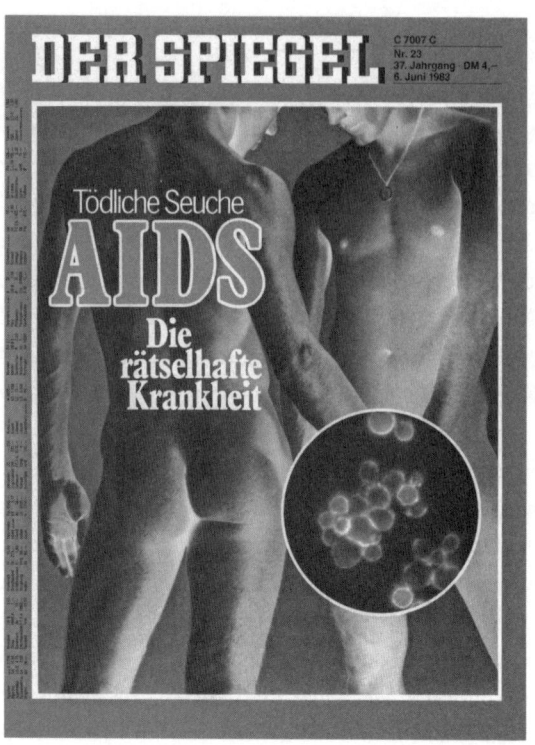

Im Jahr 1983 werden in Deutschland die ersten Fälle jener Krankheit registriert, die man später als Aids bezeichnet. Der «Spiegel» warnt vor einer «Lustseuche» und einer «Schwulenpest» und schürt die homophobe Stimmung im Lande. Konservative Politiker wollen schwule Männer registrieren oder, so wie der CSU-Nachwuchspolitiker Horst Seehofer, «in speziellen Heimen konzentrieren».

Als kurz darauf, im Juni 1983, das Thema erstmals im Bundestag diskutiert wird, gibt die Parlamentarische Staatssekretärin Irmgard Karwatzki auf eine kleine Anfrage der SPD eine zweigeteilte Antwort. Einerseits betont sie die Bedeutung der medizinischen Ursachenforschung, der Prävention und Aufklärung; andererseits verweist sie auf Paragraph sieben des Bundesseuchengesetzes: Dieser gebe «der Bundesregierung die Möglichkeit, die Meldepflicht übertragbarer Krankheiten auszudehnen, soweit die epidemiologische Lage dies erfordert». Im Falle einer eskalierenden Krise ist es also denkbar, dass sich alle Mitglieder der Risikogruppe registrieren lassen müssen.

Diese bedrohliche Perspektive passt gut zu der «zwischen Bestrafungsphantasien und apokalyptischen Seuchenängsten» changierenden Berichterstattung des «Spiegel», wie es der Journalist Martin Reichert in seinem 2017 erschienenen Buch «Die Kapsel. Aids in der Bundesrepublik» formuliert. «Eine Minderheit, die sich gerade erst im Gefolge der Studenten- bzw. Bürgerrechtsbewegungen einigermaßen emanzipiert hatte, wurde ganz konkret von dieser neuen ‹Pest› bedroht und sollte jetzt für den künftigen Niedergang verantwortlich sein.» Am äußeren Rand des konservativen politischen Spektrums wird denn auch bald eine «Absonderung» der Schwulen gefordert; dafür plädiert der CSU-Bundestagsabgeordnete Erich Riedl. Der bayerische Kultusminister Hans Zehetmair stellt im Februar 1987 in einem Fernsehinterview klar, dass Homosexualität nichts anderes als «krankhaftes Verhalten» ist, «contra naturam, nicht nur contra deum». Darum könne es in der aktuellen Lage «nicht um noch mehr Verständnis für Randgruppen gehen, sondern nur darum, sie auszudünnen (...). Diese Randgruppe muss ausgedünnt werden, weil sie naturwidrig ist.» Folgerichtig stellt der sozialpolitische Sprecher der CSU-Landesgruppe im Bundestag, der damals sechsunddreißigjährige Abgeordnete Horst Seehofer, die Forderung auf, «Infizierte und Kranke» in «speziellen Heimen zu konzentrieren».

Das geht dann selbst dem «Spiegel» zu weit. «Wollen wir den Aids-Staat?», heißt es in einem Kommentar im März 1987, und auch die «Bild»-Zeitung nennt den von der bayerischen Landesregierung zeitgleich vorgestellten «Maßnahmenkatalog» zur Eindämmung der Aids-Epidemie ein «Gesetz zum Fürchten». Dieser

Katalog, der maßgeblich von dem CSU-Staatssekretär Peter Gauweiler entworfen worden ist, sieht eine weitreichende Kontrolle und Registrierung der Risikogruppen vor und eine Vielzahl von repressiven Maßnahmen. Noch einmal ein Zitat aus dem Spiegel: «Bewerber für den öffentlichen Dienst und Strafgefangene sollen zwangsuntersucht werden, Ausländer mit Test-Ergebnis HIV-positiv keine Aufenthaltsgenehmigung bekommen. Jeder ‹Ansteckungsverdächtige›, das kann einer mit 14 und einer mit 84 sein, soll nach Ermittlungen durch die Polizei oder aufgrund von Hinweisen aus der Bevölkerung zwangsvorgeführt werden können.» – «Wir lassen niemand ungeschoren», so lässt sich Peter Gauweiler zitieren.

Mit dieser politischen Initiative hat die CSU keinen Erfolg. Auch die von ihrer Schwesterpartei CDU regierten Bundesländer stimmen im Bundesrat dagegen, dass der Maßnahmenkatalog deutschlandweit die Aids-Politik bestimmen soll. Dennoch lässt sich hier ein Eindruck davon gewinnen, wozu ein von Law-and-Order-Vertretern geführter Staat fähig sein könnte, wenn er sich von «Randgruppen» bedroht fühlt – einerseits. Andererseits führt gerade die homophobe Politik der bayerischen Landesregierung zu einer enormen politischen Mobilisierung, auch weit über die «Schwulenszene» hinaus. Am 4. April 1987 demonstrieren zehntausend Menschen auf dem Münchener Marienplatz gegen den Maßnahmenkatalog.

Geprägt wird die bundesdeutsche Aids-Politik seit 1985 glücklicherweise nicht von Kräften wie Gauweiler, Seehofer oder ihrem Ziehvater, dem bayerischen Ministerpräsidenten Franz Josef Strauß, sondern von der Bundesgesundheitsministerin Rita Süssmuth. Bis sie 1988 von Helmut Kohl auf das Amt der Bundestagspräsidentin weggelobt wird, hat sie «Enormes geleistet», wie Martin Reichert in seinem schon erwähnten Buch «Die Kapsel» konzediert: «Gegen den Willen ihrer Partei setzte sie die Propagierung der Kondomnutzung zu Präventionszwecken durch, sie initiierte die Gründung der Nationalen Aids-Stiftung, die später mit der Deutschen Aids-Stiftung fusionierte, deren Ehrenvorsitzende sie ist. Ihr ist es zu verdanken, dass in Deutschland eine höchst erfolgreiche Strategie der Prävention und Aufklärung angewandt wurde, die die Betroffenen in hohem Maß mit einbezog – und nicht das autoritäre Modell, das mit dem Namen Peter Gauweiler und seinem ‹Maßnahmenkatalog› verbunden ist.»

Als Süssmuth 1985 ihr Amt antritt, ist es Forschungsteams in Frankreich und den USA gerade gelungen, eine Virusinfektion als Ursache der Erkrankung nachzuweisen. Die von ihnen isolierten Viren nennen sie LAV (in Frankreich) und HTLV-III (in den USA). Später zeigt sich, dass beide identisch sind; 1986 setzt sich die Bezeichnung als HIV, Humanes Immundefizienz-Virus, durch. Es wird deutlich, dass das Virus vor allem durch Blut und Sperma übertragen wird. Das heißt einerseits, dass man sich tatsächlich durch bestimmte Sexualpraktiken gefährdet, bei denen Blut und Sperma miteinander in Berührung kommen, also beim Anal- und Oralverkehr; aber andererseits heißt es eben auch, dass man das Infektionsrisiko durch «sicheren Sex» erheblich verringern kann.

«Safer Sex»: Dieser Begriff wird erstmals 1983 von den Autoren Richard Berkowitz und Michael Callen in ihrem Buch «How to Have Sex in an Epidemic» gebraucht. Noch bevor überhaupt abschließend geklärt ist, auf welche Weise sich das Virus tatsächlich verbreitet, geben die beiden schwulen Männern Ratschläge für «medizinisch sicheren Sex». Unter anderem empfehlen sie den Gebrauch von Kondomen, eines Verhütungsmittels, das Schwule bis dahin so gut wie gar nicht gebrauchen. Auch im heterosexuellen Geschlechtsverkehr spielt es seit den sechziger Jahren keine wesentliche Rolle mehr, nachdem Frauen sich mit der Antibabypille vor einer ungewollten Schwangerschaft schützen können und heterosexuelle Männer dadurch zu der Ansicht gelangt sind, dass Verhütung Frauensache ist.

Das ändert sich nun. «Kondome schützen»: So heißt es in einer Broschüre, die die 1983 in Westberlin gegründete Deutsche Aids-Hilfe im Juli 1985 verteilt. Darin klärt sie über die Krankheit und über die häufigsten Übertragungswege auf und empfiehlt unter dem Stichwort «Vorbeugung», sich auf solche Sexualpraktiken zu beschränken, «bei denen Körperflüssigkeiten des Partners nicht auf Schleimhäute von Mund, Augen, After und Vagina sowie in kleine Wunden (Fingernagelbett) gelangen. Dies lässt sich zum Beispiel durch die Verwendung von Kondomen in stabiler Ausführung erreichen.»

Die Broschüre wird viel gelesen. Noch erfolgreicher ist freilich ein Comic, der ebenfalls im Sommer 1985 von der Deutschen Aids-Hilfe herausgegeben wird. Er trägt den Titel «Safer Sex Comic 1 – Der Verhüter» und stammt von dem fünfundzwanzigjährigen Zeichner Ralf König, der seit Anfang der Achtziger mit humorvollen Comic-Geschichten aus der schwulen Szene reüssiert hat. Auf dem Cover des zwölfseitigen Heftchens sieht man einen erigierten Penis, auf dessen Eichel ein zusammengerolltes Kondom liegt wie eine Krone. «Wer das Pech hat, hetero zu sein, kennt das Problem schon seit Urzeiten», steht über dem ersten Bild, das einen grimmig guckenden Mann zeigt, der sich auf den Sex mit einer neben ihm liegenden Frau vorbereitet: «Sie verträgt die Pille nicht, die Spirale ist eh das Allerletzte, und der Schaum brennt. Was bleibt, ist der männliche Griff zum Pariser.» Auf diese eher trostlos wirkende Szene folgt ein Panel mit einer Gruppe schwuler nackter Männer, die es sich miteinander gutgehen lassen: «Wir Schwulen hatten damit naturgemäß keine Probleme, denn bei uns gab es nichts zu verhüten.» Aber die Zeiten haben sich bekanntlich geändert: «Das sorglose Rumbumsen gehört leider der Vergangenheit an.»

Die «Safer Sex Comics» von Ralf König bringen nicht nur schwule Männer dazu, sich mit Kondomen vor dem Virus zu schützen, sondern werden auch von «Heten» viel gelesen – und verhelfen zu einem generell neuen, bewussteren und auch unverklemmteren Umgang mit dem Sex.

Man könne also entweder auf alles verzichten, was Spaß macht, oder den Kreis der Sexualpartner erheblich einschränken; für wen beides nicht in Frage komme, dem bleibe nur «das altbewährte Mittel unserer heterosexuellen Kollegen», das Kondom. «Das ist natürlich anfangs etwas ungewohnt», lautet schließlich der Kommentar über einem Bild mit zwei nackten Männern, die nun genauso verklemmt und unglücklich wirken wie das heterosexuelle Paar zu Beginn. «Ich werd noch wahnsinnig!!! Ich krieg dieses Ding da nicht drauf!!!», flucht einer von ihnen, während der andere traurig mit einem schlaff nach vorn herabhängenden Kondom in der Ecke sitzt. «Aber auch das wird sich legen, und schon bald wird das Anlegen des Gummis Routinesache», lesen wir im nächsten Panel mit zwei nun wieder recht fröhlich wirkenden Lederkerlen: «Keiner streift das Ding so geil auf wie du, Karl Heinz!!!»

Die Bedeutung der «Safer-Sex»-Comics – nach dem großen Erfolg des ersten Teils wird eine Reihe daraus – lässt sich kaum überschätzen. Sie führen nicht nur unter schwulen Männern dazu, dass sich der Gebrauch des Kondoms beim Sex als selbstverständliche Schutzmaßnahme etabliert. Sie werden ebenso viel gelesen von heterosexuellen Jugendlichen, die sich – wie der Verfasser dieser Zeilen, 1985 gerade sechzehn Jahre alt geworden – in dieser Zeit erstmals an das große Mysterium und Abenteuer Geschlechtsverkehr heranwagen. Auch unter den «Heten» hat die Epidemie zu einer tiefgreifenden Verunsicherung geführt, wenngleich die Fallzahlen jenseits der Risikogruppen jedenfalls in Westdeutschland minimal bleiben. Bei den Teenagern setzt sich in der zweiten Hälfte der Achtziger – anders als bei den Generationen zuvor, die im sexuell entfesselten Jahrzehnt der Siebziger sozialisiert wurden – das Bewusstsein durch, dass Sex etwas ist, das mit einem gesundheitlichen Risiko verbunden ist, mit Gefahr und der Verantwortung für sich selber und für den Sexpartner oder die Sexpartnerin. Wie man mit diesem Risiko und mit dieser Verantwortung umgeht: Dafür gibt es für die Hetero-Mehrheit aber keine vergleichbaren Anleitungen, und schon gar keine, die so lustig und liebevoll gezeichnet sind wie die Comics von Ralf König – in denen die Anpassung an die «geänderten Zeiten» so selbstverständlich und gleichermaßen optimistisch und lustvoll bebildert wird.

Eine ganze Generation von Heterojugendlichen verdankt ihre

sexuelle Aufklärung in dieser Zeit also wesentlich den Schwulen. Wer sich dafür interessiert, wie das Überstreifen eines Kondoms nicht zur peinlichen Unterbrechung wird, sondern zu einem selbstverständlichen, lustigen und vielleicht sogar luststeigernden Element der erotischen Dramaturgie – der oder die liest die Comics von Ralf König. So gerieten die sexuellen Praktiken der von einer Epidemie bedrohten «Randgruppe» in der zweiten Hälfte der Achtziger in das Zentrum der jugendlichen Selbstaufklärung, und das heißt auch, dass sich viele «Heten» von vornherein nicht mehr als natürlichen sexuellen Normalfall betrachten, sondern als Menschen mit einer Orientierung, die gleichberechtigt unter vielen steht – und die vielleicht sogar etwas langweiliger und komplizierter ist als das, was eine oder einen am (wie es in der Generation davor noch hieß) «anderen Ufer» erwartet.

Nicht nur von der Deutschen Aids-Hilfe und in Publikationen, die sich ausdrücklich an schwule Männer richten, wird nun zum Gebrauch von Kondomen geraten. Auch die «Bild»-Zeitung und Magazine wie «Quick» oder «Stern» fordern die Leser und Leserinnen dazu auf. Schon im Jahr 1985 freut sich das Management des Beate-Uhse-Konzerns über eine deutliche Steigerung des Umsatzes mit Kondomen. Der Marktführer bei der Produktion, die im niedersächsischen Zeven beheimatete MAPA Gummi- und Plastikwerke GmbH, meldet im selben Jahr eine Verdopplung. Im Jahr 1984, so die Statistik der «Deutschen Latex-Forschungs- und Entwicklungsgemeinschaft», werden in der Bundesrepublik 84 Millionen Kondome verkauft, drei Jahre später sind es bereits 149 Millionen. Während 1984 in einer Befragung nur 24 Prozent angeben, mit Kondomen bereits Erfahrungen gesammelt zu haben, sind es 1989 schon 75, weitere zehn Jahre später gar 93 Prozent.

Damit ist es auch unter Heterosexuellen nicht mehr selbstverständlich, dass die Schwangerschaftsverhütung allein in den Zuständigkeitsbereich der Frauen fällt. Und auch Männer dürfen sich nun dafür verantwortlich fühlen, dass Frauen sich beim Sex keine Krankheiten zuziehen. Ende der Achtziger ist das Kondom generell üblich geworden, und jedes Paar, das es bis auf weiteres ernst meint mit einer monogamen Beziehung, geht zur Bekräftigung dieses Commitments gemeinsam zu einem Aids-Test, um dann erst nach einem doppelten Negativ-Ergebnis auf die «Verhüterli» zu verzichten. Es ändert sich im Verlauf der Epidemie also nicht nur etwas am Verhältnis zwischen den Schwulen und der restlichen Gesellschaft, sondern auch an den Beziehungen zwischen heterosexuellen Männern und Frauen. Die Stigmatisierung von Aids als Krankheit der «anderen» führt dazu, dass sich eine ganze Generation sexuell erwachender Menschen in diesen «anderen» wiedererkennt.

Die Härte, mit der jedenfalls Teile des politischen Konservatismus gegen die – wie man heute sagen würde – als «super spreader» verdächtigten Schwulen vorgehen wollen, tut ein Übriges für die Solidarisierung. Anderthalb bis zwei Jahrzehnte nach der «sexuellen Befreiung» wird Sex wieder zu einem politischen Feld; wobei es in dieser Neuauflage der Emanzipation eben nicht mehr nur um die Befreiung geht, sondern auch um den respekt- und verantwortungsvollen Umgang zwischen den Menschen, die miteinander Sex haben. So trägt die Aids-Epidemie auch dazu bei, dass die Verständigung über den Sex, das Reden darüber, offener und selbstverständlicher wird. Nicht zufällig werden die Schriften Michel Foucaults – vor allem sein Spätwerk über «Sexualität und Wahrheit» – erst Ende der Achtziger in Deutschland wirklich entdeckt; nicht zufällig beginnt nun auch eine politische Theorie wirksam zu werden, die im Sinne des späten Foucault das Sexuelle nicht als naturgegeben betrachtet, sondern als etwas Schöpferisches; als etwas, das erfunden – oder wie man dann sagt: «konstruiert» – ist und das es immer wieder neu zu erfinden, zu konstruieren und zu dekonstruieren gilt.

Aids als ein Motor für die sexuelle Befreiung: Ich bin mir im Klaren darüber, dass diese Feststellung auch frivol wirkt angesichts des unermesslichen Leidens, das die Krankheit in den achtziger und auch noch neunziger Jahren über schwule Männer gebracht hat; angesichts der Ängste, die positive Aids-Diagnosen erzeugen, die in dieser Zeit immer noch gleichbedeutend mit Todesurteilen sind; angesichts der Diskriminierung, die schwule Männer durch die Öffentlichkeit erfahren und viele auch durch ihre Familien, für die ein an Aids erkrankter oder gestorbener Sohn vor allem eine Schande bedeutet. Diese Erfahrung hat eine ganze Generation traumatisiert, das hat Martin Reichert in seinem schon mehrfach zitierten Buch «Die Kapsel» eindrucksvoll dargelegt.

Aids als ein Motor für die sexuelle Befreiung: Das heißt auch, dass sich hier ein weiteres Beispiel dafür findet, wie Emanzipation und Befreiung in den achtziger Jahren vielfach zusammenhängen mit Angst. Der Widerstand gegen eine als ungerecht empfundene Welt erwächst – anders als noch in den utopischen sechziger Jahren und wenigstens in Teilen der Siebziger – nicht aus dem positiven Willen zur Veränderung der Welt, aus einer Verfassung, die sich als innovativ und avantgardistisch begreift. Sondern aus der Angst vor einer kommenden oder schon eingetretenen Katastrophe, aus der Angst vor dem Atomkrieg und dem Super-GAU in Atomkraftwerken, aus der Angst vor dem Kollaps der Ökosysteme und eben aus der Angst vor der Aids-Epidemie, aus der Angst vor der staatlichen Repression, die auf diese Epidemie folgt und mit der neuerlichen Stigmatisierung einer Minderheit verbunden ist, die sich bereits für befreit gehalten hat.

Der Kampf gegen Aids ist ein Kampf gegen die Angst – und auch ein Kampf gegen die Scham. Darum, so schreibt der französische Philosoph Jean-Paul Aron kurz vor seinem Aids-Tod 1988 in einem Text für die Zeitung «Le Nouvel Observateur», habe ihn das Schweigen seines einstigen Weggefährten Foucault auch so verstört. «Foucault war ein Mensch der Sprache, des Wissens und der Wahrheit, keineswegs des Erlebens und des Empfindens. Auch er war homosexuell, schämte sich dessen, lebte es aber dennoch manchmal auf unvernünftige Weise aus. Sein Schweigen angesichts der Krankheit hat mich aufgebracht, weil es einem Schamgefühl entsprang, es war nicht das Schweigen eines Intellektuellen. Das widersprach so sehr all dem, was er verfochten hatte!»

15. KAPITEL

·· • · ·

WIR SIND ALLE CYBORGS: ARNOLD SCHWARZENEGGER UND DIE ERFINDUNG DER GENDER STUDIES

Die Achtziger sind also auch ein Jahrzehnt der Körper und der Körperpolitik, ihre stärksten Symboliken entfalten sich an besonderen, ungewöhnlich bekleideten oder entkleideten Körpern, an kunstvoll verwahrlosten, gestylten, geschmückten oder sonst wie zeichenhaft zugerichteten Körpern. Zu ihren prominentesten Heldinnen und Helden zählen Zombies und Pornodarstellerinnen; ihre markantesten Bilder stammen von entblößten und verwesenden Körpern, von Körperöffnungen und geöffneten Körpern und von den Körpern von Menschen, die sich auf keine eindeutige sexuelle Identität festlegen lassen wollen. In den Achtzigern wird der Körper zum Objekt des unablässigen Trainings, der Optimierung und Fitness – während der ausgemergelte Körper der Aids-Kranken zum Menetekel einer vom Untergang bedrohten Gesellschaft gerät.

Eine bestimmte Art von Körpern haben wir in diesem Zusammenhang bisher nicht betrachtet. Dabei handelt es sich um solche, die nicht mehr eindeutig der Biologie, dem Leben oder der Natur zuzuordnen sind. Es sind vielmehr technisch veränderte, verbesserte, therapierte, am Leben erhaltene Körper – oder auch Körper, die vollkommen technisch konstruiert sind. Der bekannteste von ihnen stammt aus dem Jahr 2029, mit Hilfe einer Zeitmaschine reist er in das Los Angeles des Jahres 1984. Es geht in diesem Fall um einen kybernetischen Organismus – kurz: Cyborg –, also um einen technischen Körper, der mit Haut, Haaren und anderem Zellmaterial überzogen ist und deswegen so aussieht wie ein Mensch. Freilich verfügt er über viel größere Kräfte; dafür ist seine Mimik extrem eingeschränkt, und sein Sprachvermögen besteht nur aus wenigen Sätzen.

«Terminator» heißt dieser Cyborg, und in dem gleichnamigen Film aus dem Jahr 1984 durchstreift er die Gegenwart, um eine unschuldige junge Frau zu exekutieren, die – was sie natürlich nicht weiß – eines Tages die Mutter eines Jungen sein wird, der wiederum noch später als erwachsener Mann die Befreiungsarmee der Menschen gegen einen totalitären Roboterstaat anführt. Von diesem wird der Terminator entsandt, um durch Tötung der Mutter die Zeugung des Guerilleros zu verhindern. Der Cyborg sieht also aus wie ein Mensch, aber er bewegt sich roboterhaft und stoisch; er reagiert nicht auf seine Umwelt, sondern schlägt und schießt sich durch diese hindurch; er verhält sich wie ein Computerprogramm, das – wir erinnern uns an die lobenden Worte des Hobbyprogrammierers aus der ebenfalls 1984 erschienenen Fernsehreportage «Computerfieber» – sein Ziel «mit exakter Logik, mit mathematischer Genauigkeit» verfolgt, ohne irgendwelche Erwägungen von Für und Wider, ohne jede Rücksicht auf Mehrdeutigkeiten.

Der Terminator wird von Arnold Schwarzenegger gespielt, der zwei Jahre zuvor seine erste Hauptrolle in einem Hollywood-Film erhalten hat. In «Conan der Barbar» ist er als gestählter Krieger in einer archaischen Fantasy-Welt zu sehen. Schon hier sagt er nur wenige Sätze auf, und sein Muskelspiel ist weit ausdrucksvoller als seine Mimik – insofern erscheint es nur folgerichtig, ihn in «Terminator» gleich als sprach- und gefühllose Maschine zu besetzen. Der Film wird ein enormer Erfolg, in gewisser Weise verbindet sich darin die Fitnesskultur der achtziger Jahre mit der entstehenden Technokultur der Programmierer und Hacker; die Lust am sport-

In dem Film «Terminator» von 1984 spielt Arnold Schwarzenegger einen Maschinenmenschen, der aus dem Jahr 2029 in die Gegenwart reist. Cyborgs – kybernetisch-organische Mischwesen – werden in den Achtzigern zu Symbolfiguren für eine kommende Zeit, in der die Grenzen zwischen Natur und Technik verschwimmen.

lich optimierten Körper wird mit den Versprechen der technischen Optimierung der Biologie versehen. Der titelgebende Cyborg wird zum Inbegriff einer neuen Generation von Wesen, die aussehen wie Menschen, aber in Wahrheit technisch optimierte Maschinen sind – oder auch Wesen, bei denen das Menschliche und das Maschinelle sich nicht mehr voneinander trennen lassen.

Natürlich ist Schwarzeneggers Terminator nicht der erste Cyborg, der die Bühne der Science-Fiction betritt. In der Literatur gibt es diese Figuren schon seit den Vierzigern. In Edmond Hamiltons Pulp-Roman-Serie «Captain Future» ist der wichtigste Begleiter der weltraumbereisenden Hauptfigur ein körperloses Gehirn, das in einem Tank lebt und über elektrische Sensoren und einen Sprachprozessor mit seiner Umwelt kommuniziert – wobei Hamiltons Abenteuergeschichten jahrzehntelang weithin vergessen waren, bis man sie Anfang der Achtziger dank einer japanischen Zeichentrickversion wiederentdeckt, die auch in den USA und in Deutschland im Fernsehen läuft. Und natürlich ist der schwarz gewandete Bösewicht aus George Lucas' «Star-Wars»-Filmen, Darth Vader, nichts anderes als ein Cyborg: Der zerstörte Körper des gefallenen Jedi-Ritters kann nur dank einer kybernetischen Rüstung überleben, zu der unter anderem eine Lungenmaschine gehört. Im zweiten Teil der «Star-Wars»-Saga, «Das Imperium schlägt zurück» aus dem Jahr 1980, wächst Darth Vader von einer mythisch-abstrakten Figur zu einem eigenständigen Charakter heran – spätestens im Finale des Films, als er dem jugendlichen Helden Luke Skywalker erklärt: «Ich bin dein Vater, Luke.»

Die komplexeste Cyborg-Geschichte des Jahrzehnts findet sich aber ohne Frage in dem Film «Blade Runner» aus dem Jahr 1982 (nach Philip K. Dicks wiederum schon 1968 erschienenem Roman «Träumen Androiden von elektrischen Schafen?»). Darin begleiten wir einen Kopfgeldjäger im Los Angeles des Jahres 2019; er soll gefährliche Maschinenwesen aufspüren und terminieren. Diese «Replikanten» sind Menschen so ähnlich, dass sie äußerlich von ihnen nicht mehr zu unterscheiden sind. Das Einzige, was ihnen zum wahrhaften Menschsein fehlt, sind Gefühle; doch ob ein Wesen wahrhaft etwas fühlt oder nicht, lässt sich nur mit Hilfe eines komplizierten Tests ermitteln. Und auch wenn die Replikanten nicht darauf programmiert sind, so beginnen sie doch nach längerer

Laufzeit, Gefühle zu entwickeln. Dank implementierter, falscher Erinnerungen wissen manche von ihnen auch gar nicht, dass sie künstliche Wesen sind. So hat es der Held des Films, gespielt von Harrison Ford, immer wieder mit der Frage zu tun, ob er gerade einer Maschine oder einem Menschen gegenübersteht. Schließlich verliebt er sich in eine Replikantin, die er eigentlich doch töten sollte; und einer der Maschinenmenschen sucht seinen Erbauer auf, um sich für seine innerlich zerrissene, paranoide Existenz an ihm zu rächen.

Während der Cyborg in «Terminator» also die Zeugung des jugendlichen Helden zu verhindern versucht, ist der Cyborg in «Star Wars» selber für diese Zeugung verantwortlich, und der Cyborg in «Blade Runner» rächt sich für seine eigene Zeugung, indem er seinen Vater ermordet. Die Achtziger sind auch ein Jahrzehnt der Faszination für ödipale Komplexe; ich komme an späterer Stelle noch einmal darauf zurück.

Vor allem betritt mit dem Cyborg eine Heldenfigur die Bühne der Popkultur, die ihrem Wesen nach nicht eindeutig, nicht identisch, ambivalent ist. «Cyborgs sind kybernetische Organismen: Hybride aus Maschine und Organismus, die Welten bevölkern, die vieldeutig zwischen natürlich und hergestellt changieren», schreibt die US-amerikanische Wissenschaftstheoretikerin Donna Haraway 1985 in ihrem vielgelesenen «Manifest für Cyborgs». Für sie ist der Cyborg darum ein Spiegel der allgemeinen menschlichen Existenz ihrer Gegenwart: «Im späten 20. Jahrhundert, in unserer Zeit, einer mythischen Zeit, haben wir uns alle in Chimären, theoretisierte und fabrizierte Hybride aus Maschine und Organismus verwandelt, kurz, wir sind Cyborgs. Cyborgs sind unsere Ontologie.» Denn nicht nur in der zeitgenössischen Science-Fiction wimmele es von ihnen, so Haraway, auch «die moderne Medizin ist voller Cyborgs, Verkopplungen aus Organismus und Maschine, in denen beide als programmierbare Geräte erscheinen, die mit einer Intimität und einer Macht miteinander verbunden sind, wie sie die Geschichte der Sexualität nicht hervorzubringen vermochte».

Im Cyborg verschwimmen also Gegensätze, die bis dahin unüberwindlich schienen: Das gilt für jenen zwischen Mensch und Maschine ebenso wie für den – allgemeineren – Gegensatz zwischen Natur und Technik oder Natur und Kultur. Was nun aber, so Haraway, nichts anderes heißt, als dass mit dem Aufstieg der Cyborgs zu einer kultur- und gesellschaftsbestimmenden Macht auch der Gegensatz zwischen dem Weiblichen und dem Männlichen in Frage steht. Damit sind Cyborgs, obwohl sie aus den Feldern des Militärischen und Maskulinen stammen, auch Protagonisten und Protagonistinnen der sexuellen Emanzipation und des Feminismus. «Cyborgs sind Geschöpfe einer Post-Gender-Welt», schreibt Haraway in ihrem «Manifest für Cyborgs»: Sie sind Geschöpfe einer Zeit, in der man sich vom Glauben an den «biologischen Determinismus» verabschiedet hat, also vom Glauben daran, dass die Identität eines Menschen durch die Biologie festgelegt ist, durch die natürliche – sexuelle oder rassische – Bestimmung des Körpers. In der neuen Cyborg-Welt der Hybriden und Chimären ist es mit jeglicher Art der unhinterfragbaren Identität vorbei.

Man gelange generell zu der Überzeugung, dass Identitäten «widersprüchlich, partiell und strategisch» seien. Auch das sexuelle Geschlecht habe sich als Ergebnis einer «sozialen und historischen Konstitution» erwiesen, sodass es «keine Grundlage mehr für einen Glauben an eine ‹essentialistische› Einheit» biete. Daraus folgert Donna Haraway: «Es gibt kein ‹Weiblich›-Sein, das Frauen auf natürliche Weise miteinander verbindet. Es gibt nicht einmal den Zustand des Weiblich-‹Seins›. Dieser ist selbst eine hochkomplexe Kategorie, die in umkämpften sozialwissenschaftlichen Diskursen und anderen sozialen Praktiken konstruiert wurde.» Im «Manifest für Cyborgs» wird mithin zum Thema, was seine Autorin selber als «postmoderne Identität» bezeichnet: eine von «Andersheit und Differenz ausgehende Form» der «brüchigen Identität».

Damit wendet sich Haraway gegen jene Spielarten des Feminismus, die seit den siebziger und auch noch in den achtziger Jahren wesentlich das Selbstverständnis weiter Teile der Frauenbewegung bestimmen: also gegen den Differenz-, Öko- oder auch spirituellen Feminismus, der für sämtliche Fehlentwicklungen der Zivilisation das männliche, mechanistische, rationale Denken und die technische Ausbeutung der Natur verantwortlich macht – und dagegen das weibliche, emotionale, intuitive Denken setzt, das in ganz unentfremdeter Weise innig mit der Natur verbunden sein soll.

Die wichtigste Theoretikerin dieser Bewegung, Carolyn Merchant, legt 1980 in ihrem Buch «The Death of Nature. Women, Ecology, and the Scientific Revolution» dar, warum die Wurzeln allen Übels in der westlichen Aufklärung und der Entstehung der experimentellen Naturwissenschaften liegen. Als das mechanistische Weltbild von Forschern wie Francis Bacon und Isaac Newton zur Grundlage der Zivilisation wurde, sei damit zugleich das «ganzheitliche Denken», das die Erde als Mutter betrachtet, unterdrückt und ausgelöscht worden. Die gewaltsame Unterwerfung der Natur durch die männliche Technik ist für Merchant eine ins Planetarische gewendete Variation der Vergewaltigung von Frauen durch Männer.

Diese Art der ganzheitlich-ökofeministischen Kritik eines universalen patriarchalisch-technischen Ausbeutungszusammenhangs erfreut sich in den achtziger Jahren insbesondere auch in den feministischen Arbeitsgruppen der Grünen in Deutschland großer Beliebtheit. So wird etwa 1986 auf dem Kölner Kongress «Frauen & Ökologie. Gegen den Machbarkeitswahn» des grünen Arbeitskreises Frauenpolitik ein vollständiger «Ausstieg der Frauen» aus dem männlich-kapitalistischen Wirtschafts- und Technologiesystem gefordert. Durch Subsistenzwirtschaft und Selbstversorgung sollen sich Frauen «von den globalen kapitalistischen Märkten abkoppeln und aus den herrschenden gesellschaftlichen Naturverhältnissen ausklinken», wie die Soziologin Christa Wichterich diesen Ansatz rückblickend zusammengefasst hat.

Diese vollständige Verweigerung gegenüber den herrschenden Verhältnissen und ihrer technischen Produktionsmittel mitsamt der Utopie eines Rückzugs in eine vormoderne, archaische, naturnahe Welt ähnelt jener, die wir bereits in Form der grünen Fundamentalopposition gegen die Computertechnologie kennengelernt haben. Vertreter des Chaos Computer Clubs wandten ein, dass die Verweigerung gegen technische Innovationen letztlich nur die «Herrschaftspolitik» unterstütze, die sich diese Innovationen als «Herrschaftsinstrumente» zunutze mache. Ebenso wird auch der Öko- und spirituelle Feminismus schon in den achtziger Jahren dafür kritisiert, dass seine «pauschale Technikfeindlichkeit» – so noch einmal Christa Wichterich – letztlich nur «vorkoloniale und vorkapitalistische Gesellschaften idyllisiere». Und mehr noch: Mit der Gegenüberstellung von «ganzheitlichen, emotionalen, intuitiven» Frauen und «rational-mechanistischen» Männern wird letztlich nur jener scheinbar unverrückbare Geschlechterdualismus reproduziert, auf dem die Herrschaft des Patriarchats gründet.

Der überkommene Ökofeminismus ist also seinem Wesen nach antimodern – während die Spielart des Feminismus, die Donna Haraway in ihrem «Manifest für Cyborgs» entwirft, auf euphorische Weise hypermodern sein möchte. Es gehe darum, die technische Erweiterung und Optimierung von Körpern zu «genießen» und als Mittel der Befreiung zu begreifen, schreibt Haraway.

«On ne naît pas femme: on le devient», so hat es schon etwas mehr als dreißig Jahre zuvor Simone de Beauvoir formuliert, im ersten Satz ihres Buches «Das andere Geschlecht». «Man kommt nicht als Frau zur Welt, man wird es», heißt es in der deutschen (unfreiwillig maskulinisierenden) Übersetzung, und weiter: «Kein biologisches, psychisches, wirtschaftliches Schicksal bestimmt die Gestalt, die das weibliche Menschenwesen im Schoß der Gesellschaft annimmt. Die Gesamtheit der Zivilisation gestaltet dieses Zwischenprodukt zwischen dem Mann und dem Kastraten, das man als Weib bezeichnet. Nur die Vermittlung eines Anderen vermag das Individuum als ein Anderes hinzustellen.»

Der berühmte Satz von Beauvoir steht auch am Beginn eines feministischen Essays, der kurz nach Haraways «Manifest für Cyborgs», im Jahr 1986, erscheint. In ihren «Variationen über Sex und Gender» geht die damals dreißigjährige US-amerikanische Philosophin Judith Butler der Frage nach, wie sich die «Gestaltung» der sexuellen Identität durch die «Gesamtheit der Zivilisation» zu den körperlichen Gegebenheiten verhält, die Menschen – scheinbar vor jeglicher kultureller Prägung – als männlich und weiblich identifizieren. Aus der anatomischen Prägung entspringt, was man als biologisches Geschlecht oder auch «Sex» bezeichnet; auf der anderen Seite steht das kulturelle Geschlecht: «Gender».

Die begriffliche Unterscheidung von Sex und Gender findet sich vereinzelt schon seit den sechziger Jahren in soziologischen Texten. Zum ersten Mal systematisch ausgearbeitet wird sie 1975 in einem Essay der feministisch-lesbischen Theoretikerin Gayle Rubin. In ihrem Essay «The Traffic in Women» beschreibt sie das «sex/gender system» als «die Vorkehrungen, durch die ein Gesellschaftssystem biologische Geschlechtlichkeit in Produkte menschlicher Aktivität transformiert und innerhalb deren diese transformierten Sexualbedürfnisse befriedigt werden». Nur wenn man diese «Vorkehrungen» analysiere, könne man das ganze Ausmaß der sexuellen Unterdrückung verstehen. Denn diese bestehe ja nicht einfach nur darin, dass Frauen von Männern unterdrückt werden. Vielmehr organisiere sich die Gesellschaft überhaupt um den vermeintlich unverrückbaren Unterschied von Frauen und Männern herum. Dabei werden alle Menschen, ob sie wollen oder nicht, dazu gezwungen, sich einer Seite dieses Gegensatzes zuzuordnen.

Das bedeutet unter anderem, dass ein Menschenwesen, das die anatomischen Merkmale einer Frau besitzt, nur dann als normal gilt, wenn es ein Menschenwesen begehrt, das die anatomischen Merkmale eines Mannes besitzt. Lesben, so Rubin, seien in diesem Sinne gar keine Frauen, weil ihr Begehren sich nicht auf Männer richte – und also auch nicht auf die biologische Reproduktion der Gattung und deren kulturelle Institutionen wie Ehe und Familie. So stünden Lesben – und alle anderen Menschen, deren Begehren nicht den Vorgaben der heterosexuellen Matrix folgt – außerhalb des angeblich allumfassenden sexuellen Dualismus.

Mithin werden sie von den herrschenden patriarchalischen Strukturen ebenso unterdrückt wie von den Vertreterinnen des spirituellen, Differenz- und Öko-Feminismus, die behaupten zu wissen, worin die «Natur der Frau» besteht. Ihnen hält Gayle Rubin entgegen: «Wir werden nicht als Frauen unterdrückt. Wir werden dadurch unterdrückt, dass wir Frauen sein müssen. Die feministische Bewegung sollte von etwas Größerem träumen als nur davon, die Unterdrückung von Frauen zu beenden. Sie sollte davon träumen, alle obligatorischen Sexualitäten und sexuellen Rollen zu überwinden. Der Traum, den ich am dringlichsten finde, ist der von einer androgynen und Gender-losen (wenn auch nicht Sex-losen) Gesellschaft, in der die sexuelle Anatomie eines Menschen keine Rolle dafür spielt, wer man ist, was man tut und mit wem man Liebesbeziehungen eingeht.»

Judith Butler schließt 1986 an diese Gedankengänge an. Doch versucht sie, ihre Kritik am «sex/gender system» noch weiter zu treiben. Für sie greifen Autorinnen wie Simone de Beauvoir und Gayle Rubin zu kurz, wenn sie beschreiben, wie biologische Geschlechtlichkeit in gesellschaftliche Zwangsverhältnisse transformiert wird – denn dabei, so Butler, gehen auch sie immer noch davon aus, dass es natürliche Unterschiede gibt, die den kulturellen Unterschieden vorausliegen. Wenn man in dieser Weise «Gender als kulturelle Interpretation von Sex definiert», dann reproduziert man Butler zufolge nur ein weiteres Mal den überkommenen Gegensatz zwischen Biologie und Technik, zwischen Natur und Kultur – in dem ja wiederum nichts anderes steckt als der Gegensatz zwischen dem Weiblichen und dem Männlichen, den die feministische Theorie überwinden sollte. Darum möchte Butler stattdessen zeigen, dass die Behauptung, es gäbe einen «natürlichen» sexuellen Unterschied zwischen den Menschen, nichts anderes als eine kulturelle Zuschreibung ist. Demnach existiert in Wahrheit keine «reine Natur» – es sei denn, die Menschen kommen zu einem bestimmten Zeitpunkt in einer bestimmten Kultur überein, etwas zu einer reinen Natur zu erklären.

Man sieht die Verbindungen zwischen dem Gedankengebilde Judith Butlers und dem Donna Haraways, auch wenn Butler sich an keiner Stelle in ihrem Text ausdrücklich auf das «Manifest für Cyborgs» bezieht. Doch liegt auch ihrer Theorie die Diagnose zugrunde, dass die Grenzen zwischen dem Natürlichen und dem Menschengemachten, zwischen der Natur und der Kultur verschwimmen. Oder besser gesagt: dass diese Grenzen schon immer künstlich errichtet wurden, was man aber erst jetzt, in der anbrechenden Ära der Technisierung des Lebens, zu begreifen beginnt.

Butler möchte sexuelle Identitäten jeglicher Art als Ergebnis von «Konstruktionen» beschreiben – nicht zufällig wählt sie dafür einen Begriff, der aus der Sphäre der Technik und der Ingenieurswissenschaften kommt. Konstruiert werden ja nicht Körper und Organismen, sondern Schaltkreise und Maschinen. In der modernisierten Variante der feministischen Theorie, die Judith Butler hier vorschlägt, ist die sexuelle Identität also etwas Technisches; aber damit eben auch etwas, das jederzeit umgebaut oder neu konstruiert werden kann. «Frauen haben keine Essenz, kein Wesen», so beschließt sie ihre «Variationen über Sex und Gender», «und dementsprechend haben sie auch keine natürliche Bestimmung. Tatsächlich ist das, was wir als Essenz oder als materielles Faktum beschreiben, lediglich eine forcierte kulturelle Option, die sich selber als natürliche Wahrheit verschleiert.»

Vier Jahre später, 1990, erscheint Judith Butlers Buch «Gender Trouble». Dieses macht sie zu einem akademischen Star und trägt wesentlich zur Durchsetzung der neuen wissenschaftlichen Disziplin der «Gender Studies» bei, deren Wirkung bis in unsere Gegenwart reicht. Die Entwicklung dieser Theorie nachzuzeichnen, ihre inspirierende Kraft, aber auch die vielfältigen Einwände dagegen – das wäre die Aufgabe einer Untersuchung, die sich den gedanklichen und kulturellen Entwicklungen der neunziger und nuller Jahre widmet. Interessant für unsere Zwecke ist einstweilen der Umstand, dass bei Butler ebenso wie bei Donna Haraway mit der naturgegebenen sexuellen Identität auch das Konzept der Identität selber in Frage steht.

Das heißt aber zunächst auch nichts anderes, als dass emanzipatorische Politik neu gedacht werden muss, weil ihr schlicht das vertraute Kollektivsubjekt abhandengekommen ist. Für die traditionelle Frauenbewegung, für den spirituellen, Öko- und Differenz-Feminismus, war es selbstverständlich, dass das politische Ziel in der Befreiung der Frauen von patriarchaler Unterdrückung besteht. Wenn es nun die Frau als solche, die Frauen als solche gar nicht gibt – wen gilt es dann zu befreien? «Wer aber ist gemeint, wenn ich von ‹uns› spreche?», fragt Donna Haraway in ihrem «Manifest für Cyborgs». «Welche Identitäten stehen zur Verfügung, um einen so mächtigen politischen Mythos, genannt ‹uns›, zu begründen, und was könnte die Motivation sein, sich diesem Kollektiv anzuschließen?» Das ist nun wieder weit weniger klar, als es in den Siebzigern schon einmal schien.

Für Haraway ergeben sich aus dieser neuen Unklarheit ebenso neue Möglichkeiten des politischen Handelns, etwa wenn mit dem Verschwinden des Kollektivsubjekts «Frau» auch dessen verdrängte Ausschlussmechanismen an Wirkung verlieren. Denn in Wahrheit hat es sich bei «den Frauen», für deren Rechte die ältere Frauenbewegung stritt, nicht nur – wie Gayle Rubin erläutert – wesentlich um heterosexuelle Frauen gehandelt, sondern auch – wie Haraway ergänzt – um weiße Frauen aus der Mittelschicht: «Die Kategorie ‹Frau› schloss alle nicht-weißen Frauen aus, ‹schwarz› negierte alle Nicht-Schwarzen ebenso wie alle schwarzen Frauen», weil die schwarze Emanzipationsbewegung der sechziger und siebziger Jahre von Männern beherrscht wurde und also wesentlich auf die Befreiung von schwarzen Männern abzielte. Im Umkehrschluss bedeutet das: Wenn man die politischen Emanzipationsbewegungen von ihren überkommenen Identitätsbildungen befreit, dann kann man auch denjenigen Menschen eine Stimme verleihen, die bislang mehrfach diskriminiert und aus dem Diskurs ausgeschlossen wurden; dann können sich auch neue Chancen zur Bildung von Koalitionen ergeben und damit eine noch breitere Basis für das politische Handeln. «Affinität statt Identität», heißt das bei Haraway. Mit einem Begriff, den schon Shuhei Hosokawa, der Theoretiker des «Walkman-Effekts», verwendet, der aber erst in unserer Gegenwart wirklich gängig geworden ist, ließe sich sagen: In der Ära der Cyborg-Kultur und der brüchigen Identitäten wird das Verständnis von Emanzipation erstmals intersektional.

So öffnet sich im feministischen Denken der mittleren achtziger Jahre, im Cyborg-Feminismus von Donna Haraway und in der Gender-Theorie von Judith Butler, eine Perspektive, die das identitätskritische Denken von Michel Foucault aufgreift und über es hinausweist. Während Foucault das schöpferische Potenzial der Sexualität betont und die Wonnen der stetigen Selbstneuerfindung, hoffen die Feministinnen auf die Selbstneuerfindung politischer Kollektive im Kampf gegen eine ungerechte Gesellschaft. Es sollen Kollektive sein, in denen die unterschiedlichsten Identitäten und Formen des Begehrens, aber eben auch die unterschiedlichsten Diskriminierungserfahrungen gleichermaßen eine Stimme erhalten und bei aller Verschiedenheit sich doch im gemeinsamen Kampf gleichberechtigt verbinden.

Dass dabei ausgerechnet die Cyborgs als utopische Protagonisten erscheinen, findet Donna Haraway in ihrem «Manifest» selber absonderlich, schließlich sind sie «Abkömmlinge des Militarismus und des patriarchalen Kapitalismus». Aber verbindet sie das nicht gerade mit der Computertechnologie, die dem militärisch-industriellen Komplex entspringt – und die in den achtziger Jahren ebenfalls zum Medium einer befreiten Kommunikation und der wahrhaft demokratischen Aneignung von Wissen zu werden verspricht? «Illegitime Abkömmlinge sind ihrer Herkunft gegenüber häufig nicht allzu loyal», kommentiert Haraway: «Ihre Väter sind letzten Endes unwesentlich.»

Der erste weibliche Cyborg betritt die Bühne der Popkultur am Ende der Achtziger. Es handelt sich um die Geheimdienst-Majorin Motoko Kusanagi. Sie ist die Heldin in dem Manga «Ghost in the Shell», dessen erste Episoden der Zeichner Masamune Shirow 1989 veröffentlicht. In seinem Japan des Jahres 2029 besitzen die Cyborgs nur noch winzige organische Anteile. Ein paar Hirnzellen bergen in einem ansonsten vollständig maschinellen Körper die menschliche Identität. Aber auch diese lässt sich manipulieren, darum muss Motoko Kusanagi nun gegen einen übelwollenden Hacker kämpfen, der alle Cyborgs in seine Gewalt zu bringen versucht. In Shirows Vision taugen die Cyborgs kaum noch als symbolische Figuren für die Befreiung von der Natur; vielmehr versuchen sie, in einer vollständig technisierten Welt den letzten Rest ihrer natürlichen Identität zu verteidigen und zu bewahren.

Donna Haraways utopische Hoffnung findet in «Ghost in the Shell» ihr dunkles Gegenbild: Hier hat sich das militärisch-indus-

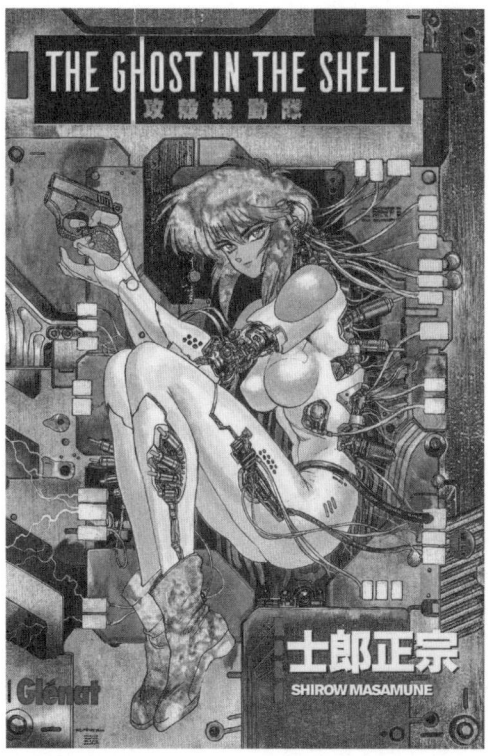

Der erste weibliche Cyborg betritt 1989 die Bühne der Popkultur: In dem Manga «Ghost in the Shell» erzählt der japanische Zeichner Masamune Shirow von einer Maschinenfrau, deren menschliche Identität sich auf wenige Hirnzellen beschränkt.

trielle Patriarchat einmal mehr als Herr der Geschichte erwiesen. Was in dieser Zukunft von den Männern und Frauen, von den Menschen noch bleibt, das sind bloß Geister in Hüllen. Oder um noch einmal Michel Foucault zu zitieren, aus seinem Frühwerk «Die Ordnung der Dinge»: Es ist eine Zukunft, in der die Menschen verschwinden «wie am Meeresufer ein Gesicht im Sand».

TEIL V

ANGST VOR DER ZUKUNFT, BESINNUNG AUF DIE VERGANGENHEIT: WELTFLUCHT UND NEUES GEDÄCHTNIS

16. KAPITEL

· · • · ·

TÖDLICHE STRAHLUNG UND NUKLEARER WINTER: BILDER VOM NAHEN ENDE DER WELT

Nach den Cyborgs müssen wir nun noch ein letztes Mal auf die Zombies zurückkommen. Wir haben gesehen, wie das «Thriller»-Video von Michael Jackson jenem Genre, das in der ersten Hälfte der Achtziger zum bevorzugten Symbol für die Verrohung der Sitten und die Verderbnis der Jugend geworden ist, recht eigentlich erst mit einer jugendfreien Variante zum massenkulturellen Durchbruch verhilft. Wenigstens ebenso groß ist freilich die öffentliche Wirkung eines anderen Zombiefilms, der zwei Wochen vor «Thriller», am 20. November 1983, seine Premiere im Fernsehen erlebt. Die Zombies, die darin gezeigt werden, steigen zwar nicht aus Gräbern empor. Aber auch sie sind lebende Tote, von allen Arten des körperlichen Verfalls ergriffen. Sie schreiten langsam und mit leeren Blicken in langen Reihen hintereinander her, sie haben schwärende Wunden, bluten aus den Genitalien und eitern aus den Gesichtern; die Haare fallen ihnen aus, ebenso wie die Zähne. Sie ernähren sich zwar nicht von Menschenfleisch und auch nicht von menschlichen Gehirnen. Aber sie wollen den Menschen, denen sie begegnen, alles wegnehmen, was diese besitzen; denn sie haben selber nicht einmal das Nötigste, was sie brauchen, um als Untote zu überleben.

«The Day After» heißt der Film, der vom US-amerikanischen Sender ABC ausgestrahlt wird. Über hundert Millionen Zuschauer und Zuschauerinnen sitzen an diesem Abend vor den Geräten, das ist die höchste Einschaltquote, die bis dahin jemals mit einem Fernsehfilm erzielt wurde. Die Zombie-Apokalypse, die hier zu sehen ist, wird von dem Regisseur Nicholas Meyer inszeniert, der zuvor mit dem Science-Fiction-Film «Star Trek II: Der Zorn des Khan» reüssierte. Die Spezialeffekte hat der Designer Robert Blalack erschaffen, der seit dem ersten «Star-Wars»-Film zum Ensemble von George Lucas gehört; 1981 wirkte er an dem Werwolf-Horror-Film «Wolfen» mit.

Auch «The Day After» kann man als eine Mischung aus Science-Fiction und Horror bezeichnen, allerdings handelt es sich um sehr konkrete Zukunftsvisionen und Ängste, die hier in Szene gesetzt werden. Die Zombies sind nämlich die Überlebenden eines Atomkriegs. Nach einer Reihe von nuklearen Explosionen über dem Mittleren Westen der USA irren sie durch die Ruinen der Zivilisation und gehen an den Auswirkungen der atomaren Verstrahlung zugrunde. Hier ist also das passiert, wovor die Anhänger der Friedensbewegung warnen: Aus dem Kalten Krieg der Supermächte USA und UdSSR ist ein heißer Schlagabtausch geworden. Wer von beiden zuerst Atomraketen abgefeuert hat, lässt der Film offen. Man erfährt nur, dass eine Auseinandersetzung um die Vier-Mächte-Stadt Berlin eskaliert ist. Nachrichtensprecher im Radio und im Fernsehen berichten, dass die UdSSR alle Verbindungs- und Versorgungswege in den Westteil der Stadt abgeriegelt hat, woraufhin NATO-Truppen über den innerdeutschen Grenzübergang Helmstedt-Marienborn in die DDR eingedrungen sind, was die sowjetischen Truppen wiederum mit dem Einmarsch in die Bundesrepublik beantwortet haben.

Am Anfang scheint das alles weit weg, denn der Film spielt im US-Bundesstaat Kansas inmitten von riesigen Weizenfeldern. Wir lernen unter anderem die Familie Dahlberg kennen: Der Vater betreibt eine kleine Schweinezucht, die älteste Tochter steht kurz vor ihrer Hochzeit, es gibt eine Auseinandersetzung über die Frage, ob

Der Film «The Day After» zeigt im November 1983 mit drastischen Bildern die Folgen eines Atomkriegs. Feurige Druckwellen fegen ganze Städte davon, die Überlebenden wanken wie Zombies durch die Ruinen und werden zu Opfern der Strahlenkrankheit. Allein in den USA schalten hundert Millionen Fernsehzuschauer ein.

sie mit ihrem Bräutigam schon vor dem kirchlichen Jawort ins Bett gehen darf. Ein Arzt am Universitätskrankenhaus hat angesichts der Weltlage dunkle Vorahnungen und schläft noch einmal mit seiner Frau, bevor er sich auf den Weg zur Arbeit macht. Dann aber öffnen sich plötzlich die geheimen Silos zwischen den Schweinefarmen und unter den Wiesen, und Atomraketen schießen in den Himmel; kurz darauf schlagen die Raketen des Gegners ein. Gewaltige Atompilze erheben sich über der Landschaft. Die bis dahin liebevoll eingeführte Provinzszenerie mit nunmehr flüchtenden Menschen und Autostaus, aber auch mit noch ahnungslos spielenden Kindern wird von einem grellen Blitz überblendet. Die im Feuerball verglühenden Lebewesen – ein Liebespaar in einer letzten Umarmung, eine Mutter mit ihrem Säugling im Arm, ein einsames Pferd auf einer Weide – sind noch für einen winzigen Moment lang als Skelette zu sehen, so als würden sie vom Licht der Bombe geröntgt. Dann fegt eine Druckwelle über das Land und weht Häuser, Straßen, Dörfer und Städte einfach davon.

Filme, die sich mit dem Atomkrieg befassen, gibt es schon seit den fünfziger Jahren, der bekannteste ist wahrscheinlich Stanley Kubricks «Dr. Strangelove or: How I Learned to Stop Worrying and Love the Bomb» aus dem Jahr 1964 («Dr. Seltsam oder: Wie ich lernte, die Bombe zu lieben»). Auch finden sich seit den späten Siebzigern, passend zur allgemein apokalyptischen Stimmung der Zeit, diverse Actionfilme, die in einer nahen Zukunftswelt nach der Zerstörung der Zivilisation spielen, allen voran der enorm erfolgreiche «Mad Max» von 1979. Doch egal, ob es sich um politische, kritische, satirische oder um schlichte Ballerfilme handelt – der Moment der Atombombenexplosion selbst wird durchweg übersprungen. Nicholas Meyer und Robert Blalack sind die Ersten, die dafür nach Bildern gesucht haben. Tatsächlich sind ihre visuellen Metaphern für die Vorstellung vom Atomkrieg prägend geworden: die Skelette im Blitz, die feurige Druckwelle mit den davonfliegenden Häusern, der gewaltige Atompilz über einer weiten Landschaft und einer Straße, auf der Menschen aus ihren liegengebliebenen Autos flüchten.

Nach dem Atomschlag zeigt «The Day After» den rapiden Verfall zivilisatorischer Regeln im Ausnahmezustand: Am Tag nach der Katastrophe gilt das Recht des Stärkeren und besser Bewaffneten, man kämpft gegeneinander um Nahrung und vor allem um Wasser. Weil es keine Elektrizität mehr gibt, behilft man sich mit Kerzen und den letzten noch funktionierenden Taschenlampen, statt in Autos bewegt man sich bald wieder in Pferdekutschen voran. Passend dazu wird an einer Stelle Albert Einsteins in der Friedensbewegung kursierendes Sprichwort zitiert: «Ich bin nicht sicher, mit welchen Waffen der dritte Weltkrieg ausgetragen wird, aber im vierten Weltkrieg werden sie mit Stöcken und Steinen kämpfen.» Der eigentliche monströse, weil noch völlig unvertraute Schrecken geht aber nicht von den anderen Menschen aus, von den Toten oder von den zerstörten Städten und Landschaften – sondern von dem, was man nicht sehen kann: von der atomaren Verstrahlung und von den Krankheiten, die dadurch ausgelöst werden. Den größten Aufwand verwenden die Spezialeffekt-Künstler und Maskenbildner darauf, die Körper der Überlebenden in der zweiten Hälfte des Films allmählich verfallen zu lassen. Büschelweise rupfen sich Strahlenopfer die Haare aus, ihre Haut verfärbt sich und verwest; bald fallen sie in den langsamen, schlurfenden Gang, den man aus Zombiefilmen kennt. Gegen den Gegner, der hier angreift, kann man nicht kämpfen. Denn: «Du kannst es nicht sehen, du kannst es nicht spüren, du kannst es nicht schmecken», sagt einer der Überlebenden, als er die Tochter des Schweinezüchters vergeblich daran zu hindern versucht, aus dem Familienbunker an die verstrahlte Oberfläche zu klettern: «Aber es ist da. Jetzt. Überall. Es geht durch dich hindurch wie Röntgenstrahlen. Einfach so direkt in dich rein.»

Es ist eine interessante Dialektik, die hier am Werke ist. Die visuellen Neuerungen des Zombiegenres, die spektakulären Bilder von gleichermaßen lebenden wie verwesenden Körpern, die die Schaulust des Publikums in den frühen achtziger Jahren so exemplarisch befriedigen und herausfordern – sie werden in «The Day After» gerade dazu gebraucht, die Furcht vor dem Unsichtbaren zu erregen und zu steigern, also die Furcht vor dem, was sich jeder Schaulust entzieht. Die körperlichen Auswirkungen der Strahlenkrankheit sind seit den Atombombenabwürfen über Hiroshima und Nagasaki im Jahr 1945 bekannt. Aber in das Bewusstsein einer breiten Masse gelangen die Schrecken der unsichtbaren Verstrahlung zumindest im Westen erst mit «The Day After».

Dazu gehört auch die Erkenntnis, dass die Folgen eines Atomkriegs unterschiedslos alle Menschen auf der gesamten Welt treffen werden, weil sich ein solcher Krieg nicht lokal oder zeitlich begrenzen lässt. Das steht im Gegensatz zu den Überzeugungen, denen die US-amerikanische Politik anhängt. Seit Ronald Reagan im Januar 1981 in das Amt des US-amerikanischen Präsidenten eingeführt worden ist, folgt seine Militärpolitik der Vorstellung, dass ein Atomkrieg zwar unangenehm ist, aber noch lange nicht das Ende der Menschheit oder auch nur Amerikas bedeuten muss. Man geht davon aus, dass eine atomare Auseinandersetzung sich etwa so organisieren lässt, dass bei einem Atomschlag gegen die UdSSR vor allem und möglichst ausschließlich der russische Teil der Bevölkerung getötet wird – während die nichtrussischen Sowjetbürger in ihren Provinzen und Satellitenstaaten verschont bleiben, sodass sie sich hinterher gegen die Diktatur und Fremdherrschaft erheben können und der Vielvölkerstaat zerbricht. Diese Vision wird bereits Ende der Siebziger von Zbigniew Brzeziński, dem Sicherheitsberater des demokratischen US-Präsidenten Jimmy Carter, entwickelt.

Reagans erster Verteidigungsminister, Caspar Weinberger, gibt 1981 die Devise aus, dass die USA einen Atomkrieg nicht nur überleben, sondern in ihm «die Oberhand behalten» sollten. Sein Berater Thomas K. Jones, der im Pentagon für die Entwicklung strategischer und taktischer Kernwaffen zuständig ist, erläutert im folgenden Jahr in einem Interview mit der «Los Angeles Times», dass die USA einen Atomkrieg leicht überstehen könnten, solange die Bevölkerung nur «genug Schaufeln» besitze: «Dig a hole, cover it with a couple of doors and then throw three feet of dirt on top. It's the dirt that does it», so die Anweisung von Jones an die Bevölkerung. Grab ein Loch, leg ein paar Türen darüber und obendrauf

Krieg der Sterne, jetzt real: Rund eine Billion Dollar gibt Ronald Reagan für die nukleare Aufrüstung aus. «Strategic Defense Initiative – SDI» heißt ein geplantes Abwehrsystem im Weltall, das meist unter dem Namen «Star Wars» firmiert. Mit Laserkanonen im Erdorbit sollen gegnerische Atomraketen beim Anflug auf die USA abgeschossen werden.

eine Schicht Erde, die einen Meter dick ist. «If there are enough shovels to go around, everybody's going to make it.» – «Enough Shovels», genug Schaufeln: Das wird in der US-amerikanischen Debatte zum geflügelten Wort für den politischen Glauben, dass sich ein Atomkrieg überleben lässt. Und dass damit auch die Hemmschwelle sinkt, einen solchen Krieg zu beginnen.

Den einfachen Ratschlägen an die Bevölkerung steht eine hochtechnologische Aufrüstung gegenüber, die während der ersten Amtszeit von Ronald Reagan eine runde Billion Dollar verschlingt. Dazu gehört die Stationierung von atomaren Mittelstreckenraketen in Westeuropa, von denen die ersten im November 1983 im baden-württembergischen Mutlangen aufgestellt werden. Zeitgleich beginnt ein Projekt zur Entwicklung eines Abwehrsystems im Weltall; mit Laserkanonen im Erdorbit sollen gegnerische Atomraketen beim Anflug auf die USA abgeschossen werden. «SDI – Strategic Defense Initiative» heißt dieses Vorhaben, aber der dafür gängig werdende Name ist naheliegenderweise bei jenem Film entlehnt, für den der «The-Day-After»-Designer Robert Blalack seine ersten Spezialeffekte entwickelt hat: «Star Wars».

«The Day After» kommt mitten in dieser Hochphase der US-amerikanischen Aufrüstung heraus. Dass der Film derart hohe Einschaltquoten erreicht, liegt auch an der massiven Werbung, die der Fernsehsender ABC schon Monate vorher dafür betrieben hat. Im Anschluss an die Ausstrahlung werden kostenlose Telefonleitungen freigeschaltet, an denen Psychologen zur Beratung traumatisierter Zuschauer bereitstehen; im Programm diskutieren Politiker und Journalisten aus den unterschiedlichen politischen Lagern darüber, ob man einen Atomkrieg besser durch Ab- oder durch Aufrüstung verhindern kann. Für den ehemaligen US-Außenminister Henry Kissinger tragen die spektakulären Bilder des Films nichts zur Klärung dieser Frage bei. Der General Brent Scrowcroft sekundiert ihm: Nur durch «deterrence», Abschreckung, könne man die Sowjetunion davon abhalten, ihrerseits einen Konflikt eskalieren zu lassen. Dazu würden auch die umfassenden Pläne für den «Ernstfall» gehören, die man für die Bevölkerung ausgearbeitet habe, also: wie man sie im Falle eines Atomschlags am besten in Sicherheit bringt und wie man dafür sorgt, dass sich das Leben danach schnellstmöglich wieder normalisiert. Der Astronom und Astrophysiker Carl Sagan, einer der prominentesten Pazifisten in jener Zeit, widerspricht ihm: Wie man im Film gerade gesehen habe, seien die Konsequenzen einer atomaren Verstrahlung derart dramatisch, dass es danach nicht nur kein normales, sondern gar kein Leben mehr geben werde. Darum seien alle Sicherheitspläne für diesen Fall ohnehin sinnlos.

Tatsächlich ist «The Day After» in den USA das meistdiskutierte Medienereignis des Jahres, im Fernsehen und in der Presse folgen noch viele Debattenbeiträge. An den politischen Einstellungen ändert der Film freilich wenig. In einer Umfrage, die vor und nach seiner Ausstrahlung erhoben wird, plädieren jeweils genauso viele Menschen für oder gegen eine weitere Aufrüstung. Die US-amerikanische Friedensbewegung ist zu diesem Zeitpunkt schon fast völlig in der Bedeutungslosigkeit verschwunden. In Westdeutschland, wo der Film ab Dezember 1983 erst einmal in den Kinos läuft, ist das anders, hier sprechen sich laut Umfragen Ende 1983 rund zwei Drittel der Bevölkerung dafür aus, die Stationierung der US-Atomflugkörper zu verhindern. Doch wird ein Antrag der Grünen, diese Entscheidung von einer konsultativen (also: nicht verbindlichen) Volksbefragung abhängig zu machen, von den anderen Parteien einstimmig abgelehnt.

Die politischen Wirkungen des Films gehen also gegen null. Erfolgreich ist immerhin die von ihm entwickelte Ikonographie. Die Bilder des Feuersturms und der Druckwellen, die Häuser und ganze Städte wie Streichholzkonstruktionen hinwegwehen, gehen in das kollektive Gedächtnis und in die Popkultur ein. Als beliebteste Bilder der Apokalypse lösen sie die abgestorbenen, laublosen Bäume ab, die am Anfang des Jahrzehnts die Angst vor dem Waldsterben illustrieren. So sieht man die feurigen Wellen und vergeblich vor der Strahlung flüchtenden Menschen auch in diversen Musikvideos der folgenden Zeit. Die britische Band Ultravox zum

Beispiel bebildert ihre Single «Dancing With Tears In My Eyes» im Frühjahr 1984 mit einem Film, der sich unmittelbar bei «The Day After» bedient. Zwar ist es hier ein Atomkraftwerk, das nach einer Kernschmelze binnen weniger Minuten in die Luft fliegt. Doch sind die Konsequenzen dieselben: Die Menschen erkennen schockartig, dass ihnen nur noch sehr kurze Zeit bleibt, um ihre Liebsten in die Arme zu nehmen oder all das zu tun, was sie schon immer tun wollten. Also eilt der Sänger der Gruppe, Midge Ure, schnell nach Hause, um einen letzten Blick auf sein kleines Kind zu werfen und sich anschließend mit seiner Frau nackt ins Bett zu legen. Dann rast auch schon die feurige Welle über sie hinweg. Am Ende des Videos sieht man ein paar vergilbte Super-8-Bilder, die die soeben ausgelöschte Familie beim glücklichen Herumtollen im Garten zeigen.

Das Gefühl, dass es mit der gesamten Welt und der menschlichen Zivilisation innerhalb weniger Minuten vorbei sein könnte, wird Mitte der achtziger Jahre zum Spiegelbild auch des ganz normalen jugendlichen Weltschmerzes. Wer sich in der Pubertät befindet, glaubt ja sehr häufig, dass die eigene Existenz nur auf Sand gebaut ist: Jeden Moment könnten die Sirenen heulen, und dann muss man sich fragen, ob man so gelebt hat, wie man es eigentlich wollte. «Two Minute Warning» heißt zum Beispiel ein Stück, das sich auf «Construction Time Again» findet, dem dritten Album von Depeche Mode aus dem Jahr 1983. «Two minute warning / Two minutes later / When time has come / My days are numbered», singt Dave Gahan darin: Nur zwei Minuten dauert die Spanne von der Ausrufung des Ernstfalls bis zu der Erkenntnis, dass die eigenen Tage gezählt sind.

Einen für deutsche Verhältnisse äußerst ungewöhnlichen internationalen Erfolg feiert im selben Jahr die in Westberlin lebende Sängerin Nena, ihr Lied «99 Luftballons» wird sowohl in der deutschen wie auch in einer englischsprachigen Version in den USA zu einem Hit. Hier wird der Atomkrieg durch ein Missverständnis ausgelöst: Ein Luftwaffengeneral hält 99 Luftballons am Himmel für Ufos und schickt 99 Düsenjäger los, um sie abzuschießen; was wiederum 99 «Kriegsminister» anderer Staaten dazu bringt, ihrerseits loszuschlagen. Nach 99 Jahren Krieg streift die Sängerin über das verwüstete Land: «Heute zieh ich meine Runden / seh die Welt in Trümmern liegen / Hab 'nen Luftballon gefunden / Denk an Dich und lass ihn fliegen.»

International weniger erfolgreich, aber inhaltlich wesentlich visionärer ist ein Song, den der deutsche Rocksänger Peter Maffay schon 1982 veröffentlicht hat. Er trägt den Titel «Eiszeit» und befasst sich in melancholisch-pathetischem Ton mit den ökologischen Folgen einer atomaren Auseinandersetzung für den Planeten. «Aschenregen fällt auf uns», heißt es darin, «die Wolken sind so rot»; wenn das «Rote Telefon» versagt, ist es mit uns vorbei: «Eiszeit, Eiszeit / Wenn die Meere untergehn und die Erde bricht.» Wie man sich untergehende Meere vorstellen muss und warum gerade jetzt «Atlantis hochkommt», wie es an anderer Stelle heißt: Das ist bislang das Geheimnis von Maffay geblieben. Seine Befürchtung, dass der kurze heiße Atomkrieg zu einer lange währenden Eiszeit führen könnte, entspricht dagegen der schon seit den siebziger Jahren kursierenden Vorstellung vom «nuklearen Winter». Diese geht davon aus, dass der von Atomexplosionen hochgewirbelte Staub und der Rauch zeitgleich ausbrechender Großbrände die Atmosphäre derart verdunkeln, dass die globale Temperatur um fünfzehn bis fünfundzwanzig Grad sinkt.

Der Astronom Carl Sagan veröffentlicht kurz nach der Ausstrahlung von «The Day After» und der anschließenden TV-Diskussionsrunde in dem Wissenschaftsmagazin «Science» eine Studie über diesen «nuklearen Winter» und seine Konsequenzen. Ausgiebig durchgespielt wird das Szenario in einem Film, der wiederum ein paar Monate später im britischen Fernsehsender BBC ausgestrahlt wird. «Threads» schildert den Ausbruch des Atomkriegs vom

Schauplatz der nordenglischen Stadt Sheffield aus; diesmal ist es die Invasion des Iran durch sowjetische Truppen, die für die Eskalation sorgt. Der Atombombenschlag selbst wird vergleichsweise kurz abgehandelt, es gibt brennende und vom Sturm eingedrückte Häuser zu sehen, aber sonst keine nennenswerten visuellen Effekte. Auch die maskenbildnerische Gestaltung der Überlebenden, die nun von der Strahlenkrankheit hinweggerafft werden, bleibt hinter den von «The Day After» gesetzten Standards zurück. Die optisch schockierendsten Szenen zeigen ein paar verkohlte Köpfe und Extremitäten, die aus den Schuttbergen der zerstörten Stadt hervorschauen.

Das Grauen, das dieser Film zu verbreiten versucht, entspringt nicht der Hitze der Apokalypse, sondern vielmehr der Kälte des Lebens danach. Ein paar Tage nachdem die ersten Überlebenden aus ihren Schutzbunkern und Ruinen gekrochen sind, verdunkelt sich der Himmel, und es wird bitterkalt. Wer nicht an der Strahlenkrankheit oder an einer der ausbrechenden Epidemien stirbt, der erfriert; und wer nicht erfriert, der wird von Plünderern erschossen oder, wenn er selber geplündert haben sollte, von den Kommandos der überall entstehenden Bürgerwehren. Ein Erzähler erläutert aus dem Off in sachlichem Ton, welche Krankheiten nun gerade wieder wie viele Millionen von Menschen dahinraffen. Man sieht, wie ausgemergelte Gestalten über gefrorene Straßen schleichen und sich von Ratten ernähren. Die Hauptfigur des Films, Ruth, bringt ein vor der Katastrophe gezeugtes Mädchen zur Welt. Wie alle Kinder in dieser Zeit lernt die kleine Jane kaum sprechen; als ihre Mutter vor Erschöpfung stirbt, zeigt sie keine Rührung, denn auch Empathie gibt es nicht mehr in dieser Welt. Wenig später wird Jane vergewaltigt, in der letzten Szene gebärt sie ein totes und missgebildetes Baby.

Bei der Premiere von «Threads» im September 1984 schalten knapp sieben Millionen Zuschauer ein; ein knappes Jahr später, zum Jahrestag des Atombombenabwurfs über Hiroshima, wird der Film noch einmal gezeigt. In den USA läuft er im Januar 1985, ergänzt durch eine wissenschaftliche Dokumentation, in der Carl Sagan über den Charakter und die Gefahren des nuklearen Winters aufklärt. Danach verschwindet «Threads» für zwanzig Jahre in den Archiven, in Deutschland ist er bis heute weder im Fernsehen noch im Kino zu sehen gewesen.

Weitaus mehr Menschen erreicht «Red Dawn» (deutsch: «Die rote Flut»), der erfolgreichste US-amerikanische Kinofilm des Jahres 1984. John Milius, der den Film inszeniert, ist als Drehbuchautor für Francis Ford Coppolas Vietnamkriegsfilm «Apocalypse Now» bekannt geworden sowie als Regisseur von «Conan der Barbar», mit dem Arnold Schwarzenegger 1982 der Durchbruch als Schauspieler gelingt. In «Die rote Flut» zeigt Milius, wie sowjetische Truppen in die USA eindringen; vorher haben sie unter anderem Westdeutschland überrannt, weil dort die Partei der Grünen an die Macht gelangt ist und sämtliche Atomwaffen demontieren ließ. Die Sowjets gehen mit großer Grausamkeit vor, sie vernichten die Hauptstadt Washington und andere Metropolen des Landes mit Nuklearwaffen und erschießen jeden, der sich ihnen in den Weg stellt. Allerdings haben sie nicht mit einigen patriotischen Schuljungen gerechnet, die eine Untergrundarmee mit den Namen «Wolverines» – deutsch: Werwölfe – bilden. Diese nimmt den heroischen Kampf gegen die Invasoren auf; schließlich können die Sowjets durch den Einsatz der «freien amerikanischen Streitkräfte» zurückgeschlagen und aus dem Land vertrieben werden. Vorher stirbt aber noch der Anführer der entschlossenen Schuljungen beim siegreichen Angriff auf das sowjetische Hauptquartier den Heldentod. Diese Figur mit dem Namen Jed spielt Patrick Swayze, der wiederum drei Jahre später mit dem Film «Dirty Dancing» zum beliebtesten Teenie-Idol der USA aufsteigen wird.

«Red Dawn» kommt am 10. August 1984 in die US-amerikanischen Kinos, mitten im Präsidentschaftswahlkampf, bei dem sich der konsequente Befürworter einer nuklearen Abschreckungspolitik, Ronald Reagan, um eine zweite Amtszeit bewirbt. Bei den Wahlkampfdebatten geht es aber vor allem um Reagans Überzeugung, dass die Staatsschulden weiter abgebaut werden müssen und dass die Wirtschaft weiter dereguliert werden soll. Die Rüstungspolitik spielt fast keine Rolle – abgesehen von einem scheinbaren Fauxpas, der Reagan einen Tag nach der «Red-Dawn»-Premiere passiert. Bei einer Technikprobe vor einer Rundfunkansprache scherzt er in ein zu früh eingeschaltetes Mikrofon: «Meine Mitbürger, ich teile Ihnen mit Freude mit, dass ich heute ein Gesetz unterzeichnet habe, das Russland für immer für ungesetzlich erklärt. In fünf Minuten beginnen wir mit dem Bombardieren.» Das kann die Sympathie der Amerikaner für ihn nicht schmälern, im Gegenteil, bei den Wahlen im November 1984 gewinnt Reagan gegen seinen demokratischen Herausforderer Walter Mondale mit einer überwältigenden Mehrheit von 58,8 Prozent.

17. KAPITEL

· · • · ·

IST DER FLUXKOMPENSATOR
DIE RETTUNG? REISEN IN
DIE VERGANGENHEIT – UND
ZURÜCK IN DIE ZUKUNFT

Das Jahr 1984 wird als das Jahr der maximalen und multiplen Ängste in die Geschichte eingehen. Mit dem Film «The Day After», der Vollstreckung des NATO-Doppelbeschlusses und der «Mikrophonprobe» von Ronald Reagan erreicht die Angst vor dem Atomkrieg ihren Höhepunkt. Die Angst vor der sich ausbreitenden, immer noch rätselhaften und zu diesem Zeitpunkt namenlosen Aids-Epidemie wächst. Das Waldsterben nimmt zu – die Zahl der durch sauren Regen geschädigten Bäume hat sich seit dem Vorjahr verdoppelt – und entsprechend auch die Angst davor. Zu allem Überfluss entdecken im Frühjahr 1984 Forscher in der Atmosphäre über der Antarktis einen drastischen Schwund des Ozongases, das die Lebewesen auf der Erde vor der schädlichen UV-Strahlung schützt; auch ohne Atomkrieg muss man nun also Angst vor dem baldigen Strahlentod haben. Schließlich kommt in Deutschland noch die Angst vor der Volkszählung hinzu: Verwandelt sich im Orwell-Jahr die gesamte Gesellschaft in einen Überwachungsstaat, der von einem Ministerium der Angst und Lügen regiert wird? Eines der beliebtesten deutschsprachigen Lieder des Jahres trägt den Titel «Ich will raus (Sehnsucht)» und bringt das allgemeine Gefühl der Ausweglosigkeit angesichts der multipel drohenden Apokalypsen auf den Punkt. «Ich weiß nicht, wer ich bin / Wo soll ich denn noch hin, ich habe Angst», klagt der Sänger Purple Schulz, und weiter: «Warum hast du mich geboren / Bevor ich da war, war ich schon verloren / Land der Henker, Niemandsland.» An der dramatischsten Stelle des Songs bricht er in einen markerschütternden Schrei aus: «Ich will nur weg / Ganz weit weg / Ich will raus.» Anschließend fängt Purple Schulz an zu weinen.

Viele wollen nur weg, ganz weit weg, wollen raus, aber wissen ebenso wenig wie Purple Schulz, wohin. Die angsteinflößenden Bedrohungen (abgesehen von der Volkszählung) haben planetarischen Charakter angenommen, damit ist es unmöglich, irgendeinen sicheren Ort auf der Erde zu finden. So bleibt nur die Flucht in die Vergangenheit: Allenthalben – und nicht nur im konservativ wählenden Teil der Bevölkerung – sehnt man sich nun nach der Rückkehr in eine Welt, in der das Leben noch einfacher, übersichtlicher, gesünder, weniger gefährlich ist als in der Gegenwart. Aus der Rhetorik der «Wende», die am Beginn des Jahrzehnts dominiert, entwickeln sich veritable Formen der Vergangenheitssucht und Nostalgie.

Der erfolgreichste deutsche Film des Jahres 1984, «Die unendliche Geschichte», handelt von einem Jungen, der sich bei der Lektüre eines Buchs in der darin beschriebenen archaischen Phantasiewelt Phantásien verliert. Der gleichnamige Roman von Michael Ende, der dem Film als Vorlage dient, steht über das ganze Jahr hinweg immer wieder auf Platz eins der deutschen Bestsellerliste – im Wechsel mit «Der Name der Rose» von dem italienischen Mediävisten und Semiotik-Professor Umberto Eco. Dieser Roman spielt im Jahr 1327 in einer spätmittelalterlichen Benediktinerabtei (und kommt wiederum zwei Jahre später, 1986, in einer enorm erfolgreichen Filmfassung in die Kinos). Auch der meistgelesene feministische Roman in dieser Zeit hat weder mit Cyborgs noch mit der Zukunft oder mit futuristischen Technologien zu tun. Im Gegenteil: In «Die Nebel von Avalon» von Marion Zimmer Bradley reisen die Leserinnen und Leser durch die titelgebenden Nebel der Vergangenheit zurück in ein mythisches, von Magierinnen geführtes Matriarchat – passend zu der Sehnsucht des spirituellen, Öko- und Differenzfeminismus nach vormodern-idyllischen Alternativen zur entfremdeten Herrschaft der Männer und des mechanistischen Denkens.

Noch verlockender wirkt da allenfalls die Vorstellung, durch eine Reise in die Vergangenheit alles das zu korrigieren, was in der Gegenwart schiefläuft. In dem Film «Zurück in die Zukunft», der im Jahr 1985 in die Kinos kommt, hat ein etwas verrückter, aber genialer Wissenschaftler ein Auto zu einer Zeitmaschine umgebaut. Im Heck des Wagens vom Typ DeLorean DMC-12 – eines ohnehin schon futuristisch anmutenden Gefährts mit Flügeltüren – findet sich neben dem Verbrennungsmotor ein Atomreaktor. Die für diesen «Fluxkompensator» benötigten Plutoniumbrennstäbe wurden von einer libyschen Terrorgruppe geliefert; doch hat der Professor sie um die versprochene Gegenleistung geneppt. Kaum ist sein erstes Experiment glücklich abgeschlossen – er hat seinen Hund Einstein in eine einminütig entfernte Zukunft geschickt –, wird er von den erzürnten Libyern angegriffen. Um die Erfindung zu retten, rast sein Assistent Marty McFly mit dem DeLorean dreißig Jahre zurück in die Vergangenheit.

Marty McFly, gespielt von Michael J. Fox, schlägt also plötzlich im Jahr 1955 auf, am selben Ort, an dem er seine Kindheit verbracht hat. Doch befindet er sich ebendort nun in einer anderen, lichteren Zeit. Die Konfrontation der Supermächte hat sich noch nicht zur globalen Bedrohung emporgeschaukelt; die Wirtschaft boomt, und die Menschen sind gut gelaunt und optimistisch. Staunend läuft Marty McFly durch seine Heimatstadt – etwa zehn Jahre vor seiner Geburt. Wo später alles mit großen Parkplätzen und Shoppingmalls zugepflastert wurde, befinden sich noch weite Felder und Wiesen. Der Himmel ist strahlend blau, die Farben der Welt und der Stadt sind pastellen; auf dem freundlichen Platz vor dem Rathaus flanieren fröhliche Familien und Paare; wenn man sich mit seinem Auto einer Tankstelle nähert, springen sogleich vier livrierte Servicekräfte herbei und lesen einem jeden Wunsch von den Augen ab. «Das muss ein Traum sein», sagt Marty McFly zu sich selber, und aus dem Off erklingt dazu ein Popsong, der emblematisch ist für das idyllische Bild der Fünfziger, wie es sich in den folgenden Jahrzehnten etabliert hat: «Mr. Sandman» aus dem Jahr 1954, ein heiterer Chorgesang mit sparsamer Instrumentierung, hier in der Version der Four Aces. «Mr. Sandman, bring me a dream / Make him the cutest that I've ever seen», lieber Sandmann, bring mir einen Traum, mach den süßesten daraus, den ich jemals hatte ...

Zu den ersten Dingen, die Marty McFly bei der Erkundung seiner Geburtsstadt ins Auge fallen, gehört ein Filmplakat für den Western «Cattle Queen of Montana» mit Ronald Reagan und Barbara Stanwyck. Später verblüfft er den Erfinder der Zeitmaschine – den er nun in seiner 1955er-Inkarnation aufsucht, um ihn zurück in die Zukunft zu schicken – mit der Information, dass in seiner Gegenwart Ronald Reagan zum Präsidenten gewählt worden ist. Die Reaktion ist ungläubiges Gelächter: «Ronald Reagan? Der Schauspieler? Ha! Und Jerry Lewis ist Vizepräsident?» Ronald Reagan selbst hat diese Stelle des Films nach eigener Auskunft dermaßen gut gefallen, dass er seinen privaten Kinovorführer anwies, sie ihm mehrfach zu zeigen, und in einer Rede an die Nation aus dem folgenden Jahr zitiert er einen der letzten, besonders pathetischen Sätze aus dem Film: «Roads? Where we're going, we don't need roads.» («Straßen? Wo wir hinfahren, brauchen wir keine Straßen.»)

Tatsächlich hat der ehemalige Cowboy-Darsteller schon in seinem Wahlkampf im Jahr 1980 versprochen, die USA wieder dorthin zurückzuführen, wo man glaubt, in den fünfziger Jahren gewesen zu sein: in einen Zustand, in dem das Land prosperiert und die Verhältnisse übersichtlich und geordnet sind; in dem die traditionellen Familienwerte (family values) mehr zählen als der Individualismus, also etwa auch die Emanzipationsbestrebungen der Feministinnen; und in dem Gesetz und Ordnung (law and order) mehr gelten als die zersetzende Befreiungsideologie der Bürgerrechtsbewegungen. So wie Margaret Thatcher 1979 mit der Ankündigung eines allumfassenden gesellschaftlichen und kulturellen Wandels ins Amt der britischen Premierministerin gewählt wird und in der Bundesrepublik Helmut Kohl mit der Ankündigung einer «geistigen» und «politischen Wende» zum Bundeskanzler wird – so will auch Ronald Reagan sein Land in den Zustand einer goldenen Vergangenheit zurückführen und dabei die Verfehlungen rückgängig machen, die er mit dem entfesselten Jahrzehnt der siebziger Jahre verbindet.

In der Pop- und Gegenkultur stoßen solche politischen Vorstellungen zunächst auf Spott und Widerstand, zumal Reagan seine Beschwörung traditioneller Werte und Gemeinschaftsgefühle mit einem radikalen Abbau sozialstaatlicher Leistungen verbindet. Dass die klassische Familie mit Vater und Mutter wieder ins Zentrum der Politik rücken soll, äußert sich zunächst vor allem dadurch, dass alleinerziehenden Müttern die Zuwendungen gekürzt oder gestrichen werden. Für sie hat Reagan schon bei seiner ersten, damals noch erfolglosen Bewerbung um das Präsidentenamt im Jahr 1976 den Begriff der «welfare queen» popularisiert (unter Helmut Kohl etabliert sich das deutsche Pendant «Sozialschmarotzer»).

Die kalifornische Postpunkband Negativland gehört 1981 zu den Ersten, die den wirtschaftsliberalen Kurs des neuen Präsidenten in musikalischer Form kritisieren. In ihr Stück «The Answer Is» blenden sie einen emblematischen Ausschnitt aus einer Rede ein, in der Reagan stottert: «The problem isn't being poor, the problem is – äh – the answer is ...» Viele Bands der erblühenden Hardcore-

Punk-Szene arbeiten sich in den folgenden Jahren an dem «faschistischen» Regime von Reagan ab. Die kalifornische Gruppe Dead Kennedys widmet ihm eine nicht endende Kette von Songs, die zum Beispiel «Moral Majority» oder «We've Got A Bigger Problem Now» heißen. Die aus New York kommende Band Reagan Youth zieht schon in ihrem Namen eine Parallele zwischen Reagan und Adolf Hitler (beziehungsweise der Hitlerjugend), und in ihrem ebenfalls «Reagan Youth» betitelten Erkennungsstück heißt es: «We are the sons of Reagan ... Heil! / Gonna kill us some pagans ... Heil!» Auch hier wird Reagan also als Retrofigur wahrgenommen, als jemand, der die politische Gegenwart durch eine heroisierte Vergangenheit ersetzen will. Bloß dass es sich aus dieser Perspektive nicht um eine Rückkehr in die Fünfziger, sondern um einen Rückfall in die dreißiger Jahre handelt. Diese Wendung findet sich schon 1981 bei der britischen Band Heaven 17, die in dem Song «We Don't Need That Fascist Groove Thang» Reagan und Margaret Thatcher als Doppelinkarnation von Hitler tituliert.

So stehen sich der Punk und Postpunk der frühen Achtziger und der vergangenheitsselige Konservatismus von Ronald Reagan diametral gegenüber – einerseits. Andererseits wird auch die Popmusik während der ersten Amtsperiode von Ronald Reagan (wie von Margaret Thatcher und Helmut Kohl) zunehmend nostalgisch. War sie am Beginn des Jahrzehnts noch stark vom elektronischen Modernismus geprägt, von neuen Klängen, Instrumenten und Produktionsweisen, folgt auch hier nun ein kollektiver Rücksturz in vergangen geglaubte Epochen. Der erfolgreichste Musikfilm des Jahres 1984 ist «Footloose». Darin spielt Kevin Bacon einen gegen ein Tanzverbot in seinem Dorf aufbegehrenden Rock-'n'-Roll-Teenager – und ruft dabei originalgetreu die Rebellionsikonographie klassischer James-Dean-Filme aus den Fünfzigern auf. Zu den erfolgreichsten britischen Popstars der früheren und mittleren Achtziger gehört Shakin' Stevens, der mit Beckenschwung und

Die New Yorker Punkband Reagan Youth sieht Ronald Reagan als Wiedergänger von Adolf Hitler. In ihrem ebenfalls «Reagan Youth» betitelten Erkennungsstück heißt es: «We are the sons of Reagan ... Heil! / Gonna kill us some pagans ... Heil!»

pomadisierter Tolle wie eine Reinkarnation von Elvis Presley in seiner frühen Rockabilly-Phase wirkt.

Generell wächst die Rockabilly-Kultur der Fünfziger im Verlauf des Jahrzehnts zu einer neuen Referenzgröße in den «Style Wars» der distinktionswilligen Jugend heran. Die beliebteste Band dieser Szene, die Stray Cats, verbindet die Ruppigkeit des Punkrock mit jener des frühen Rock 'n' Roll, wie man sie etwa bei Eddie Cochran und Gene Vincent findet. Auch George Michael, der Anfang der

Achtziger mit dem Elektropop-Duo Wham! bekannt geworden ist, beginnt seine Solokarriere 1987 mit einem Video, in dem er mit Lederjacke und -handschuhen als Gene-Vincent-Wiedergänger posiert und die Musik scheinbar von einer Vintage-fünfziger-Jahre-Wurlitzer-Jukebox abspielen lässt; das dazugehörige Stück trägt den Titel «Faith», Vertrauen. Die junge Madonna entlehnt ihren Stil, ihre Bekleidung, ihre Frisuren und Posen bei der Marilyn Monroe der fünfziger und frühen sechziger Jahre. Und auch der avanciertere Pop wird ab der Mitte des Jahrzehnts von Bands beherrscht, die wie R. E. M. und The Smiths ihre Musik nicht als Soundtrack für die Eroberung der Zukunft verstehen, sondern als Wiedererweckung einer Vergangenheit voller melancholischer Gefühle für unerfüllt gebliebene Träume und – insbesondere bei dem Sänger der Smiths, Morrissey – für untergehende Kulturtraditionen.

Das New Yorker Modemagazin «Esquire» fasst diese Vorgänge im März 1986 zu einer Cover-Story zusammen mit dem Titel «America on the Rerun», Amerika in der Wiederholung. «The Re Decade» heißt der Leitartikel des Kritikers Tom Shales. Darin legt er ausführlich dar, dass die USA sich in einer Epoche des «replay, recycle, retrieve, reprocess and rerun» befänden – als habe die gesamte Nation den Siegeszug der Videorecorder zum Anlass genommen, auch bei den eigenen kulturellen Vorlieben und in der künstlerischen Produktion unentwegt auf die Rückspultaste zu drücken. Aus der «Me Decade» – so beschrieb Tom Wolfe 1976 rückblickend den Individualismus der siebziger Jahre – sei eine «Re Decade» geworden, in der Pop-Helden am liebsten in den Bühnenbildern lange abgelaufener Epochen posieren oder sich der größte weibliche Popstar des Jahrzehnts wie der größte weibliche Kinostar der fünfziger Jahre inszeniert.

«Why is Madonna pretending she's Marilyn?», lautet eine der Fragen, die schon auf dem Cover der «Esquire»-Ausgabe gestellt werden: Warum tut Madonna so, als wäre sie Marilyn? Und eine andere heißt: «Why is Ronald Reagan still our matinee idol?» Zwischen Madonna und Ronald Reagan, das ist die These von Tom Shales, gibt es einen unmittelbaren Zusammenhang. Während die universelle Verfügbarkeit aller vergangenen Kino- und Pop-Epochen durch den Videorecorder dazu geführt habe, dass die Gegenwart im Strudel der Zeiten verschwinde, sei Ronald Reagan der erste US-Präsident, der ganz aus wiederverwerteten Schnipseln alter Heldenfilme bestehe. «Ronald Reagan, Ronald Rerun, Ronald Re-Again; it's so neat, it hurts.» Das ist so reinlich und adrett, dass es wehtut.

Dagegen ist man in dieser Zeit wenig gewillt, noch einen Blick in die Zukunft zu werfen. So wehrt sich die Produktionsfirma von «Zurück in die Zukunft» lange gegen den vom Regisseur Robert Zemeckis vorgeschlagenen Titel – ein Film, der das Wort «Zukunft» im Namen trage, so fürchtet man, könne im zukunftsmüden 1985 nur ein Misserfolg werden. Wobei die Geschichte, die Zemeckis und sein Drehbuchautor Bob Gale erzählen, gerade die Perspektive eröffnet, dass sich mit den richtigen Eingriffen in die Vergangenheit die Zukunft verbessern lässt. Darin wiederholt der Film die erzählerische Konstellation aus «Terminator»; auch die ödipalen Verwirrungen, die daraus resultieren können, spielen eine Rolle.

Gleich zu Beginn haben wir die Familie des späteren Zeitreisenden Marty McFly in der Gegenwart des Jahres 1985 kennengelernt. Martys Vater ist ein schwächlicher Mann und ein kläglicher Verlierer; seine Mutter ist deswegen dem Alkohol verfallen; seine Geschwister schlagen sich mit Gelegenheitsjobs durch. Nach seiner Ankunft im Jahr 1955 begegnet Marty sogleich seinen Eltern. Der Vater ist schon damals ein «loser»; die Mutter verliebt sich gleich bei ihrer ersten Begegnung in ihren Sohn. Im Folgenden handelt der Film vor allem davon, wie Marty aus dieser misslichen Verflechtung zu entkommen versucht – und diese zugleich dazu nutzt, seinen späteren Vater an seiner statt mit seiner späteren Mutter zusammenzubringen. Durch allerlei Tricks gelingt es ihm, das Selbstbewusstsein des Vaters derart zu stärken, dass seine Mutter sich in ihn verliebt. Zurück im Jahr 1985, findet er seine Familie in einer völlig veränderten Lage vor: Sein Vater ist ein kerniger und souveräner Typ, den seine suchtfreie Frau glücklich liebt; seine Geschwister führen ein erfolgreiches Leben, und alle gemeinsam wohnen in einem herrlichen Haus.

Neben der Sehnsucht nach vergangenen Zeiten und verblichenen Idyllen hält dieser Film also auch die Botschaft bereit, dass eine als beklemmend und alternativlos erfahrene Gegenwart gar nicht so alternativlos ist, wie sie erscheint. Und dass es Zeitreisende braucht, um kulturelle Erneuerung zu ermöglichen. In diesem Sinne wohnen wir in einer der zentralen Szenen des Films auch der Entstehung des Rock'n'Roll bei. Durch eine Reihe von Verwicklungen kommt es dazu, dass Marty McFly den Gitarristen jener Band ersetzen muss, die bei dem Schulball spielt, auf dem seine zukünftigen Eltern schlussendlich zueinanderfinden sollen. Die Band besteht durchweg aus afroamerikanischen Musikern, während das tanzende Publikum ausschließlich weiß ist, insofern handelt es sich um eine typische Konzertsituation in den USA der fünfziger Jahre. Marty McFly übernimmt die Führung der Band – und spielt auf der Gitarre das Stück «Johnny B. Goode», mit dem Chuck Berry drei Jahre später, 1958, seinen Durchbruch als einer der Gründerväter des Rock'n'Roll erreichen wird. Dabei vollführt Marty zum konsternierten Staunen des Publikums und seiner Mitmusiker auch den «Duck Walk», die von Berry so eindrucksvoll kultivierten Posen und Verrenkungen am Instrument; woraufhin der echte Gitarrist der Gruppe, Marvin Jerry, seinem Cousin Chuck sogleich dazu rät, sich diesen weißen Jungen unbedingt einmal anzusehen. So wird in der Alternativwelt von «Zurück in die Zukunft» also die Erfindung des Rock'n'Roll einem weißen Jungen

In dem Film «Zurück in die Zukunft» bringt der weiße Zeitreisende Marty McFly, gespielt von Michael J. Fox, im Jahr 1955 staunenden schwarzen Musikern einen wilden neuen Stil bei, den sie also offensichtlich nicht selbst erfunden haben: den Rock 'n' Roll.

zugeschrieben, der den schwarzen Musikern – die diese Musik in Wahrheit erfunden haben – zur nötigen Inspiration verhilft. In dieser rassistischen Umdeutung der Popgeschichte spiegelt sich wie in einem Prisma ein ganzes Jahrhundert der weißen Aneignung und Ausbeutung schwarzer Kultur.

Die Motive aus «Zurück in die Zukunft» werden in einer Vielzahl von Filmen variiert. So etwa im vierten Teil der «Star-Trek»-Serie, der ein Jahr später erscheint: Hier muss die Besatzung des Raumschiffs Enterprise aus dem 23. Jahrhundert in das Jahr 1986 reisen, um von dort zwei Wale mit in die Zukunft zu nehmen, denn nur diese Vertreter einer inzwischen ausgestorbenen Art können die Erde vor einer Bedrohung durch Außerirdische bewahren. Der Raumschiffkapitän Kirk profitiert auch in erotischer Hinsicht von der Reise; als geheimnisvoller Fremder gelingt es ihm, das Interesse jener hübschen Meeresbiologin zu erringen, die sich um die Wale kümmert. «Wie kommt es eigentlich, dass so ein nettes Mädchen wie Sie Spezialistin für Meeressäugetiere geworden ist?», fragt er sie bei ihrem ersten gemeinsamen Abendessen, in einem Tonfall, der eher an die fünfziger Jahre des 20. Jahrhunderts erinnert als an die aufgeklärte Zukunft, aus der er kommt. Aber als das «nette Mädchen» dann sieht, dass es sich bei dem Fremden um einen Admiral handelt, der ein Raumschiff voller futuristischer Technik befehligt und dabei auch noch freundlich zu Walen ist – da ist sie natürlich sofort hin und weg. Verglichen mit der ödipalen Konstellation, die sich zwischen Marty McFly und seiner Mutter entfaltet, ist das erotische Verhältnis zwischen Kirk und der Meeresbiologin von eher traditioneller Natur. Man könnte es auch als das Professor-Brinkmann-Modell bezeichnen: Eine junge Frau verliebt sich in einen wesentlich älteren Mann, weil sie diesen ebenso geheimnisvoll wie anziehend reif findet. Nur dass der Mann hier, anders als in der «Schwarzwaldklinik», nicht fünfundzwanzig Jahre älter ist als die Frau, sondern zweihundertfünfzig.

Der bedeutendste deutsche Beitrag zum Zeitreise-Kino kommt zwei Jahre später heraus, 1988. Es handelt sich um den Film «Zärtliche Chaoten II». Darin spielen Thomas Gottschalk und Helmut Fischer zwei Angestellte des Münchener Patentamts im Jahr 2043, die unter dem rigiden Überwachungssystem in ihrer Behörde leiden und insbesondere unter ihrem kontrollwütigen und autoritären Chef. Als ein Erfinder eine Zeitmaschine zum Patent anmeldet, reisen sie damit in das Jahr 1988, um die Zeugung ihres Chefs zu verhindern; begleitet werden sie von dem Putzmann aus ihrem Amt, einem dauerquasselnden albernen Afrodeutschen –

gespielt von Michael Winslow –, der für das Kinokomödienpublikum sämtliche rassistischen Stereotype bedient.

Alle drei landen auf der Urlaubsinsel Gran Canaria, wo sie die künftige Mutter ihres Peinigers mit einer schönen Brünetten verwechseln, die sämtlichen Männern in der Umgebung den Kopf verdreht und schließlich mit Thomas Gottschalk eine Liebesaffäre beginnt. Unterdessen verbringt Michael Winslow seine Zeit damit, ahnungslose Urlauberinnen beim Spiel mit gezinkten Karten abzuzocken und bei Disco-Abenden im Urlaubshotel mit akrobatischen Breakdance-Einlagen zu brillieren. Am Ende macht er sich versehentlich an die eigentlich gesuchte Frau heran und zeugt mit ihr auch prompt ein Kind. Als Gottschalk und Fischer in ihre Herkunftszeit zurückkehren, stellen sie fest, dass sie mit ihrer Intervention in der Vergangenheit alles nur noch schlimmer gemacht haben. Sie haben nach wie vor einen autoritären und kontrollwütigen Chef – doch ist dieser zu allem Überfluss nun auch noch schwarz. Das ist gewissermaßen die schwärzeste Zukunft, die man sich im deutschen Kino der späten achtziger Jahre vorstellen kann.

18. KAPITEL

·· ● ··

FIGHT THE POWER: HIP-HOP ALS KULTUR DER SCHWARZEN SELBST-ERMÄCHTIGUNG UND DER WIEDER-ANEIGNUNG DER GESCHICHTE

Angst vor einem schwarzen Planeten: So könnte man die Schlusspointe dieses bedeutendsten, allerdings auch einzigen Zeitreisefilms im deutschen Kino der achtziger Jahre umschreiben. «Fear of a Black Planet»: So heißt das dritte Album der New Yorker Hip-Hop-Crew Public Enemy, das zwei Jahre später erscheint; die erste Single daraus, «Fight the Power», wird im Sommer 1989 veröffentlicht. Auch diese Musik schlägt einen Bogen aus der Gegenwart zurück in die Geschichte, sie ist durchsetzt mit Motiven aus der Vergangenheit. Doch ist sie – anders als «Zurück in die Zukunft» – nicht von nostalgischen Gefühlen geprägt, sondern von dem Wunsch, die Geschichte der Kultur anders zu erzählen, als sie bislang erzählt worden ist, oder besser gesagt: die Geschichte einer Kultur zu erzählen, die in den offiziellen Historiographien bis dahin gar nicht vorgekommen ist, weil sie zum Schweigen gebracht wurde.

«1989 the number another summer / Sound of the funky drummer», so lauten die ersten Zeilen des Songs, die der Kopf der Crew, Carlton Ridenhour alias Chuck D, im Sprechgesang vorträgt. Wir befinden uns also im Sommer 1989, aber auch in diesem Jahr wird die Musik vom Sound des «Funky Drummer» getragen; dabei handelt es sich um ein Stück des afroamerikanischen Soulsängers James Brown, das seit den Anfängen der Hip-Hop-Kultur in den siebziger Jahren zu ihren wesentlichen musikalischen Leitmotiven gehört. Genau genommen geht es um ein rhythmisches Leitmotiv, denn es ist ein markanter, leicht zu erkennender Rhythmuswechsel – ein Break –, den James Browns Schlagzeuger Clyde Stubblefield in diesem Stück spielt. Als Fragment isoliert, zu Schleifen geflochten und in endlosen «Loops» aneinandergereiht, liegt er nun unter vielen Stücken der Hip-Hop-Frühphase als rhythmisches Fundament. So also auch an dieser Stelle in «Fight the Power» unter dem Gesang von Chuck D.

Und das ist nicht die einzige Referenz an die Vergangenheit. Daneben ist eine schier unüberschaubare Vielzahl an Zitaten aus der afroamerikanischen Musikgeschichte zu hören, während Chuck D vom Kampf gegen den weißen Rassismus und gegen die rassistische Geschichtsschreibung der weißen Popkultur rappt. Es gibt Anleihen aus Soul-, Funk- und Disco-Stücken der sechziger und siebziger Jahre, von Sly & the Family Stone und den Isley Brothers, von Wilson Pickett und Bobby Byrd; man hört einen Ausschnitt aus einer Rede des Predigers und Bürgerrechtlers Jesse James auf dem als «schwarzes Woodstock» titulierten Wattstax-Festival in Los Angeles 1972, aber auch Fragmente aus frühen Hip-Hop-Stücken, etwa aus «Planet Rock» von Afrika Bambaataa & the Soulsonic Force oder aus «AJ Scratch» von Kurtis Blow. Außerdem: Kirchenglocken, Straßengeräusche, Reden und Publikumsbekundungen auf Demonstrationen, verzerrte Gitarren; schließlich ein Selbstzitat aus einem älteren Public-Enemy-Song, «Yo! Bum Rush the Show» vom gleichnamigen Debütalbum aus dem Jahr 1987.

Diese Musik, das ist also: eine Polyphonie aus Beats und nichtmusikalischen Sounds, aus musikalischen und nichtmusikalischen Verweisen auf die Geschichte der afroamerikanischen Kultur und ihres niemals endenden Kampfes gegen die rassistische Unterdrückung. «Most of my heroes don't appear on no stamps», rappt Chuck D: «Sample a look back you look and find / nothing but rednecks for 400 years if you check.» Die meisten seiner Helden wurden nie auf Briefmarken verewigt; wenn man zurückblickt, dann besteht die offizielle Geschichte der letzten vierhundert Jahre nur aus «Rednecks», weißen Männern. «Elvis was a hero to most / But he never meant shit to me you see / Straight up racist that sucker was / Simple and plain»: Elvis Presley, der damals (und noch heute) als Erfinder des Rock 'n' Roll gefeiert wird, als erster großer Rock 'n' Roller – er war nichts anderes als ein weißer Junge, der den Schwarzen ihre Musik gestohlen und es damit zu Reichtum und Ansehen gebracht hat. «Motherfuck him and John Wayne / 'cause I'm black and I'm proud.»

Hip-Hop ist eine Kultur der Selbstermächtigung und des demonstrativen Widerstands gegen eine von Weißen beherrschte, rassistische Gesellschaft. In dem Video zu «Fight the Power», das der Filmregisseur Spike Lee inszeniert hat, posieren die Mitglieder von Public Enemy auf einer Bühne inmitten einer politischen Demonstration von schwarzen Menschen. Die Bilder lassen offen, ob sie als Musiker hier sind oder als Redner oder ob es dazwischen überhaupt einen Unterschied gibt. Durch die demonstrierende Menge patrouillieren soldatisch uniformierte Gruppen von Männern, die in ihrem Habitus an die Militanz der Black-Panther-Bewegung der sechziger Jahre erinnern. «Fight the Power», das heißt hier aber eben nicht nur, dass man eine Polizeimacht bekämpft, die Schwarze drangsaliert. Die Macht – das ist auch die Macht über die Geschichtsschreibung und über die Überlieferung kultureller Traditionen; es ist eine Macht, die etwa Musikgeschichte als eine Kette von Innovationen weißer Superstars erzählt – ganz so, wie in «Zurück in die Zukunft» der weiße Zeitreisende Marty McFly als Erfinder jenes Rock-'n'-Roll-Stils erscheint, der in Wahrheit von schwarzen Musikern wie Chuck Berry entwickelt wurde. Unablässig wird die Geschichte im Sinne der weißen Macht umgeschrieben, das ist eine der Botschaften, die man in «Fight the Power» findet. Diese Umschreibung muss rückgängig gemacht werden, mit den

«Fight the Power», skandiert die New Yorker Hip-Hop-Crew Public Enemy 1989. Hier Flavor Flav (links) und Chuck D (rechts) mit dem Regisseur des gleichnamigen Videos Spike Lee (Mitte). In den Songs von Public Enemy finden sich unzählige Zitate aus der afroamerikanischen Musikgeschichte.

Begriffen unserer Gegenwart würde man sagen: Der kulturellen Aneignung (cultural appropriation) von Typen wie Elvis muss mit einer Gegen-Aneignung (counter appropriation) begegnet werden. Darum trägt einer der Angehörigen von Public Enemy, William Jonathan Drayton Jr. alias Flavor Flav, der den Rapper Chuck D als «Hype Man» mit skandierenden Rufen und publikumsbefeuernden Call-and-Response-Aufforderungen unterstützt, stets eine große Uhr um den Hals: Er will zeigen, was die Stunde geschlagen hat – dass es jetzt darum geht, die Zeit zurückzudrehen und die von der weißen Macht verfälschte Geschichte noch einmal von vorne und neu zu erzählen.

Womöglich entspringt die politische Durchschlagskraft von Public Enemy gar nicht so sehr ihren Texten, sondern vielmehr ihrem Sampling und ihren Sounds. Für den Hip-Hop der späten achtziger und auch noch der frühen neunziger Jahre ist der Gebrauch von Samples – also von Klang- und Musikzitaten, die direkt von der Originalquelle einer Schallplatte übernommen werden – ein wesentliches Kunst- und Produktionsmittel. Besonders erfindungsreich sind die Rapper des sogenannten Native-Tongues-Genres wie De La Soul, Gang Starr und A Tribe Called Quest, die ihre Stücke fast ausschließlich mit Samples aus Jazzstücken grundieren; so wollen sie sich vor ihren musikalischen Ahnen verneigen und vor allem auch deren Erbe in die Gegenwart retten. Die jungen Hörerinnen und Hörer, die auf diese Weise vielleicht zum ersten Mal enger mit dem Jazz, Soul und Funk früherer Generationen in Verbindung kommen, sollen dazu angeleitet werden, tiefer in der Geschichte zu graben («Crate-Diggin» heißt der Begriff, der sich dafür etabliert) und sich die Originale selbst anzuhören. Es geht hier also auch darum, etwas aufzuheben und zu bewahren, das vom Vergessen bedroht ist.

Die Technik des Sampling in ihrer elementaren Gestalt steht denn auch ganz am Beginn der Geschichte des Hip-Hop. Die Wurzeln des Genres liegen in der Disco- und DJ-Kultur der siebziger Jahre; bei den Disco-Partys, die in dieser Zeit zunächst in aufgelassenen Lofts in den New Yorker Innenstadtvierteln gefeiert werden, beginnen die Plattenaufleger damit, ihre Songs so ineinanderzumixen, dass daraus ein endloser musikalischer Fluss entsteht. 1973 übernimmt ein junger DJ, der aus Jamaika kommende Clive Campbell alias DJ Kool Herc, diese Technik zur Erzeugung von Beats. Er spielt auf zwei Schallplattenspielern dasselbe Stück von James Brown – das von Public Enemy in «Fight the Power» eingangs zitierte «Funky Drummer» – und montiert einen Break, einen Rhythmuswechsel, von Clyde Stubblefield dergestalt zu einer endlosen Schlaufe, dass der Beat unaufhörlich zu brechen scheint: dass er sich also in jedem Moment an der Stelle der höchsten Intensität befindet, im Zustand der musikalischen «high energy». Ein Break, das ist der Teil eines Hip-Hop-Stücks, «that grabs you and makes you emotional and wild», so hat es ein anderer Pionier dieser Musik, Afrika Bambaataa, später einmal formuliert: jener Moment, der dich packt und leidenschaftlich und wild werden lässt. Auf den Partys von Kool Herc wird diese Intensität und Wildheit noch dadurch gesteigert, dass er die Musik von einem gewaltigen Soundsystem mit sehr großen Bassboxen abspielt. «Es war wahnsinnig laut, der Sound hat dich schlicht umgeworfen», so hat sich später ein Besucher von Kool Hercs ersten Partys erinnert, «es war wahnsinnig voll, eine reine Schwitzbude, und Herc war am Mikro und rief Sätze wie ‹Rock the House› oder die Namen von Partybesuchern.»

Die von klanglichem Beiwerk weitgehend befreiten rhythmischen Schlaufen laden dazu ein, darüber zu «toasten», wie man damals noch sagt, in Anlehnung an die Sprechgesangstechnik, die sich seit den Fünfzigern auf den jamaikanischen Dancehall-Reggae-Partys etabliert hat. Später wird diese Technik als «Rap» bezeichnet werden. Im Laufe der Siebziger emanzipiert sie sich von der reinen Publikumsaufmunterung zu ausufernden, assoziativen, oft komplex gereimten Texten; auch ist der Rapper bald nicht mehr mit dem DJ identisch, sondern wird zu einer eigenständigen musikalischen Figur. Bei Kool Herc geht es aber einstweilen noch darum, die Besucher und Besucherinnen der Partys zu euphorisieren und zum Tanzen zu bringen: «B-boys are you ready? B-girls are you ready?», ruft er über die Beats. Dann stürzen sich die Break-Boys und die Break-Girls in jene akrobatischen Choreographien hinein, die zunächst als «top rockin'» bezeichnet werden und später als «Breakdance».

Der Begriff Hip-Hop wird ebenfalls Mitte der siebziger Jahre erstmals gebraucht, die Urheberschaft des Ausdrucks ist umstritten. Zu den ersten Benutzern gehört jedenfalls der schon erwähnte Afrika Bambaataa, geboren 1957 in der Bronx unter dem Namen Lance Taylor. Als Sechzehnjähriger hört er zum ersten Mal ein DJ-Set von Kool Herc und wird zu einem begeisterten Anhänger, ab 1977 arbeitet er selber als DJ und veranstaltet Partys. Anders als Herc hat er dabei eine klare politische Perspektive: Er will Jugendliche aus den schwarzen Innenstadtvierteln von der Straße holen. Sie sollen einander nicht mehr mit Waffen bekämpfen, sondern ihre Konkurrenz auf künstlerische Weise austragen, beim Rappen und beim Breakdancen. Oder beim Graffitisprayen, das in den frühen Achtzigern zur dritten wesentlichen Ausdrucksform der Hip-Hop-Kultur wird, in prägender Weise dokumentiert in dem auch in Deutschland vielgesehenen Film «Wild Style!» aus dem Jahr 1982.

Mit Afrika Bambaataa wird Hip-Hop also politisch – auch deswegen, weil er darin den Soundtrack für eine genuin schwarze Kultur sieht, für einen schwarzen Nationalismus im Sinne der Black-Panther-Bewegung. Schon 1975 hat er die Universal Zulu Nation gegründet, eine religiöse, mythische und politische Gemeinschaft, als deren Oberhaupt er bis heute firmiert. «Zulu Nation Throwdown» heißt der erste eigene Track, den Bambaataa 1980 herausbringt. Berühmt über die junge New Yorker Hip-Hop-Szene hinaus wird er dann mit seiner dritten Single, «Planet Rock» aus dem Jahr 1982. Hier werden die inzwischen schon typisch gewordenen Breakbeats erstmals mit elektronischen Rhythmen kombiniert, die Bambaataa und sein Ko-Produzent Arthur Baker mit dem damals gerade auf den Markt gekommenen Roland TR-808 Rhythm Composer erzeugen, einem der ersten programmierbaren Drumcomputer der Geschichte.

Der Sound dieses Stücks wirkt bis heute unerhört futuristisch. Die Beschwörung der afroamerikanischen Tradition verbindet sich mit dem Willen zum Aufbruch in die Zukunft. Zwei zentrale Klangzitate in «Planet Rock» verweisen auf jene Band, die seit ihrer ersten Tournee durch die USA im Jahr 1975 auch dort als Inbegriff der Science-Fiction-Musik und der technischen Fortschrittlichkeit gilt: Kraftwerk aus Düsseldorf. Als Hommage an die Ästhetik der Roboterdeutschen flicht Arthur Baker die Melodie aus ihrer Single «Trans Europa Express» und ein rhythmisches Muster aus dem Stück «Numbers» in «Planet Rock» ein. «Ich wollte das Stück wie einen DJ-Mix komponieren», hat er später erklärt. «Ich wollte so arbeiten, wie ein DJ es tut. Das heißt: Ich wollte aus verschiedenen musikalischen Elementen etwas erschaffen, das etwas Neues ist und in dem die Elemente, aus denen es besteht, doch erkennbar bleiben.» Hier kann man schon die Technik des Sampling erkennen, die am Ende des Jahrzehnts bei Public Enemy zum prägenden künstlerischen Mittel wird. Allerdings übernehmen Bambaataa und Baker die Kraftwerk-Zitate nicht eins zu eins von Schallplatten; vielmehr werden die Melodie von «Trans Europa Express» auf einem Synthesizer nachgespielt und der Beat von «Numbers» auf dem Roland TR-808 nachgebaut. Es handelt sich also nicht eigentlich um Samples, sondern um Zitate in einem traditionelleren Sinn.

Was die Musiker von Kraftwerk freilich nicht daran hindert, umgehend eine Urheberrechtsklage gegen Bambaataa und Baker anzustrengen. Man einigt sich dann zwar außergerichtlich, aber nur gegen eine hohe Beteiligung Kraftwerks an den Einnahmen aus der «Planet-Rock»-Single, von der binnen kurzem immerhin 700 000 Exemplare verkauft werden. «Eine verdammt große Menge Geld haben wir denen zahlen müssen», hat Arthur Baker später gesagt. Womit ein zweiter Aspekt der in den Achtzigern entstehenden Sampling-Kultur ins Blickfeld gerät: die Tatsache, dass es sich bei der Aneignung der Rhythmen und Sounds anderer mithin nicht nur um einen Akt des Zitats oder der Hommage handelt, sondern auch um eine Überführung fremden Eigentums in das eigene Werk, und das heißt möglicherweise: um einen Akt des Diebstahls.

Bis diese Frage zu einem größeren Problem wird, werden allerdings noch einige Jahre vergehen. Die heute gängige Praxis, dass jeder, der etwas sampelt, zuvor die Urheberverhältnisse klärt und entsprechende Lizenzgebühren zahlt, etabliert sich erst in den neunziger Jahren. Große, bis heute beeindruckende Werke wie Public Enemys «Fight the Power» am Ende der Achtziger wären sonst auch gar nicht denkbar gewesen.

Weit über den erblühenden Hip-Hop hinaus wird das Sampling in den Achtzigern zu einer der prägenden Techniken des Pop, was wesentlich auch am Fortschritt in den elektronischen Produktionsmitteln liegt. Ende der Siebziger kommt das erste elektronische Sample-Gerät auf den Markt: Mit dem Fairlight-Synthesizer kann man musikalische Klänge von Schallplatten, aber auch jede andere Art von Geräuschen kopieren und absolut originalgetreu wiedergeben. Zunächst dient dieses Instrument – wie schon seine analogen Vorgänger aus den Sechzigern und Siebzigern, etwa das bei Progressive-Rock-Gruppen beliebte Mellotron – vor allem dazu, Personalkosten zu sparen. Man kann damit zum Beispiel schwelgende Streicher unter ein Arrangement legen, ohne dafür ein Streichorchester engagieren zu müssen. Aber man kann damit auch Sounds nichtmusikalischer Art einbringen. So kommen etwa Depeche Mode mit Hilfe des Fairlight zu den schon an anderer Stelle in diesem Buch erwähnten Kettengerassel- und Peitschenschnalzgeräuschen, die man in Songs wie «Master and Servant» hört, wie auch zu den Beats, die aus metallischem Schlagwerkgedengel zusammengesetzt werden.

Auf ästhetisch besonders interessante Weise nutzt die neue Technik – zu der neben Instrumenten wie dem Fairlight CMI auch die etwas primitiveren, aber dafür wesentlich billigeren Emula-

Im Song «Master and Servant» feiern Depeche Mode 1984 die erkenntnisstiftende Kraft von sadomasochistischem Sex. Die Musik dazu besteht aus gesampeltem Schlagwerkgedengel, Kettengerassel- und Peitschengeschnalzgeräuschen. Hier von links nach rechts in einer Fabrikruine in Westberlin: Alan Wilder, Andy Fletcher und Dave Gahan.

toren zählen –, der Londoner Produzent Trevor Horn. Mit seiner Gruppe Art of Noise beginnt er 1983 damit, Alltags- und Technikgeräusche aus allen nur erdenklichen Quellen zu sampeln, um daraus aberwitzige Songs zu basteln. So etwa «Close (to the Edit)», das im Jahr 1984 erscheint: Beginnend mit den Sounds startender Automotoren, die in den unterschiedlichsten Geschwindigkeiten und Tonhöhen abgespielt werden, steigert sich das Stück zu einer rhythmischen Kakophonie aus vorwärts- und rückwärtslaufenden Gesangsfragmenten und klitzeklein gehackten Orchestertutti.

Bei Art of Noise geht es also weder um die Imitation eines vorgefundenen Instrumentenklangs noch um die Aneignung historischen Materials. Der ästhetische Reiz dieser Musik liegt vielmehr gerade in ihrer Inkohärenz. Art of Noise fügen Klänge zusammen, die nicht zusammengehören, und erschaffen daraus eine Musik, die einerseits konventionellen Strukturen zu folgen scheint – es gibt durchgehende Rhythmen und wiedererkennbare Melodien –, die aber andererseits auf ganz unkonventionelle Weise innerlich zerrissen ist. Man hört die Gemachtheit und die Zusammengesetztheit der Musik immer mit, weil die zusammengesetzten Sounds als solche erkennbar und also autonom bleiben. Wie in einer Collage, also einem Bild, das aus unterschiedlichen Fragmenten aus wiederum unterschiedlichen Quellen und Materialien zusammengesetzt ist.

Das erinnert an Arthur Bakers Absicht, mit «Planet Rock» etwas zu erschaffen, «das etwas Neues ist und in dem die Elemente, aus denen es besteht, doch erkennbar bleiben». Nur dass Art of Noise sich nicht an der Kunst des Plattenauflegens orientieren, sondern vielmehr an den europäischen Avantgarden vom Beginn des 20. Jahrhunderts. Schon der Name des Projekts zitiert den italienischen Futuristen Luigi Russolo und sein 1913 erschienenes Manifest «L'arte dei rumori», deutsch: «Die Kunst der Geräusche». Das Label, auf dem die Platten von Art of Noise erscheinen, nennen Trevor Horn und sein Kompagnon Paul Morley ZTT, eine Abkürzung für «Zang Tumb Tumb» – was wiederum der Titel eines von Russolo in seinem Manifest zitierten Gedichts ist, in dem der italienische Schriftsteller und Autor des Futuristischen Manifests, Filippo Tommaso Marinetti, die Geräusche einer Schlacht in lautmalerische Formen zu bringen versuchte.

«Into Battle with the Art of Noise» heißt denn auch das erste Stück, mit dem Art of Noise 1983 die Bühne betreten. Es klingt, so beschreibt es der Pop-Historiker Simon Reynolds in seiner Postpunk-Geschichte «Rip It Up and Start Again», «als befände man sich in einer Trickkistenfassung des von Marinetti beschriebenen Schlachtfelds». Ein grelles Stakkato, das einerseits produktionstechnisch begründet ist: Der Fairlight-Sampler kann keine Sounds speichern, die länger als zwei Sekunden dauern. Andererseits folgt der militärische Charakter des Stücks einer ästhetischen Absicht. In der Pop-Landschaft der mittleren achtziger Jahre, die Trevor Horn und seine Gefährten als nostalgisch und zukunftsmüde, als weichgespült und gleichgeschaltet ansehen, wollen sie mit ihrem aggressiven und destruktiven Auftreten für Veränderung sorgen.

Paul Morley begleitet die Veröffentlichungen von Art of Noise und den anderen Künstlern und Gruppen auf dem Zang-Tumb-Tumb-Label mit ästhetischen Programmschriften, ganz nach Art des Futuristischen Manifests. Oder auch jenes Dadaistischen Manifests, das Richard Huelsenbeck 1918 bei der ersten Sitzung des Club Dada verliest: «Das Wort Dada symbolisiert das primitivste Verhältnis zur umgebenden Wirklichkeit, mit dem Dadaismus tritt eine neue Realität in ihre Rechte. Das Leben erscheint als ein simultanes Gewirr von Geräuschen, Farben und geistigen Rhythmen, das in die dadaistische Kunst unbeirrt mit allen sensationellen Schreien und Fiebern seiner verwegenen Alltagspsyche und in seiner gesamten brutalen Realität übernommen wird.» Wie es das Ideal der dadaistischen Kunst war, so will auch die Geräuschmusik von Art of Noise Musik und Nichtmusik zugleich sein; sie öffnet sich für die nichtmusikalischen Klänge des Alltags und versucht, sie zu einer musikalischen Form zu fügen; oder um noch einmal Simon Reynolds zu zitieren: «The Art of Noise klangen wie Hip-Hop, wäre dieser 1916 in Europa erfunden worden.»

Für den Hip-Hop sind Art of Noise mit ihrem Gebrauch des Sampling tatsächlich in einer entscheidenden Hinsicht wegweisend: Sie wenden diese Technik erstmals auch auf die Erzeugung von Breakbeats an. Bis dahin sind diese ausschließlich von DJs oder später von Live-Schlagzeugern erzeugt worden. Art of Noise verwenden als Erste dazu einen Sampler – was sie natürlich auch deswegen tun können, weil sie, anders als die Hip-Hop-Pioniere aus der Bronx, finanziell dazu in der Lage sind, sich eines der enorm teuren Fairlight-Instrumente zu leisten. Erschwinglicher wird die Technik erst mit der nächsten Generation von Geräten, zum Beispiel mit dem Akai MPC 60, einem kleinen Instrument, mit dem die auf dem Fairlight entwickelte Cut-and-Paste-Ästhetik zum Allgemeingut der musikalischen Produktion wird. Das erste Hip-Hop-Stück, auf dem sich diese neue Technik des Samplens in voller Blüte anhören lässt, ist tatsächlich Public Enemys «Fight the Power».

Zwischen der sampelnden Wiederaneignung der afroamerikanischen Musikgeschichte im Hip-Hop der späten Achtziger und den – nun einmal im ganzen Sinne des Wortes – retro-futuristischen Experimenten von Art of Noise gibt es natürlich erhebliche Unterschiede. Doch es gibt, vom Sampling abgesehen, auch eine wesentliche Gemeinsamkeit: Beide Bands zeigen, dass sich ein wahrer Blick auf die Zukunft nur im Rückgriff auf die Vergangenheit erringen lässt; und dass sich wahrhafte ästhetische Gegenwart nur in einer Form finden lässt, die offen ist für das Vergessene, Unabgegoltene, den Bruch.

Wenn die frühen Hip-Hopper von DJ Kool Herc über Afrika Bambaataa bis zu Public Enemy und den Native-Tongues-Rappern nach einem Ausdruck der afroamerikanischen Identität in der Musik suchen, dann tun sie dies, indem sie in ihre musikalischen Formen immer auch etwas Nichtidentisches einpflegen; sie öffnen ihre Songs für historische Referenzen, die aus der in sich geschlossenen Dramaturgie, aus dem Fluss der Rhythmen und Reime hinausführen in eine Welt, die jenseits der Musik liegt. Wenn Art Of Noise den selbstgefälligen Firnis des nostalgischen Pop der mittleren Achtziger zerreißen wollen, dann tun sie dies, indem sie den Bogen noch weiter zurück in die Geschichte schlagen; sie erhöhen die Intensität ihrer Musik dadurch, dass sie in sehr hohem Tempo sehr viele verschiedene Arten und Quellen des Klangs zu einem – wie es in der Terminologie des Dadaismus geheißen hätte – simultanistischen Gedicht verbinden. Ihre «high energy» speist sich aus der rasenden Verschränkung von Musik und Nichtmusik und von unterschiedlichsten Schichten der künstlerischen Tradition.

Binnen kurzem findet sich die Technik des Sampling in kommodifizierter, konventionalisierter Form auch im Mainstream der Hitparadenmusik (in Deutschland etwa bei Modern Talking, von denen schon die Rede war). Doch für einen Moment erscheint darin eine Kunst des Fragments und des Zitats, die mit der Gegenwart bricht, indem sie sich der Erinnerung zuwendet, dem Archiv und der Archäologie. Hier sieht man noch einmal, wie der Geist der achtziger Jahre sich von jenem der Siebziger unterscheidet: Die Zukunft ist nichts mehr, in das man sich vorbehaltlos zu stürzen vermag, sondern etwas, das man nur erobern kann, indem man die utopischen Kräfte der Vergangenheit gegen eine als unerträglich scheinende Gegenwart mobilisiert.

19. KAPITEL

· • ● • ·

MEIN VATER BLUTET GESCHICHTE: NEUE FORMEN DER ERINNERUNG UND DER HOLOCAUST MIT KATZEN UND MÄUSEN

Auch in dem Comic des New Yorker Autors und Zeichners Art Spiegelman, der im Jahr 1986 erscheint, geht es um die Vergangenheit und um unser Bild von ihr; es geht darum, wie die Gegenwart geprägt wird von der Geschichte, wie man diese Geschichte erzählt und erinnert – und wie die Vergangenheit der Eltern und Großeltern das eigene Leben bestimmt.

Art Spiegelman zeichnet die Leidensgeschichte seines Vaters Wladek, geboren 1908 im polnischen Tschenstochau, während der nationalsozialistischen Herrschaft. Nach dem Überfall der Deutschen auf Polen wird Wladek in ein Ghetto deportiert. Er entkommt und versteckt sich in einem Verschlag; er wird entdeckt, interniert und entkommt wieder; beim Versuch, über die ungarische Grenze zu gelangen, fasst ihn die Gestapo; schließlich wird er nach Auschwitz gebracht. Dort sieht er die Leichenberge und die Schornsteine – «Ich war ein Augenzeuge», sagt er später zu seinem Sohn. Bei der Zwangsarbeit ist er oftmals dem Tode nah, aber es gelingt ihm zu überleben. Nach dem Ende des Krieges findet er in einer langen Odyssee zu seiner Frau Anja zurück. Die beiden emigrieren zunächst nach Schweden, wo 1948 der zweite Sohn Art geboren wird (den ersten Sohn, Richieu, hat seine Tante vergiftet, um ihn vor den Gaskammern zu bewahren). Anfang der fünfziger Jahre geht die Familie in die USA. 1968 nimmt sich Anja das Leben, ohne eine Zeile zu hinterlassen: Die Last und die Gewalt der Erinnerungen wiegen zu schwer, um sie weiter ertragen zu können. In den folgenden Jahren beginnt Art, seinen Vater zu befragen, und zeichnet dessen Lebensgeschichte; zugleich zeichnet er sich selber dabei, wie er ein Verhältnis zum Vater sucht, der ihm immer fremd gewesen ist, und ein Verhältnis zu seiner jüdischen Identität.

«My Father Bleeds History»: So heißt der erste von zwei Bänden, die Art Spiegelman unter dem Namen «MAUS – A Survivor's Tale» herausbringt; in Fortsetzungen ist die Geschichte schon seit 1980 in dem Comicmagazin «RAW» veröffentlicht worden. Die Protagonisten dieser Geschichte sind, wie der Titel andeutet, Mäuse in Menschengestalt. Oder genauer gesagt: Alle jüdischen Menschen, die in «MAUS» auftreten, sind als Mäuse gezeichnet und alle nicht-jüdischen Deutschen als Katzen. Damit variiert Spiegelman eine Idee, die sich vielfach in der Geschichte der Comics findet. Schon die erste populäre Comic- und Zeichentrickmaus, Mickey Mouse von Walt Disney, hat ihren Erzfeind in einem Kater, dem einbeinigen Peg-Leg Pete, auf Deutsch: Kater Karlo. Von den Vierzigern bis in die sechziger Jahre erfreuen sich die kurzen Zeichentrickfilme der «Tom-and-Jerry»-Serie großer Beliebtheit, in der ein fieser und hungriger Kater ebenso unablässig wie erfolglos einer kleinen Maus nach dem Leben trachtet. In der Ära der Underground Comix, in der Spiegelman seine Karriere als Zeichner begonnen hat, werden Tierfiguren wie Fritz the Cat von Robert Crumb zu Verkörperungen der moralischen und politischen Entfesselung: Sie leben ungehindert ihre animalischen Triebe aus, was normalen Menschen durch die Konventionen der Gesellschaft versagt scheint.

In «MAUS» sind es zunächst ästhetische Konventionen, die gebrochen werden. Dass das undarstellbare Grauen der Shoah in Form eines Comics dargestellt werden soll, erscheint manchen Zeitgenossen in den achtziger Jahren zunächst als Trivialisierung und Obszönität. In einem der ersten Interviews zu «MAUS» wird

Spiegelman gefragt, ob er es nicht «geschmacklos» finde, «den Holocaust mit Mäusen und Katzen darzustellen». «Nein», antwortet er: «Wenn etwas geschmacklos war, dann war es der Holocaust.» Aber auch, wer sich nicht mit pauschalen Abwertungen begnügt, kann die Tiermetaphorik unpassend finden. Denn übernimmt man mit ihr nicht einfach die rassistische Unterteilung der Menschen in Starke und Schwache, Täter und Opfer, in «wertes» und «unwertes» Leben, die der Ideologie der Nationalsozialisten zugrunde liegt? Diese Frage hat der Literaturkritiker Hillel Halkin in einem vielgelesenen Essay über «MAUS» gestellt.

In Wahrheit geht es Spiegelman um etwas anderes, wie man beim Betrachten und Lesen von «MAUS» schnell bemerkt. Denn er zeichnet nicht einfach die Deutschen als Katzen und die Juden als Mäuse. Er zeichnet sich auch selber dabei, wie er über diese Zuordnungen nachdenkt und über die Paradoxien, die sie notwendig erzeugen: Wie zeichnet man einen Juden, der sich vor seinen Verfolgern erfolgreich als Deutscher ausgibt? Wie zeichnet man einen Deutschen, der für einen Juden gehalten wird und «irrtümlich» im Konzentrationslager landet? Wie soll er seine Frau Françoise zeichnen, die gebürtige Französin ist? Als Frosch? Oder als Maus, weil sie Arts Vater zuliebe vor ihrer Hochzeit zum Judentum konvertiert ist? Und wie soll er, Art Spiegelman, sich selber zeichnen? Zeit seines Lebens hat er versucht, der Festlegung auf seine «jüdische Identität» zu entkommen. In einer Szene des zweiten Bands von «MAUS» erzählt Spiegelman davon, wie er mit dem unerwarteten Erfolg des ersten Bands konfrontiert wird. Reporter befragen ihn zur «Botschaft» seines Comics, zum «Judentum heute», zu seinem Verhältnis zum Staat Israel. So ist er zu dem geworden, was er nie werden wollte: zu einem Vorzeigejuden. Er zeichnet sich selber nun nicht mehr als Maus, sondern als Menschen, der eine Maus-Maske vor dem Gesicht trägt.

In dieser Szene findet sich der Schlüssel zum gesamten Werk

oder jedenfalls zum Charakter seiner Ikonographie. Mit den Tierfiguren und -masken will Spiegelman zeigen, wie die Identität von Menschen – und das heißt also auch: ihr Selbstbild und ihr Selbstverhältnis – durch rassistische Diskriminierung geprägt werden kann. Identitäten sind hier etwas, das von außen aufgezwungen wird, mit der Rechtfertigung, dass diese Identitäten – als «Rassen» – angeblich «natürliche» seien.

Dem Rassisten und Antisemiten erscheint der als minderwertig erachtete Mensch nicht als Individuum, nicht als Person mit einer Vielfalt von individuellen Merkmalen, sondern lediglich als Exemplar seiner Rasse. Die rassistische Identifizierung überdeckt all das, was sonst noch zur Identität eines Menschen gehört. Wer sich davon befreien will, der muss versuchen, die Maske abzulegen, die ihm der Rassismus aufgesetzt hat. Aber was hinter der Maske ist: Das wird von Spiegelman in «MAUS» nicht sichtbar gemacht, weil dieser Comic eben auch davon handelt, dass man der Geschichte nicht entkommen kann. Man kann lediglich versuchen, sie in ihrer Bedeutung für die eigene Gegenwart zu verstehen. Immer wieder zeigt Spiegelman sich darum selbst bei dem Versuch, die Erinnerungen seines Vaters, die ihm dieser auf Tonband gesprochen hat, in Zeichnungen umzusetzen; er nutzt historische Fotografien als Folien, Lagepläne von Konzentrationslagern, alte Familienbilder. Und lässt doch nie einen Zweifel daran, dass er kein authentisches Bild der Vergangenheit abzuliefern vermag, sondern lediglich eine Annäherung. Man kann die Geschichte nicht in realistischer Weise dokumentieren und archivieren. Man kann nur versuchen, sie für die Gegenwart und die Zukunft aufzuheben und zu bewahren: So versucht Spiegelman, das Trauma zu verstehen und durchzuarbeiten, das die Identität der Opfer bis in die folgenden Generationen prägt.

Auf Deutsch erscheint «MAUS» 1989; ein Jahr später treffe ich Spiegelman zum ersten Mal, als er beim Comic-Salon Erlangen einen Preis für den besten Comic des Jahres entgegennimmt (knapp zwanzig Jahre später habe ich dann seine Autobiographie «Breakdowns» ins Deutsche übertragen, aber das ist eine andere Geschichte). Es ist eine sonderbare Zusammenkunft, das Publikum von Comic-Salons besteht in Deutschland zu diesem Zeitpunkt noch fast ausschließlich aus Männern mittleren Alters, die Superheldenhefte oder frankobelgische Bandes Dessinées sammeln, wohlfeile Abenteuergeschichten mit klugen Detektiven oder kernigen Astronauten und Rennfahrern. Eine dritte Fraktion bilden die Freunde italienischer Pornocomics. Die paar Frauen, die sich hierhin verirren, kann man – ähnlich wie auf den Treffen der Computer- und Hackergemeinde – ebenso an einer Hand abzählen wie jene Zeitgenossen, die so wie Art Spiegelman glauben, dass Comics ein ernsthaftes Medium für die Reflexion der Zeitgeschichte und Gegenwart abgeben können.

Entsprechend reserviert wird Spiegelman vom Publikum aufgenommen. Doch hat das Ressentiment noch einen anderen, tieferen, politischen Grund. Bei seiner Dankesrede sagt Spiegelman: «Es ist eine sonderbare Sache für mich als Juden: hier in Deutschland zu sein, um einen Preis entgegenzunehmen dafür, dass ich beschreibe, wie Ihre Eltern und Großeltern dazu beigetragen haben, meine Großeltern und ihre Familie zu ermorden.» Um mich herum erhebt sich im Saal Gemurre. «Oh, jetzt fühle ich mich aber schuldig», sagt ein Mann. Und ein anderer: «Was haben wir denn noch damit zu tun?» – «Damit muss doch jetzt endlich einmal Schluss sein.»

Dass mit der Erinnerung an die industrielle Massenvernichtung «jetzt endlich einmal Schluss sein muss»: Zu dieser Auffassung sind weite Teile der deutschen Bevölkerung schon unmittelbar nach dem Ende des Zweiten Weltkriegs gelangt. Die FDP fordert im Bundestagswahlkampf 1949 auf einem Plakat «Schlussstrich drunter» und meint damit: «Schluss mit Entnazifizierung, Ent-

Die deutsche Ausgabe des Comics «MAUS», in dem der New Yorker Zeichner Art Spiegelman vom Leidensweg seines Vaters Wladek erzählt. Spiegelman zeichnet die Juden als Mäuse und die Deutschen als Katzen. Ob er das nicht geschmacklos finde, fragt ihn ein Interviewer. «Nein», antwortet Spiegelman: «Wenn etwas geschmacklos war, dann war es der Holocaust.»

rechtung, Entmündigung», weil die dergestalt Bedrängten sonst zu «Staatsbürgern 2. Klasse» würden. 1956 verhindert die Bundesregierung unter dem Kanzler Konrad Adenauer, dass eine der ersten filmischen Auseinandersetzungen mit dem Genozid an den europäischen Juden, «Nacht und Nebel» von Alain Resnais, in den

Wettbewerb der Filmfestspiele von Cannes aufgenommen wird: Dies sei nicht «der rechte Ort», so die Begründung, «um einen Film zu zeigen, der nur allzu leicht dazu beitragen kann, den durch die nationalsozialistischen Verbrechen erzeugten Hass gegen das deutsche Volk in seiner Gesamtheit wiederzubeleben». Viele Deutsche werden in der unmittelbaren Nachkriegszeit vor allem von der Sorge umgetrieben, dass sie im Ausland als Deutsche diskriminiert werden könnten, wenn die «alten Geschichten» aus dem Dritten Reich wieder auf den Tisch kommen – zumal das Land sich ja inzwischen zu einem prosperierenden Mitglied der demokratischen Staatengemeinde entwickelt hat. 1969 bekundet der damalige Bundesfinanzminister Franz Josef Strauß: «Ein Volk, das diese wirtschaftlichen Leistungen erbracht hat, hat ein Recht darauf, von Auschwitz nichts mehr hören zu wollen.»

Für die Mehrheit der Deutschen, für die konservativen und natürlich erst recht für die rechtsradikalen Parteien gilt bis in die achtziger Jahre, was Ralph Giordano in seinem 1986 erschienenen, gleichnamigen Buch als «zweite Schuld» bezeichnet hat: «die Verdrängung und Verleugnung der ersten Schuld unter Hitler nach 1945 beziehungsweise 1949, samt ihren Folgen bis in unsere Gegenwart». Unterdessen wird auf der linken Seite des politischen Spektrums zwar viel moralische Empörung laut, um die Generation der Väter und Großväter als nationalsozialistische Mörder abzuurteilen oder jedenfalls als Mitläufer und willige Untertanen des Nationalsozialismus. Doch auch hier folgt daraus wenig oder keine Empathie für die Überlebenden des Holocaust. Man ist viel zu beschäftigt damit, «die Juden» ein weiteres Mal zur Speerspitze des Finanzkapitalismus, des Kolonialismus und Imperialismus zu erklären. Dass der «Zionismus», der zur Gründung des Staates Israel geführt hat, nichts anderes ist als ein «neuer Faschismus» und entsprechend mit allen Mitteln bekämpft werden muss, ist eine allgemein geteilte Grundannahme in der deutschen Linken der siebziger Jahre. Ulrike Meinhof bringt sie schon 1972 auf den Punkt. Als Zeugin der Verteidigung im Prozess gegen den Anwalt Horst Mahler sagt sie: «Der Antisemitismus war seinem Wesen nach antikapitalistisch. Ohne dass wir das deutsche Volk vom Faschismus freisprechen – denn die Leute haben ja wirklich nicht gewusst, was in den Konzentrationslagern vorging –, können wir es nicht für unseren revolutionären Kampf mobilisieren.»

Wie wenig sich die Generation der 68er in Wahrheit für das Leid jüdischer und anderer Menschen unter der nationalsozialistischen Herrschaft interessiert hat, sieht man daran, dass die öffentliche Auseinandersetzung mit der Judenvernichtung in den Siebzigern keineswegs intensiver betrieben wurde als in den beiden vorangegangenen Jahrzehnten. «Trotz der Eichmann- und Auschwitz-Prozesse waren Ausstellungen zur Judenverfolgung, öffentliche Erinnerungen an die Opfer oder Bücher dazu rar», resümiert der Historiker Frank Bösch die Situation am Ende der Siebziger in seinem Buch «Zeitenwende 1979»; auch habe es «außerhalb der KZ-Gedenkstätten Bergen-Belsen und Dachau noch kaum Lernstätten» gegeben. Auf den Gedanken, eine zentrale Gedenkstätte für die Verfolgten und Ermordeten zu errichten, ist seit Gründung der Bundesrepublik noch keine Bundesregierung gekommen, auch keine sozialdemokratische; aus der linken Gegenkultur werden ebenso wenig entsprechende Forderungen erhoben. Die Erfahrungen, die Geschichten der Opfer, die Erinnerungen der Überlebenden spielen weder links noch rechts eine Rolle.

Das ändert sich erst an der Wende zu den achtziger Jahren, und auch dafür muss der Impuls erst von außen kommen. Die vierteilige US-amerikanische Fernsehserie «Holocaust» erzählt in seriengerechter Dramaturgie und melodramatischer Form vom Leidensweg und von der Ermordung einer jüdischen Arztfamilie sowie von der Karriere eines SS-Manns, dessen Schicksal mit dem der Familie verflochten ist. Bei der Erstausstrahlung 1978 in den USA schalten rund hundertzwanzig Millionen Zuschauer ein; im folgenden Jahr läuft die Serie in etwa fünfzig weiteren Ländern, unter anderem in Israel, und erreicht insgesamt zweihundertfünfzig Millionen. In Deutschland ist die Ausstrahlung vorab höchst umstritten. Konservative Politiker fürchten ein weiteres Mal um das Ansehen der Deutschen in der Welt; weil sie das aber nicht offen sagen wollen, werfen sie den Produzenten stattdessen die kommerzielle Ausbeutung eines ernsthaften Themas vor. Der CSU-Vorsitzende Franz Josef Strauß beschuldigt sie der «Geschäftemacherei», was auch insofern bemerkenswert ist, als die Produzenten von «Holocaust» überwiegend jüdischer Herkunft sind.

Die Serie soll im Ersten Programm der ARD laufen. Da aber der von der CSU beherrschte Bayerische Rundfunk damit droht, aus dem Senderverbund auszusteigen, werden die vier Folgen dann zeitgleich in den Dritten Programmen gezeigt. Einige Tage vorher verübt eine Gruppe mit dem Namen «Internationale revolutionäre Nationalisten» zwei Anschläge auf Fernsehsendemasten, woraufhin Hunderttausende Zuschauer kurzzeitig keinen Empfang haben. Beim Sendetermin werden viele Masten gesondert geschützt, wie auch das Funkhaus des WDR, der für die Ausstrahlung verantwortlich ist.

Zur allgemeinen Überraschung wird «Holocaust» zu einem enormen Erfolg: Über zwanzig Millionen Menschen sehen sich eine Folge oder mehr an und 5,3 Millionen die gesamte Serie. Im Anschluss laufen Diskussionssendungen, an denen die Zuschauer sich telefonisch beteiligen können; der WDR verzeichnet «mehrere zehntausend Anrufe». Der Tenor ist positiv, viele Zuschauer und Zuschauerinnen berichten von Erschütterung, Scham und davon, dass man das ja alles nicht gewusst habe. Bei einer Umfrage der Bundeszentrale für politische Bildung, die im folgenden Mai veröffentlicht wird, werten 41 Prozent der Befragten die Serie als «wichtiges Erlebnis». 64 Prozent geben an, sie hätten anschließend mit Familienmitgliedern, Bekannten oder Arbeitskollegen darüber gesprochen, unter anderem über «Ursache sowie Schuldfrage» bei «Judenverfolgung und Antisemitismus». Über die Hälfte wünscht sich, dass das Thema künftig stärker im Schulunterricht behandelt wird.

So gelingt einer vermeintlichen trivialen Serie, woran Politiker, Historiker und auch alle Kritiker der Vergangenheits- und Schuldverdrängung in den ersten Nachkriegsjahrzehnten gescheitert sind – oder woran sie schlicht kein Interesse hatten. «Holocaust» entfacht einen «Geschichtssturm», wie es der Philosoph Günther Anders in seinen «Tagesnotizen» 1979 formuliert: «Nun erst sind die Deutschen in die Nach-Hitler-Ära eingetreten. Reiter über den Bodensee hatte es nicht gegeben, im Jahre 45 sind sie nicht erschrocken. Weder durch Trauer noch durch Reue noch durch Kritik haben sie an die zwölf Jahre, die hinter ihnen lagen, angeknüpft. Das Jahr 78 ist eigentlich das Jahr 45, da der Schock, der im Jahre 45 hätte eintreten müssen, nun erst eingetreten ist.»

Jetzt wird auch der Ausdruck «Holocaust» zum sprachlichen Allgemeingut in Deutschland, nachdem bis dahin meist noch – in Übernahme der nationalsozialistischen Terminologie – von der «Endlösung» die Rede war. Die Gesellschaft für deutsche Sprache wählt «Holocaust» 1980 zum «Wort des Jahres»; bis es in den Duden aufgenommen wird, dauert es wiederum noch einige Zeit, bis 1986. In den folgenden Jahren kommt es zu einer «Inflation neu errichteter Mahnmale und Gedenkstätten», wie der Historiker Andreas Wirsching in seinem Buch «Abschied vom Provisorium» schreibt. «Die Gedenkstätte Dachau erfuhr einen nie dagewesenen Besucherzulauf; die Gedenkstätten Bergen-Belsen und Neuengamme wurden erweitert und konzeptionell neugestaltet. Und in unzähligen Großstädten, kleineren Zentren und Dörfern konkretisierten lokale Initiativen, Schülergruppen und ‹Geschichtswerkstätten› die örtliche NS-Vergangenheit, entwanden die Opfer der

Anonymität und richteten Stätten der Erinnerung, der Dokumentation und Begegnung ein.»

Die christlich-liberale Bundesregierung, ab Oktober 1982 geführt von Helmut Kohl, betrachtet diese Entwicklung eher reserviert. Zwar versucht Kohl, anders als seine Vorgänger, gerade auch in der Geschichtspolitik eigene Akzente zu setzen; doch bemüht er sich vor allem darum, den Nationalsozialismus als vorübergegangene Epoche in der deutschen Geschichte einzuordnen. «Eine junge deutsche Generation begreift die Geschichte nicht als Last, sondern als Auftrag für die Zukunft. Sie ist bereit, Verantwortung zu tragen. Aber sie weigert sich, sich selbst kollektiv für die Taten der Väter schuldig zu bekennen.» So sagt Kohl es ausgerechnet bei seinem ersten Staatsbesuch in Israel im Januar 1984, und bei einer Rede vor der Knesset fügt er hinzu: «Ich rede vor Ihnen als einer, der in der Nazizeit nicht in Schuld geraten konnte, weil er die Gnade der späten Geburt und das Glück eines besonderen Elternhauses gehabt hat.»

Ein Jahr später, am 5. Mai 1985, kurz vor dem vierzigsten Jahrestag der deutschen Kapitulation am 8. Mai 1945, legt Kohl gemeinsam mit dem US-amerikanischen Präsidenten Ronald Reagan auf dem Soldatenfriedhof im rheinland-pfälzischen Bitburg Kränze nieder. In der Nähe von Bitburg gibt es einen amerikanischen Luftwaffenstützpunkt, hier kam es in der unmittelbaren Nachkriegszeit zu vielen Kontakten zwischen den Besatzern und der einheimischen Bevölkerung, viele deutsch-amerikanische Ehen wurden geschlossen, deswegen hat Kohl den Friedhof als Ort der Versöhnung zwischen den ehemaligen Kriegsgegnern gewählt. Im Vorfeld der Veranstaltung wird jedoch öffentlich, dass auf dem Friedhof auch Angehörige der Waffen-SS liegen. Kohl besteht darauf, die Zeremonie durchzuführen, trotz erheblicher Kritik aus Deutschland, den USA und aus Israel. Ronald Reagan willigt schließlich

Nachdem sich Helmut Kohl in Israel auf die «Gnade der späten Geburt» berufen hat, besucht er aus Anlass des vierzigsten Jahrestages der deutschen Kapitulation im Mai 1985 gemeinsam mit Ronald Reagan den Soldatenfriedhof in Bitburg, auf dem auch Angehörige der Waffen-SS liegen. Dieser symbolische Akt sorgt weltweit für Empörung.

ein – nachdem das Protokoll dahingehend ergänzt wurde, dass die beiden vor dem Soldatenfriedhof die Gedenkstätte des Konzentrationslagers Bergen-Belsen besuchen.

Der Philosoph Jürgen Habermas hat diesen Besuch als exemplarisch für jenen historischen «Revisionismus» beschrieben, der die konservative Geschichtspolitik in den achtziger Jahren prägt. Dabei gehe es darum, die deutsche Geschichte so umzudeuten, dass der Nationalsozialismus sich zu einer Episode verkleinert – und die Deutschen auf diese Weise «nationales Selbstvertrauen zurückgewinnen» können. So formuliert es Habermas in einem Essay mit dem Titel «Eine Art Schadensabwicklung», der 1987 in einem gleichnamigen Band mit «politischen Schriften» erscheint. Wichtiger als die Auseinandersetzung mit der eigenen Schuld sei für den Revisionisten die Aufgabe, die Deutschen in den Kampf gegen den Kommunismus einzuspannen. «Erst einmal muss die Erinnerung an die negativ besetzten, identifikationshemmenden Abschnitte der jüngsten Geschichte planiert werden; sodann muss die stets virulente Furcht vor dem Bolschewismus im Zeichen von Freiheit oder Totalitarismus das richtige Feindbild wach halten», so Habermas. «Das Szenario von Bitburg enthielt genau diese drei Elemente. Der Mobilisierung des Geschichtsbewusstseins diente die Aura des Soldatenfriedhofs durch nationales Sentiment. Das Nebeneinander von Bitburg und Bergen-Belsen, von SS-Gräbern und KZ-Leichenhügeln nahm den NS-Verbrechen ihre Singularität; der Händedruck der Veteranengeneräle in Gegenwart des amerikanischen Präsidenten konnte uns schließlich bestätigen, dass wir im Kampf gegen den bolschewistischen Feind schon immer auf der richtigen Seite waren.»

Diesem geschichtspolitischen Revisionismus entspricht der Versuch konservativer Intellektueller, den Holocaust zu einem unter vielen Ereignissen in einer langen Geschichte der Gewalt und des Krieges zu erklären und damit zu relativieren. Schon 1980 klagt der Philosoph und Historiker Ernst Nolte in einem Beitrag für die «Frankfurter Allgemeine Zeitung» darüber, dass die Stilisierung des Dritten Reichs zum «negativen Mythos» eine unvoreingenommene historische Beschäftigung erschwere; es sei an der Zeit, das Dritte Reich «gleichwohl im Ganzen in eine neuartige Perspektive hineinzustellen». Man müsse einen «Schlussstrich» ziehen unter seine «Isolierung, Instrumentalisierung und Dämonisierung» und es stattdessen als Episode in der «universalen Unterdrückungsgeschichte der Menschheit» betrachten. Schließlich trage «jede gegliederte und herrschaftsmäßig organisierte Gesellschaft einen essentiell negativen, nämlich repressiven Charakter – ob es sich um die auf Sklaverei gegründeten Poleis der Antike oder um die heutigen Staaten des ‹realen Sozialismus› handelt.»

In einem sechs Jahre später ebenfalls in der FAZ erschienenen Text mit dem Titel «Vergangenheit, die nicht vergehen will» führt Nolte die historische Revision und Relativierung noch weiter. Nunmehr erscheinen Nationalsozialismus und Holocaust nicht mehr bloß als ein Gewaltereignis unter vielen – sondern sogar lediglich als eine Reaktion auf eine andere, ursprünglichere Katastrophe: den «Klassenmord der Bolschewiki». «War nicht der ‹Archipel GULag› ursprünglicher als Auschwitz?», fragt Nolte. «Vollbrachten die Nationalsozialisten, vollbrachte Hitler eine ‹asiatische Tat› vielleicht nur deshalb, weil sie sich und ihresgleichen als potentielle oder wirkliche Opfer einer ‹asiatischen Tat› betrachteten?»

Dieser Text erscheint sieben Jahre nach der Ausstrahlung der Serie «Holocaust» und inmitten der neu erwachten Beschäftigung der Westdeutschen mit ihrer nationalsozialistischen Vergangenheit. Er erscheint im selben Jahr wie Art Spiegelmans «MAUS» und kurz nach der Premiere des Films «Shoah» von Claude Lanzmann, in dem Zeitzeugen der Vernichtung, Überlebende aus den Ghettos und Konzentrationslagern befragt werden. «Das kollektive Gedächtnis erzeugt ungerührt auf der Täterseite andere Phänomene als auf der Seite der Opfer», schreibt Jürgen Habermas dazu in einem Essay mit dem Titel «Vom öffentlichen Gebrauch der Historie», der im November 1986 in der «Zeit» erscheint. «Saul Friedländer hat beschrieben, wie sich in den letzten Jahren eine Schere öffnet zwischen dem Wunsch auf deutscher Seite, die Vergangenheit zu normalisieren, und der noch intensiver werdenden Beschäftigung mit dem Holocaust auf jüdischer Seite.» In «Eine Art Schadensabwicklung» reagiert Habermas ausdrücklich auf Ernst Noltes revisionistische Version der Geschichtsschreibung und wirft ihm vor, mit der Relativierung des Holocaust die Deutschen von ihrer Schuld freisprechen zu wollen. Bei Nolte erscheine «die Judenvernichtung nur als das bedauerliche Ergebnis einer immerhin verständlichen Reaktion auf das, was Hitler als Vernichtungsdrohung empfinden musste».

Aus diesem in Leserbriefen und weiteren Artikeln fortgeführten Schlagabtausch zwischen Ernst Nolte und Jürgen Habermas entspinnt sich eine Debatte, die rückblickend als «Historikerstreit» bezeichnet wird. Zahlreiche andere Historiker und auch einige Journalisten beteiligen sich daran; Frauen sind dabei noch weniger zugegen als bei dem eingangs erwähnten Comic-Salon, genau genommen keine einzige. Für die Bundesrepublik in der zweiten Hälfte der achtziger Jahre wird der Historikerstreit zu einer bewusstseinsprägenden Auseinandersetzung. Es geht hier nicht nur um gegensätzliche Geschichtsbilder, sondern auch um die Frage, ob die nachgeborene Generation der Deutschen für die Taten ihrer Väter und Mütter verantwortlich ist oder ob sie sich, wie Helmut Kohl es gern möchte, auf die «Gnade der späten Geburt» herausreden kann. Daneben geht es noch einmal um das Verhältnis zwischen individueller und kollektiver, in diesem Fall nationaler Identität – und um die Frage, ob die Menschen nicht auch ohne die Identifikation mit einer Nation glücklich und selbstbestimmt werden können.

Denn die Relativierung der nationalsozialistischen Verbrechen zielt ja auf nichts anderes als auf die Wiederherstellung eines unbelasteten Nationalgefühls und Patriotismus. Für Habermas hingegen ist der einzige Patriotismus, der angesichts der deutschen Geschichte noch denkbar ist, ein «Verfassungspatriotismus»: also einer, der nicht mehr auf ethnischen oder nationalistischen Symbolen und Traditionen, Mythen und kollektiven Identifizierungen gründet – sondern vielmehr auf gemeinsamen Werten wie Pluralismus und Demokratie. Entscheidend sei «eine in Überzeugungen verankerte Bindung an universalistische Verfassungsprinzipien», wie Habermas in «Eine Art Schadensabwicklung» schreibt.

«Wenn unter den Jüngeren die nationalen Symbole ihre Prägekraft verloren haben, wenn die naiven Identifikationen mit der eigenen Herkunft einem eher tentativen Umgang mit Geschichte gewichen sind – in dem Maße, wie das wirklich zutrifft, mehren sich die Anzeichen für die Ausbildung einer postkonventionellen Identität.»

Werde die Schuld der Elterngeneration anerkannt, so hofft Habermas, könnten sich ein für alle Mal auch die Gespenster des Nationalismus bannen lassen, die zum Zivilisationsbruch des Holocaust geführt haben. Wir wissen heute, dass diese Hoffnung sich nicht erfüllt hat, im Gegenteil: Der ethnisch begründete Patriotismus, die «naiven Identifikationen mit der eigenen Herkunft» sind mit Macht zurückgekehrt. In Deutschland wollen die neuen Rechten und Rechtspopulisten die Shoah zu einem «Vogelschiss» in der nationalen Geschichte erklären. Der linke Antisemitismus hat in Gestalt seiner «postkolonialen» Revision einen neuen Anlauf genommen; ganz im Sinne Ernst Noltes soll die Shoah hier nur noch als eine Episode unter vielen in der «universalen Unterdrückungsgeschichte der Menschheit» betrachtet werden. Wie so oft beim Blick in die achtziger Jahre hat man auch hier das Gefühl, dass die Debatten und ideologischen Fronten sich seither in keiner Weise verändert haben.

Aus Art Spiegelmans Comic «MAUS» kann man lernen, dass die Frage nach der eigenen Identität unauflöslich verbunden bleibt mit der Geschichte. In diesem Fall: mit den Traumata der vorangegangenen Generationen und mit der bleibenden Realität des Rassismus. An dieser findet aber auch die in den Achtzigern so verbreitete Utopie der Befreiung von Identitätszuschreibungen ihre Grenze. Selbst wenn man weiß, dass Identität nichts anderes ist als ein Maskenspiel, hat man damit noch lange nicht den Kampf mit jenen Mächten gewonnen, die einem immer neue Masken aufsetzen wollen – weil eine Welt ohne Identitäten und Identifizierung das Ende ihrer eigenen Privilegien und Herrschaft bedeuten muss.

TEIL VI

HIGH ENERGY: DAS JAHRZEHNT DER BESCHLEUNIGUNG UND INTENSIVIE-RUNG

20. KAPITEL

··●··

FEGEFEUER DER EITELKEITEN: WILLKOMMEN IN DER WELT DER YUPPIES

Wir haben über Popper, Preppies, Punks und Gothics geredet, über Schulterpolsterjacketträgerinnen und fitnessorientierte Aerobic-Eleven; aber eine wesentliche Spezies im Lifestyle-Panorama der Achtziger fehlt uns natürlich noch, und das sind die Yuppies. Eine kondensierte Einführung in den Alltag und das Weltbild, in die Verhaltens- und Paarungsweisen dieser menschlichen Gattung bietet der Film «Wall Street» aus dem Jahr 1987. Darin zeigt uns der Regisseur Oliver Stone einige Szenen aus dem Leben eines jungen Mannes, der Mitte der Achtziger bei einem Börsenmakler in New York arbeitet und von nichts anderem träumt als davon, sehr schnell sehr viel Geld zu verdienen, um sich eine teure Wohnung im Dachgeschoss eines Wolkenkratzers in Manhattan leisten zu können, mit teuren Kunstwerken an den Wänden und einer perfekt eingerichteten Küche und einer luxuriös bekleideten blonden Frau, die sich in den besten Kreisen bewegt. Zugleich sind das nur Nebeneffekte, denn in erster Linie geht es ihm um etwas anderes: Er will Geld verdienen um des Geldverdienens willen, er will Reichtum erwerben, um diesen Reichtum durch riskante und deswegen erregende Investitionen immer wieder aufs Spiel zu setzen und dadurch zu mehren.

Bud Fox, gespielt von Charlie Sheen, steigt in kürzester Zeit vom subalternen Aktienhändler zum «mover und shaker» in der High Society von Manhattan auf. Dies gelingt ihm, weil er seine Seele an

Die Yuppies – «young urban professionals» – verdienen viel Geld mit Jobs, von denen sie selber nicht sagen können, wozu sie eigentlich gut sind. Hier ein prototypischer Vertreter: der Börsenmakler Gordon Gekko (Michael Douglas) in Oliver Stones Film «Wall Street» aus dem Jahr 1987.

den allseits bewunderten Star-Investor Gordon Gekko verkauft, dargestellt von Michael Douglas. Gordon Gekko residiert in einem riesigen Büro hoch über den Dächern der Stadt, er telefoniert den ganzen Tag, um Wertpapiere, Anleihen und Anteile an Firmen zu kaufen und wieder zu verkaufen, er konspiriert und intrigiert und versucht, sich durch die Beschaffung von Insider-Informationen stets neue Vorteile gegenüber seinen Konkurrenten zu verschaffen. Er kauft Firmen, um sie rentabler zu machen oder gleich zu zerschlagen und die verbliebenen Einzelteile mit Gewinn weiterzuverkaufen. Auch ihm geht es um nichts anderes als um die Mehrung seines Reichtums, er ist – nach eigener Auskunft – die personifizierte Gier. In einer Schlüsselszene des Films formuliert er sein Credo: «Der entscheidende Punkt ist doch, dass die Gier – und leider gibt es dafür kein besseres Wort – gut ist. Die Gier ist richtig, die Gier funktioniert.»

Das Wort «Yuppie» fällt in diesem Film kein einziges Mal. Aber die Bebilderung der sozialen Schicht, die man Mitte der Achtziger mit diesem Begriff verbindet, ist von nicht zu übertreffender Präzision. Yuppies – eine Kurzform für «young urban professionals» – siedeln in den Innenstadtvierteln der Metropolen und arbeiten bevorzugt in der Finanzbranche; sie produzieren nichts, aber sie arbeiten in rasendem Tempo bis zur Erschöpfung, sie kennen keinen Feierabend, keine Ruhephasen, sie denken in jedem Moment des Tages nur daran, wie sie die Ergebnisse, die Profite von heute am nächsten Morgen noch einmal steigern können. «Geld schläft nie, Kumpel», sagt Gordon Gekko in einer weiteren Schlüsselszene zu seinem Adlatus Bud. In gewisser Weise wird damit das Credo der neuen Fitnesskultur auf die Berufs- und die gesamte sonstige Existenz übertragen: So wie man sich bei Aerobic, Workout und Jogging darum bemüht, die eigene Leistung immer weiter zu steigern, den Körper immer weiter zu straffen und zu verjüngen, und das Training kaum auszusetzen wagt aus Furcht davor, körperlich wieder zu erschlaffen – so können die Yuppies nicht damit aufhören, sich um die Mehrung des Profits zu sorgen, gewissermaßen: um ihre Fitness im nicht endenden Leistungskampf, der in der Wirtschaft wie im sozialen und kulturellen Leben vorherrscht.

Sind die Yuppies erfolgreich, werden sie nicht nur mit märchenhaften Reichtümern belohnt, sondern auch mit einem neuen sozialen Status: Wer es wirklich geschafft hat, der diniert selbstverständlich in den edelsten Restaurants, neben den Vertretern des alten Geldadels und der neuesten und angesagtesten Kunstszene. Denn anders als die alten Wirtschaftsmagnaten früherer Generationen legen Yuppies nicht nur großen Wert auf ein sportliches Auftreten und teure Anzüge, sondern auch darauf, kulturell «up to date» zu sein. Im Büro von Gordon Gekko und später auch in der Wohnung von Bud Fox hängen große Gemälde von Julian Schnabel, einem der prägenden Künstler des New Yorker Undergrounds der frühen achtziger Jahre; auch trifft man sich abends gern bei Vernissagen in Galerien und Museen.

Der wahre Lohn für die Yuppies ist aber noch ein anderer, er besteht in den rasend aufeinanderfolgenden, nicht mehr endenden Adrenalinkicks, die sie beim Kaufen und Verkaufen, beim Spekulieren und Intrigieren erleben. Wenn die Achtziger auch das Jahrzehnt der «high energy» waren, dann findet dieses unaufhörliche Unter-Strom-Stehen und hochenergetische Dasein in den Yuppies seine prägendsten Protagonisten. Wer sich im Dauerzustand der «high energy» befindet, fühlt sich damit auch über den Rest seiner weniger energetischen, schlafferen und langsameren Umwelt erhoben.

Der Journalist und Autor Tom Wolfe hat diesen Zustand und die daraus resultierende Selbsteinschätzung in seinem ebenfalls 1987 erschienenen Roman «The Bonfire of the Vanities» (deutsch: «Fegefeuer der Eitelkeiten») beschrieben. In einem der ersten Kapitel begleiten wir seinen Helden, den mit achtunddreißig Jahren längst millionenschweren Investmentbanker Sherman McCoy, durch einen durchschnittlichen Arbeitstag, durch das «Getöse des Giersturms» – bis zu jenem Moment, an dem die Börse schließt und er kurz verschnaufen darf: «Um 17 Uhr schwebte Sherman auf einer Adrenalinwolke. Er gehörte zu der alles zermalmenden Macht Pierce Pierce, Masters of the Universe. 6 Milliarden Dollar an einem einzigen Nachmittag zu riskieren, um zwei Ticks zu machen – 6 1/4 Cent pro 100 Dollar – und dann vier Ticks zu machen – vier Ticks! Diese Kaltblütigkeit! Diese Verwegenheit! Gab es irgendeine erregendere Macht auf Erden? (...) Master of the Universe – diese Tollkühnheit! Die Verwegenheit des Ganzen strömte Sherman durch Lungen, Lymphbahnen und Lenden. Pierce Pierce war die Macht, und er war in die Macht eingeschaltet, und die Macht summte und brauste noch in seinen Eingeweiden.»

Diese existenzielle Geschwindigkeitssteigerung, dieses rauschhaft genossene Tempo verdankt sich einer Entfesselung der Märkte am Anfang der Achtziger und jenem ökonomischen Aufschwung im Dienstleistungssektor, der in den USA etwas früher einsetzt als in Westdeutschland. Sie hat wesentlich aber auch mit dem technischen Fortschritt zu tun, mit der beginnenden Digitalisierung der Kommunikation. Aus den Kinder- und Jugendzimmern, aus den ranzigen Apartments der Hacker und Freaks sind die Computer inzwischen in die Großraumbüros der Börsenhändler migriert: Jeder von ihnen hat neben den obligatorischen drei bis vier Telefonen nun auch mindestens einen Monitor auf seinem Schreibtisch stehen. In grünen Ziffern auf schwarzem Grund ziehen unablässig Zahlenkolonnen vorbei. Seit Anfang der Achtziger hat sich im Börsengeschäft das «program trading» etabliert, also das von Computerprogrammen unterstützte Kaufen, Verkaufen und Spekulieren. Neben dem klassischen Aktien- und Anleihengeschäft gewinnen die «futures» an Bedeutung – Geschäfte, bei denen man auf den Preis einer Ware zu einem bestimmten Zeitpunkt spekuliert – sowie immer komplexer werdende Portfoliostrategien. Damit soll das Risiko des Anlegers verringert werden, gleichzeitig aber entkoppelt sich der durch Spekulation erzeugte Wert immer deutlicher von der Realität der produzierenden Wirtschaft.

So ist das berufliche und sonstige Dasein der Yuppies nicht nur von Beschleunigung geprägt, sondern auch von einer starken Selbstbezüglichkeit; sie bilden ein Paralleluniversum, das nach eigenen Gesetzen funktioniert. Sie halten sich für die Herren der Welt, «Masters of the Universe», wie es bei Tom Wolfe heißt. Aber sie sind kaum oder auch gar nicht dazu in der Lage, jemandem außerhalb ihrer Sphäre zu erklären, was sie da eigentlich den ganzen

Tag tun, also: womit sie ihr Geld verdienen und wozu die Gesellschaft das, was sie tun, eigentlich braucht.

Auch Sherman McCoy, der Held aus «Fegefeuer der Eitelkeiten», scheitert in einer samstäglichen Familienrunde kläglich bei dem Versuch, seiner fünfjährigen Tochter Campbell zu erklären, was er beruflich macht. Schließlich springt die Mutter bei: «Daddy baut keine Straßen oder Krankenhäuser, und er hilft auch nicht, sie zu bauen, sondern er handelt mit den *Anleihen* für die Leute, die das Geld aufbringen.» Die Tochter fragt nach: «Anleihen?» – «Ja. Stell dir einfach vor, eine Anleihe ist ein Stück Kuchen, und du hast den Kuchen gebacken, aber jedes Mal, wenn du jemandem ein Stück Küchen gibst, fällt ein kleines bisschen davon ab, wie kleine Krümel, und die kannst du behalten.» Das Kind ist begeistert, dafür ist nun der Vater beleidigt darüber, dass seine Frau seine Arbeit mit dem Aufpicken von Krümeln vergleicht. Sie selber arbeitet natürlich – wie auch die Luxusfreundin von Bud Fox in «Wall Street» – als Innenarchitektin, was sie dem Gatten bei dieser Gelegenheit als wahrhaftige Berufstätigkeit entgegenhält: «Es ist etwas *Wirkliches*, etwas Benennbares ... etwas, das du wenigstens deinen Kindern erklären kannst. Ich meine, bei Pierce Pierce, was um alles in der Welt erzählt ihr euch *gegenseitig* darüber, was ihr jeden Tag tut?» Jetzt beginnt die Tochter zu weinen, und man ahnt schon, dass die Ehe zwischen Sherman McCoy und seiner Frau Judy nicht mehr lange hält.

Auch ansonsten gibt es keine dauerhaften zwischenmenschlichen Bindungen zwischen den Yuppies, keine Tiefe und Nähe, keine Freundschaft und keine Liebe. Sie gestalten die Beziehungen zu anderen Menschen lediglich in strategischer Hinsicht. «Wenn du einen Freund brauchst, kauf dir einen Hund», sagt Gordon Gekko in «Wall Street». Für Tom Wolfe ist dieser radikale Individualismus – jeder kämpft gegen jeden, jeder interessiert sich nur noch für sich selbst – eine logische Konsequenz aus den Invidualisierungsprozessen der siebziger Jahre. Auf das bürgerrechtsbewegte Jahrzehnt der Sechziger, auf die Zeit der Kommunen und Kollektive, auf die Emphase der Gemeinschaftsbildung sei eine Epoche des Egoismus gefolgt; so hat er es schon 1976 in seinem einschlägigen Essay «The ‹Me› Decade and the Third Great Awakening» formuliert. Die Siebziger sind eine Zeit der Entfesselung und der entfesselten Kritik an allen überkommenen Autoritäten und Institutionen – und deswegen auch eine Zeit, in der die individuelle «Selbstfindung» mehr zählt als die Gemeinschaft und die Solidarität. In der Folge verbreiten sich Lebens- und Weltbilder, die nicht mehr auf die Entwicklung der gesamten Gesellschaft zielen, sondern bloß noch auf das persönliche Fortkommen. In dieser Perspektive sind die Yuppies die perfekte Verkörperung dessen, was die britische Premierministerin Margaret Thatcher zu Beginn ihrer ersten Amtszeit mit dem Satz meinte: «There is no such thing as a society.» Nur dass sich darin eben – so sieht es Tom Wolfe – kein «change» widerspiegelt, wie Thatcher ihn programmatisch beschwört, keine Wende und kein Wandel. Die Grundlagen für diese Entwicklung lägen gerade in jenen Milieus, die sich in den Siebzigern einmal die emanzipatorische Verbesserung der Gesellschaft auf die Fahnen geschrieben haben.

Ob diese Diagnose in ihrer Ausschließlichkeit zutrifft, lässt sich anzweifeln. Für sie spricht immerhin, dass der erste Yuppie – oder zumindest der Mann, auf den dieser Begriff zum ersten Mal angewandt wird – aus den Gegenkulturen der Sechziger und Siebziger stammt. Die Rede ist von dem Investor und Unternehmer Jerry Rubin, einem Multimillionär, der in einer imposanten Loft-Etage in Manhattan residiert. Ende der siebziger Jahre hat er erheblichen Reichtum angehäuft, weil er beim Börsengang der aufstrebenden Computerfirma Apple große Mengen an Aktien erwarb. Doch wie die Apple-Gründer Steve Jobs und Steve Wozniak hatte auch Rubin in den anderthalb Jahrzehnten zuvor zur libertären und antikapitalistischen Gegenkultur gehört. Seit Mitte der Sechziger beteiligt er sich an Demonstrationen gegen den Vietnamkrieg, 1967 ist er einer der Begründer der «Youth International Party», einer Spaßguerilla, die mit situationistischen Aktionen für produktive Verwirrung sorgen will. So ruft sie etwa zu einer Versammlung vor dem Pentagon auf, um dieses durch die Kraft der mit Hilfe von Marihuana und LSD erweiterten Bewusstseine zum Schweben zu bringen und hundert Meter hoch in die Luft zu befördern. Für den Präsidentschaftswahlkampf 1968 nominiert die Partei ein Schwein mit dem Namen Pigasus, das sich gegen Richard Nixon allerdings nicht durchsetzen kann. Beim Woodstock-Festival im folgenden Jahr bemüht sich Jerry Rubin erfolglos, die bekifften Massen zum revolutionären Umsturz anzutreiben; sein Mitstreiter Abbie Hoffman, der uns schon im Hacker-Kapitel begegnet ist, wird während einer Ansprache von dem genervten Gitarristen der britischen Gruppe The Who, Pete Townsend, von der Bühne geprügelt. Die Blumenkinder in Woodstock nennen sich Hippies, darum wählen die Mitglieder der «Youth International Party» für sich das ähnlich klingende Kürzel «Yippies».

In den Siebzigern wandelt sich Jerry Rubin vom strikten Antikapitalisten – zu seinen ersten Aktionen gehört 1967 die Störung der New Yorker Börse durch das Abwerfen Hunderter Eindollarscheine von einer Empore herunter – zum Investor und Unternehmer. Er betrachtet dies als persönlichen Reifeprozess. «Trau keinem über dreißig» lautet seine – auch in Deutschland – zum geflügelten Wort gewordene Parole aus der Frühzeit der Yippies. «Growing (Up) At Thirty-Seven», Erwachsenwerden mit siebenunddreißig, heißt wiederum ein autobiographisches Buch, das er 1976 veröffentlicht. Zum Erwachsenwerden gehört für Rubin die Einsicht, dass man das kapitalistische «System» nicht von «außen» verändern kann, sondern nur von «innen». Deshalb gehe es ihm nun darum, das erweiterte politische Bewusstsein der Hippies in jene gesellschaftlichen Kreise zu überführen, in deren Händen sich der wirtschaftliche und technologische Fortschritt befindet. Denn letztlich sei «es doch immer derjenige, der die Schecks unterschreibt, der die ultimative Macht besitzt», sagt Rubin nun. «Ich weiß inzwischen, dass ich viel mehr erreichen kann, wenn ich Schlips und Anzug trage und an der Wall Street arbeite, als wenn ich nur vor den Toren der Macht meine Tänze aufführe.»

Anfang der Achtziger beginnt Rubin damit, die wirtschaftlichen und kreativen «movers and shakers» in New York zusammenzuführen, bei geselligen Abenden, die er zunächst in der legendären, zwischenzeitig geschlossenen und nun gerade wieder eröffneten Diskothek Studio 54 veranstaltet, später in noch größeren Hallen. Was bei diesen Veranstaltungen passieren soll, bezeichnet er als «networking» – ein Begriff, der in den folgenden Jahrzehnten Karriere machen wird. «Jerry Rubin hat das ‹social networking› erfunden», schreibt sein Biograph Pat Thomas später, seine Abende im Studio 54: «Das war die Geburt von Facebook und LinkedIn.» Bei einem dieser Abende ist auch ein Reporter der «Chicago Tribune» zugegen, Bob Greene. Er beschreibt danach, wie sich die von Rubin zusammengebrachten Harvard- und Yale-Absolventen mit den in Manhattan lebenden Künstlern und Künstlerinnen «vernetzen» und wie aus dem ehemaligen Anführer der Yippies nun also der Anführer der Yuppies geworden ist, der «Young Urban Professionals». «From Yippie to Yuppie», so nennt Greene seinen Artikel – und so wird auch später der Untertitel der Rubin-Biographie von Pat Thomas lauten.

Hippie, Yippie, Yuppie: In diesen drei klanglich einander variierenden Schlagwörtern finden sich zwei Jahrzehnte Gesellschaftsgeschichte verdichtet. Im Ausdruck der «Young Urban Professionals» steckt aber noch ein weiterer entscheidender Dreh. Denn damit so etwas wie eine Schicht junger urbaner Berufstätiger entstehen kann, müssen die jungen Berufstätigen überhaupt erst einmal in die Städte zurückkehren. Bis Ende der Siebziger steht ja außer Frage, dass die erfolgreichen Unternehmer und Angestellten zwar in den Stadtzentren arbeiten, aber nach Feierabend wieder in die gepflegten Vororte fahren, wo sie mit ihren Familien in kleinen Häusern mit Vorgarten leben, in einer sicheren und angenehmen Umgebung, in der die Kinder auf gute Schulen gehen können und man keinen Kontakt hat zu den migrantisch geprägten Unterschichtsmilieus in den «inner cities».

Die neue ökonomische Elite zu Beginn der achtziger Jahre will nun wieder dort wohnen, wo das pulsierende Leben ist, in jenen urbanen Vierteln, in denen sich – vor allem wegen des billigen Wohnraums – im Jahrzehnt zuvor die künstlerische und kreative Elite angesiedelt hat. Auch in dieser Hinsicht ist Jerry Rubin ein Vorreiter. Er lässt gleich zu Beginn seiner Verwandlung vom Yippie zum Yuppie, im Jahr 1978, eine heruntergekommene Fabriketage in Manhattan – einen «Loft» – zu einer luxuriösen Millionärswohnung ausbauen. Die «New York Times» berichtet im folgenden Jahr unter der Überschrift «The New Elite and the Urban Renaissance» über die wachsende Neigung junger wohlhabender Menschen, sich in den Innenstadtbezirken von New York, aber auch von Boston, Baltimore, Philadelphia und Washington niederzulassen – also gerade in jenen Vierteln, die in den Siebzigern vornehmlich durch Kriminalität und soziale Unruhen, durch heruntergekommene Straßenzüge, leerstehende Häuser und Graffitischmierereien gekennzeichnet waren. Bereits jetzt würden sich die Mieten dadurch erhöhen, «wenn die Reichen kommen, müssen die Armen gehen», heißt es in der «New York Times» – eine Entwicklung, die man mit dem in Großbritannien geprägten Wort der «gentrification», der Gentrifizierung, bezeichnen könne.

Tatsächlich findet sich, so weit ich sehe, die allererste Erwähnung des Yuppie-Begriffs bereits drei Jahre vor seiner Identifizierung mit Jerry Rubin, 1980, in einem Artikel des «Chicago Magazine». Das Thema ist auch hier die Neigung junger Berufstätiger, aus den «suburbs» in die Stadtzentren zurückzukehren. Sie sei zunächst ökonomisch begründet, schreibt der Autor des Textes, Dan Rottenberg. Nach jahrzehntelanger Flucht aus den Stadtzentren gebe es dort viel billigen Wohnraum, sodass junge Paare, die sich das Leben in den Vororten schlicht nicht mehr leisten könnten, hier eine attraktive Alternative fänden. Zugleich wollten sich die «young urban professionals» damit vom Lebensstil ihrer Eltern absetzen, von der langweiligen Existenz in den verwechselbaren Eigenheimen der Vororte, abseits von all dem, was sie selbst antreibt: «Die Yuppies suchen weder Komfort noch Sicherheit, sondern Stimulation, und diese lässt sich allein in den am meisten verdichteten Teilen der Stadt finden.»

In den ersten Jahren seiner öffentlichen Karriere ist der Yuppie also noch weit entfernt von dem gierigen, selbstbezogenen Materialisten, als der er dann in der zweiten Hälfte der Achtziger etwa in «Wall Street» und «Fegefeuer der Eitelkeiten» erscheint. Yuppies sind zunächst nur berufstätige Menschen, die das Leben in der Stadt jenem auf dem Land vorziehen, und dies gerade, weil sie – was sich auch in den «Networking»-Veranstaltungen von Jerry Rubin zeigt – an sozialen Kontakten interessiert sind. Schon wenig später wird «Yuppie» indes über die Beschreibung einer bestimmten sozialen Gruppe hinaus zum Begriff für eine gesamte Generation und für einen tiefgreifenden gesellschaftlichen Wandel. Im März 1984 ruft die «New York Times» «Das Jahr der Yuppies» aus, das Jahr der «gut ausgebildeten, computeraffinen, audiophilen Kinder des Babyboom». Diese «Babyboomer» – auch dies ein Begriff, der Anfang der Achtziger geprägt wird und sich bis in unsere Gegenwart gehalten hat – bildeten eine «huge generation», eine riesige, gewaltige Generation. In den USA seien «zwischen 1946 und 1964 fast achtzig Millionen Menschen geboren worden – in den zwanzig Jahren zuvor waren es nur fünfzig Millionen. 1984 ist nun das Jahr, in dem auch die Jüngsten aus dieser Generation erstmals an einer Präsidentschaftswahl teilnehmen dürfen.»

Im politischen Weltbild der Yuppies und Babyboomer findet die «New York Times» gleichermaßen progressive wie konservative Aspekte. In gesellschafts- und außenpolitischen Fragen seien sie ganz vom libertären Geist der sechziger und siebziger Jahre geprägt: «Sie unterstützen das Equal Rights Amendment» – einen Verfassungszusatz, der die Gleichberechtigung von Männern und Frauen gesetzlich festschreibt – «und eine Liberalisierung des Abtreibungsrechts, sie setzen sich gegen die Diskriminierung von Homosexuellen auf dem Arbeitsmarkt ein.» Wenn es um die Frage der nuklearen Abrüstung gehe, seien sie «auf hitzige Weise liberal», gegen militärische Einsätze im Ausland «erheben sie ein donnerndes Nein». In wirtschafts- und sozialpolitischer Hinsicht sei ihre Haltung jedoch konservativ, im Sinne der Deregulierungsprogramme des amtierenden Präsidenten Ronald Reagan. Die Yuppies «fürchten sich nicht vor Arbeitslosigkeit», darum brauche es nach ihrer Ansicht auch keine Arbeitslosenunterstützung zu geben; «sie plädieren für noch stärkere Einschnitte in den Bundesausgaben», auch wenn dies zu Lasten der finanziellen Unterstützung für sozial Bedürftige geht.

Über die folgenden Monate entwickeln die Yuppies sich jedenfalls in den USA zu einem viel erörterten Medienphänomen. Es werden Leitartikel und Reportagen verfasst, die Yuppies finden Eingang in die Programme prominenter Comedians. Dazu trägt fraglos auch die Unschärfe des Begriffs bei; Einigkeit herrscht nur darüber, dass Yuppies irgendwie für einen sich verändernden Lifestyle stehen und für einen politischen Wandel, mit dem die Kinder der entfesselten siebziger Jahre in der Mitte der Gesellschaft ankommen. «Yuppies verdienen eine Menge Geld, sie stellen ihren

Das Magazin «Newsweek» ruft Ende 1984 das Jahr des Yuppies aus. Das Cover stammt von dem Comiczeichner Garry Trudeau: Seine aus den «Doonesbury»-Strips bekannte Hauptfigur Mike Doonesbury (links) ist vom Hippie-Kommunarden zum Geschäftsmann konvertiert und seine Wegbegleiterin Joanie Caucus von der radikalen Feministin zur Yuppie-Anwältin.

Reichtum gerne zur Schau, und sie probieren sich durch die politischen Lager und deren Kandidaten hindurch wie durch ein Buffet mit kulinarischen Köstlichkeiten.» So fasst es das Magazin «Newsweek» Ende 1984 zusammen; in der letzten Ausgabe des Jahres wird dieses rückblickend ein weiteres Mal zum «Jahr der Yuppies» erklärt.

In Erinnerung ist diese Ausgabe vor allem wegen ihres Titelbildes geblieben. Es stammt von dem Comiczeichner Garry Trudeau, der mit seinen «Doonesbury»-Strips seit Anfang der Siebziger den politischen und kulturellen Wandel in den USA begleitet. Hier sieht man nun seinen Helden Mike Doonesbury in einem Geschäftsanzug; allerdings sitzt er auf einem Rennrad und hat einen Rucksack auf dem Rücken. Neben ihm läuft seine langjährige Weggefährtin Joanie Caucus, die in den Siebzigern als radikale Feministin wirkte und mittlerweile in eine Anwaltskanzlei eingetreten ist; sie trägt Rock, Blazer, Perlenkette, einen Walkman und Laufschuhe der luxuriösen Marke «New Balance». In diesem Bild zeigt sich exemplarisch die Mischung aus Karriereorientierung und gegenkultureller Lässigkeit, aus Stilbewusstsein und stilistischer Dissidenz gegen die uniforme Steifheit älterer Manager-Generationen, die für die Yuppies jedenfalls in der ersten Phase ihres öffentlichen Auftretens typisch ist. Man sieht hier zwei Menschen, die zwar in der Elite der Gesellschaft angekommen sind, sich in ihrem Auftreten und Habitus aber auch gegen die spießige Verknöcherung «angepasster» Materialisten wehren – ganz im Sinne von Jerry Rubin, der die neue Avantgarde der Leistungsgesellschaft mit dem alten «erweiterten Bewusstsein» der Hippies und Künstler modernisieren will.

Mitte der Achtziger gibt es für diese Mischung aus Individualismus und Liberalismus noch keine politische Repräsentanz. Zwar kommt die Wirtschaftspolitik der Reagan-Regierung den Vorstellungen der Yuppies nah. Doch als geradezu ikonischer Vertreter der vergangenheitsseligen «Re Decade», der Provinz und des «Heartland America», als Verfechter eines strikten Abtreibungsverbots und Gegner jeglicher Gleichstellung verkörpert der ehemalige Cowboy-Darsteller das genaue Gegenteil zum liberalen Selbstverständnis und Lifestyle der Yuppies. Seine politischen Kontrahenten von der Demokratischen Partei wiederum betonen in den Achtzigern noch stark den Gedanken der gesellschaftlichen Solidarität und Verantwortung; dem leistungs- und aufstiegsorientierten Individualismus der Yuppies stehen solche «wohlfahrtsstaatlichen» Auffassungen fern.

Gleichwohl findet sich bei den Demokraten 1984 der erste Politiker, der sich selber ausdrücklich dem frisch etikettierten Milieu und dem dazugehörigen Lifestyle zuordnet: Gary Hart, der selbsterklärte Yuppie, erringt bei den Vorwahlen zum Präsidentschaftskandidaten seiner Partei einige überraschende Erfolge. Er tritt an mit dem Slogan «New Ideas», und zu diesen neuen Ideen gehört eine Liberalisierung der Märkte, die Befreiung der Wirtschaft von staatlicher Regulierung und eine größere Distanz zu den Gewerkschaften. Hart bemüht sich darum, als Vertreter einer neuen Generation von Demokraten gesehen zu werden, die sich von der politischen Tradition der Partei und insbesondere von ihrem wenig beliebten, bei der Bewerbung um eine zweite Amtszeit 1979 gescheiterten Präsidenten Jimmy Carter absetzt. Gegen den – aus seiner Sicht – wohlfahrtsstaatlich konservativen Charakter der alten Demokraten setzt Hart auf jenen gesellschaftlichen Aufbruch, den die entschlossene Nutzung der neuesten Technologien ermöglicht. Es gelte, sagt er, die erblühende Computertechnologie und die angeschlossene Hightech-Branche zu fördern, dann würden sich daraus schon viele neue Jobs und ein wirtschaftlicher Aufschwung ergeben; wegen dieser technikaffinen und -optimistischen Haltung werden Hart und seine Mitstreiter auch gern als «Atari-Demokraten» bezeichnet.

Am Ende unterliegt Hart mit seinem Programm dann doch gegen den Vertreter des Partei-Establishment, Walter Mondale, der seinerseits den Präsidentschaftswahlkampf gegen Ronald Reagan verliert. Bei den nächsten Vorwahlen tritt Hart erneut an, um seine Bewerbung schon 1987 wieder zurückzuziehen, nachdem verschiedene Medien ihm eine außereheliche Affäre mit der damals neunundzwanzigjährigen Donna Rice vorwerfen. Nicht nur in der wirtschaftsliberalen Erneuerung – oder auch Yuppifizierung – der Demokratischen Partei, sondern auch im Genre des politischen «Sexskandals» ist Gary Hart also ein Pionier. In beiden Feldern nimmt er vorweg, was in den Neunzigern dann die Biographie und das politische Wirken von Bill Clinton prägt.

Als Clinton 1991 zum Präsidenten gewählt wird, ist die Epoche der Yuppies aber eigentlich schon wieder vorüber. Fast zeitgleich mit dem Erscheinen von «Wall Street» und «Fegefeuer der Eitelkeiten», am «Schwarzen Montag» des 19. Oktober 1987, kommt es zum ersten Börsenkrach der Nachkriegsgeschichte. Der überhitzte Handel der Investment-Banker bricht zusammen, in der Folge entlassen die beteiligten Firmen über zwanzigtausend Mitarbeiter und Mitarbeiterinnen, und in den USA werden strengere Gesetze gegen jenen Insider-Handel erlassen, mit dem Figuren wie Gordon Gekko, Bud Fox und ihre Vorbilder in der Realität, etwa der sagenumwobene Wall-Street-Spekulant Ivan Boesky, reich geworden sind.

Im Februar 1988 erklärt das Magazin «Esquire» die Yuppie-Ära für beendet. Auf dem Cover sieht man den Schauspieler Michael J. Fox im Börsenmakleranzug vor einer Sushiplatte. «The Days of Wine and Sushi» steht als Schlagzeile darüber, eine Anspielung auf das beliebteste neue Luxusgericht der gerade untergehenden Trendsetter-Klasse. «The Short Happy Life of the American Yuppie» heißt die Titelgeschichte des politischen Essayisten Hendrik Hertzberg. Der «Schwarze Montag» 1987 habe, so Hertzberg, die Grundlage zerstört, auf der überhaupt so etwas wie die Idee eines unaufhörlichen Wirtschaftsbooms gedeihen konnte; mit dieser Idee sei auch das Selbstbewusstsein der Yuppies als herrschender, zukunftsbestimmender Klasse obsolet geworden. Was übrig bleibe, sei eine moralisch diskreditierte Gruppe von Menschen, deren exaltierter Lebensstil längst nur noch lächerlich wirke. Man sehe im Nachhinein, dass sich die Yuppies nicht durch das auszeichneten, was sie produzierten, sondern nur durch das, was sie konsumierten, und die zwanghafte Verfeinerung dieses Konsums wirke nun lediglich albern. Der Yuppie sei tot. «Wir werden ihn nicht vermissen», so beendet Hertzberg seinen Artikel. Obwohl: «Das Essen war gut. Ich hoffe, wir können das Essen behalten.»

Diese letzte Hoffnung wird, wie wir heute wissen, nicht enttäuscht werden. In anderer Hinsicht irrt Hertzberg. Zwar verschwindet der Yuppie als kultureller Idealtypus, als Trendphänomen ab Ende der Achtziger aus den Schlagzeilen – allenfalls dient er als Negativfolie für all das, was in der Gesellschaft schiefzulaufen scheint. Was vom Yuppie aber bleibt, das ist eine generelle Verschiebung des politischen Koordinatensystems, eine nachhaltige Veränderung und Verwirrung des Verhältnisses zwischen dem «Konservativen» und dem «Liberalen». Schließlich zeigt sich in den Yuppies eine gesellschaftliche und kulturelle Formation, die sich – bei allem Egoismus und Materialismus – selber als progressiv und liberal betrachtet. Ihre Angehörigen treten, wie schon erwähnt, für die Gleichberechtigung von Männern und Frauen ein; und die Trägerinnen von Schulterpolsterjacketts, die «dressed for success» alles daransetzen, durch die «gläserne Decke» der alten Unternehmenskulturen zu brechen, finden im Milieu der entfesselten Märkte und auch entfesselten Karrierechancen neue Aufstiegsmöglichkeiten und also ein Feld der feministischen Emanzipation. Sie emanzipieren sich zugleich von dem überkommenen Rollenmodell, das Frauen nach der Paarbildung auf die Familiengründung und schließlich die Erziehung von Kindern festlegt. Dass überhaupt noch Kinder in die Welt gesetzt werden müssen, ist im Habitat der Yuppies nicht mehr selbstverständlich. Das wohlhabende Paar ohne Nachwuchs avanciert unter dem Kürzel «Dinks» – «double income no kids» – zu einem allseits bestaunten gesellschaftlichen Ideal. So wie auch die «buppies» und «guppies», die «black yuppies» und «gay yuppies», die schwarzen Yuppies und schwulen Yuppies zu Idealtypen einer Gesellschaft werden, in der die Liberalisierung der Wirtschaft auch bis dahin diskriminierten Minderheiten zu gesellschaftlichem Aufstieg und Ansehen verhilft.

Diese progressiven und liberalen Auffassungen beschränken sich aber – und auch darin liegt eine wesentliche Erbschaft der Yuppies für die folgenden Jahrzehnte und bis in unsere Gegenwart hinein – auf das gesellschaftliche Gehege der eigenen Klasse und derjenigen, die in der Lage sind, in diese Klasse vorzustoßen. Neben dem Yuppie wird der «yumpie», der «young upwardly mobile professional», zu einem gern gebrauchten Schlagwort. Dass eine sozial fortschrittliche Politik auch darin bestehen kann, den weniger Erfolgreichen und den Abgehängten zu helfen: Diese gedankliche Möglichkeit kommt im Weltbild der Yuppies nicht vor. Sie freuen sich über kulturelle Diversität, über die Schwarzen und Schwulen im Freundeskreis und über all die erfolgreichen Frauen, die sich in ihren Kreisen bewegen. Das ändert aber nichts daran, dass ihre Hausangestellten, ihre Portiers, Fahrstuhlführer und Kindermädchen selbstverständlich farbig sind; ebenso wenig wie daran, dass die von ihnen vorangetriebene Gentrifizierung der Innenstädte Menschen mit geringerem Einkommen, mit geringeren oder keinen Aufstiegschancen an die Ränder vertreibt. Mit den Yuppies beginnt ein zunehmend erbittert ausgefochtener Kampf um bezahlbaren Wohnraum, der das Leben in den Metropolen bis heute prägt.

Generell könnte man vielleicht sagen: Mitte der achtziger Jahre betritt erstmals eine gesellschaftliche Gruppe die Bühne, die sich selber als emanzipiert und liberal betrachtet – und den Gedanken der Liberalität zugleich entkoppelt von der Kritik der Klassenverhältnisse. Darin liegt der wesentliche Unterschied zu den Hippies und Yippies der vorangegangenen Generation. Die Yuppies glauben, dass sich gesellschaftlicher Fortschritt allein durch die Verbesserung individueller Aufstiegschancen erzielen lässt, in der entfesselten und von bisherigen Restriktionen weitestmöglich befreiten Konkurrenz aller gegen alle. Dass eine solche Konkurrenz notwendig auch Verlierer erzeugt und dass nicht alle Teile der Gesellschaft an den ökonomischen Möglichkeiten teilhaben können, die die entstehende neue Informations- und Wissensgesellschaft bietet: Das ist eine Tatsache, die in diesem Zusammenhang gerne verdrängt wird.

Wir wissen heute, wie diese Verdrängung in den folgenden Jahrzehnten die Spaltung der westlichen Gesellschaften vertieft hat und wie daraus jener Hass auf die «liberalen Eliten» entsprang, der im neuen Jahrtausend den Aufstieg des Rechtspopulismus beförderte. Wer zu den Grundlagen dieser Entwicklung zurückgehen will, der sollte noch einmal «Fegefeuer der Eitelkeiten» von Tom Wolfe lesen. Oder sich an den Spruch von Gordon Gekko aus dem Film «Wall Street» erinnern: «Was der eine gewinnt, muss der andere verlieren. Das Ganze ist ein Nullsummenspiel.»

21. KAPITEL

· · ● · ·

MOBILTELEFON, FILOFAX, BÜFFELKÄSE MIT PESTO: DAS ZEITALTER DES KOSMOPOLITISMUS UND DER GLOBALEN VERNETZUNG

Auch sonst ist es verfrüht, bereits 1988 vom «Tod der Yuppies» zu sprechen, wie Hendrik Hertzberg es in seinem Artikel im «Esquire» tut. Denn auf vielerlei Weise zeigt sich in ihnen eine kulturelle Verschiebung, die bis in unsere Gegenwart reicht: die Entstehung einer Gesellschaft, in der Wissen, Information und Kommunikation zu entscheidenden Gütern aufsteigen, und damit auch jene besondere Form der Individualisierung, in der die wesentliche Erbschaft der achtziger Jahre besteht. Am Beginn der begrifflichen Karriere des Yuppies stehen die «Social-Networking»-Abende, die Jerry Rubin in New York organisiert. Seither ist uns Networking – oder neudeutsch auch: Netzwerken – als wesentlicher Bestandteil des biographischen Fortkommens erhalten geblieben. Mit den «sozialen Netzwerken» im Internet, mit Facebook und Instagram, Xing und LinkedIn, hat sich diese Bedeutung noch einmal vergrößert, bis hin zu der – allen beruflichen Karriereabsichten vorgängigen – flächendeckenden Selbstinszenierung der Menschen in jeder nur denkbaren, auf Portalen wie Tinder etwa auch erotischen Vernetzungshinsicht.

«Der wichtigste Gebrauchsgegenstand, den ich kenne, ist die Information», sagt Gordon Gekko 1987 in «Wall Street». «Kontakte sind wichtiger als jedes Wissen», lautet dreißig Jahre später das Credo der Internet-Networking-Seite LinkedIn. Schon in den Achtzigern haben zwei der wichtigsten Statussymbole mit Vernetzung und Selbstinszenierung, mit Kommunikation und Organisation zu tun: der Filofax und das Mobiltelefon. Letzteres ist heute allgegenwärtig, der Filofax hingegen ist inzwischen weitgehend vergessen. Aber auch in diesem Gadget zeigt sich der epochale Umbruch, der von der Kultur der Yuppies und ihren Lifestyle-Accessoires ausgeht.

Zunächst handelt es sich beim Filofax um ein einfaches Ringbuch, in das Einlagen unterschiedlichster Art eingeheftet werden können: Tages-, Wochen- und Monatskalender; Adressverzeichnisse und Plastikhüllen für die Visitenkarten, die man bei Networking-Veranstaltungen einsammelt; schlicht linierte oder karierte Seiten für die Aufzeichnungen aus dem letzten Meeting oder die «To-do-Listen» für die kommenden Tage; ausfaltbare Leporellos mit der Weltkarte und ihren Zeitzonen, damit man auch bei den internationalen Geschäftstelefonaten immer weiß, wie viel Uhr es am anderen Ende der Leitung ist. Mit dem Filofax kann man das berufliche Leben ebenso planen und «organisieren» wie das private; es zeigt sich darin aber auch – und das ist das Interessante –, wie die Grenze zwischen dem privaten und dem beruflichen Leben in den Achtzigern zu verschwimmen beginnt.

Denn der Filofax ist nicht nur ein Instrument der individuellen Planung und Zeitgestaltung, sondern auch Ausdruck und Spiegel einer zunehmend geplanten und gestalteten Individualität. Im Lauf der Achtziger wird der Kernbereich der Ringbucheinlagen durch solche Varianten ergänzt, in denen vor allem der besondere Geschmack, die besonderen Talente des Filofax-Besitzers zur Geltung gelangen. Großer Beliebtheit erfreuen sich zum Beispiel Weinverkostungseinlagen; hier kann man notieren, auf welcher Party man welchen Wein getrunken hat, wer einem dabei Gesellschaft leistete und wie der Wein schmeckte. Auf die gleiche Weise lässt sich der Filofax aber auch mit Bewertungen von Restaurants, Bars, Galerien und Museen füllen, sodass er sich zu einem vollständigen biographischen Profil – oder eben auch: Wunschprofil – seines Besitzers oder seiner Besitzerin aufrüsten lässt. In vielerlei Hinsicht fungieren die Filofaxe also als Frühformen jener «öffentlichen Profile», mit denen die Menschen sich zwanzig Jahre später in den sozialen Netzwerken des Internets präsentieren werden.

Je wichtiger die Yuppies als gesellschaftliches Phänomen werden – und je mehr Menschen sich mit den Insignien der urbanen Eliten schmücken wollen, ob sie selber nun dazugehören oder nicht –, desto mehr Filofaxe werden verkauft. Im Jahr 1980 macht das in London ansässige Unternehmen Filofax, Ltd. einen Umsatz von 100 000 britischen Pfund (was damals etwa 450 000 D-Mark entspricht), im Jahr 1986 sind es schon sechs Millionen Pfund (etwa neunzehn Millionen D-Mark). Dass der Filofax inzwischen zum Statussymbol geworden ist, zeigt sich an den extravaganten Luxus-Ausführungen: Der konventionelle Kunstledereinband wird durch echtes Leder ersetzt oder auch – je nach Zielgruppe und Absatzmarkt – durch Straußen-, Eidechsen- oder Krokodilleder (Kostenpunkt für letztere Variante: 940 US-Dollar). Ein Reporter der Nachrichtenagentur AP berichtet 1987 von Filofaxen, die in die Haut der Javanischen Warzenschlange eingebunden werden oder «in ein Rentierfell, das aus einem vor zweihundert Jahren gesunkenen dänischen Schiff geborgen wurde und das noch nach dem Teerpapier riecht, in dem es konserviert wurde».

In dem Film «Filofax – Ich bin du und du bist nichts» (im Original «Taking Care of Business») aus dem Jahr 1990 spielt James Belushi einen entflohenen Sträfling, der den Filofax eines erfolgreichen Yuppies findet und mit dessen Hilfe für ein paar Tage komplett die Identität seines Besitzers übernimmt. Er geht zu Geschäftsterminen und mietet sich in der Luxusvilla eines Werbemanagers ein – während der echte Besitzer ohne den Terminkalender und die Adressdateien in seinem Filofax nicht mehr in der

Lage ist, sich zurechtzufinden. Auf den heutigen Betrachter wirkt der Film gleichermaßen antiquiert wie aktuell. Dass sich die Identität eines Menschen vollständig in einem lederbezogenen Ringbuch aufbewahren lässt – bis hin zum Identitätsverlust bei Verlust dieses Buches –, wirkt dreißig Jahre später so befremdlich, dass man manche Szenen des Films kaum noch versteht. Andererseits ist die Idee, dass sich die Identität eines Menschen in Kontakten und Listen, in einem Datensatz also, erfassen lässt, heute gegenwärtiger denn je; nur dass an die Stelle des Filofax eben das Mobiltelefon getreten ist.

Wobei man wiederum auch dessen erste Prototypen bei den Yuppies der achtziger Jahre antrifft. Nur dass es sich dabei um Geräte handelt, mit denen man ausschließlich das tun kann, wozu Telefone einmal gedacht waren – telefonieren –, und die sich von späteren Mobiltelefonen durch ihre im Vergleich geradezu gewaltige Größe unterscheiden. So sieht man Charlie Sheen als Bud Fox in «Wall Street» auf dem Höhepunkt seines Erfolgs mit einem solchen Gerät telefonieren. Es ist etwa so groß wie ein Schenkelknochen und sieht aus, als ob man es eigentlich mit zwei Händen festhalten müsste. «Knochen» wird denn auch zur verbreiteten umgangssprachlichen Bezeichnung dafür. Das Modell, das Bud Fox und auch sein Yuppie-Vorbild Gordon Gekko benutzen, ist das Motorola DynaTAC 8000x, das erste allgemein erhältliche Mobiltelefon; es kommt im Jahr 1984 auf den Markt und kostet zu diesem Zeitpunkt stolze viertausend US-Dollar. Das DynaTAC 8000x wiegt ein knappes Kilo und ist – ohne seine Antenne – fünfundzwanzig Zentimeter lang, der Akku reicht gerade einmal für eine halbe Stunde und muss danach einen halben Tag lang wieder aufgeladen werden. Auf dem schmalen Display leuchten lediglich die gerade gewählten Ziffern, und in den Speicher passen maximal dreißig Rufnummern.

Was heute geradezu paläolithisch wirkt, erscheint den Zeitgenossen Mitte der Achtziger wie die äußerste Ausprägung des technischen Fortschritts, darum etabliert sich das DynaTAC 8000x zügig als Statussymbol. Trotz des hohen Preises werden schon innerhalb des ersten Jahres 300 000 Stück davon verkauft. Man sieht es nicht nur in «Wall Street», auch in einer «Dallas»-Folge aus jener Zeit lässt sich J. R. Ewing einen solchen Knochen zum Telefonieren an den Swimmingpool reichen; und natürlich zählt der elegant gekleidete Edel-Ermittler Sonny Crockett aus der Fernsehserie «Miami Vice» zu den «early adopters». Wobei er und sein Kollege Ricardo Tubbs (gespielt von Don Johnson und Philip Michael Thomas) sich zum Zweck der mobilen Kommunikation zunächst noch des überdimensionierten Autotelefons bedienen, das in Crocketts Ferrari eingebaut ist. Erst in späteren Folgen wird das DynaTAC 8000x zu Crocketts ständigem Begleiter; geradezu ikonisch sind die Bilder, die ihn beim Mobiltelefonieren auf seiner Yacht zeigen, während er gedankenverloren in die Ferne blickt und zugleich die Schnauze seines Haustier-Alligators Elvis streichelt.

Für die Yuppies wird das Mobiltelefon schon deswegen zum beliebtesten Gadget, weil es Reichtum und Exklusivität demonstriert. Doch wird es auch zum Symbol einer Elite, die sich bewusst über räumliche Beschränkungen erheben will – einer Elite, die sich an jedem beliebigen Ort der Welt aufhalten kann und doch immer nur mit ihresgleichen kommuniziert, also mit all jenen Menschen, die ebenso wohlhabend sind wie man selber und sich daher auch ein Mobiltelefon leisten können. Wir haben uns inzwischen längst daran gewöhnt, dass Menschen mit Smartphones am Ohr oder vor den Augen mit ihrer Aufmerksamkeit gerade ganz woanders sind als an dem Ort, an dem sie sich körperlich aufhalten; dass sie, wie vor ihnen nur Sonderlinge oder Autisten, blind für ihre reale Umgebung sind und sich, scheinbar mit sich selbst sprechend, in virtuellen Räumen aufhalten. In der zweiten Hälfte der Achtziger ist dies noch ein ganz neues Phänomen. Wer hier in sein Mobiltelefon

Don Johnson und Philip Michael Thomas spielen in «Miami Vice» zwei verdeckte Polizeiermittler, die vor allem sehr gut angezogen sind und teure Autos fahren, aber auch sonst jedes Statussymbol besitzen, das man sich vorstellen kann: unter anderem einen Alligator als Haustier und ein Exemplar der damals noch sehr seltenen Mobiltelefone.

spricht, zieht damit deutlich einen Kreis um sich und gegen seine Umgebung und beweist Macht über seine räumliche Gebundenheit. Diese Geste entspricht der besonderen Weise, in der die Yuppies den urbanen Raum erobern: Sie wollen in den Zentren der Städte leben – aber nicht, um in der Vielfalt der dort bereits ansässigen Menschen aufzugehen, sondern um sich in diesen Zentren eigene Räume, eigene soziale Netzwerke zu schaffen, in denen sie von der Außenwelt genauso abgeschirmt sind wie in den luxuriösen Landsitzen, in die sie sich am Wochenende zurückziehen.

Dieser Kosmopolitismus schlägt sich auch in den Ernährungsgewohnheiten der Yuppies nieder. Die von ihnen bevorzugten

Lebensmittel sollen möglichst international und weltläufig wirken. Nicht umsonst illustriert der «Esquire» seinen Abgesang auf die Yuppiekultur, wie schon erwähnt, mit einem Bild von Michael J. Fox vor einer opulent angerichteten Platte mit Sushi. Als Bud Fox in «Wall Street» endlich in der luxuriösen Dachwohnung mit Blick auf den Central Park angelangt ist, gehören zur Grundausstattung seiner Küchenausstattung zwei Apparaturen, von denen die eine zur Zubereitung von Sushireis dient und die andere zum Selbermachen von Spaghetti oder – wie man in den gehobenen Kreisen in dieser Zeit zu sagen beginnt – Pasta. Bud und seine neue Freundin zelebrieren den Einzugsabend mit einer Platte selbstverfertigter Sushi. «Das ist so schön, dass man es gar nicht essen möchte», sagt er zu ihr. «Komm, wir schauen es uns einfach nur an.» Danach gehen sie miteinander ins Bett.

Farbliche Vielfalt, ästhetisches Erscheinungsbild und geschmackvolle Darbietung werden in dieser Zeit zu wesentlichen Kriterien für die ambitionierte Küche. Die Portionen werden kleiner, der Weißraum auf den Tellern wird größer, das ideale Dinner besteht aus einer kleinen Scheibe Fleisch, ein paar Karottenschnitzen, vielleicht noch der einen oder anderen Erbse und ein paar geschwungenen Linien Balsamico drumherum. In einer Szene aus Tom Wolfes «Fegefeuer der Eitelkeiten» wird ein typisches Geschäftsessen beschrieben: Ein Gericht nennt sich «Kalbfleisch Boogie Woogie, und wie sich herausstellte, bestand es aus Kalbfleisch-Rechtecken, kleinen Quadraten aus sehr aromatischen Äpfeln und Linien aus pürierten Walnüssen, die so angeordnet waren, dass sie wie Piet Mondrians Gemälde ‹Broadway Boogie Woogie› aussahen». Ein anderes Gericht heißt «Médaillons de selle d'agneau Mikado; das waren vollkommen rosafarbene Lammrücken-Ovale mit winzigen Spinatblättchen und geschmorten Selleriestengeln, die zur Form eines japanischen Fächers arrangiert waren».

Der gereichte Käse stammt bevorzugt von Tieren, die das breite

Publikum bis dahin nicht als Käseproduzenten betrachtet hat, zum Beispiel von Ziegen: Kein Yuppie-Menü kommt ohne Ziegenkäse aus, am besten in Gestalt eines kleinen Klackses auf einem sehr großen Teller, über den ein wenig roter Pfeffer geraspelt wird. Büffel werden als milchgebende Tiere entdeckt; ein auch als Caprese bezeichneter Salat aus Büffelmozzarella, Tomatenscheiben, Basilikumblättern und Olivenöl wird – bis dahin undenkbar – zu einer vollwertigen Mittagsmahlzeit erhoben. Dies ist vielleicht, weit über das Ende der Yuppie-Ära hinaus, die nachhaltigste kulinarische Innovation jener Zeit – zusammen mit einer weiteren, ebenfalls aus Italien stammenden Lebensmittelidee: dem sogenannten Pesto. Dabei handelt es sich um eine Sauce aus Basilikum, Parmesan, Pinienkernen, Olivenöl und variablen anderen Zutaten, deren Geschichte sich bis zu den alten Römern zurückverfolgen lässt. Zwar ist in den USA schon Frank Sinatra als Werbeträger für sie aufgetreten, doch verlässt sie das engere Gehege der italoamerikanischen Küche erst in den Achtzigern, als die Yuppies sie als «authentisch» italienische Zutat entdecken und entweder mit Pasta oder – den als solchen bis dahin ebenfalls weithin unbekannten – getrockneten Tomaten und grünem Spargel zu Salat kombinieren. «Restaurants sind für die Menschen in den Achtzigern, was Theater für die Menschen in den Sechzigern war», so formuliert es der Yuppie-Journalist Jess in dem 1989 erschienenen Film «Harry und Sally», «und Pesto ist die Quiche der Achtziger.»

Während das Abendessen in geselliger, sozial und professionell relevanter Networking-Runde also theatralisch inszeniert und überhöht wird, schwindet die Bedeutung des Mittagessens, das in früheren Generationen noch selbstverständlich den Tag strukturierte. Das gilt nicht nur für die Yuppies, aber für diese besonders: «Mittagessen? Nur Flaschen essen zu Mittag!», herrscht Gordon Gekko in «Wall Street» seinen jungen Adlatus an. In der Hektik des Börsentags ist keine Zeit für eine längere Unterbrechung, und wer den Gipfel des Erfolgs noch nicht erreicht hat und kein Hauspersonal besitzt, der muss sich auch abends, während der bis tief in die Nacht reichenden Überstunden, noch selber mit warmen Mahlzeiten versorgen. In der Öffentlichkeit werden die Mahlzeiten auch in zeitlicher Hinsicht immer verschwenderischer; im häuslichen Rahmen kann es mit dem Kochen und Essen gar nicht schnell genug gehen. Dabei helfen Pizza-Services und andere Lieferdienste, die in den Achtzigern einen enormen Aufschwung erleben; selbst in dem kulinarisch immer etwas rückständigen Deutschland wird 1984 mit «Call A Pizza» das erste Unternehmen dieser Art gegründet. Aber auch der Umsatz mit Fertiggerichten wächst in den Achtzigern stetig – wobei neben die klassischen Dosengerichte und die seit den Siebzigern etablierten Tiefkühlpizzen neue vorgekochte Mahlzeiten treten, zum Beispiel Instant-Suppen und andere Instant-Gerichte. Dabei handelt es sich um Krümel und Brocken in Plastikgefäßen, die einen hohen Anteil des Geschmacksverstärkers Mononatriumglutamat aufweisen. Gießt man heißes Wasser darüber, entsteht eine – wie man in Deutschland sagt – «Terrine». Die «Fünf-Minuten-Terrine» der Firma Maggi erfreut sich ab 1980 jedenfalls breiter Beliebtheit, mit Instant-Gerichten, die durch den Aufdruck auf der Verpackung zum Beispiel als «Hühner-Nudeltopf», «Kartoffelbrei mit Fleischklößchen» oder «Reis in Champignonsoße» ausgewiesen sind.

Da diese Mahlzeiten bloß mit kochendem Wasser aufgeschäumt werden müssen, ist ihre Zubereitungszeit weit geringer als etwa bei einer Tiefkühlpizza, die in einer Backröhre erhitzt wird. Noch schneller geht es nur, wenn man das Fertiggericht in einen Mikrowellenofen schiebt. Dieser ist – viel mehr noch als die Pasta- und die Sushi-Maschine – ein weiteres Statussymbol für die Kücheneinrichtung der Yuppies und anderer wohlhabender Menschen in den Achtzigern. Dabei ist das Gerät an sich nicht neu. Der erste «Radarherd» wird 1946 von dem US-amerikanischen Ingenieur

Percy Spencer gebaut, nachdem er zufällig bemerkt hat, dass ihm bei der Arbeit an einer Vakuum-Laufzeitröhre zur Erzeugung elektromagnetischer Wellen die Schokoladentafel in der Hosentasche geschmolzen ist. Der Mikrowellenofen, der sich aus dem Radarherd entwickelt, geht in den Fünfzigern kommerziell in Serie. Aber erst in den Achtzigern sind die Geräte so klein geworden, dass sie sich ohne weiteres in eine gewöhnliche Kücheneinrichtung einfügen, und auch ihr Preis ist so weit gesunken, dass sie wenigstens für bessergestellte Bevölkerungskreise erschwinglich sind.

Im Mikrowellenofen lassen sich Fertiggerichte in rasender Geschwindigkeit servierfertig machen, weswegen die dazugehörigen Fernsehspots aus den frühen Achtzigern auch durch besonders hektische Schnittfolgen glänzen oder Männer und Frauen zeigen, denen bei der Essenszubereitung die Zeit aus den Fugen zu geraten scheint. In Deutschland dauert es bis zum Ende des Jahrzehnts, bis sich die Mikrowelle bei einem kleineren Teil der Bevölkerung durchzusetzen beginnt. Hier sind die Vorbehalte – wie stets, wenn es um technische Innovationen geht – wesentlich größer als in den USA. Zahlreiche mahnende Zeitungsartikel und Fernsehbeiträge befassen sich mit vermeintlichen Gesundheitsrisiken. Es drohen Gefahren vom Gehirntumor bis zur Zeugungsunfähigkeit; auch hört man von fatalen Bedienungsfehlern, etwa von jungen Müttern, die ihre Säuglinge in der Mikrowelle zu trocknen versuchen, oder von älteren Damen, die das Gleiche mit ihren Schoßhunden tun.

Diese Diskussionen sind jenen nicht unähnlich, die später über die schädlichen Auswirkungen von Mobiltelefonen geführt werden. In gewisser Weise stecken Mikrowellenöfen und Mobiltelefone ohnehin unter einer Decke: Beides sind technische Innovationen, die Mitte der achtziger Jahre geradezu symbolisch für die Zukunft stehen – und das, obwohl oder gerade weil ihre Technik auf jenen unsichtbaren Wellen und Strahlen beruht, vor denen sich weite Teile der Menschheit zugleich so fürchten, in Gestalt der

Ein Bestseller aus dem Jahr 1987: «Microwave Cooking For One» versammelt raffinierte Gerichte für den Ein-Personen-Haushalt, die sich komplett mit der Mikrowelle zubereiten lassen, zum Beispiel Eier Benedict, Hühnerbrust in Parmesankruste oder Pfirsichsoufflé.

drohenden Verstrahlung nach einem Atomkrieg oder nach einem Unfall in einem Atomkraftwerk. Zukunftsangst und -euphorie sind in den Achtzigern ebenso verschränkt wie die Angst vor dem Unsichtbaren und die Faszination mit ihm; dafür sind Mikrowellen und Mobiltelefone exemplarische Technologien.

Und noch in einer anderen Hinsicht zeigt sich in ihnen eine Dialektik, die sich dann erst in den folgenden Jahrzehnten vollständig entfaltet: zwischen dem immer wichtigeren «social networking» und der gleichzeitig zunehmenden Individualisierung, zwischen der Verlagerung des Sozialen in berufliche und virtuelle Räume und der schwindenden Relevanz traditioneller Gemeinschaftsformen wie etwa der Familie. Denn je günstiger sie werden, desto mehr werden gerade die Mikrowellenöfen auch zu essenziellen Utensilien für den Ein-Personen-Haushalt; ihr wachsender Absatz korreliert mit der wachsenden Zahl an urbanen Singles. So sind sie gleichermaßen ein Symbol für das beschleunigte Leben, für Existenzen, die nicht mehr zur Ruhe kommen – und für die Einsamkeit, die diese verspüren, wenn sie nach dem Büroalltag, der ihr ganzes sonstiges Dasein auffrisst, dann doch einmal alleine zu Hause sind.

Das erfolgreichste Kochbuch, das in der zweiten Hälfte der achtziger Jahre in den USA erscheint, trägt den Titel «Microwave Cooking For One» und stammt von der Autorin Marie T. Smith. Gezeigt wird darin, wie sich mit dem Mikrowellenofen sämtliche Mahlzeiten herstellen lassen, die der Mensch über den Tag hinweg braucht, vom Frühstück über Suppen, Sandwiches und Eiergerichte bis zu vollwertigen Ein-Personen-Dinners mit Fleisch, Salat und Pudding zum Nachtisch. Marie T. Smith hat, wie sie im Vorwort erläutert, all diese Rezepte aus der eigenen Erfahrung heraus selber entwickelt. Dies allerdings nicht, weil sie beruflich so beschäftigt ist, dass ihr die Zeit für die herkömmliche Essenszubereitung fehlt, sondern weil ihr erwachsener Sohn inzwischen in einer anderen Stadt wohnt und ihr Ehemann viel auf Dienstreisen unterwegs und darum selten zu Hause ist. Für sich allein mag sie aber nicht aufwendig kochen, darum ist der Ofen mit der unsichtbaren Strahlung darin zu ihrem bevorzugten Küchengerät geworden.

Bis zu ihrem frühen Tod 1987 ist Marie T. Smith ein gefragter Gast in den gerade erblühenden Fernseh-Kochshows; in den letzten Jahren wurde ihr zwischenzeitig vergessenes Werk in den Foren der neuen «sozialen Netzwerke» im Internet wiederentdeckt. Hier firmiert es nun als «saddest cookbook in the world», als das traurigste Kochbuch der Welt.

22. KAPITEL

∴●∴

ORGASMUS, SEX ON THE BEACH, ENERGYDRINKS: EINE KLEINE GETRÄNKEKUNDE DER ACHTZIGER

In den Film «Cocktail», der im Juli 1988 in die Kinos kommt, spielt Tom Cruise einen ehrgeizigen Wirtschaftsstudenten, dessen großer Traum darin besteht, an der Wall Street Karriere zu machen. Weil es damit nicht klappt, verdingt er sich stattdessen in einer Cocktailbar, in der die erfolgreichen Aktienhändler der Stadt und sonstige Yuppies ein und aus gehen. Hier verzaubert er sein vor allem weibliches Publikum schnell dadurch, dass er in spektakulärer Weise mit Gläsern, Flaschen und Cocktail-Shakern hantiert. Beim Mixen der Getränke holt er die Flaschen hinter dem Rücken hervor, um sie hochzuwerfen und nach kunstvollen Pirouetten passgenau wieder aufzufangen. Auch übt er mit seinem Partner hinter dem Tresen synchrone Bewegungsabläufe ein, sodass die beiden wirken wie Akrobaten oder Tänzer bei der Ausführung liebevoll einstudierter, aber nun rasend schnell abgespulter Choreographien.

Hier herrscht also «high energy» hinter dem Tresen, ein gutes Bild für die wiedererblühende Barkultur in den achtziger Jahren. Während die prägenden Lebensstilszenen der Siebziger über keine nennenswerte Trinkkultur verfügen und sich ihre Angehörigen – wenn überhaupt – in schmucklosen oder auch sorgsam verranzten Kneipen ornamentfreien Getränken wie Flaschenbier oder Getreideschnäpsen hingeben, werden die Tresen im Verlauf der Achtziger wieder zum Erlebnisbereich; die Auswahl an Getränken wird differenzierter, man trinkt wieder Cocktails und nun vor allem auch solche, die in kräftigen und gerne auch lebensmitteluntypischen, unnatürlichen Farben daherkommen. Das gilt für die Kultur der Yuppies ebenso wie für die Szene, die schon Anfang des Jahrzehnts um die New-Wave-Musik herum entstanden ist. Letztere trifft sich am liebsten in Bars, die ausgekachelt sind, kalt und steril wirken und wahlweise von Neon- oder von Schwarzlicht bestrahlt werden. Entsprechend eisig, künstlich und fluoreszierend soll auch die Anmutung der Cocktails sein, die hier getrunken werden.

So kommt es zur Renaissance des am Ende der Siebziger schon fast vergessenen Gin Tonic. Der im Tonicwater enthaltene Bitterstoff Chinin fluoresziert unter Schwarzlicht bläulich – entsprechend wird die bis heute erfolgreichste Gin-Innovation aus diesem Jahrzehnt, der 1987 auf den Markt gebrachte Bombay Sapphire, auch in einer blauen Flasche verkauft. Generell ist Blau die beliebteste Cocktailfarbe in den Achtzigern, und die beliebteste Zutat ist darum Blue Curaçao. Dabei handelt es sich um einen Likör, der aus in Alkohol eingelegten Scheiben von Bitterorangen gewonnen wird. Diese löst man in einer Mischung aus noch mehr Alkohol, Wasser und Zucker auf und färbt sie anschließend mit einem von dem Chemiekonzern Hoechst entwickelten Triphenylmethanfarbstoff, der bis dahin vor allem in Gummibärchen und Götterspeise zur Verwendung kam oder als Markierung von Lymphknoten bei einer Krebsdiagnose. Der erste populäre Cocktail mit Blue-Curaçao-Färbung wird an der Wende zu den Achtzigern von dem Münchener Barkeeper Charles Schumann erdacht. Er mischt Wodka und Rum mit Ananassaft, Kokosmilch und süßer Sahne. Alles zusammen wird dann in ein sogenanntes Fancy-Glas geschüttet, ein Glas mit einem kurvigen Körper. Erinnern soll der Cocktail an die Urlaubsfreuden unter südlicher Sonne, darum trägt er den Namen «Swimming Pool».

Man sieht schon, dass die Optik hier wichtiger ist als der Geschmack, was für wesentliche Teile der Trinkkultur in den Achtzigern gilt. In vielen Fällen ist denn auch nicht mehr von Cocktails die Rede, sondern von «Fancy Drinks», zu Deutsch etwa: schicken Getränken. Die Mischung aus Sahne und Saft bleibt die beliebteste Grundlage für Mixgetränke, wobei deren generell hoher Zuckeranteil und Kalorienwert in sonderbarem Gegensatz steht zu der sich ausbreitenden Fitness- und Schlankheitskultur, von der ich an anderer Stelle schon berichtet habe. Dieser Umstand wird dadurch überspielt, dass die Cocktails durch ihre fluoreszierenden Farben besonders energetisch anmuten, so als könnten sie dem oder der Trinkenden eine besondere Energie einflößen.

Oder einen Mehrwert an Potenz. Typisch für das Jahrzehnt sind Cocktail-Innovationen mit sexuell anzüglichen Namen, die sich eher auf dem Humorniveau eines pubertierenden Knaben befinden. Tom Cruise serviert in «Cocktail» Mixgetränke, die «Orgasmus» heißen oder auch «Dirty Mother»; Letzteres besteht zur Hälfte aus Brandy und zur anderen Hälfte aus dem Likör Kahlúa, einer Mischung aus Kaffee, Zuckerrohrschnaps und Vanille. Das bekannteste Beispiel für die Traditionslinie der Achtziger-Jahre-Sex-Cocktails ist aber natürlich «Sex on the Beach». Die Mixtur wird erstmals 1987 präsentiert: Grundlage ist Cranberry-Nektar, ein Stoff, der bis dahin – und bis heute – vor allem zur Therapie von Harnwegsinfekten benutzt wird, wie sie nicht zuletzt beim ungeschützten Wechsel zwischen Vaginal- und Analverkehr entstehen; dazugegeben werden Wodka, Pfirsichlikör und Orangensaft. Bald gibt es diverse Variationen, die ebenfalls das Wort «Sex» im Titel tragen und kaum weniger befremdlich schmecken als das Original. Darunter «Sex on Fire» mit Wodka, einem Orangenlikör namens Triple Sec sowie Fanta Fruit Twist, einer Sonderausgabe der klebrigen Orangenbrause, in der sich ergänzend Spuren von Pfirsich-, Apfel- und Maracuja-Geschmack finden; oder auch «Sex on the Driveway», der aus Wodka, Pfirsichlikör und Blue Curaçao besteht sowie aus einem großen Schuss Sprite, jener klebrigen Zitronenlimonade, die der Coca-Cola-Konzern Ende der sechziger Jahre als «frischeres» Pendant zu Fanta entwickelt hat.

Das Mischen von klaren Schnäpsen und klebrigen bunten Limonaden reicht weit über das etablierte Bartenderwesen in den Metropolen hinaus, es beherrscht auch die Teenager-Partys etwa in der norddeutschen Provinz, in welcher der Verfasser dieser Zeilen seine ersten Vollräusche erlebt. Hier vermengt man bevorzugt Coca-Cola mit Rum oder Whisky. Schon nach geringerem Konsum hinterlassen Bacardi Cola oder Jack Daniel's Cola (auch «Jacky Cola» genannt) ein bleiernes Gefühl im Kopf und Lähmungserscheinungen in den Gliedern; noch unangenehmer wird die Wirkung, wenn man die klassische Coca-Cola durch Cherry-Cola ersetzt, eine Variante mit künstlichem Kirschgeschmack, die der Konzern 1985 auf den Markt bringt – in demselben Jahr, in dem Modern Talking ihre «Cheri Cheri Lady» besingen, und passend auch zu der enormen Konjunktur, die in dieser Zeit die von dem Süßigkeitenkonzern Ferrero schon in den Fünfzigern entwickelte Praline «Mon Chéri» erlebt, eine in Branntwein eingelegte Kirsche im Schokoladenmantel. «Wer kann dazu schon nein sagen?», so lautet einer der prominentesten Werbeslogans des Jahrzehnts.

Ansonsten herrschen bei den Besäufnissen Minderjähriger in den achtziger Jahren cremige und «smoothe» Alkoholkreationen vor, etwa der Sahnelikör Baileys aus irischem Whiskey und Rahm, der in Deutschland 1979 auf den Markt kommt und sich auch unter erwachsenen Barbesuchern bald großer Beliebtheit erfreut. In Erinnerung geblieben ist auch der kränklich weiß irisierende Batida de Côco, der aus Kokosmilch, Zucker und Zuckerrohrschnaps besteht; er bildet die Grundlage für den «Orgasmus»-Cocktail von Tom Cruise, weil die weiße Farbe an Spermien erinnert. Batida wird wiederum gerne mit Kirschsaft zu «Batida Kirsch» kombiniert, während man Baileys bereits fertig gemischt aus der Flasche in der besonders bizarren Geschmacksrichtung Minzschokolade genießen kann oder mit Erdbeergeschmack. All diesen Trink-Erfindungen ist dank ihres hohen Zuckergehalts die Charakteristik gemeinsam, dass sie am Morgen nach dem Konsum oder im schlechteren Fall schon währenddessen enorme Kopfschmerzen erzeugen. Das ist die Kehrseite der für die Trinkkultur der achtziger Jahre typischen Buntheit und auch der verbreiteten Neigung, sich Getränke aus möglichst vielen verschiedenen Zutaten zuzuführen: dass der Morgen nach dem Rausch besonders grau, bleiern und grobkörnig wirkt.

Den immer komplizierteren Mixgetränken aus der wieder boomenden Barkultur steht auf der anderen Seite des popkulturellen Spektrums eine geradezu dogmatische Schlichtheit entgegen: In all jenen Milieus, Szenen und Gruppen, deren Tradition sich bis in den Punkrock und Postpunk der späten Siebziger und frühen Achtziger zurückverfolgen lässt, ist das Vermischen von Flüssigkeiten jedweder Art grundsätzlich verboten. In den Punkrockkneipen des Hamburger Schanzenviertels, in denen der Verfasser dieser Zeilen gegen Ende des Jahrzehnts seine Teenager-Jahre ausklingen lässt, wird jeder, der sich zufällig dort hinein verirrt und einen Cocktail oder auch nur die damals ebenfalls populäre Fruchtsaftmischung «Kiba» (für Kirsch-Banane) bestellt, von grimmigen Tresenkräften sogleich hochkant aus dem Lokal geworfen. Wenn es hochprozentigen Alkohol gibt, dann ausschließlich pur aus kleinen Gläsern, ansonsten kann man Bier trinken oder eben wieder gehen. Das Bier wiederum wird ausschließlich aus Flaschen konsumiert. Die Vorstellung, dass man es durch einen Hahn aus einem Fass zapfen könnte, erscheint ähnlich irre wie die damals noch fernliegende Idee, Bier mit Zitrus- oder Obstaromen zu versetzen. Auch bei Konzerten wird das Bier noch durchweg in Flaschen gereicht; dass es aus Pfand- und Sicherheitsgründen in Plastikbecher umgefüllt wird, ist ebenfalls eine Entwicklung späterer Jahrzehnte. Das heißt aber, dass man seinen Unmut über mangelhafte musikalische Leistungen auf der Bühne noch drastisch durch das Werfen von Flaschen ausdrücken kann. Nicht wenige Konzerte, die ich Ende der Achtziger erlebe, münden in Glashageln oder – sofern die Musiker sich zu wehren wissen – im Hin- und Herwerfen von Flaschen aus dem Publikum auf die Bühne und von dort wieder in das Publikum zurück.

Mit der Szene der New-Wave-, der Popper- und Yuppie-Bars scheint dies nur wenig zu tun zu haben. Aber tatsächlich wird auch hier mit Flaschen geworfen zum Ausdruck der Lebensfreude wie zur erotischen Entäußerung von Maskulinität. Bei Lichte betrachtet, sind die um den Konsum von Getränken herum entwickelten Choreographien und Verhaltensweisen in diesen scheinbar entgegengesetzten Subkulturen einander gar nicht so unähnlich; die Energieabfuhr und das energetische Verhältnis zwischen den Menschen spielt in jedem Fall eine Rolle.

Diejenige Getränke-Innovation der achtziger Jahre, die am weitesten in die Zukunft und bis in unsere Gegenwart weist, ist aber natürlich der Energydrink. In ihm verbindet sich die zeittypische Liebe zur Schrillheit, zum Individualismus und zum Artifiziellen mit dem Wunsch nach der Optimierung des Körpers und der individuellen Leistungsfähigkeit. Energydrinks versprechen den Konsumentinnen und Konsumenten, dass sie nach dem Genuss wacher und leistungsfähiger sind und beim Arbeiten oder beim Feiern länger durchhalten. So erfüllen sie im Alltag vieler Menschen auf legale Weise jene Funktion, die vorher in spezielleren Kreisen illegalen Drogen zukam, bei den Yuppies dem Kokain, bei Punkrockern und New-Wave-Avantgardisten chemischen Aufputschmitteln wie Speed.

Der erste ausdrücklich so benannte «Energy Booster» der Nachkriegszeit wird 1949 im US-Bundesstaat Tennessee hergestellt, er trägt den Namen «Dr. Enuf» und wird mit dem Slogan «Enuf is Enough» beworben. Das Getränk enthält große Mengen von Zucker und Koffein sowie ein wenig Vitamin B. So soll «Dr. Enuf» nicht nur für einen klaren Kopf und eine gesteigerte Sensibilität der Nerven sorgen, sondern unter anderem bei Magenschmerzen und Alkoholkater helfen. Nichts davon stimmt natürlich; insofern steht dieses Erzeugnis in einer langen Reihe von Quacksalberei-Getränken, die in den USA bis in das 19. Jahrhundert reicht, etwa bis zum Begründer der Rockefeller-Dynastie, William Rockefeller Sr., der Petroleum unter dem Namen Steinöl als angebliches Krebsheilmittel verkauft (zwei seiner Söhne gründen später die Standard Oil Company und verdienen damit erheblich mehr als ihr Vater), oder bis zu dem deutschen Immigranten William Radam, der in den 1880er Jahren mit dem Verkauf eines «Microbe Killer» genannten Getränks zu Bekanntheit gelangt.

Anders als die Erzeugnisse von Rockefeller und Radam stoßen «Energy-Booster»-Getränke wie «Dr. Enuf» oder das später konkurrierende «Morning Dew» in den Nachkriegs-USA aber zunächst nur auf geringes Interesse. Das ändert sich erst in den achtziger Jahren mit der 1985 lancierten Marke Jolt Cola, die sich ausdrücklich an leistungsorientierte Studenten und Studentinnen richtet sowie an junge Berufstätige und Yuppies. Durch den Schriftzug auf der Flasche zuckt ein gelber, rotgerandeter Blitz; versprochen wird gesteigerte Wachheit und Konzentrationsfähigkeit; die dazugehörigen Slogans lauten «All the sugar, twice the caffeine» sowie «Maximum caffeine, maximum power». Etwa zeitgleich bringt die Firma Lucozade, die schon seit den zwanziger Jahren Softdrinks mit angeblich medizinischer Wirkung vertreibt, einen «isotonischen» Energydrink heraus, der sich an Sportler und Sportlerinnen wendet und mit scheinbar naturwissenschaftlicher Exaktheit einen «fluiden und ausgeglichenen Elektrolyte-Haushalt» verspricht. Die ersten Plakatkampagnen zeigen ausschließlich durchtrainierte Athleten mit ansprechend definierten und schwitzenden Körpern.

Der Energydrink, der für die späten Achtziger und die folgenden Jahrzehnte prägend sein wird, kommt allerdings nicht aus den USA, sondern aus Österreich. Der Handelsvertreter und Marketing-Manager Dietrich Mateschitz ist 1982 auf einer Geschäftsreise in Japan, wo er auf die sagenhaften Profite der Tokioter Firma Taisho Pharmaceuticals aufmerksam wird; diese produziert schon seit den sechziger Jahren ein Getränk namens Lipovitan, mit dem sie Anfang der Achtziger zur erfolgreichsten Firma in Japan aufgestiegen ist. Lipovitan enthält die Aminosulfonsäure Taurin, die die Nervenleistung verbessert und in Kombination mit Zucker und Koffein, die ebenfalls reichlich im Getränk enthalten sind, eine schlafhemmende Wirkung erzeugt. Taurin ist ursprünglich eine deutsche Erfindung, der Stoff wurde in den 1820er Jahren erstmals aus der Galle von Ochsen gewonnen, die ansonsten vor allem zur Erzeugung von Gallseife dient. Nach Japan gelangte er während des Zweiten Weltkriegs, als Militärmediziner mit taurinhaltigen Getränken experimentierten, um die Sehleistung von Kampfpiloten zu steigern – freilich vergeblich. Das hindert Taisho Pharmaceuticals nicht daran, sein taurinhaltiges Lipovitan während des japanischen Wirtschaftswunders in riesigen Mengen an leistungswillige und gestresste Geschäftsleute zu verkaufen.

Ähnliches gelingt seit den Siebzigern dem thailändischen Unternehmen T. C. Pharmaceutical Co. mit seinem an Lipovitan angelehnten Getränk Krating Daeng (zu Deutsch: roter Bulle), das sich weniger an Geschäftsleute als vielmehr an Lastwagenfahrer und Reisbauern richtet. Der Energydrink-begeisterte Manager Mateschitz gründet mit den Produzenten von Krating Daeng, der Industriellenfamilie Yoovidhya, ein Joint Venture und bringt schließlich 1986 in Salzburg seine neue Marke Red Bull in den Handel.

Das Getränk besteht vor allem aus Wasser, Zucker und Zitronensäure, der Anteil der aufputschenden Substanzen Koffein und Taurin liegt unter einem Prozent. Das Ganze schmeckt in der Anfangszeit genauso scheußlich wie noch heute, dreieinhalb Jahrzehnte später: als hätte man einen Behälter mit Gummibärchen gefüllt, diese zermalmt und zermahlen und mit Zuckerwasser zu einer klebrigen, im Abgang leicht pelzig wirkenden Masse verrührt. Trotzdem gelingt es Mateschitz, dieses Nichtgetränk zu einer strahlkräftigen Marke aufzubauen. Der Werbetexter und Grafikdesigner Johannes Kastner entwickelt einen einprägsamen Slogan – «Red Bull verleiht Flüüügel» – und eine Werbekampagne mit eher dahingehuscht wirkenden Karikaturen und Zeichentrickspots, in denen das kühne Versprechen, Energie und Flügel zu verleihen, sogleich wieder ironisiert wird. Man sieht fliegende Kinder, die auf ihre konsternierten Eltern hinunterblicken, oder einen fliegenden Ornithologen über einem Vogelschwarm. Man sieht Leonardo da Vinci vor einer Staffelei mit dem Bild einer Red-Bull-Dose darauf, als handle es sich um eine Erfindung, die den Gang der Kunst- sowie sonstigen Geschichte verändert. Einem Stier mit hochrotem Kopf fliegen die Punkte von der Krawatte, nachdem er Red Bull konsumiert hat.

So zeigt sich hier auch das Urbild dessen, was man später als ironisches Konsumieren bezeichnet. Red Bull richtet sich an Leute, die ein Produkt nicht wegen einer bestimmten Qualität kaufen – zum Beispiel weil es gut schmeckt, gesund ist oder eine belebende Wirkung hat –, sondern weil es Ausdruck eines bestimmten Lebensstils ist. Dieser Lebensstil versieht sich einerseits mit den Symbolen des Individualismus: Mit dem Konsum von Red Bull hebt man sich vom gemeinen Volk der Bier-, Cola-, Brauseoder eben auch Cocktailtrinker ab. Andererseits demonstriert der Red-Bull-Konsument, der sich auf diese Weise vom gemeinen Volk abhebt, dass er den durch Marketing erzeugten Schein der

Individualisierung als solchen durchschaut hat. Man zeigt, dass man nicht einfach nur auf Werbung hereinfällt, sondern im vollen Bewusstsein der kulturindustriellen Mechanismen zur Bedürfniserzeugung gleichwohl gern ein Produkt genießt, das sich auf geschickteste Weise diese Mechanismen zunutze macht. So ließe sich dies auch als spätkapitalistischer Individualismus der zweiten Ordnung beschreiben; oder als der postmoderne Höhepunkt in der langen Geschichte der Quacksalber-Getränke. Man trinkt etwas, von dem man weiß, dass es nicht schmeckt und nichts nützt und dass es schon gar nicht die Versprechen hält, mit denen es beworben wird – aber man trinkt es trotzdem, weil man damit zeigt, dass man sich durch solches Wissen den Spaß am Konsumieren nicht verderben lässt.

Nach ein paar hunderttausend Dosen im ersten Jahr verkauft Dietrich Mateschitz schon 1989 mehrere Millionen davon. Zur heutigen Weltmarke steigt Red Bull dann aber erst in den Neunzigern auf, als das Getränk auch außerhalb Österreichs verkauft werden darf (in Deutschland wird die Lizenz 1994 erteilt). Und als die Marketing-Strategen auf die Idee verfallen, die DJs, Tänzerinnen und Tänzer der Anfang der Neunziger erblühenden Rave- und Technokultur als wesentliche Zielgruppe ins Visier zu nehmen. Diese werden mit großen Mengen kostenloser Dosen angefixt, und ihre Veranstaltungen und Festivals werden von Red Bull immer großzügiger gesponsert, bis der individualistische Lifestyle der ravenden Mengen sich scheinbar zwangsläufig mit dem Versprechen des Getränks verbindet, mit Hilfe seiner Energie- und Wachheitszufuhren immer länger und länger durchtanzen zu können.

Zum paradigmatischen Feiergetränk der neunziger Jahre steigt denn auch die Kombination aus Red Bull und Wodka auf. Die mäßig energetisierende Wirkung der klebrigen Brause wird um den kurzen und scharfen Kick des Kartoffel- und Getreideschnapses ergänzt: Von allen in diesem Kapitel behandelten Mischgetränken ist dieses ohne Frage das widerlichste und jenes mit den unangenehmsten Folgen nach ausgiebigem Konsum. Aber wer in den Neunzigern jung war und viel getanzt hat und nicht wenigstens einmal nach exzessivem Wodka-Red-Bull-Konsum nicht mehr den Weg nach Hause gefunden hat, der hat andererseits auch etwas verpasst.

Aber das ist schon wieder eine Geschichte aus einem anderen Jahrzehnt. Einstweilen wird die energetischste Werbekampagne für Energydrinks in den achtziger Jahren weder in den USA noch in Österreich oder sonstwo in Europa lanciert, sondern wiederum in Japan. Sie gilt dem Getränk Alinamin V, das von Takeda Pharmaceutical hergestellt wird, dem größten japanischen Pharmaunternehmen und auch dem ersten, das seit den achtziger Jahren auf dem westdeutschen Markt vertreten ist – in einem Joint Venture mit der Grünenthal GmbH, die wiederum in den Fünfzigern mit ihrem Beruhigungsmittel Contergan weltweit bekannt geworden war. Alinamin V ist ein Energydrink, der ungewöhnlich bitter schmeckt und in ebenso ungewöhnlich kleinen Dosen verabreicht wird; dadurch suggeriert er noch stärker als seine Konkurrenten einen medizinischen Charakter. In den kurzen Werbespots, die Ende der Achtziger im japanischen Fernsehen geschaltet werden, scheint das Getränk geradezu überirdische Superkräfte zu stiften: Man sieht den Bodybuilder und «Terminator»-Hauptdarsteller Arnold Schwarzenegger, wie er sich nach dem Genuss von Alinamin V von einem unsicheren, von seinem Vorgesetzten geschurigelten Büroangestellten in einen vor Energie nur so strotzenden Kraftprotz verwandelt.

In einem anderen Werbespot entweicht Schwarzenegger aus der Flasche des Energydrinks wie der Geist aus Aladins Wunderlampe und spuckt mit diabolischem Lachen Unmengen von Goldtalern aus; in einem dritten sieht man ihn als um die Welt hetzenden Anzugträger, der mit vorgerecktem Kinn in die Kamera fragt:

Arnold Schwarzenegger spielt in den Achtzigern viele denkwürdige Rollen. In den Werbespots für Alinamin V, einen japanischen Energydrink, verwandelt er sich vom schwächlichen Büroangestellten in einen Kraftprotz, der vor Energie nur so strotzt: «Geschäftsmann! Geschäftsmann! Japanischer Geschäftsmann!»

«Könnt ihr jeden Tag vierundzwanzig Stunden lang kämpfen?» Danach nimmt er einen tiefen Zug aus der Alinamin-V-Dose: «Geschäftsmann! Geschäftsmann! Japanischer Geschäftsmann!» In exemplarischer Weise ist hier das Versprechen der Energydrinks metaphorisch verdichtet. Sie verwandeln ihre Konsumenten nicht nur in stärkere und selbstbewusstere Menschen; sie stiften dabei auch beruflichen und ökonomischen Erfolg. In Wahrheit sind die Einzigen, die auf diese Weise von den Energydrinks profitieren, natürlich deren Erfinder, Produzenten und Vermarkter. Aber der phantasmatische Zusammenhang zwischen der Optimierung des Körpers und dessen optimaler Eingliederung in das sich verschärfende kapitalistische Konkurrenzsystem kommt am Ende der

Achtziger vielleicht nirgendwo so klar zur Erscheinung wie in diesen Werbefilmen mit Arnold Schwarzenegger, dem aus der dunklen Zukunft in die noch pulsierende Gegenwart zurückgereisten Terminator.

23. KAPITEL

· · • · ·

WAR DAS DIE «GEISTIG-MORALISCHE WENDE»? ENTFESSELTE MÄRKTE UND DER NEUE GEIST DES INDIVIDUALISMUS

Kann man rückblickend vielleicht sagen, dass Arnold Schwarzenegger eine geheime Leitfigur der achtziger Jahre ist? Jedenfalls taucht er immer wieder dort auf, wo sich Signaturen des Jahrzehnts zeigen. Als Bodybuilder hat er schon in den Siebzigern jene Fitnesskultur vorweggenommen, die in den Achtzigern dann prägend wird für das Verhältnis vieler Menschen zu ihren Körpern. Als «Conan der Barbar» gibt er dem verbreiteten Wunsch, der Gegenwart zu entfliehen, ein Gesicht – oder sagen wir vielleicht besser: wiederum einen Körper. Als Terminator wird er zum Symbol für die Technisierung des Lebens und für die neu aufgeworfene Frage, wo eigentlich die Grenzen zwischen Biologie und Technik, zwischen der Schöpfung und dem von Menschen Geschaffenen verlaufen. Und schließlich: Als mit Energydrinks aufgeputschter Geschäftsmann ist er der perfekte Repräsentant für die neuen Yuppies und ihre High-Energy-Welt des entfesselten Kapitalismus.

Wobei von allen Figuren, die Schwarzenegger in den Achtzigern spielt, diese letzte die wirkmächtigste ist. Der Geschäftsmann, der sich mit Entschlusskraft, Intelligenz und Flexibilität in einer vom Wettbewerb geprägten Welt durchzusetzen versteht, steigt am Ende der Achtziger nicht nur zur zeitgemäßen Variante des kühnen Abenteurers und Helden auf, sondern generell zu einem

Leitbild für ein gelungenes Dasein. Auch wenn die Yuppies als Lifestyle-Kohorte bald für tot erklärt werden und der «Schwarze Montag» des 19. Oktober 1987 die erste Überhitzung des Investmentbanker-Handels einstweilen abkühlen lässt (eine Entwicklung, die, wie wir heute wissen, ohnehin bloß vorübergehend ist) – so bleibt doch der Eindruck, dass mit der Ankunft der Yuppies wenigstens die westlichen Gesellschaften in eine neue Phase eingetreten sind. Wirtschaftliches und unternehmerisches Handeln wird zum existenziellen Ideal, zu einer neuen Form der Selbstverwirklichung und des Individualismus. Nun herrscht auch nicht mehr die Furcht vor der Zukunft, sondern ein neuer Optimismus und Aufbruchsgeist; der wirtschaftliche Aufschwung, neue berufliche Chancen, und das heißt: neue Möglichkeiten zur Selbstneuerschaffung locken, und vergessen scheinen die Zweifel und Sorgen, mit denen die Welt sich bis dahin herumgeschlagen hat.

Die in den frühen Achtzigern so bestimmenden Ängste richten sich, wie wir gesehen haben, auf die bevorstehende Apokalypse durch einen Atomkrieg oder die Verschmutzung und Verseuchung der Umwelt. Sie sind aber auch grundiert durch eine Rezession: eine globale Wirtschaftskrise, in der sich – wiederum – eine Wende anbahnt, die die Struktur unserer Gesellschaft bis heute prägt. Die Siebziger enden mit dem Einmarsch der Sowjets in Afghanistan und dem NATO-Doppelbeschluss, aber auch mit der islamischen Revolution im Iran, deren langfristige Konsequenzen für den Fortgang der Weltgeschichte man damals nicht einmal annähernd abzusehen vermag. Eine sofort spürbare Wirkung gibt es jedoch, und das ist der dramatische Anstieg des Ölpreises. Im Zuge des Umsturzes in Teheran und des ein Jahr später beginnenden Ersten Golfkriegs zwischen dem Iran und dem Irak gehen die Fördermengen zurück, und es ist unklar, ob sich die Lage nicht noch weiter verschärft. Anfang der siebziger Jahre hat ein Barrel (159 Liter) Öl etwa drei Dollar gekostet; beim ersten «Ölpreisschock» im Jahr

1973 ist der Preis auf zwölf Dollar gestiegen; Ende 1981 sind es nun fünfunddreißig Dollar.

Öl ist der Rohstoff, den die Industriegesellschaft braucht, um mit ihren Stahlhütten und Hochöfen, Kohlezechen und Gießereien, Schiffswerften und Chemiewerken zu funktionieren. Deren Produktion wird jetzt immer teurer und weniger profitabel, die Unternehmen bauen Arbeitsplätze ab oder verlagern sie in Länder mit geringeren Löhnen. In den alten Industrienationen wächst die Zahl der Arbeitslosen, die Inflation steigt, die Staatsschulden nehmen immer weiter zu, und in den Regierungen setzt sich die Auffassung durch, dass man die Steuern senken und zugleich die Unternehmer entlasten muss; also werden die Leistungen des Wohlfahrtsstaates gekürzt.

Der zweite «Ölpreisschock» am Beginn der Achtziger forciert freilich nur eine Entwicklung, die schon seit Anfang des vorangegangenen Jahrzehnts währt: Mit der Krise der überkommenen Schwerindustrie, mit der «Deindustrialisierung» der kapitalistischen Staaten des Westens geht der Boom der Nachkriegsjahre zu Ende. In den USA nimmt dieser Wandel besonders dramatische Ausmaße an, am sichtbarsten im Niedergang der klassischen Industrieregionen im Nordosten des Landes. Aus dem «manufacturing belt», der von Chicago über Detroit bis an die Ostküste reicht, wird nun ein «rust belt», geprägt von Arbeitslosigkeit, urbanem Verfall und eskalierendem Rassismus. In Westdeutschland sind die Konsequenzen weniger dramatisch, aber auch hier steigt die Zahl der Arbeitslosen stark. Im Jahr 1971 liegt die Quote bei 0,8 Prozent; bis 1981 erhöht sie sich auf 5,5 Prozent; 1983 sind es schließlich 9,1 Prozent – ein Wert, der bis zum Ende des Jahrzehnts fast unverändert bleibt.

Die ökonomische Unsicherheit trägt zu der pessimistischen Stimmung bei, die Anfang der achtziger Jahre herrscht. Neben die Ängste vor dem Atomkrieg, vor radioaktiven Strahlen aus End-

Die Dortmunder Zeche Minister Stein stellt im Jahr 1987 ihren Betrieb ein, damit endet in der Stadt die Steinkohleära. In den westdeutschen Industrieregionen, vor allem im Ruhrgebiet und im Saarland, gehen bis Mitte der Achtziger zwei Millionen Arbeitsplätze verloren. So steht das Jahrzehnt auch im Zeichen der Deindustrialisierung.

lagern und AKWs und anderen ökologischen Katastrophen tritt die ganz unmittelbare Angst vor dem Verlust des Arbeitsplatzes oder – unter jungen Menschen – davor, überhaupt keine Ausbildung und Anstellung mehr zu bekommen. In den westdeutschen Industrieregionen wie insbesondere dem Ruhrgebiet und dem Saarland gehen bis Mitte der Achtziger zwei Millionen Arbeitsplätze verloren, und damit verschwinden auch ganze Lebenswelten und jahrzehntelang bestehende soziale Milieus, wie der Historiker Lutz Raphael in seiner 2019 erschienenen Gesellschaftsgeschichte der Deindustrialisierung, «Jenseits von Kohle und Stahl», dargelegt hat.

Dies ist die Situation, in der Helmut Kohl die «geistige» und «politische Wende» ausruft. Mit dieser Wende soll das Land nicht nur aus der moralischen Krise herausgeführt werden, sondern auch aus der Krise der Wirtschaft. Wobei Kohl Letztere wiederum moralisiert: In seinen programmatischen Reden kurz vor und kurz nach dem Beginn seiner Kanzlerschaft macht er nicht den generellen Strukturwandel der Deindustrialisierung für die Rezession verantwortlich, sondern vielmehr die wirtschaftspolitischen Versäumnisse der sozialliberalen Koalition unter Helmut Schmidt. Sozialdemokraten könnten eben nicht mit Geld umgehen, so eine verbreitete Ansicht unter Konservativen, sie hätten den Wohlfahrtsstaat aufgebläht und damit die Leistungsbereitschaft der Menschen geschwächt: Unter den gegebenen Umständen sei es eigentlich egal, ob man sich anstrengt oder nicht, man finde schon ein Plätzchen in der «sozialen Hängematte».

Neben Helmut Schmidt im Besonderen werden für diese Fehlentwicklung im Allgemeinen die 68er und ihr Erbe verantwortlich gemacht. Mit den von ihnen ausgehenden gesellschaftlichen Veränderungen seien elementare «bürgerliche Tugenden» verloren gegangen, die für das Funktionieren einer Gesellschaft und gerade auch für ihr ökonomisches Wohlergehen wesentlich seien: «Redlichkeit und Augenmaß, Treue zu Gesetzen, Menschlichkeit und Toleranz, Pflichtgefühl und Fleiß, Sparsamkeit und Gemeinsinn, Selbstdisziplin und Eigeninitiative», so Kohl auf dem Mannheimer Parteitag der CDU im März 1981, von dem schon in der Einleitung zu diesem Buch die Rede war. Zu der «geistigen» und «politischen Wende», die er sich als programmatisches Ziel gesetzt hat, gehöre es also wesentlich, wieder den «Mut zur Selbständigkeit» zu fördern und die «Bereitschaft zur Leistung».

Darum setzt die christlich-liberale Koalition, die im Oktober 1982 durch das Misstrauensvotum gegen Helmut Schmidt an die Macht kommt, auf einen «schlanken Staat», auf Steuersenkungen für Unternehmen und auf Kürzungen der Sozialleistungen, mit denen wiederum die Arbeitskosten sinken und der «Anreiz zur Arbeitsaufnahme» erhöht werden soll. Das Arbeitslosengeld wird gekürzt, ebenso die Sozialhilfe und das Mutterschaftsgeld; die staatliche Unterstützung für Studenten mit ärmeren Eltern, das Bafög, wird eingeschränkt und auf ein Darlehen umgestellt. Kurzfristig scheint diese Strategie aufzugehen, mit den Ausgaben des Staates sinkt die Inflation, die Gewinne der Unternehmen steigen ebenso wie das Bruttosozialprodukt («Ja, ja, ja jetzt wird wieder in die Hände gespuckt / wir steigern das Bruttosozialprodukt», lautet der Refrain eines sehr populären Songs der Neue-Deutsche-Welle-Gruppe Geier Sturzflug aus dem Jahr 1983). Doch führen diese Entwicklungen nicht dazu, dass die Lage am Arbeitsmarkt sich entspannt. Die Arbeitslosenquote bleibt, wie schon erwähnt, bis zum Ende des Jahrzehnts bei etwa 9 Prozent. Denn die klassischen Industrieunternehmen nutzen die Steuererleichterungen und die wachsenden Gewinne nicht dafür, neue Arbeitsplätze zu schaffen oder alte zu sichern. Vielmehr investieren sie in neue Techniken, die Produktionsabläufe automatisieren und Arbeiter und Arbeiterinnen damit überflüssig machen. Die «Rationalisierung» der Arbeit wird in der zweiten Hälfte der Achtziger zu einem Leitbegriff, begleitet von der neuen Angst davor, durch den Einsatz von Maschinen «wegrationalisiert» zu werden.

Dennoch gibt es einen Aufschwung, der sich ab Mitte der achtziger Jahre vollzieht – zunächst natürlich vor allem in jenen Branchen, die für das Verschwinden der alten Arbeitsplätze verantwortlich sind. Es boomen die neuen Informationstechnologien, die Büro-, Kommunikations- und Nachrichtentechnik und all jene Ingenieursunternehmen, die Verfahren zur Automatisierung und Rationalisierung entwickeln. «Tatsächlich bildeten Erstellung, Angebot und Nachfrage der Dienstleistungen, die auf den industriellen Basisrevolutionen der Mikroelektronik beruhten, dasjenige Segment, in dem sich der Wandlungsprozess zur ‹postindustriellen› Dienstleistungs- oder auch ‹Informationsgesellschaft› am nachhaltigsten abzeichnete», schreibt Andreas Wirsching in seinem Buch «Abschied vom Provisorium». «Die in den achtziger Jahren häufig gehörte Rede von ‹Aufschwung› und Modernisierung, ein darauf gründender neuer Zukunftsoptimismus, aber auch eine ganze Reihe neuer Berufs- und Erwerbschancen bezogen aus diesem Prozess ihre wichtigsten Triebkräfte.»

Das andere Feld, in dem sich der wirtschaftliche Aufschwung vollzieht, ist jenes, in dem sich die Yuppies tummeln: Das Investmentbanking und generell das Finanz-, Kredit- und Versicherungswesen profitiert von der beginnenden Globalisierung, von der Internationalisierung der Märkte, vom Abbau der Kapitalrestriktionen. Dieser Boom zieht angeschlossene Bereiche wie Marketing, Wirtschaftsprüfung und Steuerberatung mit, allein die Zahl der Steuerberatungsgesellschaften in der Bundesrepublik verdreifacht sich zwischen 1980 und 1990. So werden der «Abschied vom Malocher» und die Deindustrialisierung mit ihren ökonomischen und sozialen Folgen (unter anderem erhöht sich die Zahl der Langzeitarbeitslosen dramatisch) von einem Aufschwung im «tertiären Sektor» begleitet. Was sich am Anfang des Jahrzehnts als Abschwung darstellt, erweist sich in dessen Verlauf als Strukturwandel von der Industrie- zur Dienstleistungsgesellschaft. Noch Mitte der siebziger Jahre stellen Industriearbeiter und -arbeiterinnen die größte Berufsgruppe in der Bundesrepublik dar; am Ende der Achtziger

Während in der Industrie viele Arbeitsplätze verloren gehen, boomt in den Achtzigern der Dienstleistungssektor, insbesondere die Informationstechnologie und das Finanz-, Kredit- und Versicherungswesen. Hier ein Bild der Frankfurter Aktienbörse aus dem Oktober 1987.

findet sich nur noch etwas mehr als ein Drittel der Beschäftigten im produzierenden Gewerbe – während fast 60 Prozent im «tertiären Sektor» beschäftigt sind. (Bis ins Jahr 2020 wird dieser Anteil noch weiter steigen, auf 75 Prozent.)

Der französische Philosoph Gilles Deleuze hat diesen Strukturwandel in seinem «Postskriptum über die Kontrollgesellschaften» aus dem Mai 1990 beschrieben: «In der aktuellen Situation ist der Kapitalismus nicht mehr an der Produktion orientiert, die er oft in die Peripherie der Dritten Welt auslagert, selbst in komplexen Produktionsformen wie Textil, Eisenverarbeitung, Öl. Es ist ein Kapitalismus der Überproduktion. Er kauft keine Rohstoffe und verkauft keine Fertigerzeugnisse mehr, sondern er kauft Fertigerzeugnisse oder montiert Einzelteile zusammen. Was er verkaufen will, sind Dienstleistungen, und was er kaufen will, sind Aktien. Dieser Kapitalismus ist nicht mehr für die Produktion da, sondern für das Produkt, das heißt für Verkauf oder Markt.»

In dieser neuen Phase des Kapitalismus wandeln sich auch die Arbeitsprozesse und das Verhältnis der Menschen zu ihrer Arbeit. In den Fabriken flexibilisiert man die Arbeitszeiten. In den Dienstleistungsbranchen werden die Angestellten zu Unternehmern, die – wie Sherman McCoy in «Fegefeuer der Eitelkeiten» oder Bud Fox und Gordon Gekko in «Wall Street» – in eigener Verantwortung unermüdlich ihre Leistung steigern und die Profite erhöhen müssen. Die Firmenlenker fühlen sich nicht mehr ihren Mitarbeitern verpflichtet, sondern den Aktionären, die eine optimale Dividende erwarten. Die Arbeit in den Firmen wird zusehends in «flachen Hierarchien» organisiert, in denen nicht mehr die Aufträge von Chefs ausgeführt, sondern Leistungs- und Renditeziele erreicht werden müssen, bei deren Erfüllung die Angestellten sich gegenseitig überwachen. Auch werden immer mehr Bestandteile der Arbeit an Subunternehmer ausgelagert oder, wie man später sagt, «outgesourct». Der Staat zieht sich unterdessen aus wesentlichen Teilen der Infrastruktur und der Wirtschaft zurück: In Deutschland werden die Post und das Fernmeldewesen privatisiert, die Bundesregierung verkauft ihre Anteile an Großunternehmen wie VW und der Lufthansa; 1984 nehmen die ersten privaten Fernsehsender den Betrieb auf – wobei es noch bis in die neunziger Jahre dauert, bis das Publikum flächendeckend in den Genuss von Programmen wie RTL plus und Sat.1 kommen kann.

Generell vollzieht sich der Strukturwandel von der Industrie- zur Dienstleistungsgesellschaft in Deutschland langsamer als in anderen westlichen Staaten. Dennoch beginnen sich auch hier schon jene deregulierten und prekarisierten Arbeitsverhältnisse abzuzeichnen, die in den folgenden Jahrzehnten immer stärker zunehmen. In den Achtzigern wird diese neue Phase des Kapitalismus als «Postfordismus» beschrieben; in den Neunzigern bürgert sich dafür der ältere, noch aus den zwanziger Jahren stammende Begriff des «Neoliberalismus» neu ein. Beide sind gleichermaßen unscharf, aber beschreiben jedenfalls in ähnlicher Weise die Entfesselung und Individualisierung der Arbeitsverhältnisse.

Der Politikwissenschaftler Joachim Hirsch nennt in seinem Essay «Auf dem Wege zum Postfordismus?» aus dem Jahr 1985 die wesentlichen Merkmale der neuen Wirtschaftsform: «eine ‹Flexibilisierung› der Arbeitszeiten bei gleichzeitigem Übergang zu kontinuierlicher Produktion, eine räumliche Entkoppelung von Arbeit und Maschinerie (z. B. durch neue Formen computerisierter Heimarbeit), eine radikale Individualisierung der Arbeitsplätze, der Lohngestaltung und der arbeitsvertraglichen Bedingungen». Durch all das werde, so Hirsch, «ein neuer Typ des Massenarbeiters entstehen, der gerade nicht räumlich konzentriert und vereinheitlicht ist und unter homogenen Arbeitsbedingungen steht, sondern sich als hochgradig individualisiert, flexibilisiert und parzelliert erweist. (...) ‹Flexibilisierte›, periphere und unsichere Arbeitsplätze, Teilzeit-, Heim- und Leiharbeit werden nicht nur bestehen bleiben, sondern sich sogar noch ausdehnen.» Wir können vielleicht erst heute, über drei Jahrzehnte später, ermessen, wie visionär diese Prognosen gewesen sind.

1987 wird Helmut Kohl als Bundeskanzler im Amt bestätigt. Zwar muss die christlich-liberale Koalition gegenüber den vorangegangenen Wahlen leichte Verluste hinnehmen, gleichwohl kommt sie auf insgesamt 53 Prozent der Zweitstimmen. Die Grünen können sich von 5,6 auf 8,3 Prozent steigern: Der parlamentarische Arm der Bürgerrechtsbewegungen hat sich im Parlament etabliert, doch ist er immer noch weit von einer breiten gesellschaftlichen Zustimmung entfernt. Die große Mehrheit der Deutschen zeigt sich mit der Arbeit von CDU/CSU und FDP zufrieden – und das, obwohl die Gesellschaft im Ganzen sich keineswegs im Sinne der konservativen Vorstellungen gewandelt hat, die Kohl zu Beginn seiner ersten Amtszeit formuliert. Es ist den Regierenden nicht gelungen, die klassische Kleinfamilie zu stärken. Die Zahl der Scheidungen, der alleinerziehenden Menschen, der wiederverheirateten oder ohne Trauschein lebenden Paare wächst im Verlauf der Achtziger weiter. Immer mehr Frauen entschließen sich dazu, nach der Familiengründung und der Geburt von Kindern weiterzuarbeiten – auch wenn die christlich-liberale Koalition es ihnen dabei so schwer wie möglich zu machen versucht, indem sie den vielfach geforderten Ausbau von Kindertagesstätten und Ganztagsschulen ausdrücklich blockiert. Schließlich ändert die von Helmut Kohl – wie schon von seinen Vorgängern Willy Brandt und Helmut Schmidt – aufgestellte Maxime, dass Deutschland «kein Einwanderungsland» sei, nichts an der Tatsache, dass immer mehr Migrantinnen und Migranten in das Land kommen und es prägen. Die Bundesrepublik wird im Verlauf der Achtziger immer diverser, die etablierten Institutionen verlieren weiter an Selbstverständlichkeit.

Das heißt aber nicht – und das ist das Fazit, das man im Rückblick auf dieses Jahrzehnt ziehen muss –, dass die von Helmut Kohl geforderte «geistige» und «politische Wende» gänzlich ausgeblieben wäre. Man findet sie gerade in der neuen Welt der Dienstleistungsgesellschaft, der deregulierten Wirtschafts- und Unternehmenskultur, der Informationstechnologie und des Managerwesens: Hier wird jene Eigenverantwortung, Flexibilität und Leistungsbereitschaft zur Norm, die Kohl 1981 gegen die Trägheit der Post-68er-Generation und ihr «Anspruchsdenken» eingefordert hat. In dieser Welt ist der ideale Untertan einer, der sich «kreativ, flexibel, eigenverantwortlich, risikobewusst und kundenorientiert» verhält, wie es der Soziologe Ulrich Bröckling im Anschluss an die Theorien des späten Michel Foucault formuliert hat.

Foucault beschreibt die kapitalistische Gesellschaft, wie sie sich bis in die siebziger Jahre zeigt, als «Disziplinargesellschaft». Darin werden die Menschen durch feste Institutionen – die Familie, die Schule, das Militär, die Fabrik, das Gefängnis – auf ihren angestammten Platz im Gefüge des Ganzen verwiesen. Die Lebenswege sind vorgezeichnet; wer sich den gesellschaftlichen Normen entsprechend verhalten will, der versucht, die an ihn gestellten Erwartungen so gut wie möglich zu erfüllen. Das ändert sich in den Achtzigern, nun verwandelt die Disziplinargesellschaft sich in jene Kontrollgesellschaft, die Gilles Deleuze in seinem «Postskriptum» beschreibt. Vorgezeichnete Lebenswege, feste Plätze im sozialen Gefüge verschwinden. Stattdessen wird das Individuum dazu angehalten, «lebenslang zu lernen», sich stetig neu zu erfinden. «In den Disziplinargesellschaften», schreibt Deleuze im «Postskriptum», «hörte man nie auf anzufangen (von der Schule in die Kaserne, von der Kaserne in die Fabrik), während man in den Kontrollgesellschaften nie mit etwas fertig wird: Unternehmen, Weiterbildung, Dienstleistung sind metastabile und koexistierende Zustände ein und derselben Modulation, die einem universellen Verzerrer gleicht.» Die Individuen, so Deleuze, seien «dividuell» geworden. In einer instabilen Welt der «schwankenden Wechselkurse» erfahren sie auch ihre eigene Identität als schwankend und instabil.

Viele beschwören in den achtziger Jahren das Glück einer solchen instabilen Identität, weil diese ihnen gleichbedeutend mit der Befreiung von überkommenen Rollenmodellen und Daseinsvorschriften erscheint. Michel Foucault möchte, wie schon zitiert, die «Beziehungen, die wir zu uns selbst unterhalten», aus den Klammern der «Identitätsbeziehungen» befreien – weil es eben «sehr langweilig» sei, «immer derselbe zu sein». Doch wird auf der anderen Seite auch schon die Tatsache sichtbar, dass in dieser Freiheit neue Zwänge stecken. Denn das Konzept einer niemals vollendeten oder eben auch deregulierten Identität passt allzu gut zu den Anforderungen der entstehenden Kontrollgesellschaft. In dieser kann man nur erfolgreich bestehen, wenn man unaufhörlich an sich selber arbeitet und sich neuen Situationen anpasst – oder besser noch: wenn man durch seine Selbstneuerfindung der Entwicklung der Dinge immer schon einen Schritt voraus ist. Wer solchen Imperativen zu folgen hat, der empfindet die Destabilisierung der eigenen Identität bald nicht mehr als Befreiung, sondern vielmehr als Stress. Während Foucault unter Langeweile leidet, wenn er immer derselbe sein muss, wünschen viele Menschen sich bald schon ein wenig von dieser Langeweile zurück.

Wenn die Achtziger also eine Zeit der Individualisierung gewesen sind – waren sie dann vor allem ein Jahrzehnt der Befreiung oder eines der neuen Zwänge? Im Rückblick wird mal der eine, mal der andere Aspekt betont; tatsächlich scheinen mir beide Antworten, jede für sich, zu kurz zu greifen. Die Deregulierung des Daseins der Menschen, ihrer Selbstverhältnisse und Vergemeinschaftungsformen kann sowohl einen befreienden wie auch einen repressiven Charakter annehmen. Diese Transformation ist eine dialektische, und man kann diese Dialektik nur dann zur Gänze erfassen, wenn man versteht, wie der Wunsch des Konservatismus nach einer «geistigen» und «politischen Wende» mit dem scheinbar so progressiven Faible für instabile Identitäten verbunden ist. Beide teilen dieselben historischen Voraussetzungen, und so stecken in den achtziger Jahren auch Helmut Kohl und Michel Foucault unter einer Decke: Beide reagieren, jeweils auf ihre Art, auf eine historische Krise, in der vieles von dem, was man bis dahin für selbstverständlich erachtet hat, nunmehr in Frage steht.

SCHLUSS

∙∙●∙∙

UND DIE WENDE KOMMT

Es ist ein bisschen wie das Paradies. Das ist das Gefühl, das viele Menschen ergreift, die sich an diesem milden Frühlingsabend im Mai 1988 in dem verwunschenen Garten versammeln, der jahrzehntelang mitten in ihrer Stadt vor sich hin geschlummert hat. Von menschlichen Eingriffen unberührt sind hier Trauerbirken, Robinien und Götterbäume gewachsen, Rote Hartriegel, Sanddorn und schmalblättrige Ölweiden. Es wuchert aber auch das giftige Bettlerskraut, das ansonsten vor allem in den Alpen heimisch ist: Im Mittelalter pflegten sich Bettler mit dem Saft des Krauts die Haut zu entstellen, um auf diese Weise noch mitleiderregender zu wirken. All diese Pflanzen finden sich auf einem Gelände im Zentrum Berlins, unweit des Reichstags und des Potsdamer Platzes, der Philharmonie und der Neuen Nationalgalerie, direkt an der Mauer, die seit siebenundzwanzig Jahren den Ost- und den Westteil der Stadt voneinander trennt. So lange schon ist auch dieser Ort unberührt, der nach dem einstigen Gartendirektor der königlich-preußischen Gärten, Peter Joseph Lenné, benannt worden ist: Lenné-Dreieck. Er befindet sich auf dem Gebiet der sowjetischen Besatzungszone, also in der Hauptstadt der DDR; doch liegt er gleichsam auf der westlichen Seite der Mauer, die entlang der Ebertstraße verläuft.

1961 entstand diese Enklave, weil die Konstrukteure des antifaschistischen Schutzwalls auf gerade, leichter zu kontrollierende Mauerverläufe setzten. Das bisschen Land, das dabei übrig blieb – eben ein Dreieck, dessen Spitze nach Westen zeigt –, umfriedete man lediglich mit einem Zaun. Gelegentlich wurde es von Volkspolizisten inspiziert, die durch eine eigens in der Mauer eingelassene Tür dorthin gelangten. So konnte sich über Jahrzehnte ein Pflanzenparadies entfalten – auch wenn es sich, genau genommen, bloß um ein Paradies zweiter Ordnung handelt. Denn die Pflanzen, die man auf dem Lenné-Dreieck findet, sind sämtlich solche, die nicht in der «echten» Natur zu wachsen pflegen, sondern auf Brachen, die erst von Menschen bebaut und dann wieder verlassen wurden. Es handelt sich um ein sogenanntes Ruderalbiotop.

Aber auch solche Biotope gilt es zu schützen. Das finden jedenfalls umweltbewegte Bürger aus Westberlin, die am Abend des 25. Mai 1988 auf das Gelände vordringen, um es zu besetzen. Gerade hat die DDR das Lenné-Dreieck an Westberlin abgetreten, im Zuge eines umfassenden Gebietsaustauschs, bei dem insgesamt sechzehn Mauer-Ex- und -Enklaven den Besitzer wechseln. Am 1. Juli soll der Tausch rechtskräftig werden, und der Westberliner Senat hat bereits angekündigt, dass er den verwunschenen Garten im Schatten der Mauer dann sofort zu planieren gedenkt, um einen Ergänzungsteil der Stadtautobahn hindurchzulegen. Also machen sich ein paar Dutzend Öko-Hippies aus dem innerstädtischen Biotop Kreuzberg auf, um sich zwischen den Trauerbirken und Götterbäumen niederzulassen. Der Zaun um das Lenné-Dreieck ist bereits demontiert worden, darum vertrauen die Ökos darauf, dass die Grenzschützer der DDR sich generell nicht mehr zuständig fühlen. Sie liegen richtig: Zwar werden sie nach dem ersten Anlauf wieder vertrieben, doch beim zweiten lässt die Volkspolizei sie gewähren – und deren Westberliner Kollegen wagen es wiederum nicht, auf das immer noch fremde Hoheitsgebiet vorzudringen.

Die Umweltschützer errichten ein kleines Zeltdorf, sie wollen die bestehende Vegetation bewahren, aber Teile des Landes auch in einen Acker verwandeln und Gemüsebeete anlegen. Sie bringen Ziegen und Hühner mit und streben eine Subsistenzwirtschaft an.

Freilich bleiben sie nicht lange allein. Schnell folgt ihnen eine zweite Kohorte von Menschen, die sich von den Ökos schon optisch klar unterscheiden. Auch sie kommen aus dem Kreuzberger Biotop der Alternativ- und Gegenkulturen; es handelt sich um Punks, aber auch um Angehörige der sogenannten autonomen Szene, Hausbesetzer und Anarchisten. Die Punks tragen, wie es sich seit Anfang der achtziger Jahre gehört, zerrissene Jeans mit Nietengürteln und Irokesenfrisuren. Die Autonomen tragen selbst an warmen Tagen enge Glattlederhosen und manchmal sogar Lederjacken, ihre Haare sind eher verwuschelt als stachlig. Modisch inspirieren lassen sie sich von der Gothic- und Industrialszene, ihr Lieblingsmodel ist der Sänger der Westberliner Gruppe Einstürzende Neubauten, Blixa Bargeld. «Krieg in den Städten» heißt einer der ersten Songs der Band aus dem Jahr 1981: «Ich steh auf Zerfall / Ich steh auf Krankheit / Ich steh auf Niedergang / Ich steh auf Ende.»

Ökos und Punks, Gothics und Autonome, friedlich gestimmte Umweltschützer und militante Nihilisten versammeln sich auf dem Lenné-Dreieck in erstaunlicher Trautheit und Harmonie. Am Ende der Achtziger bietet sich hier auf überschaubarem Raum noch einmal ein Panorama der Alternativ- und Gegenkulturen, die das Jahrzehnt geprägt haben. Binnen weniger Tage wird es zur Attraktion, Westberliner Bürger kommen ebenso zur Besichtigung wie Touristen, die sich gegen eine kleine Spende über das Gelände führen lassen können oder das Treiben von einer Aussichtsplattform aus betrachten. Anstelle der Zelte werden nun Hütten gebaut, nach dem Vorbild der «Hüttendörfer», die die Anti-Atomkraft-Bewegung zehn Jahre zuvor etwa auf dem Gelände des geplanten Endlagers im niedersächsischen Gorleben errichtet hat. Wie dort sorgt eine «Volxküche» für die Versorgung der Dorfbewohner und -bewohnerinnen; es gibt einen Piratensender mit dem Namen «Radio Sansibar» und natürlich regelmäßige Vollversammlungen, auf denen basisdemokratisch über alle Belange des Dorflebens abge-

Der kurze Frühling der Anarchie: Fünf Wochen lang versammeln sich 1988 Umweltschützer, Punks und Anarchisten im Zentrum Berlins auf einer Brache, die von der DDR an Westberlin abgetreten werden soll. Die West-Polizei darf das Lenné-Dreieck noch nicht betreten, die Grenzpolizisten auf der anderen Seite der Mauer lassen die Besetzer gewähren und schauen dem Treiben der Gegenkulturstämme amüsiert zu.

stimmt wird. Zu den ersten Beschlüssen zählt die Umbenennung von «Lenné-Dreieck» in «Norbert-Kubat-Dreieck». Der neunundzwanzigjährige Norbert Kubat war kurz zuvor während der alljährlichen Kreuzberger Krawalle am 1. Mai festgenommen worden und hatte sich in der Haft das Leben genommen.

«Das Norbert-Kubat-Dreieck ist ein affengeiles Gelände mit einem 40 000 qm großen, seit 40 jahren unangetasteten biotop. KEIN MILLIMETER DAVON IN STAATSBETON», so heißt es auf einem Flugblatt vom 30. Mai 1988, das ich in originaler Orthographie zitiere. «In den nächsten vier wochen haben wir zeit und gelegenheit auf einem staats- und bullenfreien gelände ein hüttendorf zu bauen, in dem jede/r leben kann, die/der keine lust auf miefige hinterhöfe oder beton-zwangs-einzelzellen hat. je mehr wir werden, desto sicherer werden wir nach dem 1. 7. weiter hier leben, lieben, lachen, fighten und alles andere. kommt massenhaft und bringt schlafsäcke, zelte u. s. w. mit.» Auf der ersten Seite des Flugblatts ist der Text um einen großen schwarzen Stern herum angeordnet, in der handgemalten Überschrift «Aufruf» ist um das «A» ein Kreis gezogen: das Zeichen der Anarchie.

Die Stimmung wird nun schnell grimmiger. Zwar wagt sich die Westberliner Polizei auch weiterhin nicht auf das Gelände, und die Bitte an die russische Stadtkommandantur, das Kubat-Dreieck von Osten her räumen zu lassen, wird abschlägig beschieden. Doch versucht man den weiteren Zustrom von Menschen und den Nachschub mit Lebensmitteln zu stoppen, indem man das Gelände von der Westseite her einzäunt. Die Besetzer heben ihrerseits Gräben aus, errichten Schutzwälle und einen Aussichtsturm, um das Treiben der Polizei auf der anderen Seite des Zauns beobachten zu können. Selbige versucht die Bewohner des Hüttendorfs wiederum dadurch zu zermürben, dass sie diese nachts dröhnend laut mit Rockmusik beschallt, bevorzugt mit «We Will Rock You» von Queen. In der zweiten Junihälfte gehen die Dorfbewohner des Nachts dazu über, die Polizisten mit Feuerwerkskörpern und Molotowcocktails zu beschießen; diese revanchieren sich mit dem Einsatz von Wasserwerfern und Tränengas. Der «Bullenpogo», den die Punks auf den Chaostagen der frühen Achtziger zur gemeinschaftsstiftenden Freizeitbeschäftigung erhoben, gelangt hier also noch einmal zu voller Blüte. Die Grenzpolizisten der DDR betrachten das Treiben der westdeutschen Stämme von einem Aussichtsposten an ihrer Mauer, mit Gasmasken geschützt gegen das Tränengas. In Megaphonansagen ermahnen sie die Kollegen von der anderen Seite, den «Beschuss des DDR-Territoriums sofort einzustellen», ansonsten halten sie sich aus dem Getümmel aber heraus.

Am 1. Juli 1988 endet die kurze Geschichte des Norbert-Kubat-Dreiecks, an diesem Tag wird das Gelände offiziell zum Teil des Territoriums von Westberlin. In den frühen Morgenstunden beginnt die Polizei mit der Räumung, doch anders als erwartet stößt sie auf keine Gegenwehr. Die Besetzer und Besetzerinnen haben sich aus dem Metallzaun Leitern gebaut, mit denen sie gegen 5 Uhr morgens über die Mauer in den Osten klettern. Dort werden sie von freundlichen Grenzpolizisten empfangen und auf Pritschenwagen abtransportiert. In einer Betriebskantine der Hauptstadt der DDR erhalten sie ein kräftiges Frühstück mit Schrippen, Wurst und Käse, danach werden sie kurz verhört und zum Grenzübergang an der Friedrichstraße gebracht, von wo aus sie unbehelligt wieder nach Westberlin einreisen.

Sieben Monate später, in der Nacht zum 6. Februar 1989, versucht der zwanzigjährige Chris Gueffroy, die Mauer in der Gegenrichtung, von Ost nach West, zu überwinden. Gemeinsam mit einem Freund klettert er über die Sperranlagen am Britzer Verbindungskanal, der den Ostberliner Stadtteil Treptow von Neukölln im Westen trennt. Bevor sie den letzten Metallzaun erreichen, wird Alarm ausgelöst, und Grenzposten nehmen sie unter Beschuss. Eine

Kugel trifft Gueffroy in die Füße, die andere ins Herz. «Auf dem Transport in das Krankenhaus verstarb der Gueffroy», resümiert drei Wochen später der Leiter des Ministeriums für Staatssicherheit, Erich Mielke, in einem Brief an den Staatsratsvorsitzenden der DDR und Generalsekretär des Zentralkomitees der SED, Erich Honecker: «Seitens des MfS wurden im Zusammenwirken mit dem Militäroberstaatsanwalt Maßnahmen ergriffen, um einer weiteren Ausnutzung des Vorkommnisses zum Schaden der DDR vorzubeugen. Dazu gehörte, die gesetzlich erforderlichen Mitteilungen an Betroffene auf das notwendige Minimum zu beschränken, gleichzeitig aber auch keinen Vorwand für mögliche Behauptungen zu liefern, die DDR wolle etwas vertuschen.» In den Westberliner Medien wird gleichwohl darüber berichtet, zu nennenswerten Protesten oder sonstigen Reaktionen der dortigen Bevölkerung kommt es nicht.

Über hunderttausend Menschen haben zwischen 1961 und 1989 versucht, aus der DDR über die innerdeutsche Grenze in den Westen zu fliehen, über sechshundert wurden von Grenzsoldaten erschossen oder kamen auf andere Weise ums Leben, einhundert davon an der Berliner Mauer. Chris Gueffroy ist von diesen einhundert der Letzte – aber dass dies so ist, ahnt im Februar 1989 niemand. Die Mauer scheint ebenso unüberwindlich wie die Teilung Deutschlands in zwei Staaten und die Teilung Europas in einen kapitalistischen und kommunistischen Block. Die Mauer werde «in fünfzig und auch in hundert Jahren noch bestehen», sagt Erich Honecker im Januar 1989 auf einer Tagung. «Das ist schon erforderlich, um unsere Republik vor Räubern zu schützen, ganz zu schweigen von denen, die gern bereit sind, Stabilität und Frieden in Europa zu stören.»

Auch in der Bundesrepublik glaubt Anfang 1989 noch niemand, dass sich an der Teilung Deutschlands in absehbarer Zeit etwas ändern lässt. Zwar beschwört Helmut Kohl in programmatischen Reden unbeirrt die Wiedervereinigung als Ziel. Doch selbst in seiner Partei ist man zurückhaltend. «Wir wissen, dass die Überwindung der Teilung Deutschlands in naher Zukunft nicht zu erwarten ist», sagt die Bundesministerin für innerdeutsche Beziehungen, Dorothee Wilms, im Januar 1988 in einer Rede. Die Sozialdemokraten und die politischen Vertreter der emanzipatorischen Bewegungen lehnen diese Überwindung sogar ausdrücklich ab. «Die Deutschen haben die Chance zur Wiedervereinigung nach zwei Weltkriegen selbst verwirkt», sagt der Fraktionsvorsitzende der Grünen im Hessischen Landtag, Joschka Fischer, in einem Interview im Juli 1989. «Ein wiedervereinigtes Deutschland wäre für unsere Nachbarn in Ost und West, Nord und Süd nicht akzeptabel.» Wie Fischer betrachten viele westdeutsche Liberale und Linke in den achtziger Jahren die Teilung Deutschlands als eine Art Sühne für die nationalsozialistischen Verbrechen; das ist gewissermaßen ihre Version der «postkonventionellen» nationalen Identität, die Jürgen Habermas 1986 in seinem Text «Eine Art Schadensabwicklung» beschrieben hat. Am deutlichsten bringt der Schriftsteller Günter Grass diese Haltung zum Ausdruck: Ein «Einheitsstaat, dessen wechselnde Vollstrecker während nur knapp fünfundvierzig Jahren anderen und uns Leid, Trümmer, Niederlagen, Millionen Flüchtlinge, Millionen Tote und die Last nicht zu bewältigender Verbrechen ins Geschichtsbuch geschrieben haben, verlangt nicht nach einer Neuauflage», sagt er 1989 auf einem Programm-Parteitag der SPD.

Die achtziger Jahre beginnen in der Erwartung einer großen Wende. Es sind unterschiedliche Arten der Wende, die erhofft oder befürchtet werden, beschworen, gefordert oder bekämpft. Die Umweltbewegung fordert eine planetarische Wende und die Friedensbewegung eine solche zum Pazifismus; die spirituellen Feministinnen wollen eine Wende weg vom «mechanistischen Weltbild» der abendländischen Zivilisation – ähnlich wie der Physiker Fritjof Capra, der mit seinem 1983 auf Deutsch erschienenen Buch «Wendezeit» einen der größten Verkaufserfolge des Jahrzehnts erzielt. Alle diese erwarteten Wende-Arten bleiben in den Achtzigern aus – ebenso wie die «geistige» und «politische Wende», die Helmut Kohl fordert, jedenfalls in der von ihm propagierten, restaurativen gesellschafts- und familienpolitischen Hinsicht, nicht eintritt. Wie auch die atomare Apokalypse nicht, vor der man sich am Anfang des Jahrzehnts noch so fürchtet. Beim Super-GAU im ukrainischen Tschernobyl im April 1986 werden zwar Tausende Menschen verstrahlt, viele sterben und erkranken an Krebs, aber im Großen und Ganzen macht die Menschheit danach weiter wie bisher.

Auch der Atomkrieg bleibt aus – allerdings nicht, weil sich die Friedensbewegung in irgendeiner Weise hätte durchsetzen können. Vielmehr streckt einer der beiden Kontrahenten im Kalten Krieg schlichtweg die Waffen: Die Sowjetunion kann im kostspieligen Wettrüsten mit den USA nicht mehr mithalten, darum stimmt der sowjetische Regierungschef, Michail Gorbatschow, einem Abrüstungsabkommen zu. Am 1. Juni 1988, als die Lage im Norbert-Kubat-Dreieck gerade zu eskalieren beginnt, tritt der von Gorbatschow und Ronald Reagan unterzeichnete Mittelstrecken-Nuklearstreitkräfte-Vertrag in Kraft: Er bestimmt, dass beide Parteien in den folgenden Jahren sämtliche nuklearen Kurz- und Mittelstreckenraketen verschrotten; dazu gehören auch die Pershing II, gegen deren Stationierung die westdeutsche Friedensbewegung unter anderem in Mutlangen ebenso leidenschaftlich wie erfolglos gekämpft hat.

Damit endet der Kalte Krieg: eine Wende, die nun tatsächlich von planetarischen Ausmaßen ist. Von dieser Wende hat zu Beginn des Jahrzehnts niemand etwas geahnt, und niemand hat sie beschworen. Damit endet auch die Epoche des Ostblocks, also die Teilung Europas und der Welt in einen kapitalistischen und einen kommunistischen Einflussbereich. Im Juli 1988 bekunden die Staaten des Warschauer Pakts in einem gemeinsamen Kommuniqué, dass «es keinerlei universelle Sozialismusmodelle gibt und niemand das Monopol auf die Wahrheit besitzt». Sie erklären ihre «Gleichheit» und «Unabhängigkeit» und das Recht eines jeden Staats, «selbständig seine eigene politische Linie, Strategie und Taktik ohne Einmischung von außen auszuarbeiten». Damit wird die sogenannte Breschnew-Doktrin aus dem Jahr 1968 widerrufen, die dem sowjetischen Regierungschef Leonid Breschnew dazu diente, die Niederschlagung des Prager Frühlings rückwirkend zu rechtfertigen: «Die Interessen und die Souveränität einzelner sozialistischer Staaten», hieß es darin, «finden ihre Grenzen an den Interessen und der Sicherheit des gesamten sozialistischen Systems.»

Nun werden die Staaten des Warschauer Pakts in die Souveränität entlassen. In Polen kommt im August 1989 erstmals eine nichtkommunistische Regierung an die Macht. In Ungarn hat der neue Regierungschef Miklós Németh schon im November 1988 damit begonnen, das Land zu demokratisieren und zu öffnen. Im Mai 1989 machen sich Österreich und Ungarn daran, die Grenzbefestigungen zwischen beiden Ländern zu demontieren. Umgehend versuchen viele DDR-Bürger, über Ungarn in den Westen zu gelangen. Anfangs ist die Ausreise noch illegal, und manche werden von den Grenzbeamten wieder zurückgeschickt, im September aber wird die Grenze vollständig geöffnet. Nun beginnt ein Exodus von Abertausenden, über legale, halblegale, illegale Wege, über die ungarische und die tschechoslowakische Grenze, über die Ständige Vertretung der Bundesrepublik in Ostberlin und die Botschaften in Budapest und Prag, die zwischenzeitlich wegen des Massenandrangs ausreisewilliger DDR-Bürger geschlossen werden müssen.

«Das Triumphgeschrei westlicher Medien über das ‹Scheitern der sozialistischen Gesellschaftskonzeption› ist nicht das Geld wert, das dafür ausgegeben wird», sagt Erich Honecker im August

Zwei Polizisten, einer aus Ostberlin, einer aus Westberlin, friedlich vereint nach einer historischen Nacht. Vom 9. auf den 10. November 1989 werden die Grenzübergänge in der Stadt geöffnet. So enden die achtziger Jahre mit dem Ende der Teilung Deutschlands und – bis auf weiteres – mit dem Ende der Teilung Europas und der Welt.

in einer im SED-Parteiorgan «Neues Deutschland» gedruckten Rede. «Den Sozialismus in seinem Lauf hält weder Ochs noch Esel auf.» Zwei Wochen später, an einem Montag, versammelt sich eine große Menschenmenge in Leipzig, im Anschluss an ein Friedensgebet in der Nikolaikirche, und fordert auf Transparenten «ein offenes Land mit freien Menschen» und «Reisefreiheit statt Massenflucht». Fortan finden diese Kundgebungen wöchentlich statt, wobei es schnell zu Fraktionsbildungen unter den Demonstrantinnen und Demonstranten kommt: Manche bekunden: «Wir wollen raus!» Und: «Nehmt uns mit in die Bundesrepublik!» Andere skandieren in Sprechchören: «Wir bleiben hier!» Im Oktober wird Erich Honecker als Generalsekretär des Zentralkomitees der SED abgesetzt; in der Nacht zum 10. November werden die Grenzübergange in Berlin geöffnet, zuerst an der Bornholmer Straße zwischen den Stadtteilen Wedding und Prenzlauer Berg. Tausende von DDR-Bürgern strömen in den Westteil der Stadt, am Brandenburger Tor klettern sie auch über die Mauer und feiern mit denen, die sie jedenfalls an diesem Abend freudig empfangen. Am Ende der Nacht gehen die meisten bis auf weiteres wieder nach Hause.

«Wenn man den Gang der Ereignisse verfolgt, dann kann man sich nur schwer des Gefühls erwehren, dass in der Weltgeschichte eine sehr grundlegende Veränderung eingetreten ist», schreibt der US-amerikanische Politikwissenschaftler Francis Fukuyama schon im Sommer 1989 in einem Artikel mit dem Titel «The End of History?» in der Zeitschrift «The National Interest». Mit dem Zerfall des kommunistischen Blocks und mit einer jungen Generation, die sich von den dahinterstehenden politischen und ökonomischen Ideen abgewendet hat, sei dem westlichen Liberalismus der globale Sieg nicht mehr zu nehmen. Alle systemischen Alternativen zu diesem Liberalismus seien erschöpft, so sei «der Triumph des Westens, der Triumph der *Idee* des Westens» total. «Wir werden hier nicht nur zu Zeugen davon, wie der Kalte Krieg zu Ende geht oder eine bestimmte Phase in der Nachkriegsgeschichte. Wir werden zu Zeugen des Endes der Geschichte als solcher: Wir sehen, wie die Entwicklung des Bewusstseins der Menschheit ihre höchste Stufe erreicht hat, und wie die liberale Demokratie des Westens universalen Charakter als letztgültige Regierungsform erlangt.»

Das zeige sich nicht nur am politischen und ökonomischen Konkurs der kommunistischen Staaten, sondern auch daran, dass die westliche Kultur des Individualismus und des Konsums sich bis in die letzten noch unerschlossenen Territorien des Erdballs ausbreite. Und wo die Menschen erst einmal die Befriedigungen des Konsums und die kapitalistische Mehrung des Wohlstands kennengelernt hätten, dort werde sich auch das politische Modell der liberalen Demokratie durchsetzen, das allein diese Mehrung dauerhaft garantiere – vielleicht nicht sofort und möglicherweise auch mit Rückschlägen, aber doch «in the long run», auf lange Sicht. Damit habe sich nunmehr endgültig verwirklicht, was schon vor knapp zweihundert Jahren angesichts der Französischen Revolution Hegel postulierte und was später sein Schüler Karl Marx als Endzustand der Geschichte nach der Kommunistischen Revolution imaginerte: ein Zustand der unbedingten Freiheit und des Egalitarismus. Nur dass dieser Zustand eben nicht in den kommunistischen Staaten zur Wirklichkeit werde, sondern im einzig wahrhaft egalitären Gesellschaftsmodell des liberalen Kapitalismus.

Fukuyamas Erörterungen sind äußerst hellsichtig, kaum ein anderer Betrachter, kaum eine andere Betrachterin ermisst am Ende der achtziger Jahre so deutlich das historische und planetarische Ausmaß der politischen Wende. Die Prognosen, die Fukuyama daraus für die Zukunft ableitet, sind hingegen durchgehend falsch. Wir wissen heute, dass die Geschichte nicht unumkehrbar ist; wir wissen, dass liberale Demokratien nicht ein für alle Mal siegen, sondern dass sie jederzeit wieder durch autoritäre Regime ersetzt werden können; und wir wissen vor allem, dass der Kapitalismus und die Ideologie des Konsums nicht notwendig verschwistert sind mit liberalen Regierungsformen und der Garantie individueller Freiheiten. Im Gegenteil, dreißig Jahre nach dem Ende der achtziger Jahre sieht es eher so aus, als ob der Kapitalismus in seiner am weitesten entwickelten Gestalt dort am besten gedeiht, wo er von autoritären Formen der Regulierung und Überwachung des Lebens begleitet wird: also in den fortgeschrittensten Stufen jener Kontrollgesellschaft, die Gilles Deleuze in seinem «Postskriptum» beschreibt.

So enden die achtziger Jahre damit, dass viele Menschen das Ausmaß der Wende verkennen, deren historische Zeugen sie gerade werden; und dass die Menschen, die dieses Ausmaß erfassen, die historischen Folgen verkennen. Die Achtziger beginnen als ein Jahrzehnt der falschen Furcht und der falschen Hoffnungen. Und sie enden als ein Jahrzehnt, in dem vieles, was selbstverständlich erscheint, plötzlich hinweggefegt wird von einem Ereignis, das alle Vorstellungen und Vorahnungen übersteigt. Vielleicht bieten die Achtziger an ihrem Ende den getreuesten Spiegel unserer Gegenwart.

«Passover», Pessach, so heißt ein Lied auf dem zweiten Album der Band Joy Division, das ganz am Anfang des Jahrzehnts erschienen ist, nach dem Freitod ihres Sängers Ian Curtis am 18. Mai 1980. «This is the crisis I knew had to come / Destroying the balance I'd kept», singt Ian Curtis. «Turning around to the next set of lives / Wondering what will come next.» Da ist die Krise, ich wusste, sie kommt / Sie raubt mir das Gleichgewicht / Ich wende mich den Nächstgeborenen zu / Was passieren wird, weiß ich nicht.

DANK

Danken möchte ich, wie stets, meinem Verleger Gunnar Schmidt. Und meinem Lektor Frank Pöhlmann, dessen Genauigkeit und Umsicht diesem Buch erst seine Form verliehen haben.

Und: Katja Lüthge. Roland Owsnitzki. Andreas Borcholte. Tobi Müller. Georg Müller-Loeffelholz. Martin Hossbach. Sebastian Zabel. Markus Schneider. Dietmar Dath. René Aguigah. Catherine Newmark. Jerome Egger. Carola Rönneburg. Mathias Lorenz. Ralf König. Peter Glaser. Art Spiegelman. Bodo Mrozek. Karin Harrasser. Thomas Edlinger. Kathrin Hoffmann-Curtius. Silke Wenk. Martin Zeyn. Christian Schlüter. Ole Frahm. Michael Hein. Jan Hans. Klaus N. Frick. Gayle Tufts. Rabea Weihser. Tobias Nagl. Arndt Bidla. Jan Drossart. Sven Marquardt.

In Erinnerung an meinen Vater, Wilhelm Balzer, 1925–2020.

BILDNACHWEIS

S. 16/17: picture alliance/JOKER|Hartwig Lohmeyer
S. 27, 73, 135, 195, 263, 323: Thoth_Adan/iStock
S. 33: picture-alliance/Dieter Hespe|UPI Dieter Hespe
S. 36: picture alliance/Thomas Wattenberg|Thomas Wattenberg
S. 49: Dirk Eisermann/laif
S. 56: Jan Drossart
S. 61: Carola Rönneburg/Mathias Lorenz
S. 70: picture-alliance/dpa|UPI
S. 79: picture alliance/United Archives|United Archives/kpa
S. 87: picture alliance/United Archives|United Archives/kpa
S. 105: Cem Karaca
S. 109: picture-alliance/ dpa|Eva Maydell
S. 113: picture alliance/First Look/picturedesk.com
S. 121: ullstein bild – s.e.t. Photo
S. 128: picture alliance/DALLE APRF
S. 141: picture-alliance/dpa|Heinrich Sanden
S. 147: picture alliance/United Archives|TBM
S. 152: picture alliance/United Archives/IFTN|IFTN
S. 156: picture-alliance/Mary Evans Picture Library
S. 163: picture-alliance/dpa|Chris Hoffmann
S. 171: www.nintendo.de/Nintendo
S. 174: Michael Tomczyk/Lizenz CC BY-SA 4.0
S. 187: picture alliance/Michael Probst|Michael Probst
S. 190: picture-alliance/dpa|Chris Hoffmann
S. 204: ullstein bild – United Archives/Impress Eigen
S. 208: picture alliance/AP/Anonymous
S. 219: ullstein bild – Roger-Viollet/Bruno de Monès

S. 224: getty images / Richard E. Aaron
S. 236: SPIEGEL-Verlag Rudolf Augstein GmbH & Co. KG
S. 241: Ralf König / Deutsche Aidshilfe
S. 249: picture alliance
S. 261: 1991 Masamune SHIROW. All rights reserved. First published in Japan by Kodansha Ltd., Tokyo. Publication rights for this German edition arranged through Kodansha Ltd., Tokyo. / 2016, EGMONT Verlagsgesellschaften mbH / Egmont Manga, Berlin
S. 267: ullstein bild – United Archives
S. 271: picture alliance / AP / CHARLES TASNADI
S. 285: Reagan Youth / www.archive.org / Lizenz CC BY-NC-SA 3.0
S. 289: picture alliance / Everett Collection|Universal / Courtesy Everett Collection
S. 295: getty images / Michael Ochs Archives
S. 301: picture-alliance
S. 311: Illustration und Design Art Spiegelman (Rowohlt, 5. Auflage 1992)
S. 317: picture alliance / ASSOCIATED PRESS
S. 326: picture alliance / Everett Collection|20thCentFox / Courtesy Everett Collection
S. 337: Newsweek / EnVeritas Group, Inc.
S. 349: picture-alliance/ dpa|dpa
S. 354: «Microwave Cooking for One» by Marie T. Smith, © Marie T. Smith. Used by permission of the publisher, Pelican Publishing, an imprint of Arcadia Publishing
S. 368: Takeda Pharmaceutical Company Limited / elhype.com
S. 373: picture alliance / thesch/Timeline Images|thesch
S. 377: picture-alliance / dpa|Roland Witschel
S. 386: Roland Owsnitzki
S. 393: Roland Owsnitzki